KB264683

동교 민태식박사 문집

勳老 徐正淇先生 儒教大全

卷33 文集

동교 민태식박사 문집

민태식 지음
서정기 편집

KSI 한국학술정보[주]

東喬 閔泰植 博士 眞影

成人材，均風俗(隸聯)

成人材之未就

均風俗之不齊

230×68×2

東喬 閔泰植 遺墨集 轉載

正風·護國(草聯)

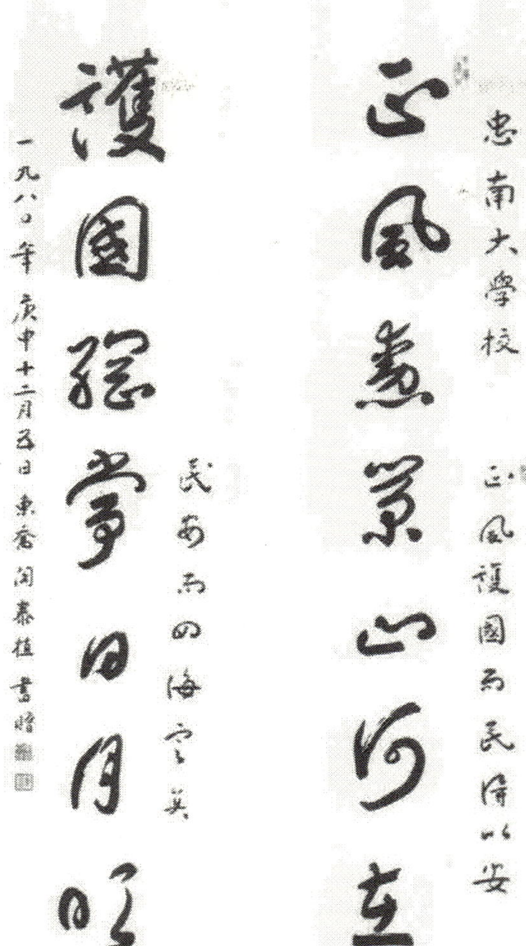

214×67×2

東喬 閔泰植 遺墨集 轉載

漁隱精舍詩　愛日堂 閔鎮綱

鳳水洋〻築一堂想公尚志愧奔忙

此地江山皆有彩一園草木自生香

與義並天看歲暮歸和如水發源長

尤老筆痕新尚揭何關湖海閱滄桑

後孫 泰植 謹書

285×35

東喬 閔泰植 遺墨集 轉載

時調, 무심한 세월(國漢文)

무심한세월은물흐르듯하는고나옛님이때를알
어가는듯다시오니듣는일보는일느끼오늑한하
라둥둥이진듯붉어적설을헤쳐내니횡벽에심은
梅花두세가지피었구나가득이나냉랭한데暗香
은무슨일고黃昏되자달이떼와여개어리비치오
니느끼는듯반기는듯님이신가아니신가저梅花
꺾어내어님게신데보내고저님이너를보고어떻
다여기실고

김응강 사이인을에게 병술년 초가을에 우향 민태식 삼가씀

46.5×163×2

東喬 閔泰植 遺墨集 轉載

敬齋箴、十二幅屛(行書)

正其衣冠尊其瞻
視潛心以居對越
上帝足容必重手
容必恭擇地而蹈
折旋蟻封出門如
賓承事如祭戰〃兢〃
罔敢或易守口如
甁防意如城洞〃屬〃
罔敢或輕不東以
西不南以北當事
而存靡他其適弗
貳以二弗參以三

惟精惟一萬變是
監從事於斯是曰
持敬動靜無違表
裏交正須臾有間
私欲萬端不火而
熱不冰而寒毫釐
有差天壤易處三
綱旣淪九法亦斁
於乎小子念哉敬
哉墨卿司戒敢告
靈臺

右敬齋箴

丁丑陽月 [illegible] 閔泰植書

520×180

東喬 閔泰植 遺墨集 轉載

얻어 읽었다한다

四書中의 좋은 名句를 많이 摘出하여 서 自己의 著書中에 引用하였다

東洋文化에 對하여 愛慕의 뜻을 表하 였고 特히 東方聖人의 名言을 自己 學 問의 根本理念으로 하였다

톨氏는 孔子로써 中國文化의 中心人物 로 景仰하였다 톨氏가 말하기를

「孔子는 全世界各民族의 光榮이며 孔子 는 또한 哲學上에 있어서 美國의 華

東喬 閔泰植 筆書原稿

〈東喬 閔泰植博士文集〉

序文

東喬 閔泰植(1903~1981)博士는 乙酉光復 祖國解放의 廣場에 新舊를 兼한 儒學者요, 東西를 아우르는 教育者자이며, 理想과 現實에 充實한 君子요, 國·漢文의 文字香을 꽃피운 藝術家이시다.

일찍이 西洋哲學의 論理的 分析方法을 도입하여 韓國儒學을 研究하는 第1世代로 倭政統治이후 義理學이 발붙일 곳이 없을 정도로 學界는 實學과 西洋學으로 傾倒되였을 때에 오직 홀로 의연히 義理學의 價值를 說破하고 急流에 支柱가 되어 만회책을 강구하였다. 外來思潮의 洪水속에 西歐의 學風을 戀慕한 나머지 自己의 固有한 文物이나 思想까지도 忘却하여 가면서 彼方에 追從하려는 心情이나 態度를 크게 警戒함과 동시에 弱肉强食, 適者生存의 帝國主義思想의 餘派로 物質至上主義와 功利主義와 個人利己主義 및 快樂主義가 만연되는 세태에 결연히 人本主義를 主唱하여 人間의 尊嚴性을 고취하였으니 인간에게는 天地人의 三才的 價值가 있음을 역설하며 知性의 鍊磨와 感性의 調和와 意志의 鍛鍊으로 知仁勇을 겸비한 人格을 갖추어야 된다고 주장하였다.

따라서 形而上의 原理와 形而下의 現實을 嚴別하여 感覺的인 現實만을 唯一한 研究의 對象으로 삼으면서 形而上의 妙理를 等

閒히 하려는 현대과학만능의 풍조를 비판하고, 體用一源, 顯微無間의 眞理를 探求하는데 性理學의 妙諦가 있음을 설파하였다.

더욱이 淸나라의 實證學이 學界를 風靡한 뒤로 中國本土는 물론 우리 韓國에 있어서도 그와 같은 風潮에 휘말렸을 뿐만 아니라 日帝가 植民地敎育政策으로 義理學을 排斥하고 漢學을 보급함으로 인하여 우리 韓國이 悠久한 세월을 두고 宋學 즉 義理學을 金科玉條와 같이 尊奉하여 온 傳統의 脈이 斷折되여 가는것을 매우 안타까워 하였다.

바야흐로 우리 民族이 獨立하여 새 나라를 세움에 仁順謙讓의 美德으로 永久한 平和를 愛護하는 善良한 國民으로 規定될 때에 萬世餘慶의 기쁨이 있으리라고 斷言하면서 儒敎의 敎育方法은 內省的 誘發에 置重할 뿐만 아니라 外形的인 檢束과 環境造成으로 敎育의 實을 거두려는 特色을 가지고 있으므로 人格을 完成하여 理想的인 國家社會를 건설하여 새 역사를 創造함에 가장 적합한 교육사상임을 천명하였다.

그리하여 가치관의 혼란 속에 자유를 放縱으로 오인하고 禮貌를 虛飾으로 錯覺하는 시대풍조를 질타하면서 現代의 缺陷을 補完하는 길은 九思와 九容과 四勿과 三省의 實踐倫理로 日用間에 있어서 반드시 天理를 體得하여 實社會에 具現하는 理想的인 學問은 오로지 儒敎의 人性敎育뿐임을 변증하였다.

모름지기 誠實한 人格을 修養하므로써 항상 中正한 精神的 作用의 態度가 安定을 期하여 七情의 發露도 衡平과 調和를 잃지 아니하고 外誘的 衝動에 左右되지 아니 하는 高尙한 人格의 陶冶도 비로소 實現하게 되며 理想的인 道德律의 樹立도 이와 같은 心的態度를 基調하여 가능하다고 역설하였다.

특히 儒敎의 敎育方法은 理想과 現實에 充實하여 德性을 涵養하고 知性을 啓發하며 實踐에 勇敢하므로써 그 眞價가 發揮되기 때문에 人類文化의 深厚精博한 高度進展을 期約할 수 있다고 하면서 栗谷의 理氣妙合을 敎育綱領으로 삼았다.

다른 學問은 들어가면 들어갈수록 奧妙하고 어렵지만 儒學은 그렇지 아니하여 가장 보편적인 人間의 心性과 行動을 가르치고 배우는 것이므로 正統儒學은 아주 平易하여 사람이면 누구나 이해하고 실천할 수 있어서 절대로 玄妙하거나 어려워서 깨닫기 힘든 것이 아닌 가장 기본적인 교양임을 밝혔다.

국가적으로는 法治보다는 德治를 주장하고, 覇道보다는 王道를 高唱하였고, 개인적으로는 富貴榮華의 欲求를 充足시키기보다는 道德의 實踐에 果敢하라고 하였다. 그러므로 해서 政治, 經濟, 社會 등 모든 면에서 道義를 主體意識으로 하지 않은 行動은 아무리 커다란 成果를 얻었다고 하여도 그 價値를 별로 認定하지 아니 하였다.

지팡이와 부채를 드신 老先生은 儉素質朴하게 사시면서도 아름다운 自然觀을 가지셨으니 四時가 運行하고 百物이 長養함을 보고는 季節이 循環함을 鑑賞하고, 江河의 滔滔함과 山嶽의 巍巍함에 臨해서는 樂山樂水의 淸越한 雅趣를 느끼며 天人合一의 優遊自適한 餘裕와 溫和함이 이르는 곳마다 넘쳐서 過化存神의 風貌가 있었다.

西紀2009年 5月 21日

東洋文化硏究所長 門人 徐正淇 謹識

目 次

東喬 閔泰植先生文集 刊行通知文

萬物이 蘇生하는 陽春之節에 江湖 諸彦의 淸安百福하심을 仰祝하나이다.

본 東洋文化研究所에서는 初代 所長이신 東喬 閔泰植博士의 遺稿를 蒐輯하여 文集을 編纂 刊行하기로 議決하고 이에 널리 先生에게 關係된 文字를 모으고 있나이다.

삼가 回顧하건대 東喬先生이 1981年 8月 15日 萬丈樓 正寢에서 卒하시어 경기도 용인군 이동면 송전리 山麓에 安葬한 이후로 매양 恭安한 容姿와 淸和한 氣風을 그윽히 思慕하여 온지가 어느덧 六個星霜이 흘러갔고, 또한 지난해 12월 1일 閤夫人 趙次淑女史께서마저 他界하시니 더하는 感懷를 禁할 길 없나이다.

모름지기 스승의 學問과 思想을 빠짐없이 모아 책으로 엮어서 學問의 資料로 하는 것은 弟子의 道理요, 어진이의 出處事業을 뚜렷이 밝혀서 斯文의 功績을 기리는 것은 儒者의 本分이라고 할진데 東喬先生은 民國初期에 儒學으로 民族自我를 찾으려고 盡力하시면서 延大, 서울大, 忠南大, 明知大, 成均館大學校 등에서 수많은 弟子를 培養하였고, 이 땅에 士林精神을 振作하는데 獻身하시면서 東邦研書會, 顯正會, 斯文學會, 東洋文化研究所, 蘆山

祠保存會, 大老祠儒會, 先賢遺蹟地巡禮團 등에서 어려운 事業을 遂行하였습니다.

한몸에 태여난 純潔한 資質에다가 한평생 正學으로 닦은 高邁한 人格은 그 깊은 造詣가 到底하시어 쉽게 엿 볼 수 없는 바이다. 항상 持敬懷直하여 誠明을 몸소 간직하시고도 더욱 戒愼謹獨하여 和順雍容하게 두루 調節하시는 度量은 참으로 端雅한 君子이시고, 일상생활 가운데서 바른 道理를 찾아 말없이 實踐함에 謙讓을 앞세우고 整襟尊瞻하여 儼然莊敬한 風采는 참으로 嚴格한 스승이시며, 아름다운 文章을 收斂하시여 質朴儉素한 데서 知足安土하시며 衆流와 다투고자 아니하여 홀로 물러나 仁宅에 自適하심은 참으로 超然한 道人이시니 그 一言一默과 半字隻句에도 警世의 至訓과 人生의 眞理가 담겨있지 아니함이 없는 바 기리 後人에게 龜鑑이 될 것입니다. 어찌 敢히 後人의 우러러 기릴 바 아니리오!

다행히 忠南大學校에서 先生의 手澤藏書를 遺族으로부터 전부 寄贈받아 그 圖書館에 東喬文庫를 設置하고, 이어 1985年 2月에 先生의 遺墨 40여 점을 選集하여 遺墨集을 發刊하였습니다.

그러나 아직 文集出版의 일이 남아 있는데 歲月이 흐를수록 더욱더 泯滅될까 두려워서 이제는 부득이 늦출 수가 없으므로 그 胤子 丙完氏와 相議하고 先生의 文字를 널리 編纂하여 본 東洋文化研究所에서 發刊하기로 決定하였습니다.

이에 東喬 閔泰植博士文集 編輯委員會에서는 東喬先生의 文集을 編輯하기 위하여 지금까지 論文을 모으고 遺品을 整理하였으나 그 남은 資料를 널리 찾고 있사오니 門下의 弟子와 斯界의 僉位께서는 깊히 惠諒하시어 先生과 關係된 文字 書札 講義記錄 逸話 名言 對話錄 行事 등등을 빠짐없이 記錄하거나 複寫하여

1987年 4月 30日까지 보내주셔서 先生을 追慕하는 事業이 眞實하고 아름답고 完全하게 成功할 수 있도록 協助하여 주시기를 懇切히 伏望하면서 삼가 通知하나이다.

1987年 3月

東洋文化硏究所長 徐 正 淇

『東喬閔泰植博士文集』 刊行委員名單

위원장 서정기(한국동양문화연구소 소장)
부위원장 김승선(서울동양문화연구소 소장)
오문복(제주동양문화연구소 소장)
최성종(도학회장)
김용백(성균관 명륜회장)
편집위원장 이상만(한국동양문화연구소 이사장)
편집부위원장 위창복(한유회장)
재정위원장 김성동(한국동양문화연구소 상임이사)
위원 송석염(한국동양문화연구소 이사)
이용학(한국동양문화연구소 이사)
이광표(동도회 회장)
김홍렬(동도회 총무)
황문범(한국동양문화연구소 이사)
윤석철(한국동양문화연구소 이사)
이상순(서울동양문화연구소 이사장)
김충한(한국동양문화연구소 이사)
정태진(한국동양문화연구소 이사)
양희봉(한국동양문화연구소 이사)
정병한(한국동양문화연구소 이사)
문태주(한국동양문화연구소 이사)
이창신(한국동양문화연구소 연구실장)

故閔泰植선생文集東文研서資料모집

東洋文化硏究所(소장 徐正淇)에서는 前成均館副館長과 成大敎授、東洋文化硏究所 초대 소장을 역임했던 故東喬 閔泰植선생의 추모사업의 일환으로 東喬 민태식선생文集을 발간키로 하고 6월 말까지 原稿와 자료를 모집하고 있다.

儒學을 통해 민족자활의 방향을 모색하고자 했던 선생의 높은 학덕을 기리기 위하여 이루어지고 있는 이번 文集발간사업은 평소 선생의 제자나 후학이 소장하고 있는 선생의 文字 · 서찰 · 일화 · 명언 · 강의기록 · 대화록 등을 발췌하여 실을 계획이다.

선생과 관계된 자료 및 원고모집은 오는 6월 30일까지 東洋文化硏究所에서 접수한다.(1987.6.16 儒敎新報)

東喬 閔泰植先生文集 刊行通知文

東洋文化研究所에서는 初代 所長이신 東喬 閔泰植博士의 遺稿를 蒐輯하여 文集을 編纂 刊行하기로 결정 하였습니다.

이에 本研究所 論叢編輯委員會에서는 東喬先生의 文集을 編輯하기 위하여 지금까지 論文을 모으고 遺品을 整理하였으나 그 남은 資料를 널리 찾고 있사오니 門下의 弟子와 斯界의 僉位께서는 깊히 惠諒하시어 先生과 關係된 文字 書札 講義記錄 逸話 名言 對話綠 行事 등등을 빠짐없이 記錄하거나 複寫하여 1987年 9月30日까지 보내주셔서 先生을 追慕하는 事業이 眞實하고 아름답고 完全하게 成功할 수 있도록 協助하여 주시기를 懇切히 伏望하면서 삼가 通知합니다.

1987年 8月

東洋文化研究所長 徐正淇

서울특별시 은평구 대조동45-2
資料提出處
東洋文化研究所 論叢編輯委員會
電話 354-7877
(1987.8.19 週刊宗教廣告란)

일러두기

1. 時代的 文體를 保存하기 위하여 國漢文混用의 原文을 그대로 편집하였다.
2. 편집의 目次는 讀者의 편의를 위하여 隨想과 論說 等의 평이한 내용을 앞에 놓고 講演講義와 論文은 뒤에 놓았다.
3. 本文中에 "漢字를 익히기 쉬운 길"의 象形文字는 原形을 復元하기 어려워서 不得已 本 편집위원회에서 模寫하였다.
4. 題目만 약간 다르고 內容이 같은 글은 重複을 피하기 위하여 가장 먼저 발표한 글만 편집하였다. 그러나 내용이 같은 글을 여러편 모아서 새로운 제목을 달은 글은 특별히 실었으니 의미가 새롭기 때문이다.
5. 本 硏究所에서는 서기 1987년부터 東喬先生에 관계된 文字의 자료를 모으려고 各 機官에 통지함과 동시에 유교신문(1987. 6. 16)에 보도하고 또한 週刊宗教新聞(1987. 8. 19)에 廣告하면서부터 지금까지 자체적으로 모았지만 아직도 완벽을 기했다고 볼 수 없기에 차후에도 先生의 文集에 누락된 자료가 있으시면 꼭 복사하여 보내주시면 再版時에 보완하겠다.

1부

隨想

儒教의 眞理

누구나 유교에 대해서 곧잘 말하는 것은 유교의 진리가 평이하여 가까이 할 수 있으며 오랫동안 유교의 품 안에서 자랐기 때문이다.

유교문화 안에서 우리의 조상이 살았고 나라의 흥망성쇠도 그 속에서 함께하였다. 윤리교육은 물론 정치 경제도 이 테두리 안에서 마련된 것이다. 사람은 원래 제가 받고 난 대로 착하고 참된 그대로의 본성 즉 현재 보편적으로 주장하고 있는 人間本能의 존엄성을 지키라는 윤리의 원리를 가지고 있다.

教育은 사람마다 平等하게 받을 수 있으며 받아야 된다는 철칙이 있어 사람은 누구나 항상 平和스럽고 서로 협조하여야 된다고 하였다. 政治는 個人主義的인 자기의 욕망을 채우지 말고 다른 사람의 權益도 평등하게 하라고 하였으며 經濟는 언제든지 物資를 귀중히 여기고 個人의 독점을 허용하지 않으며 생산과 분배 역시 평등하게 하라고 하였다. 이렇게 가장 民主主義的인 方法과 教訓이 유교의 원리인 것이다.

朝鮮王朝시대의 哲人이며 碩學인 栗谷 先生은 學問이란 별다른 것이 아니라 人生으로서 가장 평이한 진리를 찾는 길이며 理想的인 사회를 구성하는 데 이바지하는 方法임을 밝혔다. 中國의 梁啓超는 유학사상에 의한 實踐思想의 근거는 현묘한 저 眞理만을 추구하려는 데 급한 것도 아니며 명상적 공허한 世界를 방황하고 있는 허무한 망상도 아님을 명백히 한 바 있다.

이 외에도 中國의 孫文 先生과 美國의 에머슨 氏를 위시하여 유학사상에 共鳴同調하는 內外學者가 허다하다.

사람은 지극히 참혹한 정상을 보면 놀랄 줄도 알며 도와줄 줄도 알며 뜰 안에 난만히 핀 꽃을 보면 아름답게 여긴다. 다만 個性에 따라 어느 꽃을 더 사랑하고 아니하는 표준의 差異가 있을 뿐이다.

우리의 意志와 感性과 知性이 종합 통일되어 정상적으로 나타나는 곳에 참다운 眞理를 발견할 것이며 끊임없는 文化創造의 활동이 고무되는 곳에 人間의 훌륭한 업적이 있다.

宇宙自然의 힘이 아니면 잠시라도 생존할 수 없음을 알면서도 때로는 저주도 한다. 그러나 자연은 우리를 감싸 주기도 하고 용서도 하여 주고 또 사랑도 하여 준다.

이와 같이 자연을 떠나서는 人生도 없고 人生을 떠나서는 자연을 구가하여 주는 자도 없으니 사람이 자연을 노래하는 것은 곧 유학에서 말하는 天人合一의 경지이며 天人相與의 妙理이며 仁愛의 정신이다. 人生觀이 이에서 확립되고 世界觀이 이에서 定立되는 것이다.

靑春과 鎖夏와 大自然

나는 청년시절을 가장 동경한다. 사람은 만족을 느끼는 때가 매우 적다. 그러나 靑年時節은 가장 뜻있고 만족하여야 할 시기이라 어느 때보다도 힘이 있고 왕성한 추진력이 있으며 또한 언제나 아름다움을 즐길 수 있기 때문이다.

우리나라의 기후는 특히 사시의 변화가 어느 나라보다도 매우 분명하다. 봄은 만물이 태동하는 시절이라면 가을과 겨울은 收藏하여 結實하는 시절이요 여름은 물론 성장하는 시절 전진하는 시절이다.

여름! 廣野에서 무르익어만 가는 곡식, 高山에서 무성한 草木, 碧海에 용솟음치는 물결, 어느 것이든지 하나하나가 다 靑年의 마음이 아닌 것이 없고 象徵이 아닌 것이 없다.

자래로 名聲이 높은 關東八景을 살펴보라. 茫茫한 大海 한곳에 우뚝 솟은 叢石亭, 物外에 옛일을 말하는 듯한 三日浦, 風煙에 마음 붙이고 俗世를 비웃는 듯한 淸澗亭, 花雨와 松雪을 벗 삼고 曉鍾에 잠 못 이루는 洛山寺, 綠波淡淡 漁歌一曲에 月桂로 이름 있는 鏡浦臺, 山色이 交映하고 竹林이 依稀한 竹西樓, 洋洋한 大海는 蒼空과 一色이라 기러기 떼 울고 가는 望洋亭, 松風을 거문고로 松月을 맞이하는 越松亭 모두 한 번은 반드시 찾아야 할 勝地이다.

붓을 옮겨 古刹을 一瞥하여 보자. 俗離法住寺의 雄壯한 모습과 海印·通道의 優雅한 古色, 華嚴·佛國의 壯絶한 文化財 그리고 石窟庵에 올라 觀音菩薩을 禮贊하면 全身이 자비한 사람에게 안기는 듯 東海를 굽어보니 멀리 太平洋과 呼吸을 같이하는 듯 胸襟이 열린다.

朴淵과 九龍淵은 발길을 옮겨 볼 도리가 없으니 애처롭기 가없다. 大小長短의 차이는 나이아가라 폭포에 비길 바 아니지마는 박연의 飄逸한 모습과 九龍의 꿈틀거리며 내려 뿜는 快感은 참으로 나이아가라에 지나는 느낌도 없지 아니하다. 우리 주변의 勝地는 참으로 손꼽아 셀 겨를이 없다.

南海一帶에 벌여 있는 佳景과 戰蹟! 그중에서도 統營의 閑山島를 巡禮한다.

<制勝堂에 올라서>

바다에 가을빛이 저무니
찬기운에 놀란 기러기떼 높이 날도다.
걱정하는 마음에 잠못이루는 밤
조각달만 활과 칼을 비추도다.
-水國秋光暮 驚寒雁陣高 憂心輾轉夜 殘月照弓刀-라고 읊으신 忠武公의 憂國詩를 삼가 吟誦하고 또 後人이 公을 讚仰하는 뜻으로 지은 古詩 한 편

기운은 산하와 같이 씩씩하고
이름은 북두칠성처럼 높도다.
노량의 옛 달이 벌써
갑속에 싸인 칼을 비추었도다.
-氣作山河壯 名將星斗高 露粱千載月 曾照匣中刀-를 郎誦할 제 大洋은 옛일을 말하는 듯 悠悠히 흐르리라.

다시 옛 名賢의 金剛山詩를 살펴보자.

지팡이를 끌며 높은 산에 오르니
길게 부는 바람이 사방에서 오도다.
푸른 하늘은 머리에 모자요
파란 바다는 손안에 든 술잔일세
－曳杖陟崔嵬 長風四面來 靑天頭上帽 碧海掌中杯(栗谷)－

산과 구름이 한데 어울려 희니
아련히 그 모양 분간 못 하네
구름 개고 산만 홀로 우뚝 서니
일만 이천 봉우리이어라.
－雲與山俱白 雲山不辨容 雲歸山獨立 一萬二千峰(尤庵)－雲海의 千態萬變하는 가운데서도 제 모습은 제 모습대로 똑똑히 나타나는 自然의 모습, 俗世를 外面한 듯 屹然히 서서 제가 갈 길만을 그대로 꾸준히 지키려는 氣慨, 이 모든 樣相을 이 詩에서 엿볼 수 있지 아니한가!

중국의 浪漫詩人이라고 할 李白의 夏日山中詩에

白羽扇을 흔들기도 귀찮아서
저고리 벗고 푸른 숲속에 앉았네,
머리에 쓴 건이야 석벽에 걸어놓고
젖은 이마에 솔바람을 쏘이도다.
－懶搖白羽扇 裸坐靑林中 脫巾掛石壁 露頂灑松風－風塵에 시달린 몸을 淸新한 지경에 옮기어 超然한 태도로서 거짓이 없고 꾸미는 것이 없는 모습이라 할 것이다.

話題를 잠깐 현실문제로 옮겨 보자. 1958년 여름 미국에서 보고 느낀 일 중에 하나다. 黃石公園(yellow ston park)은 미국의 일류에 속한 觀光地이다. 이 속에 자리 잡고 있는 호텔에는 관광객들이 많이 모이는 곳이다. 신사숙녀도 있고 대학생들도 많다. 여름방학을 利用하여 男女大學生들이 臨時로 호텔의 종업원으로 登場한다. 경치도 좋고 淸凉한 곳에서 休養도 하려니와 조그만 용돈이라도 벌자는 것이리라. 학생들의 얌전한 모양과 의젓한 태도가 모두 귀엽고 사랑스러워 보였다. 나는 바깥 하늘을 무심히 쳐다보며 시름없는 생각에 잠겨 보았는데 저 사람들은 누가 보든지 裕足한 사람이요 幸福하다고 할 사람인데도 그러면서도 이 苦熱에 勞動을 하는구나. 우리의 생각으로는 좀 이해하기 어려운 일!

그러나 자유로운 환경에서 여름방학 동안 경치 좋은 곳에서 지내면서 시간을 쪼개어 勞役도 하는 그 意欲, 계획적인 思考, 꾸준한 努力 누구나 심상히 보아 넘길 수는 없는 일이었다.

個人의 一年所得이 世界에서 第一位를 차지하는 나라로서 그들의 裏面生活은 참으로 容易치 않은 노력이 있나 보다.

우리나라의 大學生들은 奉仕活動의 하나로 삽을 들고 곡괭이를 메고 산으로 들로 땀방울을 흘리며 뜻있는 한여름을 보내고 있다. 확실히 하나의 좋은 경험이리라. 우리의 경제와 사정이 허락하게 되면 世界各地를 旅行하여 見聞을 넓힘으로써 文化交流를 기도하는 것도 매우 뜻있는 일일 것이다.

오늘날은 宇宙空間에 대한 硏究가 活發히 進行되고 있다. 宇宙는 이제 神秘의 世界가 아니며 人類의 活動舞臺가 되었다. 이에 世界는 더욱 넓어지고 더욱 복잡하게 되었으니 더욱더 보람있는 일을 할 수 있게 되었다.

二次大戰 當時의 英雄인 미국의 맥아더 將軍은 退役하면서 말하기를 老兵은 죽지 않고 사라질 뿐이다라는 마지막 말로 自身의 平和를 애호하는 뜻이 實現되었음을 밝혔고, 끝내 굴복할줄을 모르는 英國의 勝戰의 首相 처칠 翁은 스스로 隱退를 宣言하였다. 우리나라의 月南 李商在 선생도 기독교 청년회를 창립할 때에 老靑年이라

는 愛稱이 있었다. 그것은 늙어 갈수록 깨끗한 마음과 健全한 기개로 임한다는 뜻이리라.

사람은 英雄도 좋고, 고매한 인격도 물론 좋다. 이와 아울러 일하는 사람, 활기 있는 사람, 원대한 이상을 지니고 전진하는 사람들이 그립다.

여름은! 성장하는 시절! 결실을 내다보는 시절! 인생의 꽃이라면 青年의 시절이다.

現 社會에 있어서 우리의 矜持와 使命

-儒學에서 본 側面에서-

人類의 文化는 風土와 時代에 따라서 그 發展하는 形態를 달리한다. 그러므로 民族과 國家도 各自의 文化活動에 따라서 固有한 특징과 傳統이 있고 思想에는 다채로운 樣相과 변화가 없을 수 없다. 組織的이며 功利的인 科學者가 있는가 하면 悠久한 生命을 冥想에서 찾으려 하여 來世의 安樂을 追求하는 宗教家도 있고, 또한 人間本然의 强靭한 意志와 明哲한 慧智와 純美로운 性情을 基盤으로 하여 人倫大道를 宣揚하는 중에 健實한 發展을 이룩하며 永久한 光榮을 누리려 하는 道學家도 있다.

上下 數千載에 雄偉한 業績을 남긴 聖哲들은 巨星처럼 빛을 남기고 있다. 그러나 過去의 歷史를 溯求하며 來世의 方向을 摸索하는 일은 現代 우리에게 賦課된 重大한 문제인 것이다. 즉 人間의 繁榮은 어떻게 이룰 것이며 무슨 活動을 如何히 함으로써 보람 있는 事功을 남길 수 있는 것일까. 이 모든 일이 眞正한 將來를 걱정하는 當面한 要務가 아닐 수 없다.

이와 같은 構想을 急速히 實現하는 것은 물론 容易한 일은 아니다. 그러나 現代의 文化를 어떠한 方法으로 攝取活用할 것인가 하는 문제는 愼重히 考慮되어야 할 것이다.

現代의 文化는 再論할 것 없이 進展되고 있다. 所謂 機械文明으로 因한 大工業의 發達은 効率的인 實力을 極度로 誇示하고 있다. 英國의 經驗哲學과 美國의 實用主義의 영향이 果然 이처럼 優越한 것인가. 이에 追隨하는 文學과 藝術, 教育과 倫理를

爲始하여 經濟와 政治에 이르기까지 그 方法과 面貌를 달리하고 있는 것이다.

그러나 만일 現狀態에서 別다른 反省이나 悔悟함이 없이 物質萬能만을 至上目標로 삼고 機械文明에만 陶醉한다면 人間은 이른바 道義的인 世界에서 漸次로 멀어지는 結果가 될 것이며 참다운 價値를 喪失하는 데 이를 것이다. 社會風潮는 謙愛와 提携가 아니라 恐怖와 威脅으로 轉落될 憂慮도 없지 아니하니 어찌 識者로서 이에 對應할 만한 施策을 講究치 아니할 것이랴. 참으로 科學者나 宗敎家나 道學者나 다 같이 力量과 抱負를 기울여서 이 危機를 克服하며 正當한 大道를 찾기에 게을리하여서는 아니 될 것이다.

그러므로 여기에서는 主로 儒學에 依하여 指路를 밝혀 보고자 하는 바이다.

儒學은 원래 人類에 關한 綜合的인 문제와 아울러 自然과의 관계를 細密히 연구 검토함으로써 自由스러운 발전을 圖謀하며 正當하고 아름다운 永遠한 生의 原理를 探究하여 文化의 向上을 企圖한다. 그러므로 儒學은 嚴正한 理論과 健全한 實踐이 表裏並行되는 곳에 그 眞意를 찾을 수 있는 것이니 自來로 聖哲들의 이에 대한 苦心한 자취는 歷史에 嚴然히 남아 있고 進退消長에 따르는 變換도 無限하다. 다만 儒學에서는 險難한 世情에 適應하며 正道를 固守할 수 있는 能力이 惟獨 聖哲에게만 賦與된 것이 아니라 人間이면 平等均一하게 賦課되었다고 解釋되는 것이 그 特徵이다.

그렇기에 儒學에서 强調되고 있는 最高의 理想은 簡明하게 말하면 人間本然의 性情을 基調로 하여 普遍的인 理論과 濶達한

實踐으로 具顯되는 無限한 努力의 畜積인 것이다. 만일 이와 같은 尙高한 理想과 堅實한 意欲이 缺如되면 儒學은 그 本來의 使命을 다한 것이 아니다. 以上에서 보인 것을 다시 要約하여 다음에 보이면

① 人間自身이 自我에 賦與된 크나큰 德性을 發揚시킬 수 있는 權能을 自覺할 수 있는 것.

② 이 自覺된 德性은 어느 獨特한 個我에만 限하여 發見될 수 있는 것이 아니라 누구나 그 自身의 努力에 依하여 平均하게 享有할 수 있는 天賦의 美德이라는 것.

③ 이 美德이 基本이 되고 또 이 美德을 啓發하는 活動이 곧 敎育의 始終一貫된 眞理임을 矜持로 삼는 것.

④ 이 信念과 努力이 모든 活動의 源泉이 되면 眞·善·美한 成果를 可能케 할 수 있다는 것이다.

이로써 비로소 人間의 本質과 活動할 수 있는 能力을 正確切實하게 把握하였다고 할 것이다.

오늘의 神話

-그 여인이 먼 훗날 산전수전 끝에 의사가 된 이야기-

지금으로부터 약 40여 년 전의 일이다. 황해도 부호의 딸인 K양은 서울에 올라와 국민학교를 졸업하고 곧이어 고등여학교에 우수한 성적으로 입학이 되었다. 학교는 그때 권력층의 딸이나 부호의 딸들만이 다니던 곳이다. 그때만 하여도 지금과는 학생들의 기품이나 공부하는 태도가 매우 달랐다. 머리는 땋아서 뒤에 늘이고 옷차림은 어느 학교나 흰 저고리에 검은 치마로 일색이었다.

현재와 같이 다방이 있거나 음식점이 번화한 시절도 아니었다. 남녀 학생이 만날 기회는 전연 없었고 거리에서나 우연히 만나거나 그렇지 않으면 종교단체의 모임에서나 만날 수 있을 정도였다. 경제사정이 넉넉하여 하숙이라도 좀 얌전히 차리고 있는 학생이라면 남녀가 서로 교제할 기회가 있었고 이에서 사랑을 속삭일 수 있는 사례도 전연 없었던 것은 아니었다. 日帝의 폭정 아래라 젊음의 자유도 그대로 펴 볼 수 없었고 우수한 청년의 장래 포부라야 대부분이 전문학교를 치르면 법관으로서 출세의 길을 찾거나 의학이나 농학 또는 산학을 닦은 뒤에 전문에 따라서 취직을 할 정도였다.

K양은 경제 사정이 매우 여유가 있었고 친구들도 많았지만은 공부하는 태도나 교제하는 범절이 조금도 학생의 신분에 어긋나지 아니하였다. 얼굴도 요염한 미인형은 아니었지마는 풍후한 모습에 덕성스러운 편이었고 친구는 물론이요 다른 사람들까지라도 누구나 용납할 수 있는 사교적인 여성이었다.

사람은 경제가 넉넉하면 사치스럽고 교만하여 다른 사람의 어려운 사정도 모르는 것이 상례이다. 그러나 K양은 검소하고 부지런하며 친구라도 어려운 일이 있으면 매우 잘 도와주는 성격이었다. K양의 사촌 오빠 중에 경성제국대학에 다니는 사람이 있었다. 그때 경성제국대학이라면 소위 수재가 많이 모인 곳이라 누구나 다 부러워하고 더욱이 여성이면 장래를 같이할 꿈도 가져 보려고 하던 시절이었다. 사촌 오빠를 통하여서도 대학의 학생과 교제할 기회는 얼마든지 있었다. 그러나 K양은 학생의 신분을 항상 존중히 여겨 이성과의 접촉을 삼가는 편이라 동급생 이외에는 서로 만나거나 번잡한 행동은 조금도 없었던 것이다. 가정의 교육이 그러하였고 학교의 교육이 또한 그러하였으며 K양 본인도 이와 같은 분위기 속에서 성장한지라 참으로 사회가 요망하는 모범적 여성이었다.

지금 생각하면 여고를 졸업한 뒤에 진학을 하거나 그렇지 아니하면 일본을 비롯한 구미 각국에도 유학할 형편이 못 되는 것은 아니었다. 그러나 이와 같은 큰 꿈은 다 버리고 고교를 졸업한 뒤에 곧 배우자를 구하여 가정을 이루게 되었던 것이다. 물론 그때 K양의 형편으로는 배우자가 될 만한 상대를 마음대로 선택할 수 있는 형편이었다. 자신의 인품이나 가정의 형편이나 어느 모로 보든지 소위 일류급의 신랑을 선택한다 하여도 K양 자신으로서는 조금도 부족함이 없었던 처지였다. 그러나 K양은 소심한 성격의 소유자이라 배우자를 선정하기까지에는 무한히 생각하지 아니하면 아니 되었던 것이다.

그때 남성 사회의 정경을 살펴보면 조용한 중에도 방심할 수 없는 현상이 많이 일어났던 것이다.

첫째로 가정 윤리에 대한 변천이었다. 특히 부부 사이의 도덕관

념이 달라진 점이다. '조강지처 - 일단 아내로 정하였으면 일생 동안 고락을 같이하며 동거한다는 뜻'을 변경할 수 없는 도리로 여겼던 것이며 '일부종사 - 한 번 남편으로 정하면 다시는 개가할 수 없다. - '를 금과옥조와도 같이 지켜 내려오던 것이 여성에게 있어서는 무상의 도덕으로 인식되었던 것이다. 이에서 가정윤리와 사회도덕이 형성되었던 것이며 부모에 대한 효성이나 나라를 위하여 바치는 충성도 다 부부 사이의 화순 경애할 줄 아는 性情과 아울러 五倫의 가르침을 밝히게 된 것이니 예전 현인의 한 분으로 맹자는 이르기를 "온갖 인간윤리의 진리는 부부 사이의 도리로부터 비롯되었다." 한 것이며 우리나라 전통사상은 "혼인이라는 것은 인륜의 처음이요 만복의 근원이라." 한 것이다. 이와 같은 엄정한 도덕을 우리 사회에서 다 같이 오랫동안 지켜 내려왔던 것이다.

그러나 우리나라는 왕조말엽의 개화기를 계기로 하여 모든 풍속과 정도에 많은 변혁이 있었던 것이니 이와 같은 변혁을 보게 한 동기는 시대의 변천에 따르는 자연발생적인 현상이라고도 하였겠지마는 주로 외래풍조에 휩쓸린 경향도 많았던 것이다. 직접적으로는 日本유학에서 온 副産物이었으며 그 다음으로는 구미에서 밀려온 새로운 조류의 여파이기도 하였다. 사회 전반에 걸쳐 자유의 바람이 불 대로 불었다.

이와 같은 현상이 식민지 통치자의 입장에서 볼 때에는 오히려 다행한 일이었다. 젊은 세대들이 조국을 생각하고 민족을 아낄 줄 알며 전통에 대한 미련을 두게 하는 것보다는 차라리 자유라는 명목으로 방종을 일삼게 하여 사회를 교란시키며 청년들은 연애지상주의를 부르짖게 한 나머지 종래의 풍습은 될 수 있는 대로 폐기하게 하는 데 부지런하였던 것이다.

일찍 혼인을 한 청년으로 대학이나 졸업하면 우선 이혼을 주장하여 집안을 어지럽게 하는 것이 당시의 사회적 일대 문제였다. 이와 같은 사회 환경에서 영민하고 침착한 K양은 그의 일생을 바칠 배우자를 구하는 데 조금이라도 소홀히 하였을 리는 없었다. 학력도 구애하지 아니하였고 경제사정도 고려하지 아니하였으며 오로지 인품이 착실한가? 일생을 같이할 인물로서 믿을 만한가? 또는 조행이 단정한가 하는 것 등이 배우자를 구하는 유일한 표준이었다.

K양 자신도 그 이상 진학할 것을 원치 아니하였다. 해외에서 돌아온 유학생의 모습이 별로 탐탁하지 아니한 까닭이었다. K양은 22세 되던 해에 가장 이상적인 신랑을 구하였다. 그러나 학력은 K양과 동등하고 나이가 한두 살 더할 뿐이었고 경제력도 매우 빈약한 편이었다. K양은 이와 같이 평범한 신랑이 오히려 후일에 걱정도 없고 무난하다는 데서 일생 동안 고락을 같이할 배우로 정하였던 것이다.

결혼을 한 뒤에 다른 사람들과는 다른 방법을 취하였다. 셋집을 얻어서 새로운 가정을 꾸미고 성실하게 일하였으며 한편으로는 남편을 상급학교에 진학시킨 것이었다. 학비와 제반 용돈을 K양이 전부 부담한 것은 물론이었다. 신랑 자신은 하나도 활동한 것 없이 K양에게만 의존하여 서울에 있던 고등상업을 졸업한 것이었다. 그 당시로는 국내의 최고학부를 마친 것이며 졸업하자 금융조합 이사로 임명이 된 것이다. 한국 사람으로 얻기 어려운 자리였다. 그러나 당시 한국 사람에 대한 봉급제도는 원래 박한 것이라 日人 자신들이 받는 소위 가봉이니 주택료니 하는 혜택은 전연 없었고 그러면서도 교제하는 범절은 日人과 똑같이 하자니 항상 자기 봉급으로는 부족할 정도였다. 그러나 K부인은 신랑을 위하여 부족한 것이 없고 체면 손상도 되지 아니하도록 모든 주선을 다하였던 것이다. 二男一女를 생산하여 남부럽지 않게 양육하였으니 그야말로 평화스럽고 재미있는 가정을 마련하였던 것이다.

그러나 뜻하지 아니한 불행이 닥쳐왔다. 어느 날 남편은 술에 만취가 되어 집에 들어와 마루에서 자다가 급한 병으로 생명이 위독하게 되었다. 서울에서 수백 리 떨어진 곳이라 급히 서둘러 서울에 오려고 하였으나 불행히도 도중에서 세상을 떠나게 된 것이었다. 청춘의 생명도 아깝거니와 미망인인 K부인과 어린아이들의 장래가 과연 어찌될 것인가? 인생의 행로가 원래 험난한 것이지마는 天意가 이렇게도 무심할 줄이야.

이때 K부인의 나이 겨우 27세 참으로 졸지에 청상과부의 신세가 된 것이다. 사람은 불행이 닥치면 동정을 받게 되는 것이 상례이다. K부인도 그의 친가를 비롯한 시가나 친지 동창생 누구나 동정은 하지마는 K부인의 장래를 책임져 줄 사람은 하나도 없었다.

장래를 생각하니 암담할 뿐이었다. 청춘은 두 번 다시 오는 것도 아닌데 과연 그대로 희생만 하고 말 것인가? 모든 사람의 생각은 이래서 주저하게 마련이고 여러 갈래로 나누어지는 것이다. 종래 우리의 전통적인 윤리나 풍습으로는 再婚하지 못하는 것이 원칙으로 되어 있다. 그러나 시대는 달라졌다. 청상과부로서 한평생 수절하는 일은 매우 드물게 된 것이나 改嫁를 하는 것이 오히려 정상적인 것처럼 일반적 윤리관이 변모된 것이다.

그러나 K부인의 결심은 매우 공고하였다. 자신의 청춘을 생각하기 전에 이미 세상을 떠난 夫君의 애처로움을 슬퍼하는 마음이 앞섰고 부부간에 남겨놓은 어린 싹의 불쌍함이 이루 말할 수 없는 고민이었다. 2살, 3살, 5살의 생명 어미의 힘이 아니면 저것들이 어떻게 될 것인가? 소위 구미식의 향락주의적 입장에서 생각하면 고아들을 수용하는 고아원도 있겠고 친가에 부탁하여 양육하는 방법도 있지 아니한가.

그러나 이와 같은 망상은 K부인에게 있어서는 꿈에서나마 생각하여 본 일도 없었고 친척이나 친지 중에서 이와 같은 권유를 하는 사람이 있다면 이는 오로지 원수와도 같이 생각할 뿐이었다.

자기 일신에 대한 걱정은 추호도 없었고 어떻게 하면 망인에 대한 신의를 저버리지 아니할까. 유아들의 장래문제, 첫째로 교육과 양육 문제를 어떠한 방법으로 할 것인가 하는 것이 앞에 놓인 중대한 문제였다. 종래의 윤리적인 측면에서 보면 전형적인 貞烈 부인의 모범형이었고 현대적 견지에서 볼 때는 건강한 의지의 소유자로서 현숙하고 고상하며 지혜로운 전형적인 여성이라고 아니할 수 없다.

K여사는 장래 생활문제와 유아들의 양육문제를 위하여 고려한 나머지 자신의 만난을 제폐하고 새로 進學함으로써 경제문제를 비롯한 모든 문제를 해결하게 될 수 있다는 신념을 지니게 된 것이었다. 그리하여 수도여자의과대학에 수험 입학하게 된 것이다. K여사는 가정의 주부로서 유아들의 어머니로서 도저히 뚫기 어려운 난관을 돌파하게 된 것이다. 그것도 고교를 졸업한 직후라면 용이한 일일지도 모르나 오랫동안 놓았던 옛 책상을 다시 대하며 학생의 생활로 다시 들어간다는 것은 상상조차 하기 어려운 일이 아닐 수 없었다. 밤을 지새우며 보채는 애기를 무릎 위에 놓고 공부하던 고충이라니 이루 말할 수 없었다는 것이다.

어느 때나 고요한 밤에 아이들은 곤히 잠들었을 때 창에 비친

달빛만이 외로운 젊은이를 위로하는 듯 찬 기운 모진 바람에 잠못 이룬 채 몇 번이던고 옆에 누운 3남매 대견하다면 대견도 하지만은 그러나 저것들이 아직도 겨우 6, 7세의 고아 어느 세월에 큰 소리를 할 것인가. 이와 같은 어려운 생활을 거듭하는 동안 학교를 졸업하고 모든 절차대로 의사의 자격을 갖춘 뒤 개업을 하는데 이른 것이다. 이어서 경제적 기반도 닦게 되고 자라는 아이들도 어머니의 뜻대로 순조로이 학업을 마치게 된 것이다. 그들의 출신대학은 서울대학교의 상대와 공대이며 또한 이대 소위 일류대학들이었다. 현재 모두 은행과 회사의 요직에 있으며 이에 따라서 가정도 매우 번영하고 있다. K부인의 생활일은 끝이 났다. 세월은 흘러 어언 60여 세의 노령, 아직도 자신은 의업에 종사하며 사랑하는 아들과 딸을 거느리고 여생을 즐기고 있다.

내가 이 秘話를 세상에 소개하고자 하는 뜻은 결코 여성이 남성에게만 복종하라는 소위 종부의 도덕을 강조하고자 하는 것은 아니다. 다만 사람이 정중히 몸을 허락한 이상 신의를 저버리지 아니하고 수행할 줄 아는 꿋꿋한 결심과 부부 사이에 생긴 사랑의 씨를 잘 기르고 가르쳐서 인생의 보람을 찾게 한 그 성스러운 노력을 높이 평가하고자 하는 것이다. 일국의 권좌에 앉았던 제일부인도 사랑하는 자식들을 거느린 몸으로 부군이 세상을 떠난 뒤에 일개 상인에게 다시 몸을 허락한 사례를 우리는 목격하였다. 우리 인생은 쾌락을 추구한다. 개인주의도 평범한 인간으로서는 버릴 수는 없는 것이 사실이다. K부인은 다른 사람이 하기 어려운 일을 한 것이라 그 자손들이 어머니의 일생을 바친 희생과 정성에 감동하여 지극한 효성을 다한다 하니 우리로서 또한 감격하지 아니할 수 없다. 이 정성이 널리 미치면 나라에 대한 충성이며 민족을 위한 도리이다.

위에 적은 비화는 한 개인의 일이지마는 인생사회에 있어서 버려둘 수 없는 實話이다. 물질을 편중하는 나머지 인간의 정신에 대한 관리가 등한히 됨으로써 이에서 파생되는 폐단은 우리의 사회뿐만이 아니라 현재 세계적으로 고민하고 있는 중대한 문제이다.

현대 사회에서 보기 어려운 일이기에 이를 대강 적어서 널리 알리고자 하는 바이다. 물론 이만한 事例쯤이야 얼마든지 찾아볼 수 있는 매우 容易한 일처럼 생각이 되기도 한다. 사람은 언제나 불행이 따를 수 있고 이 불행을 아무 부담 없이 잘 극복하여 나가는 수도 있다. 그러나 불행 자체보다도 그 불행을 어떻게 克服하여 나아가느냐가 더 문제이다.

사람은 언제나 행복을 渴求한다. 그렇다. 度에 넘치면 不義를 不拘하고 또는 犯罪를 하면서까지 요행을 바라며 不義를 敢히 하게 된다.

위에 보인 貞烈의 경우 그 냉정과 忍耐와 貞烈 참으로 現代人으로서 稱讚하고 敬愛할 만한 일이라 하겠다.

儒門隨錄

-近朝에 있어서 外勢의 侵來와 節義學派에 對한 考察-

(一)

대저 國家의 內政이 어지러우면 그 틈을 타서 外勢가 자주 侵來하는 것이니 마치 사람이 中氣가 不實할 때에 外感이 드는 것과 同一한 理勢라고 할 것이다.

이와 같은 事例는 內外歷史에서 그 實證을 얼마든지 찾을 수 있는 것이며 最近朝에 있어서 우리나라의 實情을 살펴보면 北으로는 虎視耽耽 沿海洲를 비롯한 韓國의 全域을 엿보던 帝政露西亞의 野望이나 南으로부터 狡猾强暴하게 侵襲하여 오던 日帝의 蠻行은 近世史에 있어서 참으로 잊을 수 없는 可憎스러운 汚點을 남긴 것이었지마는 同時에 우리는 남의 잘못을 꾸짖고 나무라기보다는 우리의 國內政情이 얼마나 貧困하였고 無計劃的이었으며 無氣力하였던가를 항상 반성하며 새롭고 健全한 方向을 모색하여야 할 것이다.

우리나라의 형편을 살펴보기 전에 隣邦의 事情을 잠깐 더듬어 보면 東洋에서 老大國으로 自負하여 오던 淸朝가 道光二十年(西紀一八四○)에 阿片戰爭에서 慘敗하게 되자 英國과 南京條約을 맺게 되었고 이것을 비롯하여 五個의 港都에 開港을 하지 아니하면 아니 된 것이며 外國人이 自由로 通商할 것을 容認하게 되었고 따라서 關稅에 對한 自主權도 喪失하게 된 것이다.

이로부터 列强이 文化, 經濟 各方面에 進出한 것은 물론이며

天津, 北京 兩條約을 위시하여 枚擧하기 어려울 정도의 條約이 繼續 締結되었고 한편 悠久한 歷史를 지니고 있던 印度 또한 英國政府의 管轄에 들어가게 되었던 것이다.

極東에 멀리 자리 잡고 있는 孤獨한 半島의 나라이며 참으로 東方禮義之國을 信條로 살던 신사의 나라인 한국 이 나라는 다른 나라들로부터 侵害는 當하였을지언정 한 번도 다른 民族에게 殘虐한 일은 못 하여 본 나라이다.

생각건대 强者가 弱者를 누르고 惡貨가 良貨를 물리치는 것이 唯一한 眞理라면 오로지 仁慈하고 厚德한 것이 別로 美風良俗이 아닐는지 모르나 聖者와 哲人은 언제든지 人間의 善惡을 判斷할 때에는 반드시 前者를 버리고 後者를 取하는 것이니 이와 같은 點에서 볼 때 우리 韓國은 과연 前者에 屬한 것인가. 여기에서 다시 區區하게 辯護를 하고 싶지 아니한 바이다.

태풍은 과연 우리나라에도 불어오게 되었으니 自來로 陰險한 露帝는 中國에서 펴 보던 威勢를 한국으로 옮기어 一八六○年 이후 豆滿江을 사이에 두고 우리나라와 國境을 接하게 되고 이어서 高宗元年(一八六四)에는 露帝의 極東擔當官憲이 豆滿江을 敢히 넘어서 慶興에 侵入하여 正面으로 通商條約을 强要함에 이르렀고 大院君의 基督敎徒 彈壓을 口實로 하여 江華島에는 佛蘭西艦隊가 侵略한(一八六六) 騷動이 있었으며 이 밖에도 通商을 要求하느니, 江華島를 侵攻하느니 또는 廣城鎭을 占領하는 등(一八七一) 各樣各色의 錯雜한 事態가 벌어졌다. 그러나 무엇보다도 可恐할 만한 外患은 日帝와의 關係이었다.

日本은 일찍부터 歐美列强의 帝國主義에 刺戟을 받아서 銳意 그 思想을 傳受하였고 治政의 方法과 制度를 일찍부터 模倣하여 그 手法을 처음으로 外國에 試圖한 것이 中國이며 또한 韓國에 대한 것이었다.

高宗十二年 乙亥(一八七五) 七月에 草芝鎭 前洋에 나타난 日本의 軍艦 雲揚號를 江華島의 水兵이 一時 砲擊을 加하여 이를 退去케 하였으나 敵艦은 다시 來侵하여 永完鎭을 襲擊하였고 同 十月에는 日本의 海軍이 釜山에서 示威를 敢行하였으며 곧이어 十二月에는 日本의 同權辦理大臣 黑田淸隆 等이 釜山浦에 來到하여 江華島 通行을 豫告한 바 있다.

高宗十三年 丙子 正月(一八七六)에는 日本軍艦 七隻이 京畿海岸에 來泊하여 二月에는 朝日修好條規가 調印이 되니 이것을 丙子修護條約 또는 江華島條約이라고 하며 同 十四年 丁丑 十月(一八七七)에는 日本代理公使 花房義質이 와서 日本公使의 京城駐劄문제와 開港場地選定 等에 關하여 商議하고 十一月에 歸國하였으며 同 十五年 戊寅(一八七八) 四月에는 日本軍艦이 咸鏡道 德源沿岸을 測量하고 同 八月에는 全羅 忠淸海岸을 測量하며 同 十一月에는 釜山海關의 撤廢를 要請하였고 同 十六年 己卯(一八七九) 八月에는 日本 花房公使가 元山에 이르러 開港細目을 協商하고 돌아갔으며 同 十七年 庚辰(一八八○) 十一月에는 日本 辦理公使 花房義質이 入京하여 國書를 奉呈하였다.

同 十八年 辛巳(一八八一) 四月에는 副技軍을 두고 日本陸軍少尉 한 명을 雇用하여 新式訓練을 實施하였고 그다음 해에는 花房公使가 陸海軍을 거느리고 仁川에 來到하였으며 十一月에는 日本公使 竹添進一郎이 着任하였다.

同 二十一年 甲申(一八八四) 十一月에는 日本特派 全權大使 井上馨이 와서 漢城條約을 調印하고 同 三十一年 甲午(一八九

四) 六月에는 日本公使 大島圭介가 軍隊를 이끌고 闕內에 侵入하였고 同 三十二年 乙未(一八九五) 七月 日本公使 三浦梧樓가 着任하여 八月에 乙未事變을 일으켰으니 日人亂徒들을 시켜 景福宮에 들어가 閔妃를 殺害하였으니 千古에 없는 罪惡을 犯한 것이다. 이에 柳麟錫, 徐相說을 비롯하여 抗日義兵이 四方에서 일어났고 高宗 光武八年 甲辰(一九○四) 二月에는 日露의 國交가 斷絶되고 日本陸軍이 仁川에 上陸하여 서울에 入城하였고 同 九年 乙巳(一九○五) 一月에는 京城 및 附近의 治安警察權을 日本憲兵隊가 掌握하였고 三月에는 日本憲兵이 이에 抗議하는 崔益鉉을 逮捕拘禁하고 日本 憲兵이 宮城을 守備하며 四月에는 通信機關을 日本에 委任하고 五月에 이르러서는 駐英署理公使 李漢應이 國勢의 萎縮하여 감을 憤慨하여 自決하였고 八月에는 沿海河川의 航行貿易權을 日本人에게 許容하였으며 十一月에는 日本特派大使 伊藤博文이 來京하여 第二次 韓日協約 곧 乙巳保護條約 또는 五條約을 締結하여 마침내 韓國의 自主權을 喪失하는데 이르렀다.

特進官 趙秉世와 侍徒武官長 閔泳煥 等이 協約의 撤回를 再三 上疏한 바 있었으며 閔泳煥은 國民에게 告하는 遺書를 남기고 自決하였고 이어 洪萬植 趙秉世 宋秉璿 以下 憤死者가 續出함으로써 世界의 耳目을 놀라게 하였다.

日本政府는 우리 겨레의 沸騰하는 排日國論을 殘惡한 銃劍으로 억누르면서 統監府와 理事廳官制를 公布하였으며 同 十年 丙午(一九0六) 三月에는 日本 興業銀行으로부터 一千萬元을 借款케 하였다.

前判書 閔宗植이 洪州에서 抗日義兵을 일으켰고 初代統監 伊

藤博文이 着任하여 强權을 行하였다. 尹孝定 張志淵이 憲政硏究會를 擴充하여 大韓自彊會를 組織하였고 六月에는 崔益鉉 林炳贊 等이 全羅道에서 起兵하였다가 成事하지 못하고 逮捕되었으며 七月에는 警衛院을 廢止하고 宮門에 日本警官을 配置하였으며 八月에는 日本의 韓國駐劄軍 司令部를 設置하였다.

九月에는 日本人이 崔益鉉 等을 對馬島에 監禁하였고 鎭海 및 永興灣을 軍港으로 使用하기 위하여 日本에 借與하였으며 十月에는 日本과 鴨綠 豆滿江 森林協同約款을 締結하였다.

江原 慶北 等 各地에서 抗日義兵이 계속 일어났고 崔益鉉 先生이 對馬島에서 餓死함으로써 國民의 忠義感을 더욱 警動시킨바 있었다.

以上에 列錄한 記事로서 近朝末 庚戌國恥에 이르기까지의 國內外 情況을 대강 엿볼 수 있는 것이다.

(二)

自來로 國家를 隆昌하게 하는 主動的 事業을 일으키는 것도 매우 어려운 것이지마는 國運이 기울어질 때에 이를 挽回하여 보려고 殺身成仁의 節義를 다하여 後世에 길이 빛을 남기는 것은 더욱 어려운 일이라고 아니할 수 없는 것이다.

最近朝에 있어서 우리 한국으로서는 가장 큰 不幸을 겪었던 것이니 그 첫째는 日本과의 國際協約에 있어서 丙子修好條約이며 그 다음이 光武八年의 韓日議定書問題이다. 이것만으로도 韓國의 政治, 經濟를 비롯하여 모든 實權이 日本에 全的으로 讓渡된 것이지마는 이것을 具體的으로 더욱 露骨化시킨 것이 所謂 乙巳保

護條約인 것이다.

우리의 半萬年 歷史가 이에서 萎縮되었고 民族의 生命이 이에서 끝난 것이다. 이 條約은 이해 十一月 十七日에 强制로 締結된 것으로서 우리의 自主的 獨立權이 島夷에게 歸屬하게 된 것이며 國際的 外交權을 一朝에 喪失하는 데 이른 것이다.

이 條約의 內容을 잠깐 살펴보면 大略 다음과 같이 列記할 수 있다.

第一條 今後 韓國外交事務는 日本東京外務省을 經由하여 그 監理 指揮를 받을 것이며 또 韓國民으로서 外國에 있는 者의 利益도 日本外交代表 및 領事로 하여금 一切 保護케 한다.

第二條 韓國 및 他國間에 現存하는 條約을 實行 完遂하는 任務는 日本이 모두 이를 擔當하고 또 韓國政府는 自今爲始하여 日本政府의 仲介를 經由치 아니하고서는 國際的 性質을 所有한 何等의 條約이라도 맺는 것을 不許한다.

第三條 日本政府는 그 代表者로 하여금 韓國皇帝陛下의 闕下에 一名의 統監을 置하되 統監은 오로지 外交에 關한 事項을 管理하기 위하여 京城에 駐在하고 아울러 親히 韓國皇帝陛下께 內謁하는 權利가 있다.

日本政府는 또한 韓國의 開港場 및 其他 日本政府가 必要하다고 認定하는 地域에 理事官을 두되 그 權利는 統監의 指揮 아래 前日 在韓國日本領事에게 屬하던 職權을 執行하고 아울러 本協約의 條款을 實行하기 위하여 必要로 하는 一切의 事務를 掌理한다.

第四條 韓日兩國間에 現存하는 條約은 本協約의 條款에 抵觸되지 않는 限 모두 그 效力이 繼續된다.

第五條 日本政府는 韓國皇室의 安寧과 尊嚴을 維持할 것을 保障한다.

이상의 協約條款을 볼 때에 國際的 條約이라기보다는 한 나라의 國權을 强奪한 것이며 天賦의 自由를 剝奪한 것이다. 血氣 있는 國民으로서 어찌 이를 默過할 것이며 良心이 惺惺한 人間으로서 愛國衷情이 躍動하지 아니하겠는가.

지금에 이르러서는 지난날의 흘러간 한 가지 歷史的 事實이 되었지마는 이와 같이 凄慘한 過去를 回顧하여 볼 때 정신이 아득하고 心懷가 暗澹함을 禁치 못하는 것이다.

世代가 바뀐 後人의 心情도 그러하거늘 하물며 그 當時에 나서 그와 같은 現實에 直面한 人士의 處地로서야 어떠하였겠는가! 擧族的으로 한 사람의 피가 끓지 않을 사람이 없는 것이니 이 가운데서도 당연한 責任을 痛感한 분들은 生命을 鴻毛와도 같이 가벼이 여기고 不義에 抗拒하였던 것이다.

國運을 左右하던 臣民으로서 또는 民族의 代辯者로서 當然한 일인지도 모르지마는 逆徒가 國柄을 마음대로 흔들고 無情의 權勢에만 阿附하는 者들이 날뛰는 混亂한 때에 欣然히 蹶起아여 立節死義한 것은 참으로 우리 民族의 光明이며 日月이 아닐 수 없다. 五千年의 歷史를 誇示하는 本義가 여기에 있고 五百年 동안 節義를 崇尙한 精神이 이에서 實證된 것이다.

이제 國家의 大變에 處하여 成仁한 몇 분의 行績을 살펴보기로 하자.

前 參判 洪萬植이 國變을 듣고 自殺하였다. 萬植은 마침 驪州 丙舍에 있던 때였다. 그때 마침 손님과 함께 바둑을 두다가 五條約이 이루어졌다는 말을 듣고도 그는 얼굴빛도 변하지 아니하고

태연히 앉아 바둑을 다 마친 뒤에 바둑돌을 갑에 넣고 客을 물러가라고 손짓을 하였다. 내가 무슨 일이 좀 있으니 君客은 물러가 달라는 뜻이었다.

그런 뒤에 衣冠을 바로 하고 집 뒤에 있는 先山에 가서 下直人事를 하고 돌아와서 家廟에 拜謁한 뒤에 藥을 타라고 命하여 마시려고 할 제 그의 아들 杓가 울며 그 약그릇을 엎지르려고 하였다. 이때 그는 꾸짖으며 물러가라 하고 말하기를 "너의 情理는 당연히 그리하여야 하겠지만 그러나 國勢가 이에 이르렀는데 죽지 아니하고 무었을 할 것이냐!" 이에 杓가 또 請하여 말하기를 "한번 上疏하여 임금께서 깨닫기를 바랄 것이며 임금이 듣지 아니하신 뒤에 돌아가셔도 늦지 아니하십니다."

洪萬植이 탄식하며 말하기를 "時事를 可히 알 것이니 忠言도 유익함이 없구나. 말로만 하는 것이 무슨 소용이 있겠는가." 하며 드디어 약을 마시고 絶命하였다.

"前參判 洪萬植 聞變自殺 萬植時居驪州丙舍 方與客棋 而勒約報至 萬植容色不變待了局 徐歛子納奩畢 麾客退曰 我有事 君其去 卽肅衣冠 往屋後 辭父墓 還謁家廟 命和藥將飮 其子杓 呼哭而覆之 萬植叱退曰 情理固當爾也 然國勢至此 不死何爲……"(梅泉野錄 卷之四 光武九年乙巳條)

洪萬植 先生은 일찍이 時弊를 救하기 위하여 말하기를 君心을 바르게 하고 紀綱을 세우며 私幸을 막고 奔競을 根絶하며 財用을 준절히 하고 成憲을 지켜서 政府를 統一하면 政治는 잘될 것이라고 하였다.

그때의 형편으로서 당연한 提言이라고 아니할 수 없다. 그러나 어느 때나 말이 不足한 것이 아니라 그 말을 實踐하는 것이 重要

하며 또한 그 말한 것을 實踐하는 사람이 더욱 貴하다고 아니할 수 없다.

最近朝의 遺臣으로 殉國한 節義之士가 많은 것은 한 時代의 歷史를 終結하는 빛이 되는 것이지마는 이것을 우리는 오로지 歷史의 事實로만 돌리지 말고 항상 새로운 鑑戒로 하여 꾸준한 計劃과 實踐이 不絶히 要請되는 것이다.

(三)

儒敎의 倫理觀과 敎育理論이 本來 人間의 本性을 啓發善導하여 人格의 完成을 期하는 데 그 主眼이 있는지라 政經의 目的도 이와 같은 人間을 本體로 한 理想的인 社會를 構成하며 堅實한 國家를 建設하는 것이니 이에서 비로소 富强한 人間의 生을 營爲하고 찬란한 歷史와 화려한 文化를 創造하게 되는 것이다.

그렇기에 儒學에서 말하는 政經은 崇高한 理想과 忠勤한 實踐이 반드시 並行되어야 한다. 古代社會에서는 民知가 發達하지 못하였던지라 神權을 主張하고 天命에 依存하는 것은 文化發展上 不可避한 일이기도 하였지마는 儒學思想을 云謂하게 된 以後로는 항상 人間을 위하여 至誠을 다하였으며 明哲한 知慧는 民衆으로부터 發源되었던 것이다.

그러므로 鬼神을 論하기 前에 人事를 바로잡기에 急하였고 死의 문제를 말하기보다 生의 貴重함을 提唱하였다. 論語에 이르기를 "季路가 鬼神 섬기는 법을 물으니 孔子 말씀에 '사람 섬기는 법을 모르면 어찌 鬼神 섬기는 법을 알겠는가.' 또 '死(죽엄)에 대하여 물었더니 이에 答하기를 生(사름)을 알지 못하면 어찌 死를 알겠는가.' 하였다."

"季路問事鬼神, 子曰 未能事人, 焉能事鬼. 曰 敢問死 曰 未知生 焉知死(先進)"

이에서 儒學의 精神은 항상 神秘러움보다 現實的이며 觀念的인 것보다는 經驗的인 것이다.

그렇기에 政經문제에 있어서는 첫째, 民衆을 위하는 것이며 民衆이 主體가 되고 民衆에 의하여 이루어지지 아니하는 것이 없다. 간단히 말하면 民本主義 아닌 것이 없다. 儒學經典에서 이에 관한 중요한 文句를 추려 보면

'民惟邦本'(書)은 民衆이 나라의 根本이 된다는 말이며

'民者君者本也'(左傳 僖公 26)는 人民이 君主의 근본이라는 뜻이며

'民神之主也'(左 僖 19)는 民衆은 神의 主體라 함이오.

'民爲貴 社稷次之 君爲輕'(孟子 盡心 下 14)은 民衆이 가장 貴하고 社稷(領土)이 그 다음이며 君主가 가장 낮은 位置에 있다는 것이다. 封建社會에 있어서 이와 같이 民貴君輕의 民主的인 思想을 徹底하게 鼓吹한 것은 東西歷史에 그 類例가 없었다고도 할 것이다.

이 外에도 民權의 貴重함을 論議한 것은 古典에 매우 많다. 즉 國家에는 民衆이 主體이며 民衆의 意思가 아니면 神의 存在도 認定될 수 없는 것이다.

'大道之行也 天下爲公'(禮記禮運)이라고 보인 말은 上記한 民權에 대한 本意를 總括的이며 簡明하게 表現한 것이니 人間에 賦與된 平等과 自由와 權利를 公認한 根源的인 命題라 할 것이다. 民衆의 앞에 絶對者는 누구이며 獨裁를 敢行할 사람은 또한

어데 있는가. 그러므로 民衆을 爲하여 마련된 政治의 組織이나 經濟의 制度는 어디까지나 所謂 民有(백성이 소유하는 것), 民治(백성 자신이 다스리는 것), 民享(백성 자신이 받을 권리가 있는 것)을 基本精神으로 여기는 것이다.

그렇기에 이와 같은 理念下에서는 統率者의 特權도 富裕의 獨占도 絶對로 容認하지 못하는 것이다.

이 理論이 虛構가 아닌 것을 實證하기 위하여 禮記禮運篇의 一節을 移錄하고자 한다. 즉

"……選賢與能 講信修睦 故人不獨親其親不獨子其子 使老有所終 壯有所用 幼有所長 矜寡孤獨廢疾者 皆有所養 男有分 女有歸 貨惡其棄於地也 不必藏於己 力惡其不出於身也 不必爲己 是故 謀閉而不興 盜竊亂賊而不作 故外戶而不閉 是謂大同"

이에 明示되어 있는 바와 같이 執政者로서는 國政을 담당할 수 있는 賢能한 人才를 選出登用하여야 하며 社會的 信義를 講磨하여 順厚한 風氣를 助長하며 老壯의 分別에 있어서 各其 適所에 活動하게 한다. 환경이 외롭게 된 사람들까지도 安心하고 生活을 즐기게 하며 男性은 職場으로 女性은 家庭으로 저들에게 알맞은 責任을 다하게 한다. 資源은 開發하되 個人만을 위하는 것은 아니며 사람들이 힘써 일하는 것도 自己自身만을 위하여서가 아니라 어디까지나 社會公益을 위하는 보람이 된다. 이에서 사회는 질서가 있어서 서로 謀略하는 폐단이 없게 되고 도적도 없어지며 문도 닫지 아니할 정도로 平穩하게 되는 것이니 이것을 소위 大同世界라 이르는 것이다.

이와 같은 切實하고도 平易하게 表現된 民本的인 政經理論은 儒學經典에 많이 있다. 다만 現代와 같이 社會에 直接 영향을 주

지 못한 것이 유감이라 할 것이다. 淸儒인 梁啓超는 말하기를

"儒家에서 말한 바는 人間의 道理나 政治는 仁에서 비롯되지 아니한 것이 없다."고 하였는데 儒家論道言政 皆植本於仁(先秦政治思想史) 仁은 과연 儒家思想의 本領이 되는 만큼 民을 말하게 되면 먼저 仁愛를 想起하지 아니할 수 없다.

그러므로 聖典에 보인 政治의 根源은 반드시 仁愛의 精神으로 出發이 된다.

孔子가 季康子의 問政에 對하여 答하기를 "政治는 바르게 하는 것이니 그대(季康子)가 솔선하여 바르게 하면 누가 敢히 不正을 하리오." 하였고

季康子問政於孔子 孔子對曰 政者正也 子帥以正 孰敢不正(顔淵)

季康子가 다시 魯나라에 盜賊이 많은 것을 걱정하여 孔子에게 물으매

孔子 또한 이에 答하기를 "그대(康子)가 참으로 貪欲하는 일만 없으면 비록 賞을 주면서 도적질하라 하여도 아니할 것이니라." 하여 康子에게 極度로 衝擊을 일으키게 한 바 있었다. → 季康子患盜, 問於孔子, 孔子對曰 苟子之不欲, 雖賞之不竊(顔淵)

그러면 孔子는 聖人인 만큼 그 말씀이 항상 忠厚한데도 不拘하고 康子에게 이와 같이 極端的으로 應對하게 된 理由는 어데 있는가. 즉 康子는 魯를 다스리는 가장 중요한 上卿의 지위에 있는 執權治者로서 民衆을 仁愛할 줄 아는 政治는 고사하고 民衆을 도리어 괴롭히게 하는 데 열심이었기 때문에 民衆의 怨府가 되었던 까닭이다.

물론 儒學의 政治理念은 民衆을 위하는 데 큰 價値가 있는 것이다.

'上思利民忠'(左傳, 桓公 6)이라고 보인 것은 위에 있는 사람이 仁愛하는 마음으로 아래에 있는 사람을 利롭게 하는 것을 忠이라 이른 것이다. 다시 말하면 治者로서 民意를 尊重히 하고 民衆을 愛護할 것을 强調한 것이다. 다음으로 民衆의 輿論은 어떠한 方法으로 참작하였던 것인가. 이에 대하여 또한 一言하고자 한다. 聖典에 의하여 보면 孔子와 子貢과의 問答에서 子貢이 묻기를

"어느 사람의 人格을 評定함에 있어서 鄕人(民衆)이 다 같이 말하기를 좋은 사람이라고 하면 어떠합니까."

孔子 이에 答하기를 "不可하니라."

子貢이 다시 묻기를

"그러면 鄕人이 다 같이 미워하는 사람이면 어떠한가요."

孔子 또한 이에 答하기를

"그것도 역시 不可하니라. 반드시 鄕人 中에서도 善良한 사람만이 좋다고 말하는 그 사람이거나 그렇치 아니하면 不善한 사람은 도리어 밉다고 指摘받는 그 사람이 좋은 사람이니라."고 論破하였다.

子貢問曰 鄕人皆好之何如 子曰 未可也 鄕人皆惡之何如 子曰 未可也 不如鄕人之善者好之 其不善者惡之(子路)

現行되고 있는 소위 現代的 선거法은 選擧人 自體의 性分이나 또는 人品에 대하여는 묻지 아니하고 다만 多數決에 의하여 當落을 決定하는 것이 東西의 通例이다.

이때에 반드시 고려되어야 할 것은 참으로 善類들만이 모여서 選擧한 사람이라면 그 被選者는 必然的으로 좋은 사람인 것이 틀림없겠지마는 不美한 部類들이 選擧한 者는 十中八九는 좋은 사람이 被選되기 어려울 것이니 이는 곧 그 사람들(不美스러운 選擧

人)의 생각이 民衆을 위하는 것보다는 私利를 貪하기에 바쁘며 따라서 行動이 不善하고 生活手法이 不美한 까닭이다.

과연 上記된 孔子와 子貢과의 問答한 內容이 그대로 實行되느냐 하는 것은 將來도 연구하여야 할 문제이지마는 歐美의 學者들間에도 現行 選擧法에 대하여 不滿을 지니고 있는 것만은 事實이며 孔子의 主張한 것이 現行 選擧法에 比하여 볼 때 理想的이라 아니할 수 없다.

다음으로 儒學에서 經濟에 대하여서도 얼마나 愼重히 생각하였는가를 상고하여 보면

孔子가 衛나라에 갔을 때 弟子의 한 사람인 冉有가 隨行하였었다. 孔子께서 冉有에게 이르기를 "이 나라는 人民이 많구나." 冉有가 이에 應對하기를 "人民이 많으면 그 다음으로는 무엇을 必要로 할 것입니까?"

孔子 또 이에 答하기를 "人民이 많으면 당연히 富裕하게 하여야 하느니라."

子適衛 冉有僕 子曰 庶矣哉 又何加焉

曰 富之(子路)

子貢이 問政하였을 때에도 孔子는 '足食'이라는 말로써 經濟의 중요함을 보여준 바도 있었다.

子貢問政 子曰 足食 足兵 民信之矣.

大學에서 生財의 道를 말하기를 "生産하는 사람은 많아야 되고 無爲徒食하는 사람은 적어야 될 것이며 農繁期에는 農民으로 하여금 農事에 충실하게 하고 量入爲出하는 營農方法을 쓰게 하면 財用이 豊足한 것이니라." 한 것이며

生財有大道 生之者衆 食之者寡 爲之疾 用之者舒 則財恒足矣

(大學)

孟子에는 農穀 水産 林業이 民生에 있어서 不可缺하다는 点과 民衆은 不飢 不寒 즉 生活이 豊足하여야 됨을 提醒하여 政, 經이 相輔不離하는 것이 王道의 根源임을 論及하였으며 이에 이어서 恒産이 있어야 恒心이 있고 恒産이 없으면 恒心도 없다고까지 確言한 것은 千古에 보기 드문 哲學이라고 아니할 수 없다.

① 穀與魚鼈 不可勝食 材木 不可勝用……王道之始也(梁惠王)

② 民之有道也, 有恒産者 有恒心 無恒産者 無恒心……(滕文公 上)

이에 다시 生産한 것을 分配하는 問題에 이르러서도 均平히 할 것을 가장 貴히 여긴다. 그러므로 孔子는 "國家를 保有한 者는 적은 것을 걱정하지 말고 不均한 것을 걱정하여야 한다."고 이른 바 있다.

丘也聞 有國 有家者 不患寡而患不均(季氏)

이로써 儒學에서 主張하는 바 政經의 理論이 대강 밝혀진 것으로 생각하는 것이며 現代에 適應될 만한 實踐的 理論임을 附言한다.

儒의 意味

儒學思想은 東洋에 있어서 古來로부터 傳來한 傳統思想의 하나이다. 先秦以前에는 이 思想을 先王의 道라 稱하고 或은 堯舜의 道라 하여 經典에 많이 보인 바 있다.

春秋時代에 이르러서 孔子는 이 道의 理念을 宣揚하여 人類本然의 性格을 더욱 밝힌 바 있으며 모든 문화의 發展을 期하였고 後代에 길이 貢獻한 바 많은 것이다. 孔子의 思想과 學說을 가장 正確히 傳하였다고 이르는 論語에도 直接 儒에 言及한 곳은 論語全篇 中에 子謂子夏曰 女爲君子儒 無爲小人儒(雍也)라 한 것이다.

後儒들의 이에 對한 解釋을 보면 君子爲儒 將以明道(論語集解)라 하여 儒의 本質은 明道에 있음을 말하였고 이에 다시 演論하기를 言人博學先王之道 以潤其身者 皆謂之儒(注疏)라고 한 것으로 더욱 具体的으로 말한 것이니, 즉 先王의 道를 널리 배움으로써 知識을 硏磨하며 이에 自我의 修養을 敦篤히 하고 人品을 高尙하게 함이라 이름이니 이에서 君子儒의 大義는 大略 밝혀진 것이다.

論語 以外에도 古典으로서 周禮에 儒 以道得民이라 이른 바 있고 이의 註解에는 儒有六藝 以敎民者라 이른 것은 儒는 自身의 發展에만 充實할 뿐 아니라 그 功이 他人에게까지 영향을 줌으로써 비로소 儒의 責務를 다한 것이라 할 것이다. 이는 곳 個人의 完成과 아울러 人人相互間에 互惠의 情(精神)을 發揮함으로써 完美한 社會를 建設함이니 禮記에 이른바 儒之言 優也 言能安人

能服人(儒行)이라고 한 것과 互相 發明될 뿐 아니라 儒의 意義가 얼마나 精深博大함인가를 알 수 있다. 孔子 以後로 儒學의 發展한 過程을 살펴볼 때 매우 그 形態를 달리 한 바 많으며 時代를 따라서 儒學精神을 表現하는 方法이 또한 多樣으로 變遷되었다 할 것이다. 道 佛 兩敎와의 接觸이며 西歐思想과의 關係 等 여러 層節이 있었음을 看過할 수 없다. 孔子의 學問과 德行은 古來로 記述된 바 많지마는 더욱이 最近에 이르러서는 中外에 그 영향을 많이 끼친바 中國의 大革命家인 孫中山은 三民主義의 大事業을 成就함에 있어서 儒學의 本質을 그 基本綱領으로 하였다. 歐美의 學者 亦是 儒學에 關心을 갖게 됨은 儒學者層에 한 새로운 轉換點을 造成하였다고도 할 것이다.

유도 진흥의 적절한 시기

유도 진흥에 대하여는 본지를 통하여 여러 번 강조한 바도 있고 그 구체적인 안을 주장하여 온 바도 있었다.

현재 우리의 사회 형편을 살펴보면 물질적인 욕구는 이미 극도에 달하고 있지마는 정신적인 면은 오히려 소외(疎外)되고 있다.

물질문화에 대한 연구가 서구(西歐)를 위시하여 미주(美洲)대륙에 전파되고 이 사상이 동양일대를 풍미하여 온 것이다.

그리하여 인간은 항상 물질문명의 혜택도 매우 힘입고 있는 형편이다. 그중에서도 가장 놀라운 것은 생활 활동이 어느 때보다도 편리하고 화려하여진 것이나 의・식・주의 편의는 말할 것도 없지마는 교통상의 신속한 것은 전일의 도보(徒步)와 승마(乘馬)에 비할 바 아니며 통신(通信)의 신속(迅速)한 것은 서신(書信)으로 우리의 의사를 전달하던 시대에 비하면 그 정확한 것이 가위 천양의 차이가 있다고도 할 것이다. 더욱이 전화와 텔레비전의 역할은 생각할수록 신묘(神妙)함을 새삼 느끼지 아니할 수 없는 것이다.

이런 반면에 인간과 인간과의 관계를 살펴보면 친애(親愛)보다는 질투(嫉妬), 순후(純厚)한 것보다는 경박(輕薄), 호의(好意)보다는 악의(惡意)가 온 사회를 지배하고 있으며 세계를 동요(動搖)시키고 있다. 국가 간의 전쟁을 궁시(弓矢)나 검극(劍戟)으로 대하던 것이 총탄(銃彈)과 원자무기(原子武器)로 전환된 것이다. 평화는 누구나 부르짖고 있는 구두선(口頭禪)이지마는 이상사회가 실현될 날은 묘연(渺然)한 형편이다.

누구나 현대(現代)의 문명을 저주하거나 타기할 사람은 없다. 다만 고도의 기계문명이 발달될수록 인간본연의 자태(姿態)를 망각(忘却)하지 말고, 정신 면도 그대로 또는 그 이상으로 존중되기를 바라는 것이다.

물질과 정신이 절대로 병립(並立)할 수 없는 것도 아니며 도리어 정신을 망각한 물질이 아니라 정신이 주체가 되는 물질이 더욱 아름답고 완전한 사회, 건전한 인간을 이룩할 수가 있다는 것이다.

이와 같은 사회를 이룩하여 보려고 노력하는 것은 물질적으로 빈곤(貧困)한 동아(東亞)에 있어서보다도 물질이 풍부한 구·미(歐·美)에서 더욱더 그 重要性을 느끼게 되고 있다. 미국의 예로 보면 전국 방방곡곡(坊坊谷谷)에 예배당(禮拜堂)이 있고 안식일(安息日)이면 전 국민의 60% 이상이 예배에 참여하고 있다 한다. 매우 놀라운 일이 아닐 수 없다. 이 외에도 정신위생(精神衛生)을 도모할 만한 곳으로는 박물관(博物館), 미술관(美術館) 정도가 될 것이며 무수한 관광지가 사방에 마련되어 있다. 이와 같은 훌륭한 시설이 있음에도 불구하고 소년소녀(少年少女)들의 정신 상태를 조사하여 본 결과 전 국민 중에 아직도 약간의 이상이 있는 형편이라 하며(一九五八년 미국 시찰 때 어느 탁아소 보모에게서 들은 말) 또한 범죄율(犯罪率)도 소위 후진국에 비하여 적지 않은 정도라고 한다(형법학자의 말).

이런 말을 들을 때에 누구나 놀라지 아니할 사람은 없다. 전 국민이 세 사람마다 자동차 한 대는 누구나 보유(保有)하고 있다고 과시(誇示)하는 참으로 물질의 혜택을 어느 나라 사람보다도 누리고 있는 국가로서 사회의 이면(裏面)이 어찌하여 저와 같은 지경에 이르렀을까? 나는 그 이유에 대하여 서슴지 않고 물질지상주의(物質至上主義)에 도취(陶醉)된 나머지 정신교육을 소홀(疎忽)히 한

데서 기인된 것이라고 하고 싶다. 영화, 라디오, 텔레비전 모든 매스컴(綜合傳達機構)이 보여주는 것은 대부분 선정적(煽情的)이며 퇴폐적이다. 이문목견(耳聞目見)이 그러한 것일 뿐 아니라 사고(思考)하는 방향이 물질만능이라면 그 이르는 결과는 가히 짐작할 수 있는 것이다. 최근 내한(來韓)한 하버드대학 교수 울릭(敎育哲學의 權威) 박사는 현대교육이 물질주의와 통계(統計)만능의 기술교육에 너무 전력(全力)한 결과 고귀(高貴)한 인간성(人間性)을 상실(喪失)하고 있으며 미국에서도 원기 왕성한 청년 지도에 골치를 앓고 있다는 말을 한 바 있다. 진정으로 현대의 고민상을 그대로 솔직하게 말하여 주었다 할 것이다.

그러면 우리 인간의 인성(仁性)과 선의(善意)와 예지(叡智)를 가장 존중히 여기며 항상 적의(適宜)한 환경에서 이 모든 자유의지(自由意志)를 발전 향상하게 하고 사회에 적응(適應)하도록 활동하여야 할 유교에서는 어떠한 일을 할 것인가? 그 촉망(屬望)되고 있는 당연한 과제는 참으로 많다 할 것이다.

첫째로는 교육시설의 확충인 것이니 이것을 다른 학교의 부설기관으로서가 아니라 성균관 자체로서 독립된 기관이 마련되어야 할 것이며 다음으로는 이 고정된 기관이 조속히 실현되지 못하면 특정한 기관에 유도강습회를 열어서 유도에 대한 학구적인 면에 충실할 것이고 따라서 유학경전의 번역에 주력함으로써 유도정신함양의 보급화(普及化)에 유의하여야 할 것이며 수시로 유도에 관한 행사와 강연회를 가짐으로써 유도정신 함양에 보익(補益)이 되어야 할 것이다.

이와 같은 일은 누구나 생각하고 있고 또한 어느 정도 계획도 서 있는 것으로 알고 있으나 조속히 실현되기를 갈망(渴望)하는 바이다.

이상에서도 언급한 바와 같이 현 사회의 실정이나 세계의 동향은 물질적인 문명을 더욱 완미하게 하는 가장 적절한 원동력(原動力)은 우리의 정신교육을 더욱 고조(高調)하여야 할 것이다. 참으로 현 교육과정에서도 도의적인 면은 너무나 소홀히 되고 있다. 이와 같은 결함을 보충하는 방법은 여러 가지가 있을 줄 알지마는 유도의 원래 교리를 천명하는 것이 가장 첩경이며 또한 시의(時宜)에 맞는 유일한 방법으로 확신한다.

漢字를 익히기 쉬운 길

漢字를 理解하고 習得하는 方法이 매우 어려운 것으로만 여겨왔다. 그것은 다름 아닌 說文學的 知識이 매우 결여되었던 까닭이다. 오랜 시간을 배워서도 誦讀하는 데 그칠 뿐이요 文字學에 대한 연구는 매우 부족하였던 것이다.

지금으로부터 약 五十年 前에 權丙勳 선생은 說文學에 대한 연구가 매우 깊으시었다. 六書尋源은 그가 엮은 유명한 著書이다. 장래 이 分野의 硏究에 貢獻됨이 클 것으로 믿는다.

中國에서는 後漢의 許愼이 說文解字를 엮은 바 있고 淸朝乾隆時代의 段玉裁는 說文解字注를 著述하여 널리 알려지자 淸朝는 물론이요 日本에서도 高田忠周의 著인 漢字詳解는 일찍부터 알려져 왔으니, 日本에서는 최근에도 說文의 初步的인 것으로서 유치원에서부터 漢字指導硏究에 충실한 것을 볼 수 있다.

近日에 이르러서는 中國에서 甲骨學에 대한 연구가 시작된 뒤로 說文에 대한 向意가 더욱 높아졌다. 國內에서도 柳承國 博士가 古代朝鮮을 연구함에 있어서 甲骨字에 留意한 것은 매우 卓見이라 할 것이다.

따로 적어 보인 글자는 基本的이며 初步的인 것을 골라서 우선 說文의 본뜻을 보이고 漢字를 쉽게 익힐 수 있는 한 가지 方法을 講究하고자 하는 것이니 사람의 生活周邊에 있어서 눈으로 보고 귀로 듣고 입으로 말하고 발을 움직여 걷고 손을 움직여 일하고 코로 냄새를 맡고 하는 것이 다 漢字를 배우는 데 중요한 역할을 하게 되는 것이다.

그러나 우리 人間으로서 생각함에 그 생각하는 모든 方法이 그렇게 單純하고 容易한 것만은 아니다. 그렇기에 이 點에 있어서는 古人들도 無限한 苦心과 硏究를 거듭하게 되었던 것이다. 이에서는 筆者가 원래 說文字에 대한 知識이 淺薄할 뿐만 아니라 너무 專門的인 것은 追後에 연구하기로 하고 理解하기 쉬운 것으로부터 소개하여 보면 다음에 難解한 것도 類推하여 習得하는 데 이를 것이 아닌가 한다.

[illegible]은 日字였으니 太陽의 形象을 그대로 보인 것이며 圓 가운데의 曲線은 太陽의 充實하고 圓滿한 뜻을 보인 것이다.

[illegible]은 月字였으니 달의 모습이라 中央의 線은 구차히 설명을 要치 않으나 俗稱 토끼의 모습이라 한다.

[illegible]은 雲字였으니 구름의 모양을 그대로 보인 것이다.

[illegible]은 雨字였으니 一은 天象을 보이고 ㅣ은 地氣가 上昇하는 뜻이며 小點은 빗방울이 떨어지는 모습이다.

[illegible]은 電字였으니 上部는 雨이며 下部는 申이니 申은 電光을 보임이다.

[illegible]은 氣字였으니 구름이나 아지랑이가 피어오르는 기운을 보인다.

火은 火字였으니 불이 타는 모양이다.

山은 山字였으니 산봉우리를 보인 것이다.

은 厓字였으니 山石이 옆으로 나온 모양으로 그 밑에는 사람도 살 만한 곳이다.

은 𠂤字였으니 厓보다 적은 모양의 것이다.

은 水字였으니 물이 흐르는 모양이다.

은 泉字였으니 물이 흘러내리는 源泉이다.

은 川字였으니 많은 물이 흘러내리는 모양이다.

은 井字였으니 땅을 파서 물을 고이게 하고 우물 위에 나무로 어리를 한 모양이다.

은 氷字였으니 물이 얼어서 얼음이 됨에 그 결을 보임이다.

은 土字였으니 두 橫線은 땅의 下層과 中層을 보이고 縱線은 땅속에서 솟는 모양이다.

은 田字였으니 밭의 고랑을 보인다.

은 君字였으니 君의 權能은 民衆의 뜻을 참작하여 이를 행하기 위하여 신하를 부리는 것이니 두 손으로 지휘하고 입으로는 命令하는 뜻이다.

은 人字였으니 사람이 선 모양 또는 두 사람이 의지하는 뜻이다.

은 子字였으니 어린아이의 머리와 두 손과 다리를 보임이다.

은 女字였으니 女子가 앉은 모습이다.

은 心字였으니 사람의 心臟모양이다.

은 首字였으니 사람의 머리털과 얼굴을 보임이다.

은 目字였으니 사람의 눈을 보인다.

은 自字였으니 코를 正面으로 보인 것으로 입김이 코에서 나온 모양이다.

은 口字였으니 입모양이다.

은 耳字였으니 사람의 귀를 보임이다.

은 手字였으니 사람의 손모양이다.

은 왼손의 모양이니 左字 등에 쓰인다.

은 오른손의 모양이니 右字 등에 쓰인다.

은 元字였으니 사람의 목을 보인다.

은 冉字였으니 털이 양쪽으로 늘어져 있는 모양이다.

은 而字였으니 양쪽 뺨에 난 털의 모양이다.

은 止字였으니 발의 모습 즉 발이 머무는 모양이다.

은 力字였으니 사람이 힘을 주면 힘줄이 긴장된 모양이다.

은 幺字였으니 적다는 뜻이다. 어린아이가 처음 생기는 모양으로 胞胎中의 形象을 보임이니 音은 '요'다.

은 工字였으니 上下의 두 線은 平正한 뜻을 보이고 中間의 直線은 자(尺)의 곧음을 뜻하며 이에서 무슨 일에나 바르게 잘하는 뜻이다.

은 尸字였으니 사람이 누운 형상이니 자기의 뜻을 主張하는 것이다.

은 鬼字였으니 上部는 鬼神의 頭部를 보인 것이며 下部는 사람의 私曲한 것을 뜻하며 厶은 바르지 못한 것을 보임이다.

은 鳥字였으니 나는 새의 모양을 그대로 보인 것이라. 上部는 새의 頭部이며 中部는 前面과 날개이고 下部는 새의 발을 보인 것이다.

은 隹字였으니 꼬리가 짧은 새의 모양이다.

은 朋字였으니 鳳의 모양을 보인 것이다. 上部는 봉황새의

머리를 보이고 下部는 봉황새가 날개를 벌리고 날게 되면 많은 새들이 그 뒤를 따르는 모양이다. 幾萬의 새들이 몰려와서 따른다고 하니 이에서 사람이 많이 모이는 뜻을 보이게 된 것이다. 새들이 많이 모이는 것을 빌려서 사람이 모여 朋友가 따르는 것을 비유한 것이다. 古人의 觀察力이 얼마나 세밀한 것을 알 수 있다.

은 燕字였으니 제비의 모양이다. 특히 그 背面의 등을 보인 것이다. 上部는 제비의 뾰족한 입을 보이고 中部는 그 등을 보인 것이며, 下部의 양편은 두 날개를 벌린 모양이며 그 끝부분의 벌린 모양은 제비의 꽁지를 보임이다.

은 烏字였으니 까마귀의 모양을 보인 것이다. 그 모양은 鳥의 모양과 똑같으면서 다만 새와 다른 것은 눈의 동자를 보이지 않은 것뿐이니 까마귀는 全身이 검은 빛이므로 눈동자도 따로 구별할 수 없는 것이다. 그러므로 눈동자를 따로 보이지 않는 것이라 이른다.

은 羽字였으니 새의 두 날개를 보인 것이다. 날개를 兩面으로 펴는 뜻에서 古義에 '舒'字와 通한다. 이와 같이 한 글자에서 다른 글자로 通用되는 것은 漢字研究에 있어서 매우 뜻 깊은 일이라 할 것이다. 上記한 鳳字를 朋字의 뜻으로 풀이하게 된 것도 매우 재미있는 例라 할 것이다. 이에서 벗을 말할 때에 그 글자 自體 속에 아름답고 진실한 뜻을 지니게 된다.

사람은 세상을 사는 동안에 고독하게 혼자만으로 살 수는 없는 것이다. 반드시 서로 믿고 도울 수 있는 친구를 필요로 하는 것이다.

벗이 있어 遠方으로부터 오면 또한 기쁘지 아니한가 - 有朋이

自遠方來하면 不亦樂乎아(論語) - 라고 孔子는 설파하였던 것이다. 漢字는 表意文字이므로 그 內包된 뜻이 이처럼 深遠하고 그 풍기는 香氣도 매우 다른 점이 있는 것이다.

은 卵字이었으니 卵生하는 鳥類 또는 魚類의 卵의 모양을 보인 것이다. 兩便의 部分은 卵을 싼 膜의 모양을 보인 것이며 點은 卵子 즉 알을 뜻한 것이다.

은 牛字이었으니 소의 특징인 뿔의 모양을 보이고 몸의 全體를 간단히 보인 것이다. 中部는 身體이고 끝은 소꼬리이다. 소는 가축 가운데 가장 중요한 것이므로 物件의 文字에 牛字를 붙인 것에 留意를 할 것이다. 物은 物體, 件은 事件 등을 表示할 때 쓰이니 案件이란 말도 있다.

은 羊字이었으니 上面은 羊의 뿔이고 下面은 발과 꼬리를 보인 것이다.

은 馬로 되어 馬字였으니 말의 형상으로 갈깃머리가 특징이다. 머리와 몸통과 발을 잘 나타내 보인다.

은 尤로 되어 犬字였으니 개의 모양 그대로이다. 머리와 발과 꼬리의 모양을 그린 것이다.

이와 같이 漢字의 構成된 意義를 살펴볼 때 그 象形으로 많이 이루어진 것을 볼 수 있다. 그러므로 사람의 視角으로 보아 알 수 있는 것을 그린 글자를 象形文字라고 한다.

은 豕字이었으니 도야지의 모양으로서 頭部 面部 四足 最終은 그 꼬리를 보임이다.

은 鹿字이었으니 사슴의 모양이다. 역시 最上面은 뿔의 형상이며 그 다음으로 兩邊으로 突出한 것은 귀의 모양이며 그 아래로 右向上擧한 것은 그 부리이고 左向下垂한 것은 사슴의 가슴이요 그 다음으로는 등 머리 발 꼬리를 各其 보인 것이다. 우리는 이와 같이 복잡한 것을 지나치게 따지는 것보다는 처음 文字를 만든 古人의 苦心한 면을 이해하여야 될 것이다.

은 象字이었으니 코끼리의 모양이다. 左邊의 긴 코와 中間의 身部와 下部의 足과 尾는 一見에 알 수 있으며 이 象字를 像字로도 쓰게 된 것이다.

은 虎字이었으니 호랑이가 쭈그리고 앉아 있는 모양이다.

은 廌字이었으니 뿔이 하나인 짐승이다. 古俗에 決訟할 때에 이 動物을 使用하였다는 것이다. 이 짐승의 性格이 能히 有罪한 사람을 식별할 줄 알았던 까닭으로 이를 사용하였다는 것이니 참으로 制字의 多樣함을 짐작할 수 있으며 法字의 古篆을 참고하여 볼 때 글자가 서로 關聯이 있음을 알게 될 것이다.

은 兎字이었으니 토끼의 쭈그리고 앉은 모양이다.

은 鼠字이었으니 쥐의 모양이라. 上面은 頭部요 中間部分은 몸의 엎드린 모양이며 길게 뻗친 것은 꼬리다.

은 离字이었으니 山神이라 한다. 頭足이 다 獸形임을 說文 初創한 許氏는 말한 바 있다.

은 易字이었으니 上面은 頭部요 下面은 足이니 '역'이라 칭한다. 이를 빌려 難易의 '이' 자로 사용한다.

은 虫字이었으니 버러지의 모양을 그대로 그려서 보인 것이다. 날거나 기거나 털이 나거나 주머니처럼 되었거나 조개껍질이나 비늘이 붙었거나 모두 蟲으로 表示하는 일이 많다.

은 禹字이었으니 上部는 머리요 下部는 발의 형상이다.

은 萬字이었으니 원래 버러지의 一種으로 上面은 뿔의 모양이며 中間은 腹部이고 下面은 그 발의 모양이다. 이 글자를 빌려서 記數로 쓰이게 된 것이다.

은 魚字이었으니 水蟲으로 最上部는 뾰족한 頭部이며 그 아래는 中體이고 끝은 枝形을 이룬 꼬리이다. 제비의 꼬리와 같은 모양이다.

은 龜字이었으니 거북이를 옆에서 본 것이다. 上面은 머리다.

은 角字이었으니 짐승의 뿔이다. 上面은 뾰족한 모양이며 下面은 그 體이고 中間은 그 文理이다.

은 毛이었으니 털의 형상이다. 中心의 모양은 털의 中心이 되는 뿌리이고 左右로 뻗는 것은 毛의 가지를 보인 것이다.

은 肉字이었으니 鳥獸나 人體의 한 部分을 보인 것이니 中間의 兩筆은 고기의 살결을 보인 것이다.

은 來字이었으니 원래 보리의 모양이나 上出한 것은 이삭(穗)이며 左右의 四筆은 보리의 잎을 보인 것이고 其他는 보리 또는 그 꺼럭(芒)을 그려 보인 것이다. 一說에 보리는 원래 中國의 西部에서 東部로 옮겨 온 것이라 하며 이에 온다(行來)는 뜻으로 쓰게 되었다고 한다. 참고로 적어 둔다.

은 禾字이었으니 벼의 머리(穗)와 가지(枝)와 잎(葉)과 뿌리(根)의 모양을 그려 보인 것이다.

은 米字이었으니 米實의 형상을 보인 것이다. 四點은 쌀의 알을 보인 것이고 十字는 米實의 分界를 보인 것이다.

은 瓜字이었으니 겉모양은 넌출이요 속은 열매를 보인 것이다.

은 艸字이었으니 풀이 땅에서 솟아나오는 모양이다.

은 竹字이었으니 대의 잎이 아래로 늘어져 있는 모양이다.

은 木字이었으니 나뭇가지가 위로 버티고 있는 모양. 중간의 線은 나무의 등걸이며 아래는 뿌리이다.

은 桼字이었으니 위는 나무이며 아래의 點은 나무 속에서 흘러나오는 물의 象形이다.

은 甲字이었으니 땅속에서 씨앗이 地面을 뚫고 나오는 모양이다. 上部는 뚜껑으로 덮은 모양이다.

은 系字이었으니 가는 실오라기 모양을 象形함이다.

은 月字이었으니 어린아이의 머리에 쓴 보자기 모양이라 表面은 모자이며 內部는 그 장식이라 찰 때에 寒氣를 막는 것도 된다.

은 巾字이었으니 역시 사람의 몸에 찬 수건의 모양이다. 上部는 수건의 모양이요 中間의 線은 실을 보인 것이다.

은 求字이었으니 求는 古文의 裘字를 보인 것이다. 上面의 曲線은 衣服의 처음 보이는 소매를 보임이요 中間線은 옷깃을 뜻함이며 左右로 보인 四點은 衣毛의 늘어진 모양이다. 뒤에 衣字를 붙여서 裘字로 사용하고 求字는 이에 뜻을 빌려서 干求의 뜻으로 쓰이게 된 것이다.

은 鼎字이었으니 솥의 三足兩耳를 보인 것이다. 禹王이 四方의 金을 모아 솥을 만들었다고 한다. 이로써 하늘의 福을 象徵하는 그릇으로 하였고 이에 나라의 各地에 九鼎을 配置하여 領土를 代表하는 寶器로 삼은 것이니 그렇기에 國運에 變動이 있어서 國權이 옮기게 되면 鼎革이라 이른다.

은 舟字이었으니 一見에 물에 뜨는 배의 모양이다. 左邊은 水面에 닿는 배 밑이요 右邊은 배의 上部다.

은 車字이었으니 역시 수레의 모양임을 알 수 있다. 中間部分은 수레의 中心部分이요 그 兩便部分은 兩輪이다.

은 豆字이었으니 그릇의 모양이다. 上部는 물건을 담는 곳이며 그 아래는 中部와 底部를 보인 것이다.

은 壺字이었으니 그릇의 한 種類이다. 上面은 그 뚜껑이요 中間은 腹部요 아래의 一筆은 足部이다.

은 豊字이었으니 그릇에 물건을 담은 모양이다. 上部는 그릇에 물건을 담고 中部는 腹部이며 下部의 一畫은 足部이다.

은 勺字이었으니 그릇에 술 같은 것을 담는 데 쓰이는 국자의 모양이다.

은 匕字이었으니 取飯하는 숟가락의 모양이다.

은 [illegible]字이었으니 술병의 모양이다. 上部는 酒瓶의 입모양이요 中部는 병의 腹部요 下의 一線은 足部다.

은 酉字이었으니 술병의 모양이다. 上部는 병의 입모양이요 中部는 술이 담긴 모양이다. 八月黎成可爲酎酒로서 八月은 干支

로 보면 酉에 해당된다.

은 主字이었으니 촛대 위에 불이 켜진 모양이다. 조그마한 불로 一室을 밝히는 뜻에서 나라를 밝히는 뜻으로 취하여 君主라는 말이 생기게 된 것이다.

은 几字이었으니 사람이 걸터앉을 수 있는 궤의 모양이다. 위는 평평하고 아래는 발모양이다.

은 且字이었으니 神에게 올려 드리는 뜻으로 위에는 물건을 담는 것이다. 나중에는 語辭로 使用하여 苟且라는 말을 이루게 된 것이다.

은 琴字이었으니 樂器로서 그 모양이 거문고를 그대로 본뜬 것이다. 頭와 尾로 나누어 보면 上面은 圓하고 下面은 方하다.

은 弓字이었으니 활의 모양을 그대로 보인 것이다.

은 矢字이었으니 화살의 모양이다. 上部는 화살촉이요 中部는 대고 下部는 화살의 깃이다.

은 刀字이었으니 칼날 모양이다. 上部는 刀柄의 모양이며 下部는 刀의 身이다.

은 戈字이었으니 창의 모양이다. 上部의 옆으로 加한 것이나

下部의 가지들은 창의 가지이다.

은 冊字이었으니 책의 모양을 그대로 보인 것이다. 종선은 책의 모양이요 횡선은 책을 묶은 모양이다.

은 貝字이었으니 물속에 있는 조개類의 모양을 글자로 보인 것이다. 漢字 가운데 金錢에 관한 것이나 또는 財政의 貧富를 표시함에 있어서 貝字와 連關되는 글자가 많다. 實例로 財物을 표시하는 財字나 貨字, 貧字, 貴字 등등 모두 그러하니 사람이 그 마음을 바르게 하자면 우선 재물에 정직하고 속이는 일이 없어야 한다.

그러므로 마음이 곧다는 貞字에나 중대한 일에 責任을 진다는 責字에 다 같이 貝字가 들어 있는 것이다. 무슨 일을 하면 費用이 드니 費字에도 있고 賀字는 사람이 慶事가 있을 때에 역시 재물로 보조하여 준다. 賞字, 賈字, 買字, 賣字와 같이 모두 貨物과 직접으로 관계가 있다.

은 斤字이었으니 나무를 자르는 도끼의 모양을 보인 것이다. 머리모양은 도끼의 上部이고 左便의 直線은 도끼의 자루모양이고 右便의 線은 나무의 자른 부분이다.

은 罔字이었으니 그물의 모양을 그대로 보임이다. 外線은 위에서 덮은 모양이고 內線은 그물코 모양이다.

은 皿字이었으니 먹는 물건을 담는 그릇이다. 盈字는 그릇 위에 물이 차 있는 모양이고 益字는 그릇 위에 물을 더 붓는 모양이다. 이에서 무엇이나 더하는 뜻으로 利益이라는 말도 여기에서 나온 것이다.

은 宀字이었으니 四面에 담장이 있는 뜻이다. 宇宙, 家宅, 宮室, 宿客 安寧이나 富, 察, 實字가 모두 이 部首에 있다.

은 穴字이었으니 구멍이 뚫린 모양이다. 究나 穹이 이 部首에 있다.

은 門字이었으니 두 쪽 문을 뜻한다. 開, 間, 問, 聞이 이 部首에 있다.

은 戶字이었으니 한쪽 문을 뜻한다. 房, 扇, 所가 이 部首에 있다.

은 回字이었으니 한 번 돈다는 뜻이다.

은 石字이었으니 언덕 밑에 있는 돌덩어리를 보인 것이다.

은 京字이었으니 높다는 뜻을 보인 것이다. 京字의 윗부분은 高字와 같은 것이니 어디까지나 高大한 것을 보인 것이다.

은 母字이었으니 어머니의 뜻을 보인 것이다. 女字에 두 젖이 있음을 보인 것이다. 사람이 어머니 뱃속에서 열 달을 자라서 出生하여 또다시 母乳를 얻어먹고 컸으니 어버이의 은혜는 하늘과 같은 것이다.

은 兒字이었으니 위는 아이의 머리 부분을 보인 것이요, 아래는 사람의 모양을 보인 것이다.

은 胃字이었으니 사람의 위를 그린 것이다. 上部는 곡식이 들어 있는 모양이다.

은 足字이었으니 사람의 발 모양을 그린 것이다. 趾, 路, 踊이 모두 이 部首에 있다.

은 帶字이었으니 사람이 허리에 매는 띠를 보인 것이다. 上面은 띠의 매듭을 보이고, 下面은 띠의 드리운 모양이다.

은 血字이었으니 그릇에 핏방울 받는 모양이다. 옛 風俗에 무슨 일을 약속하기 위하여 盟誓를 할 때에 짐승의 피를 그릇에 담고 맹서를 하는 일이 있었다. 그러기에 이 맹서를 血盟이라고 한 것이다.

은 果字이었으니 나무 위에 實果가 매달려 있는 모양이다. 結果, 果斷性, 果敢은 모두 완전히 끝을 맺는 모양이다. 일을 매듭지을 때에 中途에서 무단히 그치는 것이 아니라 바르고 옳게 完結을 보아야 훌륭한 것이니 우리 생활에서 이와 같이 좋은 뜻을 글자 하나에서 찾아 깨닫게 한다. 우리는 漢字 하나를 익힘으로써 精神上으로 받는 印象이 깊고 그 活用되는 바가 큰 것임을 알아야 할 것이다.

은 樂字이었으니 받침나무 위에 樂器가 놓여 있는 모양이다. 左右에 있는 것은 樂器를 修飾한 모양이다. 사람의 日常生活에서 즐길 수 있는 時間을 갖게 되는 것처럼 重要한 것은 없다. 사람의 生을 즐긴다는 意味에서도 그렇고 사람의 生活을 될 수 있는 대로 즐겁게 하는 것은 일을 健全하고 보람 있게 하는 가장 중요한 길이 된다. 그러므로 音樂은 人間에게 있어서 必要한 것이라 아니할 수 없다.

은 弦字이었으니 鉉字와 같이 쓰인다. 弓에 끈을 맨 모양이다. 이 글자에 樂字를 붙이면 弦樂이 된다.

우리는 자랑스러운 國文을 保有하고 있는 만큼 어느 나라에도 뒤질 바 아니지마는 文字의 內容이 원래 漢字와 不可分의 關係에 있는 까닭에 우리가 漢字를 익힘으로써 한글의 내용을 더욱 충실하게 할 수 있는 處地이니 漢字教育을 더욱 合理的으로 教育指導할 것은 물론이요, 이를 지도하는 데 있어서 圖形으로 解說하여 漢字의 理解를 容易하게 하는 것이 우리의 文字行政에 必要하다고 생각하는 바이다.

이러한 見解에서 說文學的으로 硏究하는 것이 한자 이해에 있어서 가장 현명한 방법이 아닌가 생각하는 바이다.

溯求本源

余自學豫科來聞文友之報未嘗不欣然一欲投稿日已久矣然自顧蔑如意塞知鈍言窮筆掘囁嚅趦趄. 學友李周衡君婁勸一試之敢此妄構數行以述平日之所思伏乞　僉學兄惠賜高評以愚俾之進明則幸甚幸甚　大學曰物有本末事有終始知所先後則近道矣. 徐子曰仲尼亟稱於水曰水哉水哉何取於水也. 孟子曰原泉混混不舍晝夜盈科而後進放乎四海有本者如是是之取爾苟爲無本七八月之間雨集溝澮皆盈其涸也可立而待也. 郭槖馳嘗論種樹之本曰槖駝非能使木壽且孳也以能順木之天以致其性焉爾. 凡植木之性其本欲舒其培欲平其土欲故其築欲密旣然已勿動勿慮去不復顧其蒔也若子其置也若棄則其天者全而其性得矣故吾不害其長而已非有能碩而茂之也, 不抑耗其實而已非有能蚤而蕃之也他植者則不然根拳而土易其培之也若不過焉則不及焉苟有能反是者則又愛之太恩憂之太勤旦觀而暮撫已去而復顧甚者爪其膚以驗其生枯搖其本以觀其疎密而木之性日以離矣雖曰愛之其實害之雖曰憂之其實讎之故不我若也吾又何能爲矣哉. 大哉本也由上數例觀之可知爲本之重且大也. 至若郭氏之論其意深切叮嚀探讀玩味益不覺蘊奥不止植木移之於吾人行事無所在而不當無所處而不應. 故余竊謂曰用動靜萬般事爲其本正則其末榮其源深則其流長. 春而種, 夏而耨, 秋而收, 冬而藏, 不失其時, 善從其法, 何患乎宋人揠苗枯矣之弊, 時而弛張時而操縱, 順風而上, 從流而下, 或行或止指針是聽, 恐不無遭難, 乘礁之歎, 善將先整師旅以堅甲銳兵饒糧健馬進退有節, 出沒有法是所以戰必勝攻必取者也,　余觀近日準備上級試驗者不要探求各科之本義源理,汲汲于支流餘裔, 雖窮年貪多務得其終焉徒勞心力漠然無所知, 入其試場心忙意急不知所措, 一朝聞敗報則失望落膽仲天大呌非一非再一言以蔽之曰失本走末故也. 噫其本亂而末治者否矣, 其本治則成反是則敗. 先賢古哲豈欺我哉. 抑示余之向所謂萬般云云者非歟余自幼師父之敎不泛友朋之責不絶, 然單能謳歌於口而未得遂行於實, 所謂非言之難而難者其我之謂歟悲夫.

【2부】

논설 · 논평

主體意識에 對한 考察

過去의 歷史的 事實과 文化의 傳統에 對하여는 항상 嚴正한 反省과 客觀的인 判斷이 隨伴되어야 한다. 그렇지 아니하면 盲目的인 追從과 主觀的인 判斷이 恣行되기 때문이다.

西歐에 있어서 그리스와 로마의 文明이 찬란하였다 하여도 르네상스의 新文化 運動이 絶對로 必要하였던 것이며 東洋에 있어서도 中國의 歷史가 오래 持續되는 중에서도 그 時代에 適應되는 變遷과 革新이 없었으면 歷史는 衰退一路를 免하지 못하였을 것이다.

우리의 文化나 歷史도 西歐와 中國의 例와 같이 自體的인 要請이나 外來的인 風潮에 따라서 또한 어느 정도의 變革은 항상 있었던 것이다.

이와 같이 모든 文化는 變移하는 중에 進步하고 發展하는 것을 알 수 있다. 이 原理에 따라서 創造가 있고 새로운 局面이 不絶

히 展開되는 것이다. 그러나 이러한 중에서도 變更할 수 있는 分野와 絶對로 變更할 수 없는 原理가 있는 것을 區別하지 아니하면 아니 된다. 이처럼 變更하는 중에서도 變更하지 못할 原理를 깨달아서 이를 固守하는 것이 現在 부르짖고 있는 主體意識의 基本精神이다. 그렇기에 主體性이 缺如된 民族에서는 健全한 發展을 期待하기 어려운 것이다.

그렇다면 主體性을 찾을 수 있는 基本的인 核心은 무엇인가. 神에 呼訴하는 敦篤한 信仰에서 얻을 수도 있을 것이며 人間의 靈明한 知性을 發揮함으로써 主體意識이 더욱 鞏固할 수도 있을 것이다. 물론 完美한 人格과 全人的인 道德心을 昂揚함에 있어서 信仰이나 知性發揮의 役割이 重要함은 再論할 餘地도 없겠으나 이보다도 더 高次的인 問題는 人間의 本質, 즉 本性에 대한 探求를 正確히 하는 것이 主體性을 說明하는 基本的인 方法이 아닌가 한다. 超越的인 神의 存在를 알고자 하기 前에 먼저 人間이 얼마나 尊貴한 存在인가를 알게 될 때 비로소 人間의 眞正한 價値를 論하게 될 것이며 참다운 主體性을 云謂하는 데 이를 것이다.

그렇다면 主體性의 核心을 이루는 人性의 本質은 果然 어떠한 것인가.

從來로 이 點에 對하여서는 東洋 聖哲들이 매우 많이 論及한 바이지만 西歐의 學者들도 그처럼 鈍感하지는 아니하였다. 물론 例外的인 見解도 없지는 아니하였으나 人間의 本性을 沒覺한 것은 아니었다.

西歐文化의 中心이라 할 수 있는 로마 傳統思想의 片貌를 살펴볼 때 有數한 政治家의 한 사람인 시세로(Marcus Jullius Ciccro. 106～43, B.C)는 다음과 같이 主張한 바 있다.

"教育은 自然으로부터 주어진 性의 完成에 不過한 것이나 사람은 自然界에 있어서 最高의 地位를 保存하는 것이다. 그러므로 사람은 自然으로부터 知와 情을 兼한 性을 받고 태어났다. 그러므로 이 性을 바르게 發展시킨다는 일은 사람에게 있어서 가장 重大한 問題라고 아니할 수 없는 것이니 여기에 참으로 教育의 必要한 理由가 存在할 것이다. 人間에 갖추어진 善의 싹(萌芽)을 育成하여 罪惡의 根源이라고도 할 수 있는 享樂心을 抑制하고 高尙한 思想의 發達을 促進시키는 것은 教育을 놓고서는 不可能한 일이다."라고 한 것이다(三浦藤作 著 西洋教育史 p.68 參考).

이에 사람은 自然界에 있어서 最高의 地位를 保存한다 하였고 그 理由로는 分明히 말하기를 "人間에 갖추어진 善의 萌芽를 育成한다."라고 말한 事實이다. 아무리 西歐의 文化가 物質로부터 物質을 위한 努力의 結果라 할지라도 人間社會의 倫理道德에 關한 問題를 提起하게 되면 반드시 人性의 根源을 探求하는 데서 비롯한 것은 東洋의 哲人들과 同一한 것이다.

이에 人性 解釋에 關한 實證을 主로 東洋의 古典에서 찾아보면, "天生烝民……民之秉彝好是懿德(詩大雅烝民): 하늘이 여러 백성들을 날 제……백성의 常性은 아름다운 일을 하기 좋아하느니라."고 이른 말이다.

사람은 利害와 得失과 榮辱에 따라서 自己의 進路를 取한다. 물론 意欲的인 活動을 하기 위하여서는 善意의 領域을 넘어서 非義의 過誤를 犯하는 일도 없지는 아니하다. 그러나 이것은 非正常的이며 元來 善性에서 發源한 行動은 아닌 것이다. 個人이나 社會나 國家는 古今이나 東西를 물을 것 없이 物質的인 面에 더욱 置重하고 이 方向으로 항상 疾走하고 있다. 그리하여 個人은 不

安과 焦燥에 寧日이 없고 社會와 國家 乃至 世界는 混亂과 爭鬪에 허덕인다. 이에서 人間은 本來의 人性인 善의 意志를 喪失하여 互相 敗亡하는 데까지 이른다. 孔子는 위에 引用된 詩句를 評論하여, "爲此詩者 其知道乎(孟子 告子上): 이 詩를 지은 사람은 참으로 바른 道理를 아는구나."라고 稱歎하였다는 것이다. 사람은 事物을 接함에 있어서 항상 참됨과 착함과 아름다운 마음으로 대하려 한다. 그렇기에 相對方의 持心함이 참스럽고 착하고 그 行儀가 아름다울 때에는 누구나 이에 그대로 融合하여 渾然一體의 狀態를 形成하게 되는 것이니 孔子의 이른바 '知道'라 함은 上記한 眞, 善, 美의 極致를 明示한 뜻이며 萬事萬理의 一貫處를 分明히 摘出하였다고 할 것이다.

이러므로 孔子는 이 仁性을 主體로 하여 人道를 說하였으며 行爲의 本源으로 삼는다. 따라서

"人之生也直(論語 雍也)"

이라 하여 사람이 사는 것은 直이니라 하였고,

"仁遠乎哉 我欲仁 斯仁至矣(論語 述而)"

仁은 과연 먼 데 있는 것인가 내 仁을 하고자 하면 이에 仁이 이르느니라 하여 仁性이 곧 人性임을 强調한 바이며,

"性相近也 習相遠也(論語 陽貨)"

라 하여 性은 서로 가깝지마는 習慣으로 因하여 서로 멀게 되느니라 하였다.

이 얼마나 明哲한 觀察인가. 사람의 本性은 서로 가까우나 習性으로부터 이루어지는 所謂 第二의 天性으로 因하여 惡과 假와 醜한 結果가 쉴 새 없이 일게 되며 終局에는 昏迷한 社會를 이룬다는 것이다.

孔子는 이와 같은 險亂한 世情을 具體的으로 斷言하지는 아니하였지마는 그 當時(註) 齊의 陳恒(成子)이 簡公(壬)을 弑害하였을 때에 孔子는 이 광경을 보고 義憤에 견디지 못하여 三日間 沐浴하고 朝廷에 建議하여 惡한 陳恒을 除去할 것을 力說하였다.

陳成子弑簡公 孔子沐浴而朝 告於哀公曰 陳恒弑其君 請討之(論語憲問)

孔子는 人性의 本源을 仁에 두었으며 仁은 精深博大한 사랑(愛)으로 解釋되고 있다. 그러나 이 '사랑'이라 함은 一般的으로 理解하기 쉬운 所謂 博愛라 하여 善惡과 是非의 判別이 없는 無制限한 사랑도 아니며 親疏와 遠近을 等外視하는 所謂 等殺觀念을 無視하는 內容의 泛博한 愛情도 아니다.

이에 孔子와 或者와의 對話한 一面을 그대로 引證하여 孔子의 이른바 仁의 本質이 順平하면서도 얼마나 嚴格한 것인가를 살펴보고자 한다.

或者가 말하기를

"德으로써 怨讎를 갚는 것이 어떠한가요?"

(以德報怨何如 – 論語 憲問)

孔子 答하기를

"원수를 德으로 갚으면 정작 德 있는 사람은 무엇으로 갚을 것이냐"

(子曰 何以報德 – 同上)

반드시

"直한 것으로써 원수는 갚아야 되고 德으로써 德은 갚아야 되느니라."

(以直報怨 以德報德 – 同上)[1)]

이 對話에서 다시 注意하여야 할 것은 怨讎라고 하여 반드시 報復하라는 意味는 아니니 聖者의 心事를 論함이 매우 緻密함을 또한 銘心하지 아니할 수 없다.[2)]

한 사람이라도 마음가짐이 至公無私하면 그 個人이 바르게 되고 個人 各自가 公正함으로써 平和한 社會를 이룩할 수 있으며 이것이 中心이 되어서 國家가 健全하고 따라서 世界도 相互間에 愛情을 나눌 수 있을 것이니 이것이 곧 '天下歸仁'(論語 顔淵): 天下 사람이 다 같이 仁의 世界로 歸一되느니라를 目標로 한 理想世界이며 大同의 歡樂境을 實現하는 데 이른다는 것이다.

以上에 보인 바와 같이 日常生活에서 用心處事함이 德은 德으로써 갚고 怨은 怨으로써 對하되 愛憎과 取捨에 있어서 私意를 排除하고 鑑空衡平을 期할 수 있는 心的 姿勢로 돌아가는 것은 單純히 愛情만을 主體로 하는 仁의 發見일 뿐 아니라 이때는 이미 靈明한 智의 活動이 同時에 作用한 狀態이라, 庶物의 邪正과 是非를 判別하여 自我를 擁護하기 위한 斥邪衛正의 意志 또한 鞏固하고 따라서 遠近親疏에 中正한 秩序와 規律을 세움으로써 圓滿한 人間社會를 建設하는 것이다.

孟子는 戰國時代의 人物로서 孔子보다 約 百年이 늦었으나 社會的 變遷은 隔世之感이 없다고 아니할 수 없다.

小國家間의 對立鬪爭은 참으로 激烈하였을 뿐 아니라 그 術法에 있어서도 仁의 精神을 根幹으로 한 王道에 對하여는 外面할 뿐 아니라 人心도 極度로 惡化가 되고 可謂 弱肉强食의 窮地에 빠졌던 것이다.

---

1) 老子 道德經 恩始章曰 大小多少 報怨以德(朱註轉引)
2) 新安陳氏曰 讎仇也 怨有不必報者 不以仇待之也(同上 小註)

孟子는 이 現實을 直接 經驗한지라 모든 思考方式이 매우 積極的이며 또한 效率的이었다. 그의 人性論에 있어서는 心的 作用의 方向에 따라서 五個의 屬性으로 類別하였다. 卽 사람의 마음이 先天的인 靈覺과 外來的인 與件에 따라서 同情하는 마음(惻隱: 仁愛), 부끄러이 여길 줄 아는 마음(義理: 正道), 謙讓할 줄 아는 마음(節制: 儀禮), 不當한 일을 당하였을 때에는 自己의 權利를 主張하여 暴力에 굽히지 아니하고 是非를 바르게 하는 智性 곧 判斷意志의 모든 精神을 內容으로 하는 意識 構造야말로 現在 우리가 直面하고 있는 主體性 發揚에 있어서 無上의 哲理가 아닐 수 없다.

그렇기에 孟子는 斷言하기를,

"萬物皆備於我矣(孟子 盡心上)라 하여 萬物이 다 나에게 갖추어져 있느니라."라고 이른 것은 人間性의 高貴함을 論하였고 萬物의 靈長임을 誇示하였다 할 것이다.

栗谷이 人間 教育의 素質을 밝힘에 있어서

"萬善備我 不待他求(學校模範)"라 하여

萬善이 나에게 갖추어져 있으니 다른 데서 求할 것이 없으니라 한 것은 孟子의 主張한 바를 演論한 것이라고도 할 것이며 또한

"志之立 知之明 行之篤皆在我耳(擊蒙要訣 序文)"라 하여 志立과 知明과 行篤이 다 나에게 있느니라고 强調한 것은 어디까지나 人性의 優秀함과 人間이 自立할 수 있는 主體的인 根據를 提示하여 주었다 할 것이다. 이 얼마나 高貴한 眞理이며 언제 어디서나 變할 수 없는 原理임을 明示하여 준 것인가.

우리의 歷史에 있어서 弘益人間의 啓示가 일찍부터 있었고 民族과 國家를 形成하는 唯一한 主體的인 性格을 갖추고 있었는데도 不拘하고 때로는 中國 文化에 陶醉한 나머지에 이를 疎忽히 하거나 그렇지 아니하면 外來風潮에 휩쓸려서 終乃는 自己의 固有한 傳統文化를 等閑히 한 感이 없지도 아니하다.

두말할 것도 없이 弘益人間의 精神은 그 用語 自體에 仁愛의 思想이 內包되었고 이에서 人間이라는 槪念은 한 局限된 民族이나 國家만을 意味하는 것이 아니라 自己의 民族과 國家로부터 다른 民族과 國家, 卽 世界의 人類와 同時에 宇宙萬象에 이르기까지 그 愛情이 充滿함을 基本 理念으로 한 것일진대 우리 歷史上에 보인 主流로서 또는 民族의 指導 理念으로서 世界萬邦에 자랑스러운 傳統的 遺産이며 世界文化 發展을 위한 永久不滅의 貢獻이 아닐 수 없다. 中國의 古典에 보인 聖哲의 敎訓이나 西歐의 先人들이 繼承하여 온 博愛主義에 比할 때 弘益大道의 純厚豊滿한 大意야말로 世界人類의 精神的인 指導理念이 되고도 남음이 있지 아니할까 한다.

그뿐 아니라 新羅時代에 創造된 五戒의 嚴切한 垂訓은 그대로 主體性을 鼓吹할 수 있는 藥石이었으며 이 精神을 支柱로 한 郞徒들은 그 義와 行에 있어서 언제나 社會 國家의 믿음직한 先驅가 아닐 수 없다.

崔致遠의 手記로 傳하여지는 이른바

> "나라에 玄妙한 道가 있으니 風流라 이른다. 設敎의 根源은 仙史에 갖추어 있는데 實로 三敎의 뜻이 고루 보이고 있으며 그 敎理는 實로 羣生들을 感化할 만하였느니라. 또한 孝家忠國하는 것은 孔子의 뜻이었고, 無爲하는 중에서도 不言의 敎를 行하는

것은 老子의 가르침이요, 모든 惡한 일은 하지 말 것이며 善한 일만은 빼놓지 말고 行할 것이니 이것이 竺乾太子(佛家)의 教化方法이니라(國有玄妙之道 曰風流 設教之源 備詳仙史 實乃包含三教 接化羣生 且如入則孝於家 出則忠於國 魯司寇之旨也 處無爲之事 行不言之教 周柱史之宗也 諸惡不作 諸善奉行 竺乾太子之化也)"(鸞郎碑序)

史傳을 通하여 엿볼 수 있는 事例는 매우 많다. 不幸히 外勢의 侵來를 받게 되었을 때에도 穩健한 威德으로 이에 臨하였거나 그렇지 아니하면 强盛한 鬪志로 이를 막아낸 實績은 매우 많았었다.

高句麗의 乙支文德은 嬰陽王 23年(612)에 隋의 水陸大軍을 平壤城 30里 밖까지 誘引하여 敵將 宇文述과 于仲文을 詩 한 篇으로 容易하게 달래고 그들의 戰意까지 喪失케 하였다. 我軍을 相對할 수 없음을 깨달은 敵은 급기야 回軍할 것을 決定하였으나 乙支 將軍은 이들을 몰아서 薩水(淸川江)에서 猛攻擊을 加하였다. 당초 30萬 5千名이나 되던 軍隊가 살아서 남은 것은 不過 2千7百餘名밖에 안 되었다니 그때 隋軍의 慘狀도 可히 짐작하려니와 將軍의 智略과 勇猛이 얼마나 장하였던가를 感歎하지 아니할 수 없다.

姜邯贊(948(정종3) – 1031(현종22))은 高麗가 낳은 文科 出身으로 1010년(현종1) 契丹의 聖宗이 侵入하였을 때 다른 朝臣들은 항복할 것을 주장하였으나 敢然히 이에 반대 河拱辰으로 하여금 이를 설득시켜 적을 물러가게 하였고 1018년(현종9)에 거란의 蕭排押이 다시 十萬大軍을 거느리고 侵攻하여 오자 이듬해 二十萬八千을 이끌고 興化鎭에서 適을 무찔렀으며 1019년 回軍하려는 敵을 다시 龜州에서 大破하였다.

다음으로 國朝에 들어와서는 忠武公의 偉業이 宏大하여 後人의 景仰하는 바 클 뿐 아니라 지금도 우리의 산 敎訓이 되고 있으며, 士林으로는 靜庵·退溪·栗谷·尤庵을 비롯하여 見危授命하는 儒風이 代를 이어 連綿하였고 乙巳의 條約 締結을 前後하여 憂國之士들은 義擧에 奔忙하였었다. 이 중에서도 華西 李恒老先生의 門下인 柳毅庵·崔勉庵 諸公의 行蹟이 後人에게 영향된 바 가장 크다고 할 것이다. 勉庵 先生의 遺疏 중 一節에 보인 "益固自主之謀 而永斷依賴之心……而克盡自修之方 招納英俊撫義軍民"에 依하면

1. 自主精神을 堅固히 한다.
2. 他力에 依存하는 것을 禁한다.
3. 實力을 培養한다.
4. 人才를 登用한다.
5. 軍事力을 튼튼히 하며 國防에 後慮가 없게 한다는 것이다.

疏章 全文에 보인 바 憂國忠情은 참으로 새로운 世代를 警發하고도 남음이 있으며 主體意識을 高調하는 이때 새로운 龜鑑이 될 것을 確信한다.

이와 같은 歷史的인 事實을 비롯하여 우리의 賢士, 名將 중에는 報國安民에 盡力함으로써 民族의 얼을 保存하고 主體性을 發揮한 功을 우리의 胸中에 깊이 간직함으로써 先輩들의 남긴 偉業을 길이 빛낼 것이다.

現在 世界의 潮流는 機械文明의 餘毒과 物質萬能의 弊害로 人間의 價値는 喪失되고 道義精神은 忘却하는 데 이른 것이니 어느 民族이나 이 現實을 그대로 默過할 수는 없을 것이다.

우리나라에서도 이에 걱정한 바 있어 主體意識을 强調하고 道

義의 氣風을 振作시키려는 運動이 일고 있는 것은 바람직한 일이다. 그러나 이것이 一時的 口號에 그치지 말고 學校 教育에 具體的으로 反映되는 同時에 社會風化에 뚜렷한 指導理念이 됨으로써 弘益大道의 빛이 널리 또한 길이 밝아지기를 마음으로써 비는 바이다.

現代社會와 忠孝思想

대저 人類의 文化는 그 民族과 環境에 따라서 發展하는 樣相을 달리하고 있다. 그러므로 優秀한 민족은 훌륭한 환경을 造成하며 새로운 역사를 창조하는 것이니 이제는 반드시 과거의 傳統을 발판으로 하고 未來의 進路를 開拓하여 나아가는 데 永遠한 希望을 지니며 特異한 成果를 期待할 수 있는 것이다.

이에서 世界文化의 系譜를 列擧하기는 어려우나 다만 그 文化의 本質을 간단히 類別하여 보면 대개 兩大 潮流가 있는 것을 發見할 수 있다.

그 하나는 人間의 純美한 德性을 基盤으로 한 것이며 다른 하나는 明哲한 知性에 置重한 것이다. 前者는 道義的 精神을 暢達함으로써 悠久한 平和를 追求하는 데 정성을 기울였고, 後者는 功利的 實利를 獲得하여 生活의 合理化를 図謀하기에 熱意를 다한 것이다.

前後 兩者의 系列에 屬하는 雄偉한 先哲들이 宏大한 業績을 남김으로써 東西文化의 獨特한 性格을 誇示하여 왔던 것이다. 그러나 아직까지 이 兩者는 圓滿한 調和를 보지 못한 채 昏迷한 중에서 苦悶하고 있는 것이니 이 点이 現代人이 解決하여야 할 重大한 임무가 아닐 수 없다. 그렇기에 二十世紀에 들어오면서부터 機械文明의 發達로 因하여 人類의 往來는 더욱 頻繁하여진 것이며 文化의 交流도 不絶히 進行되고 있는 것은 當然한 趨勢라 할 것이다.

그러면 과연 兩大 潮流는 어떠한 狀態로 合流되고 있는가 물론 이에 대하여는 有志한 人士로서 항상 많은 研究를 하여 왔고 現在 어느 程度의 實效를 거두고 있는 것도 事實이지마는 그 前途는 아직 遙遠하다 할 것이다.

이탈리아의 선교사 마테오리지(1552～1610)는 明朝 萬曆 年間에 中國에 와서 儒敎의 經典인 論語 大學 中庸을 그의 國語로 번역하여 이를 西歐에 소개하는 동시에 科學文明의 씨를 東洋에 옮겨 준 것이며 十八世紀의 西歐學者인 볼텔은 中國思想의 核心을 把握함으로써 西歐思想의 새로운 要素를 삼으려고 한 것이니 이에서 中國의 制度와 文物을 參考로 하여 中世紀 封建制度의 宿弊를 是正하여 마침내 美國의 獨立과 佛蘭西의 革命을 鼓吹하는 起因이 되게 하였다는 것이며 最近에 이르러서 더욱이 世人의 注目을 끌게 된 것은 東洋의 文化가 創造力이 豊富함으로써 世界에서 獨立的 地位를 保持하고 따라서 그 傳統哲學은 東洋思想의 中樞가 되었으며 世界史에 있어서도 驚天動地할 만한 큰 業跡을 남기는 데 이르렀다는 것이다.

美國의 前任 副統領이었던 윌러스 氏(1888～?)는 1943年 雙十節에 放送을 通하여 말하기를 "中國의 哲學과 그 國民들이 생각하고 있는 것은 主로 民本的인 경향이 많았고 이로써 歐美의 政治哲學에 대하여서도 至大한 영향을 끼쳐 주었으며 美國이 建國할 時期에 있어서도 그 當時의 優秀한 政治家들이 革命을 劃策하고 憲政을 마련하는 데 그 主要한 理念과 實踐方法에 있어서 直接으로는 西歐에 모방한 것이며 間接으로는 中國에서 取하여 온 것이 매우 많았었다.

中國의 文化는 西歐의 民主的 政治理念을 啓發하는 原泉이 된 것은 물론이요 西歐의 民主的 政治를 創造하는 一大 原動力

이 된 것이다.”라고 高調하였다.

以上 列記된 歐美 人士들의 主張한 바 諸問題에 關하여는 이미 內外 學者들에 依하여 많이 論究된 바라 이에서 그 眞價를 究明하기 前에 먼저 兩大 文化가 오랫동안 相互 接觸하여 온 것만은 否認할 수 없는 明白한 事實이며 또 이와 같은 異質的인 文化가 接近하고 있는 동안에 各其 戀情媾合된 것도 상상하기 어렵지 아니하다.

그렇기에 最近 英國의 토인비 博士가 東西 文化交涉의 經路에 對하여 다음과 같이 公言하기를

“十九世紀 初期에는 英國의 政府에서도 貪官과 汚吏가 많았었다. 그리하여 人事에 公正을 잃었으매 十九世紀 中葉으로부터 文官考試制度를 實行하여 처음으로 積弊를 씻었으며 이로써 奉公守法할 줄 아는 精神을 漸次로 養成하게 된 것이니 英·美의 文官制度는 實際로 中國考試制度의 영향을 받은 것이며 참으로 中國의 文化는 歐美의 民主政治를 引導하는 데 중대한 貢獻을 한 것이다.”라고 하였다(東西文化 9.4 參照).

그러면 우리가 從來로 들어 보기 어려웠던 上記한 實談을 吟味하여 볼 때 누구나 옷깃을 여미고 그 말에 귀를 기울이지 아니할 수 없다.

과연 그네들은 論語와 中庸과 大學에서 무엇을 배웠으며 어떠한 곳에서 民主의 理念을 探求하는 데 이르렀고 奉公守法의 眞價를 깨달은 것인가 또는 考試制度가 人才 登庸에 唯一한 方法임을 알게 되었는가 이에 대하여 深究하여 볼 일이 아닐 수 없다.

우리에게는 數千年 동안 努力하지 아니하고 값싸게 물려받은 傳統이며 遺産이다. 그러므로 본래부터 받은 文化를 冷眼視하거

나 그렇지 아니하면 西歐의 새로운 科學文明의 形體만을 欽慕하는 나머지에 그 餘塵까지도 모조리 받아들이고 있는 反面에 歐美의 有志들은 功利와 享樂에 지친지라 도리어 東洋의 古典思想을 着實히 연구하며 元來 知性啓發에 充實한 사람인 만큼 東洋의 文化도 實利的으로 받아들이는 것이 新文化 樹立에 새로운 方向이 아닌가 한다.

中國과 同一한 類型의 文化傳統을 지녀 온 우리는 人生行路를 닦아 나가는 데 知性的인 面보다도 德性的인 面을 探求하는 데 誠熱을 기울인 것이다. 功利的인 것보다는 道義를 實利的인 것보다는 理想을 鬪爭的이 아니라 平和를 渴求한 것이니 그렇기에 歷史의 趨移에 따라서 多少의 起伏과 盛衰의 差異는 있었지만은 恆常 道義를 人間의 中樞理念으로 確定한 것이다.

그렇기에 天意를 敬畏하고 性情을 純化하였으며 政治를 論하면 民爲邦本(書傳)이라 하여 民本의 基礎를 튼튼히 하였고 教育을 提唱하는 데는 "有教無類"(論語)라 하여 教育의 均等을 徹底히 한 것이며 經濟를 說함에는 "生之者衆 食之者寡 爲之疾 用之者舒 則財恆足矣"(大學)라 한 것과 "不患寡而 患不均"(論語)이라 高調함으로써 勤勞의 要訣과 分配의 平均化까지도 親切히 提示하여 준 것이며 "老吾老 以及人之老 幼吾幼 以及人之幼"(禮記)와 같이 社會制度의 公正性을 丁寧히 보여준 바도 있었다.

과연 그러하다. 이와 같은 名案이 어디서부터 出發된 것이라 할까 그 豊麗하고 純美한 思想의 터전은 人爲的으로 設定된 道德律도 아니며 實利主義의 核心인 經驗主義나 實利主義에 比할 것도 아니다. 다만 森羅한 萬象 중에 人間만이 홀로 所有하고 있는 尊貴한 天賦의 本性이다.

이 本性은 곧 사람이 사랑할 줄 아는 德性이니 各其 發露되는 狀況에 따라서 五常(仁義禮智信)으로 分類하였으며 實社會에서 活用되고 있는 狀況은 항상 가운데로부터 先後의 秩序를 차리게 되는 故로 父子의 關係가 序列上으로 볼 때 가장 먼저 되는 것이며 다음으로 國家組織은 人類生活을 健全히 營爲하게 하는 必要的 條件인지라 民衆을 代表하는 君과 이의 統治를 받는 民의 關係를 무엇보다도 重視하지 아니할 수 없었다. 이에 道義의 綱領으로 規定할 때 子가 父에 對한 道理는 '孝'라 하고 民이 君에 對한 道理는 '忠'이라 이른 것이니 이에서 倫理的인 理論을 展開하는 것보다는 實質的으로 現代人들의 이에 대한 關心이 어떠한가 以上에서도 言及한 바와 같이 歐美의 사람들은 그 表現하는 方法이 다르다고는 하지만은 東洋의 固有한 思想을 內容的으로 善用하고 있는 데 對해 우리의 社會에서는 도리어 疎外 當하고 있는 現實情이다. 물론 世界風潮에 따르는 變貌와 革新도 그 必要함을 設定하지 아니할 수 없다. 그러나 本來부터 지켜 오던 主體的인 精神까지도 否定하여 버린다면 우리의 向하는 곳은 과연 어디인가 참으로 憂慮되는 바 크다고 아니할 수 없다.

우리는 將來의 새로운 世界를 創造하려는 만큼 '孝'와 '忠'을 舊態依然하게 固守하려는 것은 물론 아니다.

古典에 의하면 '孝'와 弟는 仁을 實踐하는 根本이 된다는 것이며(孝弟也者其爲仁之本與→論語) '忠'은 자기의 정성을 극진히 한다는 것이다(盡己之謂忠→朱子集註). 이 槪念에서 볼 때 忠孝는 現實的으로 容納이 될 수 없는 不可能한 倫理도 아니다. 더욱이 忠의 古意에 있어서 "윗사람으로서 民衆을 이롭게 하는 것이 忠이니라"(上思利民爲忠→春秋) 하였다. 이와 같은 理念에서 볼 때 忠은 참으로 民主主義를 最高의 理想으로 여기는 現代人에게는 더할 수 없는 適切한 道德的 本源이 아닐 수 없는 것이니 이를 基本理念으로 삼고 諸般 經營에 主導的인 役割을 하게 한다면 現代化하는 데 훌륭한 指針이 될 뿐 아니라 우리의 文化向上에도 크게 寄與되는 바 있을 것을 確信하는 바이다.

倫理思想의 새로운 考察

現在 우리 社會에서는 儒學精神에 立脚한 倫理思想이나 倫理라는 말을 쓰게 되면 일반적으로 冷笑하는 일이 많다. 과거의 낡은 遺習이니 또는 封建殘滓이니 하는 말을 서슴지 아니하고 濫用한다.

이와 같은 態度가 혹 無知蒙昧한 사람들이 無批判的으로 하는 말이라면 또한 容認될 수 있는 일이라 할지도 모르겠으나 自他가 知識人이라고 認定하는 人士들까지도 儒學에서 主張하는 바 倫理觀은 守舊的이며 階級意識이 濃厚한 無用의 物이라고 하여 廢棄하려는 경향이 많으니 참으로 한심한 일이 아닐 수 없다.

이 點에 있어서 우리가 다 같이 새로운 見地에서 反省하고 健實한 方向으로 다시 檢討하여 儒學의 참다운 面目을 찾을 일이 아닌가 한다.

물론 過去의 歷史를 살펴볼 때 특히 中國이나 我朝에 있어서는 政治道義가 昏迷한 틈을 타서 一部 貪權樂勢하던 階級들이 儒學의 威勢를 憑藉하고 첫째로는 政治的으로 이를 많이 利用하였으며 社會文化面에서도 이를 惡用하여 儒學精神의 忠厚仁慈한 本質은 忌避하고 似而非한 形式만을 羅列함으로써 自身의 過誤를 糊塗掩蔽하며 社會와 國家를 窮地에 빠지게 한 事例도 또한 否認할 수 없는 일이다.

특히 漢代를 비롯하여 歷代로 내려오면서 반복하였던 秕政이 그러하였고 李朝末葉의 衰政이 極度에 達하였을 때가 또한 그렇다 아니할 수 없다.

그러나 人間은 언제 어느 곳에서나 지키지 아니하면 아니 될 正當한 道理가 必然的으로 賦與되어 있는 것이다. 人間本然의 性情을 基本으로 하여 行動할 때 家庭이나 社會 또는 國家를 單位로 하여 存立할 때에 더욱이 그러하다.

父子의 關係와 夫婦 兄弟의 處地를 따라서 各自가 지켜야 될 禮節이 있음은 自明한 眞理인 것이다. 民衆에게는 秩序가 있어야 되고 指導者에게는 責任이 있어야 되나니, 즉 一般國民으로서 갖추어야 되는 本然의 姿勢와 政治人으로서 지켜야 되는 當然의 道義가 嚴然히 賦課된 것은 繁論함을 要하지 아니한다. 이와 같이 理念을 充實히 實踐具現하는 것이 儒學에서 主張하는 바 倫理이며 理想인 것이다.

現在 우리나라에서도 倫理라는 말은 널리 愛用되고 있다. 敎育者의 倫理와 政治人의 倫理를 비롯하여 新聞倫理, 放送倫理, 映畵倫理, 演藝倫理, 舞臺倫理까지 論議되고 있는데 이것은 全社會를 部分別로 보면 各分野마다 倫理思想의 實踐이 要請되지 아니하는 곳이 없는 까닭이다. 그러므로 學生의 倫理나 商工人의 倫理나 勤勞者의 倫理도 모두 該當되는 말이다.

人間社會에 있어서 最上의 目的에 符合되는 價値 있는 일을 秩序 있게 遂行하는 곳에 참다운 倫理의 面目을 發見할 수 있는 것이다. 이와 같은 意義의 倫理가 儒學에서 高調되는 바 倫理의 定義이며 이를 그대로 實踐하는 것이 儒學精神의 根本的인 理念이다.

一般的으로 這間의 歪曲되어 있는 觀念을 是正하고 從來 儒學에서 뜻하는 바 眞意를 溯求하며 現代的 價値를 찾기 爲하여 다시 그 發展한 過程을 살펴보고자 한다.

儒學에서는 人間의 모든 '現實' 問題를 가장 重히 여기고 이 日常諸般事를 誠意 있고 賢明하게 解決하려고 하는 까닭에 歷史의 흐름에 따라서 어제보다 좀 더 새롭고 價値 있는 오늘을 追求한다. 이에서 正當한 倫理가 形成되며 훌륭한 文化가 創造되도록 努力하게 되는 것이니 모름지기 人間性에 대한 研究가 進行되고 人間과 人間과의 親密한 關聯性에 對한 論理가 優先的으로 檢討된다.

물론 人間도 宇宙自然에 屬하는 한 存在이매 自然의 환경을 超脫하여 獨自的으로 論할 수는 없는 것이지마는 이와 같은 문제는 오히려 다른 學術分野에서 取扱되기를 願하고 있는 것이며 人間의 精神을 涵養陶冶하는 問題와 그 行爲를 善導하고 規制하는 方法과 社會風俗을 純化堅實케 하는 努力에 이르러서는 반드시 倫理學의 範疇內에서 論議되어 온 것이다.

人間은 그 自體가 元來부터 社會性을 保持하고 있는 만큼 社會를 떠나서는 個人이 存立하기 어렵고 社會는 個人各自가 集團하여 共同體를 構成함으로써 비로소 意義가 있는 것이며 個人의 基盤이 없는 社會의 組織은 不可能한 것이다. 이러므로 個人은 社會라는 體制下에서 그 價値를 더욱 빛나게 하는 것이며 社會는 個人을 土臺로 하여 形成되는 것이니 이 兩者는 항상 不可分離의 關聯을 가지고 있는 것이다.

이에서 人間은 그 稟性과 力量을 發揮하여 共同生活을 營爲하는 데 이르게 된 것이니 이에 이르는 과정에는 長久한 時間과 無限한 努力이 끊임없이 隨伴되었던 것이다.

古典에 依하여 未開하였던 社會의 情況을 살펴보면 다음에 보인 바와 같이 記述되어 있다.

昔太古嘗無君矣 其民聚生群處 知母不知父 無親戚兄弟夫妻男女之別 無上下長幼之道 無進退揖讓之禮 無衣服履帶宮室畜積之便 無器械舟車城郭險阻之衛(呂氏春秋侍君覽)

上古에는 人間의 生活狀態가 매우 素朴하였던 것이다. 住居하는 方法은 原始的이었으며 그 秩序도 매우 元初的이어서 親戚의 관계가 整然하지 못하였으며 또한 兄弟의 友愛나 夫婦의 分別이나 男女의 區別이 별로 드러나지 못하였으며 더 나아가 上下나 長幼의 道라든가 社會的인 禮法도 구비하지 못하였으며 더욱이 衣食에 대한 經濟的인 生產手段이나 편리한 交通施設이나 또는 外敵을 防禦하는 準備도 갖추지 못하였으므로 그 生活이 매우 不安定하였던 것이다.

이에 賢哲이 그 가운데 나와서 人類生活向上의 大道를 開拓하였으니 天下의 公例에 따라서 生生發展하는 自然法則을 밝히고 - 生生之謂易 生之謂德(周易) - 人類社會의 基礎가 되는 男女兩性의 天職을 分別하였으며 秩序와 紀綱을 세우는 倫道를 찾는데 이른 것이다.

이에 男便은 家長으로서 家族生活과 敎育의 主體가 되었으니

父 家長率敎(說文)

父矩(方)也 以法度也(白虎通)

男子 力於田也 農力於田 自王公以下 無非力於田者(說文段氏註)라고 하였고 婦女는 生의 母體로서 子嗣를 生育하는 역할을 한 것이다.

凡能生之 以啓後者 皆曰母(說文段氏註)

이와 같은 文化가 創造됨으로써 文明한 社會가 開拓되었으니

文字의 構造 속에서도 男女 兩性의 職能을 밝힐 수 있게 되었는데 力字나 姓字에도 나타난 바 있듯이 그 語源의 근본 뜻이 보이는 것이다. 여기에서는 繁碎함을 避하여 割愛하는 바이며 다만 이로써 文化發展의 原意를 考究하여 볼 때 그 基本要素는 항상 男女 兩性의 綜合的인 活動에 根據하였음을 알 수 있으며 國家社會의 發興과 文化創造의 紀元도 이에서 비롯됨을 알 수 있다.

敍上한 文字構成의 解意以外에도 또한 古典에 依하면

有天地然後 有萬物 有萬物然後 有男女 有男女然後 有夫婦 有夫婦然後 有父子 有父子然後 有君臣 有君臣然後 有上下 有上下然後 禮義有所錯(易序卦傳)라고 보인 것은 어디까지나 人類生活의 基本的인 方法은 男女 兩性의 結合에 있고 同時에 이 結合으로 비롯하여 家庭을 이룬 것이며 이 家庭이 또한 中心이 되어서 社會와 國家를 形成하는 데 이른 것이니 이 活動이 圓滿하게 達成될 수 있는 原動力은 항상 男女에 있고 이에는 반드시 調和美(愛)와 禮義의 道(敬)가 並行됨으로써 人間社會의 眞正한 發達을 期할 수 있음을 强調한 것이다.

中庸에 이른바 君子之道는 造端乎夫婦니 及其至也하여는 察乎天地니라고 한 것도 上述한 바 古典의 意義와 互相發明되는 뜻이니 男女가 國家社會의 中樞임을 더욱 明確히 한 것이며 夫婦之道不可以不久也(易序卦傳)라고 한 것은 夫婦의 道는 永久히 支續될 것을 보인 것이다. 書經에 보인바

惟孝 友于兄弟 克施有政(君陳)이라고 함은 政治의 道義가 곧 家族倫理의 延長임을 規定한 뜻이며 論語에서 이 말을 다시 인용하여

書云孝乎인저 友于兄弟하여 施於有政이라 하니 是亦爲政이어

늘 奚其爲爲政이리오(爲政)라고 함은 上述한 書頭의 뜻을 더욱 敷然强調하여 家族倫理를 비롯한 社會國家의 倫理가 一元的임을 明示하였다고 할 것이다.

또한 書經 首篇에

克明峻德하여 以親九族하고 九族旣睦하니 平章百姓이라 百姓昭明하니 協和萬邦하야 黎民이 於變時雍이라(堯典) 하였으니 이는 곧 높은 德을 밝혀 九族을 親睦하게 하고 나아가 百姓을 平和스럽고 明朗하게 하여 萬邦이 서로 協助하고 融和하는 데 이르매 民衆들도 이에 安心하고 生活한다고 하는 것이니 敍上한 바 理論을 더욱 具體的으로 說明한 것이다.

여기에서 特히 注意할 것은 克明峻德이라는 語意이다. 儒學의 倫理는 어느 目的을 達成하기 爲한 後天的인 契約이나 規則만을 必要로 하는 것이 아니라 人間性 本質을 主體로 하여 이를 究明하고 啓發하는 데 그 妙諦가 있고 이 本然의 稟性으로서 夫婦의 道를 비롯하여 家族으로 社會로 國家의 隆盛을 期하며 國際面의 和平도 企圖하는 것이다. 따라서 人間의 峻德을 克明하는 것이 곧 修身, 齊家, 治國, 平天下의 基本이 되는 것이다.

우리는 너무 平易한 理論에 소홀히 하기 쉽고 또한 過去부터 지켜 오던 美德과 良風을 까닭 없이 멀리하는 경향이 있으매 이를 다시 反省하여 溫故知新의 實을 거두고 現代에 있어서 가장 참신하고 價值 있는 意義를 찾아야 될 것이다.

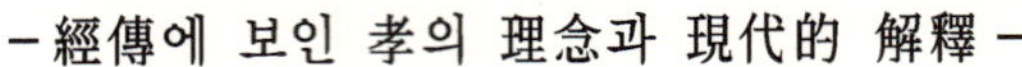

孝의 基本精神

-經傳에 보인 孝의 理念과 現代的 解釋-

一. 孝의 本義

孝의 基本精神으로 儒敎에서 崇仰하는 대상은 무엇보다도 祖上을 먼저 들게 된다. 그러나 이 祖上을 崇拜하는 것이 다만 泛神論的으로 말할 수 있는 瞑眇한 推想的인 幻想이 아니라 人間自體의 元祖로서 또는 生命의 源泉으로서 永存할 수 있는 實在로써 받드는 것이다.

이 祖上을 至上의 神으로 追慕하는 誠熱은 敎育的인 感化에서 얻기도 하려니와 첫째로 祖上으로부터 내려온 自然發生的인 愛情이 根本이 되며 이 愛情에 따르는 子孫의 感應과 誠心으로써 다시 父母를 비롯한 祖上의 愛情에 報答하게 되는 것이다. 이 現狀을 報本反始의 道라 이르며 간단히 이를 孝 또는 孝道라고 命名하는 것이다.

儒學에서는 이 孝를 모든 道德의 基本理念으로 삼는 것이며 그렇기에 孝는 子孫이 祖上에 대한 形式的인 倫理에 그치는 것이 아니라 諸般 道德의 基本 原動力이 되는 役割을 하는 것이다. 이 얼마나 廣遠한 意義를 內包하고 있는 것인가? 이에 文獻을 통하여 그 由來된 바를 다시 밝혀 보려고 한다.

說文에 말하기를 孝는 善事父母니 孝者는 從老省 從子承老也라고 說明된 것이다. 이는 곧 父母를 잘 섬긴다는 뜻이요 아들이 老人을 받들어서 그 뜻을 잇는다는 것이니 俠意的으로 생각하면

子孫이 祖上을 위한 孝道를 極盡히 한다는 뜻이며 廣意的인 面에서 보면 人間이 누구나 先祖로부터 모든 것을 繼承할 수 있는 位置에서 그 使命의 重大함을 自覺하고 傳受한 至上의 課業을 遂行하는 것이 孝의 實效를 거두는 것이며 이에서 孝의 眞正한 意義는 한 個人에 局限되는 一時的인 美德이라기보다도 이 一個人의 孝道가 實現됨으로써 社會를 安定시키고 國家를 隆盛하게 하는 動力이 되는 것을 잘 알 수 있다.

그러므로 孝는 人類發展의 橫的인 面과 아울러 縱的인 境地에까지도 그 영향되는 바가 無窮한 것이다.

書經에 보이기를 오직 효도하여 형제에 우애하며 정사에까지 잘 베푸느니라.(惟孝 友于兄弟 克施有政－周書 君陳)라고 하였다. 우리는 同胞相愛의 妙를 이에서 體得할 수 있는 것이니 그러므로 孝의 精神은 어디까지나 人道의 本源이며 政治道義의 始發處이다.

孔子는 이 書經의 本文을 取意하여 다시 强調하기를 書經에 말하기를 효도할진저! 오직 효도하여 형제에게 우애하며 정치에까지 베푼다고 하였으니 이것도 또한 정치를 하는 것이니 어찌 그 정치가가 되는 것만 한다고 하리오(書云 孝乎 惟孝 友于兄弟 施於有政 是亦爲政 奚其爲爲政－論語 爲政)라고 하였다. 이는 人間倫理의 基本이 되는 孝를 實現하는 것이 곧 政治의 起源이며 理想인 것을 表明하여 준 말이다. 孝가 人間의 道德으로서 얼마나 重要한 것임을 잘 알 수 있다. 孝의 眞意가 이와 같이 精深博大한 것이며 孔子는 또한 人類의 本領이며 道德의 本源인 仁의 意義를 明示함에 있어서도 "孝와 悌는 그 仁을 實踐하는 根本이 되느니라."(孝悌也者는 其爲仁之本與－爲政)라고 親切하게 確言한 바도 있다.

二. 孝經의 概要

孝의 概念이 더욱 구체적으로 설명된 孝經의 本文을 引用하여 보면 "孝는 어버이 섬기는 데서 비롯하며 임금 섬기는 것이 중간이요 立身에서 맞치느니라."(孝始於事親 中於事君 終於立身 - 孝經)라고 하였다. 이 말은 물론 孝의 總體的인 目標로서 事親에서 비롯하여 事君 立身에 이르러서 비로소 孝의 任務가 完成됨을 明示한 것이니 家庭과 社會的 活動에서 두루 全人的인 價値를 發揮하는 데 이르는 것이다.

이에서 立字의 文字上 構造를 더욱 硏究하여 보면 說文에 "立은 ·也라"고 하였고 段氏註에는 "·은 住也라"고 하였으며 住는 곧 그쳐야 될 곳에 그칠 줄 안다는 것이다. 또한 立字의 古形이 [illegible]으로 되었으니 이 立字를 形態上으로 分析하면 大는 사람의 형상이며 一은 平線으로 地上을 意味한 것이다.

그렇다면 이것은 사람이 地上에 버티고 있어서 반드시 그쳐야 될 곳에 꼭 서서 있다는 會意文字이다. 그쳐야 될 곳에 그친다고 함은 곧 사람이 自己의 使命을 다한다는 것이며 人體를 中心으로 하여 上位에 一線을 그으면 天字를 이루고 人體의 下部에 一線을 加하면 立字를 이룬다. 그러니 所謂 天·地·人 三才의 同格인 妙理를 이에서도 理解할 수 있는 것이다.

孝의 概念이 이와 같이 精博함을 認知하게 될 때 周時代의 大學敎育科程에서 孝를 重要한 德目의 한 課題로 編入한 것은 當然한 일이다. 周官, 地官, 司徒, 師氏 등의 내용을 圖式으로 轉記하여 보면 다음과 같다.

六德 → 知 仁 聖 義 忠 和
六行 → 孝 友 睦 婣 任 恤
六藝 → 禮 樂 射 御 書 數

또한 鄕三物에서도 孝가 第一位로 設定된 것이며 周禮大司徒의 職에는 八刑으로써 萬民을 다스린다고 하였는데 ① 不孝之刑 ② 不睦之刑 ③ 不婣之刑 ④ 不弟之刑 ⑤ 不任之刑 ⑥ 不恤之刑 ⑦ 造言之刑 ⑧ 亂民之刑 등이다. 여기에서도 第一條의 不孝之刑이 가장 注目되는 것이다.

이와 같이 孝가 重要視되고 있는 것은 人間의 健全한 生을 營爲함에 있어서 敎育精神이나 社會道義에 根本的인 意義를 지니고 있는 까닭이며 이렇기에 孝는 理想的 生活의 本源이 되었던 것이다.

經典에 보인 바 "孝子는 감추지 않고 기리 착함을 나누어 주느니라."(孝子不匱 永錫爾類－詩大雅)라고 하였고 또한 "효도하여 백성을 편안히 하느니라."(孝而安民－左傳閔公二年)라고 하였으며 또 "孝敬과 忠信은 吉한 德이 되느니라."(孝敬忠信爲吉德－左傳文公十八年)

이와 같은 孝에 대한 讚美辭로서 미루어 보면 孝의 理念은 단순히 父子間의 道義로서 貴重한 意義를 內包하고 있을 뿐만 아니라 不匱나 安民이나 吉德이라고 말한 것으로 미루어 보면 광범위한 哲學과 倫理, 敎育과 政治의 基本理念을 형성하고 있음이 分明한 것이며 人間의 正道는 孝의 精神을 떠나서는 成立될 수 없음을 밝혀 준 바라고 할 것이다.

帝舜이 그의 臣인 契에게 司徒(文敎相)의 職을 命함에 특히 五

品과 五敎를 제시하였고 이는 尙書 舜典에 보이고 있으니 五品과 五敎는 다음과 같다.

五品 → 父子, 君臣, 夫婦, 長幼, 朋友
五敎 → 親, 義, 別, 序, 信

五品은 名位나 等級을 말한다면 五敎는 當然의 道理라고 할 것이며 또한 左傳에 보인 바로는 父義, 母慈, 兄友, 弟恭, 子孝 -文公十八年- 라고 明記되어 있다.

從來로 先王의 道라고 함은 王을 上記한 바와 같은 人倫道義에 關한 것을 統括하는 作業을 完遂하는 것으로 일컬은 바이다.

儒家의 教育思想에 對한 述意

一. 學의 意義

本來 儒家의 사상은 人間의 문제를 가장 重要하게 연구한지라 모든 學問의 源泉을 人間에 두었던 것이며 또한 학문을 다스리는 범위도 人間의 문제와 人間이 構成하고 있는 社會를 어떻게 하면 더욱 健全하게 發展시킬 수 있는가 하는 데 焦點을 두었다 할 것이다. 그리하여 이에 對한 모든 活動分野를 學이라는 말로 表現하였고 이를 쉬운 말로 換言하면 全般的인 教育이라고도 할 것이다.

儒學의 本源인 論語의 首篇에 學而時習之, 不亦說乎(學而)라는 말로써 人生의 문제에 있어서 學이 얼마나 중요한가를 보인 바 있고 또한 이 疏에는 正義의 말을 引用하여 此章勸人學爲君子也라 하여 (學)은 理想的인 人間, 즉 君子에 이르는 方法임을 밝힌 바 있으며 說文에는 斅覺悟也, 學篆文斅省이라 하여 (學)의 뜻은 (깨달음)이라고 해석되었고 白虎通은 이를 좀 더 發展的으로 學之爲言, 覺也, 以覺悟所未知也라 하여 (學)의 定義를 더욱 明示한 바 있다.

以上에서 본 諸說을 綜合하면 學의 뜻은 完成된 人格이나 또는 무슨 일에 臨하여도 能히 對處할 수 있는 賢能한 人品을 이룩하는 데 目的이 있다는 것이며 白虎通의 解說한 바에 의하면 學은 깨달음이니 무슨 일이나 알지 못하는 것을 깨달아서 理解할 수 있는 能力을 기르는 同時에 事物에 通徹함을 뜻하는 것이라 할 것이다.

이와 같은 內容의 學의 槪念을 살펴볼 때 眞正한 學을 達成하는 方法과 過程은 대개 두 方向으로 생각하는 것이 妥當하지 아니한가 한다.

그 첫째는 自然的 人間으로서 賦與된 本性에 基因한 깨달음이라 이 人間性의 純然의 擴充으로서 最高의 理想을 完遂하는 데 寄與하는 것이며 그 다음으로 깨달음이라 함은 人間性이 元來 敎育의 基盤이 되는 것이지마는 이 本性自體를 完美하게 發展시키는 데는 또한 不斷한 努力이 반드시 要請되는 것이니 이에 있어서는 本性의 誘發的인 方法과 아울러 自然環境과 社會環境과의 영향에서 얻는 敎育的 活動이 반드시 並行되어야 한다.

이와 같이 人間에 內在한 本性의 誘發에 待應하여 敎育的 活動이 展開되고 이로써 文化의 價値를 提高하며 人格完成의 實效를 거두는 데 接近하게 되는 것이니 이른바 窮理盡性의 成果이라 할 것이다.

이 理論은 儒學에서 主張하는 學의 正義로서 成立될 뿐 아니라 人間의 諸般 文化活動에 있어서도 適用되는 普遍 妥當한 原理가 아닌가 한다.

論語에 依하면 [3]繪事後素(八佾)라 하였는데 이에서 素라 함은 人間의 本質에 比喩한 것이며 繪事라 함은 敎育的 活動을 意味하는 것이다.

이는 敎育活動을 營爲함에 있어서 반드시 被敎育者의 本質 發揮에 힘쓸 것을 主張한 것이며 形式的인 羅列主義를 警戒하는 同時에 繪事의 功程, 즉 敎育의 具體的 實踐活動도 매우 重要한

3) 繪事 繪畵之事也 後素 後於素也 考工記曰……繪畵之事 後素功 謂先以粉地爲質, 而後施五采 猶人有素質然後 可加文飾(朱註)

것임을 提示하였다고 할 것이다.

以上은 대개 學의 教育的 意義를 論한 바이지마는 學하는 態度에 對하여 다시 생각하여 보려고 한다. 또한 論語에 보이기를 學而不思 則罔, 思而不學 則殆(爲政)라 하였다.

이[4]에서 思의 뜻은 主로 自力에 依하여 尋思함을 이름이며 學이라 함은 自我의 獨自的인 思索도 重要하지만은 또한 師道의 啓發的 指導力도 매우 緊切한 것임을 뜻하는 것이니 이로써 (學)하는 方法은 반드시 自我發揮와 아울러 他力 誘導의 綜合的 結果임을 더욱 밝힌 바이다.

從來로 不學而好思, 雖知不廣矣(韓詩外傳)라 한 것이나 明於古人所言之義(賈子道德說)라 한 것은 다 古經의 註脚이 될 수 있다.

이에 進一步하여 教育의 根本目標가 다만 學理論에만 그치지 아니하고 理論과 同時에 實踐具現하려고 努力하는 것이 儒門에서 主張하는 바 學의 眞意임을 또한 알아야 된다.

朱子의 論한 바에 依하면 不求諸心, 故昏而無得(朱註)이라 함은 自我의 憤發은 疏忽히 하고 他力에만 依存하는 習性을 警戒한 것이며 朱子는 또한 이에 이어 不習其事, 故危而不安(朱註)이라고 함은 學은 元來 理論的 造成에만 滿足하지 말고 經驗을 通하여 實踐하는 데까지 到達하는 것이 學의 窮極的 目的임을 說明한 것이다.

淸儒王引之의 高調한바 據思而不學則事無徵驗, 疑而不能定也(經義述聞)라 함은 先哲의 學의 奧義를 더욱 밝힌 바이며 栗谷의 提唱한바 人生斯世非學問無以爲人, 所謂學問者, 亦非異常別件物

4) 學而不思則罔者, 言爲學之法旣從師學, 則自思其餘蘊, 若雖從師學, 而不尋思其義, 則罔然無所得也, 思而不學, 則殆者言但自尋思 而不往從師學, 終卒不得其義, 則從師人精神疲勞倦殆(正義)

事也…… 皆於日用動靜之間隨事各得其當而已(擊蒙要訣序)라 한 것은 儒門에서 이르는 學의 意義를 餘溫이 없어 明言할 것이라 할 것이다.

二. 教育學의 平等

春秋 初期는 勿論 春秋 中期에 이르기까지 貴族과 平民間의 階級이 매우 懸隔하였고 모든 制度에 있어서도 差別이 있던 것과 같이 教育에 있어서도 平等한 待遇를 考慮하지 못하였던 것이다. 그러나 孔子 當時에 이르러서는 社會의 情勢도 상당히 變貌되었을 뿐 아니라 孔子 自身이 人間의 尊貴함과 平等的임을 提唱하였으며 教育에 있어서도 均一的인 平等化를 講求하는 데 이른 것이니 이것이 곧 有教無類(衛靈公)의 教育思想인 것이다. 教育에는 階級的 類別이 없다는 매우 素朴한 理論인듯 하지마는 當時에 있어서 劃期的인 發見이며 社會改革에 새로운 局面을 보여준 것이니 이에 따르는 여러 가지의 深遠한 趣意를 考究하지 아니할 수 없다.

先哲들의 이 有教無類에 對하여 解明한 것을 보면 本文의 疎註에 보이기를 此章言, 教人之法也 類 謂種類 言人所在見教, 無有貴賤種類也라 한 것은 春秋初期의 教育方法과 制度에 貴賤의 差等이 없음을 보여준 것이며 다음으로 宋의 朱子集註에 依하면

人性皆善, 而其類 有善惡之殊者 氣習之染也 故君子有教 則人皆可以復於善, 而不當復論其類之惡也라 한 것은 人性의 本質을 推論하여 教育均等을 밝힌 것이니 古註와 新註의 解意하는 方法

은 相當한 듯하나 各其 教育的 原理論에 있어서 正當한 主張이라 아니할 수 없다. 즉 注疏는 社會的 現實面을 究明한 것이니 孔子 以前의 教育制度는 所謂 王官이라 하여 王族을 主로 한 貴族階級과 平民 中에서도 特殊한 部類만이 教育을 받을 수 있었던 것이며 東周 以後에 이르러서 비로소 一般平民도 어느 程度 自由로히 教育에 參與하게 되었던 것이다. 孔子의 引用한 바 天子失官, 學在四夷(左傳昭公十七年)라 함은 當時 教育의 平民化한 實狀을 보여준 것이고 最近에 이르러 官學日衰, 私學日興(國學概論 P三○)이라고 解說한 것은 錢穆氏가 古意를 더욱 平易하게 敍述하였다 할 것이다.

다음으로 朱子에 이르러서는 當時의 社會情況을 밝히는 데 急하지 아니하고 오히려 人類本然의 大源頭處에 遡及하여 儒學에서 생각하는 根本原理를 究明하였다 할 것이며 有教無類의 解明에 進一步한 至大한 貢獻이라 아니할 수 없다.

이와 같이 古典을 對할 제 항상 그 原理를 새로운 範疇에서 吟味하고 또한 이를 높은 次元에서 再檢討하여 人間文化의 永遠한 創造와 發展을 企圖함이니 이것이 곧 儒學의 本來使命이며 人間教育의 眞意라 할 것이다.

敍上한 바와 같이 儒教의 教育理念은 人間의 本性을 擴充 啓發하며 個性을 練磨育成하여 圓滿한 社會를 建設하는 데 主眼이 있다. 더욱이 孔子는 항상 被教育者 自身의 本質에 依하여 憤發할 것을 促求했다. 論語에 보이기를 不憤不啓, 不悱不發, 擧一隅, 不以三隅反, 則不復也(述而)라 하였고 이에 對하여 朱子는 더욱 詳細한 註解를 하였다. 즉 憤者, 心求通, 而未得之意, 悱者, 口欲言, 而未能之貌, 啓謂開其意, 發謂達其辭, 物之有四隅者, 擧一,

可知其三, 反者還以相證之義, 復 再告也(集註)라 한 것이니 이는 教育活動을 期圖함에 있어서 教育者의 指導法과 被教育者의 受教하는 精神과 態度를 啓示한 것이다. 즉 한 가지의 事理를 究明함에 있어서도 教育者로서는 被教育者에 對하여 그 事理의 要諦만을 提示하여 被教育者 自身이 全體를 了解할 수 있게 啓發 育成하는 것이며 反覆思索하는 時間的인 여유를 주는 것이다.

이와 같은 啓發的인 指導方法은 孔門에서 이미 理論에만 그치는 것이 아니라 實證으로써 보인 바 있다. 一例를 들면 子貢이 孔子께 說問하기를 貧而無諂 富而無驕, 何如(學而)라 하여 子貢은 自身이 貧者로서 諂하지 아니하고 富者로서 교만하지 아니한 것을 들어서 自贊한 바 있다. 孔子는 子貢의 發越한 素性을 잘 참작하여 一段 그 長한 點은 啓發하는 뜻에서 可也 未若貧而樂, 富而好禮者也(學而)라 하여 子貢으로서는 無諂, 無驕한 정도에 그치지 아니하고 그 以上으로 貧富를 超越한 높은 人格의 所持者가 될 수 있도록 勸奬한 것이니 上述한 바로서 이미 溫柔한 教育의 精神은 充分히 發揮된 것이라고 할 것이나 그러나 師弟의 對話는 이로부터 아즉 繼續되는 것이다.

子貢이 다시 말을 이어[5]) 如切如磋如琢如磨(詩 衛風淇澳)라는 詩의 一節을 引用 諷誦함으로써 孔子의 教誨한 眞意를 더욱 發明하는 데 이른 것이다. 孔子는 이에 激讚하여 親切한 語調로

賜也 始可與言詩已矣 告諸往而知來者라는 말로 子貢과의 對話를 맺은 것이며 그 發展의 無窮할 것을 稱譽 激勵한 것이다. 後日에 朱子는 這間의 微意를 總體的으로 說明하여 聖門教育의 眞價를 다음과 같이 演論한 것이다.

---

5) 治骨角者 既切之, 而復磋之, 治玉石者 既琢之, 而復磨之(朱子集註)

治之已精, 而益求其精也 子貢以無諂無驕爲至矣 聞夫子之言, 又知義理之無窮, 雖有得焉, 而未可遽自足也(朱子集註)라고 한 것이니 이에서 곧 事理를 探究하면 探究할수록 妙義가 있고 사람은 能力을 發揮하면 發揮할수록 進展이 있음을 깨달을 수 있다.

이로써 席上에 流露된 心靈의 照映과 情感의 薰化와 教育의 妙法이 後學들로 하여금 길이 仰鑽하게 하는 데 이른 것이다.

教學의 유래와 儒道의 闡明

- 一九六四年을 보내면서 -

一九六三年 十二月 二日에 財團法人 成均館이 文教部로부터 正式認可를 보게 된 뒤로 모든 面에 새로운 計劃을 講求하였다.

成均館은 우리나라에 있어서 教學의 本源地이었던 것은 지금에 이르러 하나의 歷史的인 사실일 뿐만 아니라 또한 現在의 教化事業에 있어서도 중요한 임무를 遂行하지 아니하면 아니 되는 위치에 있다.

高句麗時代의 太學이나 新羅時代의 國學, 高麗朝의 國子學 및 朝鮮王朝의 成均館이 易朝의 變遷에 따라서 그 名稱은 다름이 있었으나 教學의 中樞이며 人材養成의 本據임은 悠久한 歲月을 지나오면서 一般이 잘 認識하고 있는 바이다.

碩學弘儒가 이에서 輩出되었고 賢才良相이 이 門庭에 趨儀치 아니한 이가 없었던 것이다.

지금 世界的으로 이름이 높은 美國의 하버드大學(一六三六年創建)은 그 歷史가 三百餘年에 不過하니 外觀의 雄壯함과 內容의 完備함은 참으로 한 자랑이 될지 모르나 그 歷史는 매우 짧고 英國의 옥스퍼드大學은 알후레드大王時代, 즉 九世紀에 創立되었다고 하니 우리 朝鮮王朝의 成均館(一三九八 設立)에 比하면 약 四百年 앞섰지마는 高句麗의 太學(三七二 創設)이나 新羅의 國學(六八二 創立)에 비하면 約 五百年 乃至 二百年이 늦었으니 우리의 教學淵源이 오래된 것은 말할 것도 없거니와 우리 民族이 일찍부터 智慧가 豊富하고 文化創造에 부지런하였던 것도 可히 짐작할 수 있다.

그러나 우리가 참으로 우리의 歷史를 빛나게 하려면 또한 眞正한 文化의 本色을 찾으려면 우리는 얼마나 現代에 適應하여 경쟁할 수 있느냐 또한 한 걸음 더 나아가서 얼마나 널리 大衆과 가까이할 수 있느냐, 즉 大衆과 같이 生活하여 苦樂을 함께하고 어려운 世態를 料理하여 새로운 文明世界를 發見할 수 있느냐에 달렸다고 생각한다.

그러면 成均館의 儒林은 현재 얼마나 大衆과 接近하고 있는가! 大衆과 呼吸을 같이하며 民生의 發展을 위하여 努力하며 부지런히 活動하고 있는가?

이런 점이 우리의 當面한 가장 큰 課題가 아닐 수 없다.

現代의 世界는 아주 가깝고 또한 넓어졌다. 우리의 좁은 地域만 지키며 혼자서 재미를 보고 오붓하게 살아 보려는 構想을 하여 보아도 이것은 妄想이다. 甲의 나라 사람이 乙의 나라로 互相 交流하며 경쟁하고 살게 되어 있다. 이때야말로 適者生存이며 優勝劣敗이다.

우리는 다행히 이와 같은 世波를 물리치고 競進할 수 있는 文化的 遺産을 받고 있다. 즉 우리 자신이 노력하고 치밀한 계획과 堅實한 意志力으로 邁進할 수 있는 敎訓을 우리가 傳統的으로 받고 내려왔다. 즉 우리는 이 錯雜한 世代를 果敢하게 堪耐할 수 있는 素質을 지니고 있다.

孔子는 말하기를 鳥獸와 더불어 살 수는 없으니 내가 이 사람들과 더불어 살지 아니하고 누구와 더불어 살 것이냐(鳥獸不可與同群이니 吾非斯人之徒與而誰與 - 論語微子)라고 하였으니 인간의 참다운 眞意를 보여준 命題이다. 宇宙間에 있는 森羅한 萬象

은 다 우리 人間과 같이 棲息하고 있다. 猛獸도 그러하고 昆蟲도 그러하다. 雲煙草木과 飛走蠢潛까지도 그렇지 아니한 것이 없다.

그러나 우리의 知識을 모아서 참된 것을 찾으며 善意를 나누어서 道德의 社會를 構成하며 情緖를 美化하여 아름다운 生活을 營爲할 수 있는 것은 오로지 人間만이 可能한 것이다. 그러기에 偉大한 科學者, 崇高한 哲人 또는 驚世의 藝術家가 나오는 것이다. 이러하므로 人間의 尊貴한 所以가 여기에 있는 것이며 人間의 協助와 團結 등이 무엇보다도 要請하게 되는 所以도 또한 여기에 있는 것이다.

孔子는 平常한 生活에 있어서도 堅實한 것을 崇尙함에는 大衆을 따르고 비록 禮節이라고 하여도 驕慢한 態度에 이르러서는 衆人이 行한다고 하여도 盲從하지 아니하였다(子曰 麻冕이 禮也로되 今也純하니 儉이라 吾從衆하리라. 拜下가 禮也어늘 今拜乎上하니 泰也라 雖違衆이나 吾從下하리라 - 子罕).

聖賢의 持心行事는 항상 普遍妥當한 眞理를 追求하는 데 急하다. 이에 正當한 過程을 離脫하지 아니하며 이 路線을 固守하는 데 妙理가 있는 것이다.

그러므로 眞에 充實하며 善에 果敢하고 또한 美의 情感으로 調和와 自由意志를 生生하게 살리며 人間으로서 人間다운 目標를 指向하며 훌륭한 價値를 發揮하며 宏大한 成果도 보이게 되는 것이다.

程子의 이른바 君子가 處世함에 있어서 그 일 自體가 義理에 害됨이 없으면 一般이 하는 대로 따를 것이나 만일 義理에 違背되면 盲從하지 못하느니라(程子曰 君子處事에 事之無害於義者면 從俗可也나 害於義면 則不可從也니라 - 上文註).

이와 같이 인간을 尊重히 여기고 人間에 關한 問題를 第一義的으로 다루며 그 가운데 適切한 時中을 取하는 것이 儒學에서 主張하고 내려오는 平易한 信條이며 眞理일진대 우리가 時宜에 맞게 하여 現實에 積極參與하고 우리의 알찬 發展을 企圖하는 것이 當面한 至上 課業이 아닌가 한다. 送舊迎新함에 있어 이 由來 깊은 成均館의 無窮한 幸運을 아울러 心祝하는 바이다.

先儒의 深憂遠慮를 敬慕한다.

壬辰倭亂이 일어나기 約 十年前에 栗谷 先生은 經筵에서 十萬의 養兵을 實現함으로써 國防을 튼튼하게 하여 後顧之慮가 없게 할 것을 提議한 바가 있지마는 이에 대한 反應은 조금도 없었다.

어찌 뜻하였으랴! 不幸하게도 壬辰의 七年大亂을 겪고 나니 그 高見에 대하여 欽歎하지 아니할 사람이 누가 있으리오. 참으로 이 일은 우리 民族의 기억에서 永遠히 잊을 수 없는 큰 교훈이라고 아니할 수 없다.

朝鮮王朝末 光武九年(一九〇五)에는 소위 乙巳의 保護條約이 강제로 成立되니 憂國之士는 다 같이 屈辱의 外交임을 痛論하지 아니한 사람이 없었다. 그중에서도 儒林의 宗長이며 愛國之士이신 勉菴 崔益鉉 先生은 먼저 이 妄擧에 內應하여 協助한 逆賊大臣들을 除去할 것을 주장하였고 다음으로 翼年 四月에는 日本政府에 抗議文을 보내서 日本의 狡猾한 手法과 惡辣한 蠻行을 여지없이 규탄한 바 있었다.

이제 그 全文의 一端을 拔萃하여 現對日本外交關係에 한 가지 참고로 하는 것도 先儒의 남긴 教訓을 다시 새롭게 다짐하는 길이 될까 한다.

첫째로 韓國과 日本이 서로 健全한 發展을 하려면 떠날 수 없는 輔車唇齒의 形勢로 相依相助하여야 하는 大義를 論破하였고 다음으로는 日本은 이 大義를 忘却할 뿐만 아니라 도리어 棄信背義한 實證을 指摘하여 日本의 敗亡할 것을 豫見한 것이다. 이에 그 論罪한 十六條를 列擧하면 다음과 같다.

① 甲申 高宗二十一年(一八八四)에는 朝鮮皇帝를 위협하고 朝鮮의 宰相들을 殺害한 罪惡을 저질렀다.

② 甲午 高宗三十一年(一八九四)에는 朝鮮의 宮闕을 焚掠하고 財物을 奪取하였으며 典章文物을 毁棄하였으니 형식은 朝鮮의 獨立을 認定한다고 하였으나 실제로 孤立弱化를 노렸으며,

③ 乙未에는 國母를 弑害하여 千萬古에 없는 罪過를 犯하였으며,

④ 脅迫과 劫奪하는 일이 날로 더할 뿐만 아니라 國內에 鐵路를 敷設함에 있어서 京義鐵路는 朝鮮政府의 양해도 없이 恣意로 敷設한 것을 비롯하여 漁採 蔘圃와 鑛山, 航海의 利權을 모조리 奪去하였다.

⑤ 軍事上 必要하다는 口實로 土地를 强占하고 人民들을 侵虐하였으며 掘墓毁宅한 것은 물론 鄙陋悖雜한 部類들을 利用하여 갖은 非行不法을 교사함으로써 賄賂가 公行하고 醜聲이 浪藉하게 한 것.

⑥ 鐵道니 地段이니 軍律이니 하여 用兵時에만 使用한다고 하던 것이 休戰이 되어도 鐵道를 그대로 利用하면서 되돌려주지 아니하며 地段을 여전히 占據하였고 軍律을 계속 施用한 것.

⑦ 國權을 侵凌한 나머지 저희들이 기회 있을 때마다 提唱하여 오던 大韓獨立과 領土保全에 대하여 이제는 頓然히 置之不論한 것.

⑧ 愛國志士의 前後活動이 모두 自己國家의 保全을 위한 行動임에도 不拘하고 전부 捕縛拘留하여 殺害를 한 것은 朝鮮人의 忠誠心을 견제하고 公論을 抑壓하려는 뜻이며 韓國의 伸張을 阻害하려는 無慈悲한 手段이다.

⑨ 日本에 阿附하는 御用機關인 소위 一進會를 사주하여 民論인 것처럼 假裝하고 宣傳攻勢를 取하는 한편 眞正으로 國家民族을 위하는 淸議를 철저히 封鎖한 것.

⑩ 民間에서 役夫를 勒募하여 혹독히 驅使할 뿐만 아니라 조금이라도 順應치 아니하면 殺害하기를 草芥와 같이 하고 愚民들을 誘集하여 墨西哥에 潛賣하고 그 父兄들로 하여금 含怨抱讐케 하며 그들을 마침내 受虐瀕死에 이르게 하여 不歸의 孤魂이 되게 한 것.

⑪ 通信機關을 獨占하여 內外通信活動을 沮害한 것.
⑫ 소위 顧問官의 名儀로 朝鮮政府의 機能을 마비시키고 저희들은 原俸을 먹으면서 財政의 濫用을 恣行한 것.
⑬ 억지로 借款을 쓰게 하여 財政整理라는 美名下에 厚利를 自取한 것이니 貨幣를 濫發하여 虛名의 借款에 代充하고 또는 미리 利息을 除함으로써 國庫의 財政을 枯渴케 한 것과 또 不必要한 雇員을 외국에서 招致함으로써 厚俸을 미리 주게 하였으니 갖은 方法으로 우리의 精血을 빨아 결국 朽殼만 남게 한 것.
⑭ 一朝에 率兵入闕하여 國內外를 環圍하고 政府를 威脅하여 勒約을 체결한 뒤에 外交權을 박탈하고 統監을 두어 朝鮮의 自主獨立權을 빼앗고도 오히려 이러한 事實을 陰蔽하여 萬國의 耳目을 속이려고 하였다.
⑮ 처음에는 다만 外交의 監督만을 干與한다던 것이 終局에는 一國의 政府까지 專管하는 데 이르렀고 이제는 허다한 官員을 配置하여 搖手不得게 하면서 恐喝이 그치지 아니한 것.
⑯ 近日에 와서는 移民條例를 만들어서 移民을 積極推進함으로써 지극히 惡毒한 꾀로 한民族을 滅種하려는 것 등등이다.

勉菴 先生은 日本의 妄擧를 여기까지 數罪하고 이것은 오히려 日本의 罪過中에서도 특별히 그 大槪만을 지적한 것에 지나지 아니한다고 하였다.

우리는 八·一五의 解放을 맞이한 이후로 對日關係에 있어서 請求權問題, 賠償問題, 在日僑胞의 法的地位問題, 文化財返還問題 등 한 가지도 解決됨이 없이 空轉되고 있음을 잘 알고 있는 바이다. 最近에 와서는 소위 借款問題를 들고 나와 兩國間에 정식으로 締結도 보기 전에 우리의 平和線을 大擧侵入한다는 놀라운 報道를 듣게 되니 참으로 우리의 肝膽을 서늘하게 한 일이 아닐 수 없다. 저들이 우리를 愚弄하는 手法이 예와 다른 것이 있다면 오직 武器를 앞세우지 않은 것뿐이다. 이제 經濟的 侵略으로 變貌된 現代的 侵奪方法이라고 할 것이다.

中國의 孫文은 일찍이 말하기를 武力侵入을 당하는 民族은 현저한 痛覺을 느낌으로써 깨닫기 쉽지만은 經濟的 浸透는 모르는 사이에 民族의 膏血만을 吸收하는 것이므로 그 結果의 慘憺한 것은 武力侵攻에 對比할 바 아니라는 것을 力說하여 中國民의 後日을 警戒하였다.

이제 韓日國交 正常化를 놓고 將來의 善隣友好를 云爲하고 있는 때에 옛 文書를 다시 들추어 있었던 지난 일을 새롭게 인식하는 것은 現代 우리의 活路를 씩씩하게 개척하는 길이 여기에 있는 까닭이다.

日本은 부질없이 옛날 手法을 되풀이함으로써 두 나라의 國交 正常化를 破壞하는 愚拙한 政策을 하루속히 지양하고 우리 國權을 진심으로 尊重하는 것이 善隣友好를 하루빨리 이룩하는 正道임을 銘記할 것을 再三 警告하는 바이다.

東洋學이 現代西歐에 미친 影響

筆者의 寡聞한 바로서는 東洋思想의 全般的인 硏究에 대하여서는 이를 輕忽히 論評할 바 아니지마는 平日부터 多少 留意하여 본 바로 말하면 東洋思想發展의 本據地인 中國이나 韓國을 爲始한 日本이나 東南亞 一帶보다는 歐美의 學界에 있어서 東洋思想에 관한 硏究熱이 매우 높지 아니한가 한다.

어느 方向보다도 人間倫理 問題를 비롯하여 社會와 政治에 가장 많은 힘을 傾注하여 온 儒敎哲學에 대하여 그러한 것 같다.

最近 情況을 알려면 먼저 그 根源에 溯及하지 아니할 수 없다.

史傳에 明示되어 온 바로는 明萬曆三十三(西紀 一六○五)년에 天主敎 宣敎師인 利瑪竇(Matteo Ricci)는 멀리 歐洲로부터 中國에 와서 朝野의 碩學과 交遊하며 東洋의 文物을 硏究하는 데 바빴으며 『西學奇跡』을 出版하는 동시에 漢文을 習得理解하는 데 便宜함을 圖謀하였고 儒學經傳을 歐文으로 移譯하였으며 그 內容을 檢討하여 歐洲諸邦에 報告 周知케 한 것이다.

天啓六年(西紀 一六二六)에는 天主敎, 耶蘇會 傳敎師로서 中國에 온 金尼閣(Nicolas Trigault 1803～1882)도 利氏와 同一한 活動을 하였다고 할 것이니, 즉 『西儒耳目資』를 發表함으로써 東洋의 文化를 西歐에 소개함으로써 그 이름을 남기었던 것이다.

대개 이들은 初期에 있어서 文化活動의 基礎的인 活動을 하는 것이 그 큰 任務였지만 그 뒤에도 더욱 深切한 硏究를 끊임없이 하였으므로 이들의 뒤를 이어서 歐美의 學院들이 東洋學에 對한 關心이 날로 커졌을 뿐만 아니라 그들의 모든 文化를 創造하는 데 間接的으로 補助的 使命을 다하는 데 이르렀다는 것이다.

이와 같은 活動은 最近 學界에 있어서 한 公認된 論임에도 불구하고 오히려 이 땅에 現今 歐美文化에 傾倒한 나머지 過去에 있었던 史的 事實까지 忘却하고 新進하는 모든 學術의 淵源을 歐米에서만 찾으려고 하는 천박한 思潮는 참으로 警戒하지 아니하면 아니 될 것이라고 할 것이다.

西歐에 있어서 文化의 極致를 자랑하려는 때에 佛蘭西의 Voltaire(一六九四～一七七八)는 東洋思想의 深奧한 境地에 陶醉하여 이로써 西歐思想發展의 새로운 機運을 造成하려고 努力하였던 것이며 中國은 秦나라 때에 이미 封建制度를 廢한 데 反하여 歐洲는 中世紀까지 舊態依然한 封建制度를 踏襲하고 있는 것을 타매한 것이다.

이에 中國의 制度와 文物을 參酌하는 데 힘을 기울였고 佛蘭西革命과 美國의 獨立偉業의 二大課業을 遂行하는 動力的인 力活을 함으로써 現代文化의 驚異的인 發展에 寄與한 바 크다는 것을 確認하였으며 輓近에 이르러 트루먼 美國大統領 당시의 副統領이었던 Henry Agard Wallace氏가 一九四三年에 中國에 와서 雙十節記念 放送에서 "美國의 建國할 當時 이 大業에 參與하여 偉勳을 남긴 사람들이 그 政治的 指標에 있어서 直接的으로 西歐의 影響을 받은 것이며 間接的으로는 東洋 특히 中國의 제도에 依存한 바 많다."는 것을 强調한 바 있다. 이는 곧 前記한 볼테르氏의 主張을 다시 闡明한 것이라고 할 것이다.

다음으로 Emehsun(1803～1882)은 四書의 全譯本을 읽은 바였고 이에 나타난 名言과 名句를 自己 著書中에 引用할 뿐 아니라 東方 聖人의 主張을 自己 學問의 根本理念으로 하였다는 것이다.

論語의 아침에 道를 깨달으면 저녁에 죽더라도 可하니라 - 朝聞道 夕死可矣 - 라는 名句를 引用하여 孔子의 崇高한 理想을 追求하는 데 이르렀으니 이것은 곧 人間의 實踐 倫理와 社會道德의 重要한 것을 밝힌 것이라고 할 것이다.

孔子는 人間的인 精神을 具有하면서 同時에 世俗的인 人間에서는 될 수 있는 대로 멀리하려고 努力하였다. 어느 歷史에 있어서나 偉大한 人物은 항상 그 民族의 精神을 代表하는 가운데 옛것으로부터 새로운 方向으로 또는 低俗한 것으로부터 高尙한 境地로 提高하여 가는 領導力을 지니는 것이다. 孔子는 이와 같은 偉大한 人物 가운데서도 가장 훌륭한 位置를 차지하는 것이니 이러한 뜻에서 孔子는 高尙한 理念을 實踐하는 데 있어 中國文化의 中心人物이 될 뿐만 아니라 全世界 各民族의 光榮이라고까지 景仰하는 데 이르렀던 것이다.

이와 같은 주장은 孔子의 日新 又日新하는 精進과 志學으로부터 不踰矩에 이르는 無限向上의 努力을 體得하여 發明함이라고도 할 것이다.

에머슨은 孔子를 美國의 워싱턴과도 並稱하여 實踐과 理想을 항상 人生의 最高目標로 하였다고 하고 다시 孔子가 人類史上에 貢獻한 五個項의 基本原理를 다음과 같이 闡明하였으니, 즉 첫째, 知的인 方法에 있어서는 모르는 것은 모른다 - 不知爲不知 - 하는 嚴正沈着한 態度요, 둘째, 모든 일은 原則에 따라서 그 實踐方法을 講求하는 所謂 絜矩之道를 尊重한 것이며, 셋째, 善遍妥當한 原理로써 中庸의 道를 實踐하였고, 넷째, 反省自責하는 謙虛한 마음을 지녔으며, 다섯째, 勤儉의 美德을 갖추었다고 하였으니 儒學思想의 核心處를 밝혀서 말하였다고 할 것이다.

美國의 laufer는 ≪科學的 美國≫ 一九三二年 三月號 雜誌에서 '中美의 接觸点'이라는 論說을 發表하여 中·美 兩國이 그 民族性에 있어서 그 共通된 점을 또한 다음과 같이 列記한 바도 있다.

一. 民主精神……of The peapl lug The peapl Ten The peapl－民有, 民治, 民享－은 美國建國의 原則이며 中國古典에 보인 바와 같이 所謂道 忠於民 而信於神也 上思利民曰忠也(左傳)라든지 民爲貴 社稷次之 君爲輕(孟子盡心下)이라고 한 民本精神의 큰 原理는 이미 오래전부터 널리 알려져 있는 理想的인 政治의 理念이었던 것이다.
二. 信仰自由……世界에서 信仰自由를 保障하는 것이 中國보다 더한 나라가 없다.
三. 社會平等……大道之行 天下爲公 選賢與能(禮記禮運)이라는 明文으로써 社會平等 정신 原則이 있거니와 또한 公開考試制度가 있어서 人才登庸의 公正을 期하였던 것이다.
四. 正義觀念……仁愛思想을 基礎로 하여 和平을 崇尙하는 公道를 主張한다.
五. 教育의 尊重……가르침에는 계급적인 類別이 없다－有教無類(論語衛靈公)－라는 原則에 依한 機會均等觀이니, 즉 學術을 人類文化 向上의 最大保障으로 하는 것이다.

이상의 두어 가지의 例를 爲始하여 英國 런던大學 教授bernal 氏도 中國人의 性格을 論하였으며 第一次大戰이 終戰되자 deivey와 Russel은 中國에 와서 各大學을 歷訪하며 講演한 바 있는데 그 內容이 대체로 西方文化의 長處는 科學方法에 있고 中國文化의 長處는 合理的인 人生觀에 있다. 이 兩者가 漸次 結合하여 하나가 되기를 바란다고 强調하였던 것이다.

東西思想의 趨移와 우리의 關心

사람은 生을 받고 난 뒤로부터 항상 高貴한 人格으로서 잘살기를 願한다. 經濟的으로 潤澤하며 文化的으로 豪華하기를 追求하고 있다.

이와 同時에 不絶히 努力하고 活動하는 것이니 이러한 가운데 아름다운 生의 價値를 깨닫고 또한 즐기는 것이다. 人間과 人間, 社會와 社會, 國家와 國家 間의 競爭이 있으며 이로써 文化가 育成된 것이다. 努力과 活動이 왕성하였던 민족은 繁榮하였지마는 이에 反하는 社會와 國家는 衰滅함을 免치 못하였던 것이다.

이와 같은 現狀은 東洋에 있어서도 대개 그러하였지마는 西洋에 있어서도 그 例에 벗어나지 아니한 것이다. 다만 近世의 西洋에서는 文明의 基礎를 特히 物質과 外面에 置重한 傾向이 많은지라 最大多數의 最大幸福을 동경하는 倫理思想이 發達되었고 極度의 快樂主義를 謳歌하는 데 이른 것이니 個人主義와 資本主義가 頭角을 나타냄으로써 世界를 風靡하는 데 이른 것이다.

그런데 東洋에 있어서는 人間의 最高目標를 精神陶冶와 內面修練에 힘썼던 것이니 特히 儒學에 根據를 둔 社會에서는 西歐에서 생각하고 있는 바 生의 欲求를 充足시키려는 努力은 天地之大德曰生이라고 하여 이를 否定하지는 아니하였다고 할 것이다. 그러나 그 努力하는 目標는 항상 人間本然의 姿勢를 찾는 데 急할지언정 物質的 外華만을 追求하지는 아니한 것이니, 즉 人間의 仁性을 根源으로 하여 道義心을 啓發하는 데 致力한 것이다.

個人의 倫理는 물론 社會와 國家의 發展을 圖謀하는 問題에

있어서도 仁性과 道義를 主體로 하는 것이니 法治보다는 德治에 主力하였고 霸道에 앞서 王道를 高調한 것이다. 이것은 곧 生의 欲求를 充足시키기보다는 德性을 涵養 實現하는 데 果敢하였던 자세이다.

儒學의 倫理思想이 그러하였고 教育이 그러하였으며 政治가 또한 이 範疇內에서 論議實踐되는 것을 最高의 理想으로 여기었던 것이다.

今日에 이르기까지 金科玉條로 받들어 내려오는 經傳의 主眼이 그렇지 아니한 것이 없고 帝王의 典謨와 聖哲의 訓話가 다 이러한 風度로써 繼往開來의 聖業을 이루게 하였던 것이다.

自來로 教育에 從事하거나 政治에 留意하는 사람이 道義를 主體意識으로 하지 아니하는 行動은 아무리 偉大한 成果를 얻었다고 하여도 이를 過度하게 推奬하지는 아니한 것이다. 즉 生의 意欲을 積極實現하고자 하는 結果로 道義實踐을 敬遠하는 것이 一種의 最大幸福을 獲得하며 同時에 功利的인 成果를 招來하는 한 方便이 될지는 모르나 그러나 이 点이 곧 儒學의 本來 精神에 符合되는 行動이라고는 論定할 수 없는 것이다.

以上과 같이 儒學經傳에서 主張하여 온 理論과 學說을 이에서 번거롭게 列擧할 겨를은 없지마는 重要한 한둘의 例를 들어서 現代儒學의 나아갈 方向을 考察하여 보려는 것이다.

儒學經傳의 總本源이라고 일컬어 오는 論語에 仁道에 대하여 高調한 것이 많지마는 特히 道義와 功利가 相反되는 事理를 論하는 데 이르러서는 반드시 前者를 第一義的으로 하고 後者는 第二義的으로 돌린 것이다. 즉 論語에서 말한 바에 의하면

"富貴는 사람마다 願하는 것이지마는 그 富貴를 正當한 方法으

로 얻음이 아니면 處하지 아니한다." - 富與貴 是人之所欲也 不以其道得之 不處也 - (里仁)고 한 것을 비롯하여 孟子에 이른바 "한 도시락의 밥과 한 그릇의 국을 얻으면 살고 얻지 못하면 죽는다고 하여도 꾸짖는 말을 하면서 주면 행길을 가던 사람도 받지 아니한다."一簞食一豆羹 得之則生 弗得則死 嘑爾而與之 行道之人 不受(告子上)라고 强調한 말이라든지 또는 "生도 나의 願하는 바이며 義도 나의 하고자 하는 바이지마는 生이나 義 두 가지 것을 兼하여 얻지 못할진대 生을 버리고 義를 取할 것이니 生이 아무리 나의 願하는 것이라고 하여도 하고자 하는 것이 生보다도 더한 것이 있기 때문에 구차하게 얻는 것을 하지 아니한다."生亦我所欲也 義亦我所欲也 二者不可得兼 舍生而取義者也 生亦我所欲也 所欲有甚於生者 故不爲苟得也(同上)라고 이른 것이다.

이에 적은 몇 句節의 意義를 審察하여 볼 때 物質主義가 橫溢하고 있는 現 實情으로서는 到底히 理解하기 어려운 空論이 될지도 모르나 그러나 참으로 理想的인 人生觀을 憧憬하는 社會라면 또는 永久한 平和를 渴望하는 世代라면 반드시 往哲의 深奧한 眞理에 머리를 숙여서 敬虔한 마음으로 再三 熟考하지 아니할 수 없을 것이며 더욱이 이 몇 가지 訓誨의 論據를 考究하여 볼 때 사람의 生道를 輕忽히 여기었다는 것보다는 도리어 生의 原理를 率直하게 肯定하는 곳에 人間의 自然한 本性을 尊重히 여긴 것임을 알 것이며 仁性과 道德을 人生本然의 姿態로 還元하려고 努力하는 것이 人間行路의 大道임을 더욱 明示한 것이라고 아니할 수 없다.

輓近에 이르러 儒學에 대한 關心을 보더라도 孫中山은 그의 學說이나 또는 平日에 行하던 論說에서 自己의 革命理念이 儒學의

仁道思想에서 流來한 것임을 밝힌 바 있으며 英國의 著名한 史學家인 토인비(A. Toynbee)는 東洋의 文化가 歐美의 民主政治에 功獻한 바 있음을 告白하였고 美國의 前任副統領이었던 월레스(Henry Agard Wallace)는 一九四三年 中國의 雙十節紀念 祝賀演說에서 말하기를 美國이 建國할 當時에 當路한 사람들로서 그 政治制度構想에 東洋 특히 中國思想에서 間接的으로 영향을 받은 바 있다고 證言하였던 것이다.

現代는 東西가 날로 接近하여 가고 있는 過渡期이다. 東洋에서는 西洋에 追從하려는 傾向이 매우 많지마는 西洋에서도 또한 東洋研究에 留意하고 있는 것도 사실이다. 우리는 健全하고 堅實한 생각으로써 古를 찾고 新을 살려서 나아가는 溫故知新의 實을 거둘 때임을 確信하여 마지아니하는 바이다.

社會에 나타난 明暗相과 우리의 矜持

사람은 自己를 過大評價하는 것도 正道에 어그러지는 일이지마는 自身을 너무 過小評價하는 것도 또한 우리의 社會生活에 있어서 自省할 바가 아닌가 한다.

過小評價하는 그 마음과 行動이 어디까지나 하나의 謙讓의 德이 되거나 그렇지 않으면 自己를 激勵하는 한 가지 方便이 된다면 이것은 참으로 아름다운 일이며 또한 다행한 일이라고 아니할 수 없는 것이다.

그러나 이 謙讓의 德이 참다운 價値를 發揮하지 못하고 또한 激勵의 方便이 그 效力을 나타내기도 전에 도리어 自我에 대한 信念만이 缺如되고 社會에 대한 不平感이 늘어가며 國家民族에 있어서의 信賴心이 減退하여져 간다면 그 結果에 있어서는 不幸하게도 發展이 아니라 退步일 것이며 向上이 아닌 自滅을 招來할 것이니 이 얼마나 놀라운 일인가!

過去의 歷史에 보인 모든 明暗의 물결은 우리의 周邊에서 일어나고 있는 千態萬象의 現實을 어떻게 볼 것이며 어떻게 對處하여 갈 것인가. 이에 대한 우리의 姿勢 우리의 覺悟가 매우 중요한 일일 것이다.

우리의 目前에 날로 展開되어 가고 있는 喜悲兩極의 樣相은 매우 눈부신 바 있다.

暗澹한 面으로는 사기, 절도, 모함, 중상, 비난, 투쟁, 욕설, 공격, 살인, 강도 등의 阿修羅의 魔窟이다. 이것도 不足하여 이 慘劇을 映畵로 방송으로 그리고 또 텔레비전으로 보여준다. 大衆은 이를 보고 즐거워한다고 하여 때로는 藝術이라는 높은 評價도 붙여 주기도 한다. 冷靜히 생각하면 참으로 可笑로운 일이다.

그런가 하면 한편에서는 神聖한 行事나 明朗한 차림도 많다. 後輩를 바른길로 引導하여 보려는 敎育에 대한 熱意가 대단하다. 敎室에서는 眞理探求를 부르짖고 道德을 찾고 性情을 陶冶하며 技術을 硏磨한다. 그리고 偉人과 烈士를 높인다. 街頭에서는 학생의 淸掃隊가 보인다. 車內에서는 年老者와 婦人에게 자리를 양보하며 거리에서는 巡警이나 行人이 서로 交通秩序를 지키기에 餘念이 없다.

水害로 風災로 窮地에 허덕이고 있는 사람을 서로 도울 줄 안다. 敎會에서는 찬송가가 들린다, 기도를 한다. 複雜한 마음을 안정시키며 神에 加護를 願하려는 것이리라.

深邃한 祖室에서는 목탁의 소리가 淸谷을 메아리친다. 아담한 家庭에서는 맑은 音樂 소리가 흘러나온다. 섭씨 零下 二○度를 오르내리는 三八境地에서는 國家의 干城으로서 毅然히 나라를 지킨다. 이 얼마나 勇壯하다고 할 것인가.

最近에 實施된 우리나라의 大統領 및 民議院의 두 차례에 걸친 選擧는 選擧史上 보기 드문 好成績이라 한다. 今般 選擧率은 過히 좋지는 않지마는 그래도 國民의 誠意 있는 選擧秩序는 참으로 內外에 誇示할 수 있는 일이라 하겠다.

이와 같은 社會의 모든 明暗과 喜悲, 善惡과 美醜, 眞實과 假飾의 兩面狀은 물론 우리의 사회에서만 볼 수 있는 局限된 일은 아니다. 量의 差異와 質의 濃淡은 다를지 모르나 어느 社會 어느 國家에나 다 같이 이 兩極의 矛盾이 있는 것은 否認할 수 없는 事實이다.

國家社會的으로 現代文明의 尖端을 걷고 있는 歐美의 各國에서도 悲慘하고 醜惡한 事態가 벌어지고 있는 것은 어찌할 수 없는 일이라고 한다. 도리어 犯罪의 率도 높고 犯罪의 質도 一般다른 國家에 比하면 더 惡質的이라는 말도 있다. 참으로 不幸한 일이며 유감스러운 일이라 아니할 수 없다.

그런데 이와 같은 事實을 等閑視하고 우리는 항상 通念的으로 우리의 社會만이 腐敗하고 우리만이 무엇이든지 低劣한 것처럼 自認하는 경향이 많지 않는가 한다. 즉 自己自身을 알려고 努力도 하지 아니하고 무조건 남만 羨望하려고 하면서 自身은 過小評價하려는 것이 아닌가 한다.

近來 흔히 公席이나 私席에서 보면 自己社會를 지칭하며 後進社會니 後進性이니 하는 말을 부끄러워함이 없이 쓰고 있다. 一般的으로 그렇지마는 知識人이라 할 지도계급에 있는 사람들도 그러하고 教育者 가운데도 그러한 사람이 많다. 물론 그들이 이런 말을 쓰기에까지 이르게 한 社會의 實情으로 볼 때 寬大히 말하면 그들의 言行이 過히 惡意가 아닌 것도 理解를 못 하는 것은 아니다. 우리의 生活은 뒤떨어지고 文化活動은 확실히 低調하기 때문이다.

그렇기에 이와 같은 말을 하는 筆者自身도 부질없이 誇大妄想的인 虛勢를 장식함으로써 一時的인 快感으로 自慰하려는 心情은 없다. 다만 우리의 마음가짐이 謙讓이 아니라 卑屈이며 激勵的이 아니라 厭退的인 것을 두려워하는 것이다. 다시 말하면 우리의 前途에 對한 堅實한 責任과 義務를 가지려는 積極과 精進이 아니라 目前만을 塗抹하려는 消極과 現實을 逃避하려는 그 마음의 姿勢를 憎惡하려는 것이다.

孔子는 사람의 사사로움을 극복하는 克己가 天下를 다스리는 첫길임을 밝힌 바 있고 釋迦는 成佛의 要諦를 見性에서 찾으려고 하였으며 소크라테스는 너 자신을 먼저 알라고 하여 神에만 의지하는 大衆의 依托心을 경계한 바도 있다.

筆者 敢히 先哲의 遺訓한 바를 잘 理解한 양 自處하는 것은 아니지마는 先哲들이 戒示한 것은 조금이라도 배우고 그 뜻한 바를 좇으려고 하면 우리는 과연 어찌할 것인가?

① 自己를 알려고 하지 아니하고 다른 사람만을 모방하려고 하고,

② 社會의 明朗한 곳을 찾기에 앞서 暗黑에만 눈을 기울이려고 하며,

③ 精進과 勇往에 마음을 쓰지 아니하고 다만 退嬰과 躕躊와 安逸에만 滿足하려는 것이 아닌가 한다.

이와 같은 頹廢的인 風習을 速히 拂式淸算하고,

① 自己를 알며,

② 自己를 믿으며,

③ 自己를 更生의 길로 引導할 것이니, 즉 消極的인 諦念이 아니라 積極的인 覺悟가 切實히 要請되는 바이니 이러므로 堅實한 姿勢로써 現實을 綿密히 檢討할 수 있는 雅量과 餘裕를 지니며 實踐에 옮기는 것이 國家와 社會와 같이 成長하는 우리의 道理이며 矜持이기도 하다.

孔夫子 誕降 2513周 및 成大開校 16周年에 際하여

孔夫子의 誕降日에 際하여 本校創立을 紀念하게 된 것을 無限히 感謝하게 생각하는 바이다.

本校가 자리 잡고 있는 곳은 우리 民族文化의 옛 터전이며 敎育精神의 悠久한 傳統을 象徵하는 唯一한 殿堂이기도 하다.

大成殿에 拜禮하여 聖賢의 盛德을 追慕하고 杏壇에 올라 古色이 蒼然한 옛날의 모습을 回想하여 볼 때 自然이 肅然한 感懷를 禁치 못한다.

八·一五 解放 直後인 一九四六年 九月 二十五日에 本校의 創立이 始作되었고 以後 十六個星霜을 거치는 동안에 發展된 狀況은 매우 놀라운 바 있다.

文理科大學, 法政大學, 藥學大學의 세 單科大學을 爲始하여 大學院 圖書館 및 科學館이 並設되었고 現代는 總建坪 六千九百余坪에 이르며 現代式 建物로서 偉容을 자랑한다.

歐美의 大學들 중에 有名한 大學은 대개 二百年으로부터 六~七百年의 歷史를 지니고 있다. 이 동안에 계속하여 建設한 것이니 本校와 같이 短時日內에 成果를 나타낸 것은 外國에 있어서도 그 類例가 매우 드물지 아니한가 한다.

本校의 校是는 特히 孔夫子의 儒學精神을 涵養하고 實踐道義를 昂揚함을 한 使命으로 한다.

人間은 大宇宙의 한 秀拔한 存在로서 自身에 賦與된 本然의 心性을 存養省察하여야 한다. 이에서 高貴한 理想을 追求하며 正當한 現實에 調和順應하고 無限한 力量과 超越한 智慧를 發揚함

과 아울러 健全한 文化를 創造하는 것이니 이것이 곧 儒學의 指向하는 바 本來의 面目이 아닌가 한다.

이로써 內로는 社會가 國家의 發展에 寄與하며 外로는 世界에 貢獻하는 것이니 바야흐로 人間의 價値를 더욱 나타내게 되는 것이다.

孔子는 일찍이 그의 門弟子인 樊遲가 仁에 對한 물음에 愛人이라고 答하였고 中庸에는 仁者는 人也라고 하였다. 이 뜻을 綜合하여 보면 人間自體가 곧 仁한 것이며 仁의 意義는 사랑한다는 말이며 人間은 언제나 서로 사랑할 수 있는 存在임을 밝힌 것이다.

人間 相互間이 사랑으로 結合되며 調和됨이 人間의 最高 理想이며 人類의 圓滿相임을 再論할 것도 없는 것이다. 이 圓滿相이 人間社會에만 局限되는 것이 아니라 宇宙와 萬物에까지 미쳐 가는 것이니 愛人及物의 이러한 境地는 곧 自然의 神秘와 人生의 妙理가 融合一體 됨을 意味하는 것이다.

中國의 孫中山이 自己가 唱導한 三民主義思想이 儒學精神에 根據한 것임을 明言한 바 있고 美國의 R. W. Emerson은 孔子께서 人類文化에 크게 貢獻한 바 있음을 列擧한 바 있다.

從來 一部識者들 중에서는 도리어 儒學에 대한 認識이 매우 不足하였다. 그러나 오늘에 이르러서는 一般的으로 理解가 새로워지고 歐美의 學界에서도 儒學硏究에 關心이 커지고 있는 것은 多幸한 일이라 아니할 수 없다.

끝으로 本校育成에 盡力한 여러분께 다시 感謝의 뜻을 表하며 成均館大學校의 無限한 發展이 있을 것을 慶祝하는 바이다.

第十回 學生의 날에 즈음하여

-民族的 試鍊을 克服하기 위하여 蹶起하자-

오는 十一月 三日은 第十回 學生의 날이며 光州學生事件 第三十三回가 되는 날이다.

우리 先輩學徒들이 民族과 自由를 爲하여 侵略者인 日帝에 抗拒하여 獨立을 爭取하고자 蹶起하던 날이다. 이 精神을 永遠히 記憶하고 그 意義를 오늘에 살리고자 一九五三年 國會가 이날을 學生의 날로 制定公布함으로써 두고두고 學生들에게 榮光을 돌리는 날이다.

回顧하건대 三十六年間이란 어둡고 괴롭던 民族的 試鍊 속에서 言語文字와 姓氏名까지 앗아간 極惡한 日帝植民地政策에 反抗하여 限死코 徒手空拳으로 일어나 피나는 迫害와 눈물겨운 苦難에도 屈함이 없이 멋있고 씩씩하게 鬪爭하여 韓國學生의 드높은 氣槪를 全世界에 알렸던 것이다.

비록 이 事件의 發端이 韓日學生間의 사소한 言爭에서 비롯하였다고 하지만 實은 보다 더 깊고 보다 더 큰 데 理由가 있었던 것이다.

韓國學生들의 뜻하는 바가 하루아침에 이루어지기도 어렵고 日帝가 호락호락 물러가지 않으리라는 것쯤은 잘 알면서도 더욱이 이러한 일이 있는 뒤에 올 그것이 그들 個個人의 어떤 榮光보다는 더욱 殘忍한 迫害와 拷問뿐만 아니라 高貴한 젊은 生命까지 銃부리에 초개같이 쓰러져 가게 되리라는 것도 잘 알면서 오직 民族的 良心에 立脚하고 受難期의 祖國에 태어난 젊은이들의 立場

에서 이러한 期約 없고 힘에 벅찬 鬪爭을 꾸준히 展開하여 青年學徒로서의 그 지닌 바 使命을 다하였던 것이다.

따라서 우리 先輩들이 當時에 흘린 피는 祖國을 救하고 民族을 살리고 自由를 찾는다는 오직 이 한 目標를 向하여 그들이 간직한 無垢한 良心과 明晳한 理智와 純潔한 情熱을 다 바쳐 왔던 것이다. 이들은 누구보다도 民族의 苦難을 뼈저리게 몸소 느꼈고 直接 體驗하였던 것이다. 그렇기 때문에 後輩들에게는 다시는 이와 같은 受難의 遺産을 물려주지 아니하기 위하여 祖國 앞에 祭物이 되기로 하였던 것이다.

學生의 날을 맞는 우리는 이 점을 다시 한 번 銘心하고 오늘의 우리 青少年學徒들로서 할 바 使命과 가질 바 姿勢를 다시 한 번 反省하여 보고 우리가 取할 바 行動을 실천하여야 될 것이다.

비록 日帝는 물러갔지만 國土가 兩斷되고 四·一九와 五·一六을 통하여 아직도 우리 民族의 試鍊期는 끝나지 않고 있다. 우리는 北韓의 失地를 回復하여 統一祖國을 建設하여야만 하는 聖스럽고 巨大한 課業도 우리 目前에 남아 있는 것이다. 그리고 對內的으로 革命課業完遂로서 五個年經濟計劃을 爲始한 國家再建事業이라는 벅찬 課業이 남아 있는 것이다.

此際에 우리 先輩들에게 報答하는 길과 學生의 날의 그 精神을 오늘에 살리는 길은 바로 이러한 試鍊을 이겨 나가는 데 있는 것이다. 祖國의 統一이나 國家再建事業이 至難한 일이겠지만 그러나 祖國과 民族의 自由와 繁榮을 爲해서는 이 길밖엔 없기 때문이다.

이 땅에 生을 둔 젊은이라면 더욱이 힘과 知性을 갖춘 學生이라면 이에 스스로 마땅히 이루어 놓아야 할 緊急하고도 切實한

使命이기 때문이며 또 크고도 거룩한 任務이기 때문이다.

그들이 祖國의 難問題를 度外視하고 그들이 一身의 安逸만을 생각한다면 이러한 民族的이며 歷史的인 大課業은 누구의 손으로 이루어지겠는가! 勿論 그들 個個人이 모두 指導者는 될 수 없을지 모르지만 또한 領導者 몇몇 사람의 努力이나 힘으로 이러한 巨大한 課業이 이루어질 수도 없는 것이다.

온 겨레가 覺醒하여 不義에는 獅子처럼 抗拒하고 義에는 羊같이 順從함으로써 民族이 團結하여 總進軍하는 隊列을 이루어 나가는 날 우리 民族도 幸福을 爭取할 수 있을 것이다.

異民族의 壓迫에서 벗어나는 것은 多幸한 일이지만 南北이 兩斷되어 民族마저 分裂되고 있는 오늘의 現實은 조금도 樂觀할 수가 없는 分明 새로운 民族的 危機에 處하여 있는 것이다. 이러한 危機를 생각할 때 지난날의 日帝에 抗拒하던 우리 先輩들 못지않게 우리의 어깨는 무겁고 길은 險한 것이다. 그러나 우리는 이 무거운 짐을 짊어져야만 하고 이 險한 길을 가야만 하는 運命에 놓여 있는 것이다.

自由와 正義를 사랑하는 靑年學徒들이여! 그대들의 오늘의 使命은 바로 여기에 있다! 民族的 試鍊을 克服하고 그 危機를 打開하기 위하여 다 같이 蹶起하는 날 그들의 榮光 또한 여기에 있을 것이다.

故心山金昌淑先生을 追念하며

-그 第二周忌에 際하여-

一九六二年 五月 十日은 先生이 잠시도 잊지 아니하던 이 江山을 버리고 幽明을 달리하신 날이다. 이날에 先生을 思慕하던 사람이나 뜻있는 사람은 다 같이 先生이 逝去하신 지 어언 三年이 되는 이날을 당하매 追念하는 마음 새롭고 간절하다. 先生이 뜻하던 마음 행하시던 일은 아직도 우리의 기억에 새롭고 앞으로 더욱 빛나리라.

先生은 일찍이 儒林의 宗長이며 愛國志士이고 또한 教育家이었다. 舊韓末 儒學의 大家인 勉宇 郭鍾錫 先生의 門下에서 儒學을 修得하였고 儒家의 大家이며 愛國에 烈義가 높던 金福漢 先生과 같이 나랏일을 걱정하는 데 더욱 親契가 깊었던 것이다.

乙巳의 恥辱的인 脅約이 國運을 위태롭게 할 때 先生은 蹶然히 서서 時流의 釁擧를 指彈한 바 있고 庚戌合倂을 차마 보지 못하매 글로써 모든 行動으로써 抗擧하다가 倭警에게 拘禁되어 困辱을 당한 것이 愛國鬪爭의 첫걸음이 되었다.

三·一運動이 일어나자 先生은 平日부터 품고 있던 素志를 이루기 爲하여 獨立運動의 隊列에 나서게 되었다. 먼저 全國儒林의 뜻을 모으고자 京鄉에 奔走하였었고 獨立義擧의 旗幟를 높이 들어 同志의 糾合에 寧日이 없었으며 志山과 勉宇 두 분의 뜻하는 대로 歷史上에서 이르는 바 巴里長書를 가지고 上海에 이르렀다.

이어서 다시 行李를 정돈하고 巴里에 向하려고 하였으나 先生이 外國의 事情에 밝지 못한 것을 염려하여 長書全文을 英語로 번역하여 巴里平和會議에 보내었다. 이 活動으로 因하여 直接的으로 獨立運動에 큰 영향을 끼친 것은 아니었으나 國際的으로 韓國獨立運動에 커다란 관심을 갖게 하였던 것만으로도 한 가지 놀라운 사실이라 아니할 수 없다.

中國에 있어서는 當時의 革命家이며 名士인 孫文 先生의 주선으로 우리나라의 獨立運動에 協助케 한 바 있고 한편으로는 우리 獨立運動의 長久한 計劃을 세우기 위하여 同胞의 移民運動을 展開한 바 있으며 馮玉祥으로 하여금 綏遠의 荒蕪地를 割讓하게 하여 開墾事業을 일으키려고 하였다. 이것이 곧 一九二二年의 일이었다.

이와 같은 巨大한 일을 推進하기 위하여 自身이 荊棘을 무릅쓰고 本國에 돌아와 活動을 하였을 뿐만 아니라 一九二六年에는 다시 上海에 건너가서 羅錫疇 先生을 國內에 密派함으로써 東洋拓殖會社를 爆破시키고 이에서 運動資金을 마련하려고 努力한 바도 있었다.

先生은 이와 같이 바쁜 가운데도 中國에 있어서 孔學의 不振함을 慨嘆히 여긴 바 있었고 四民日報를 創刊하여 獨立의 趣旨를 內外에 宣傳한 바 있으며 北京時代에는 丹齋 申采浩 先生과 같이 天鼓를 내어 우리의 뜻을 世上에 廣布한 바도 있었다.

어찌 뜻하였으랴. 先生이 항상 나랏일에는 지극하였고 자신을 위하는 데는 매우 소홀하였다. 先生이 臨政의 副議長이었던 當時 國內에서 獨立運動을 하다가 日警의 酷刑에 쓰러진 會胤의 慘報를 듣자 先生은 곧 發病 上海所在 英國人이 經營하는 公濟醫院에서 요양하던 중 이 틈을 엿보던 日本間諜들은 교묘한 手法으로 先生을 체포하여 長崎港을 경유 大邱署에 拘置하였다가 無限한

고초를 당한 뒤에 十四年의 刑을 받았으나 辯護人의 辯論을 받을 생각도 하지 않고 最後의 죽음을 각오하였을 뿐이었다.

先生이 獄苦를 치르는 동안에 惡刑에 못 이기어 앉은뱅이가 되었으나 가면 갈수록 先生의 凜然한 氣槪는 더욱 높을 뿐이었다.

이와 같은 동안에도 오직 뜻을 著書에 두어 學書綜要가 이루어졌으며 天人性命의 妙理를 探求한 바도 있었다. 教育事業은 先生의 生涯를 通하여 처음을 빛나게 한 바 있으며 또한 最後를 장식하였다고도 할 것이다.

즉 一九一〇年에는 星明學校를 創建함으로써 民知啓發에 留意한 것이며 一九四五年 八月 十五日 光復後에도 혹은 政治로 혹은 社會事業으로 指導的 位置에 있으면서 各方面의 文化向上을 위하여 摸索한 바 많지마는 特히 專力한 것은 成均館大學의 創設과 發展에 대한 것이었다.

先生의 遺德을 仰慕할 때 이를 列記할 바 많지마는 一言一事가 愛國的이며 그대로 산교육이 아닌 것이 없다고 할 것이다.

八·一五 以前 日政과의 鬪爭歷史는 古人의 節介에 比하여 그 慘憺하고 始終一貫함이 더하면 더하다고 할 것이지마는 光復을 이룬 뒤에도 共産主義와 대결하고 모든 不義에 抗拒하여 寸時도 安心하고 보낼 날이 거의 없었다. 嗚呼라 先生의 高潔한 特志는 길이 빛날지어다.

우리의 반성과 각오

-제11회 학생의 날을 맞이하며-

一九五三년 우리 국회에서 十一월 三일을 기하여 학생의 날로 정한 것은 비단 과거 우리 학생들의 빛나는 영광을 기념할 뿐 아니라 우리가 거족적으로 그 숭고하고 용장하였던 기풍을 추념하며 장래에 길이 그 뜻을 받들어 지키려는 데 더 큰 의의가 있는 것이다.

광주학생사건을 생각하면 누구나 그 당시 학생들의 의지에 머리가 수그러지고 또한 장엄한 의거에 경탄하지 아니할 수 없는 것이다.

이와 같은 의거가 일어난 원인은 다시 말할 것 없이 일제의 폭정에 대한 항거였으며, 그 잔인무도한 만행에 대하여 민족적 의분심이 폭발되었던 것이다.

당시 사건이 벌어진 동기는 비록 한일 학생 간의 사소한 감정대립에서 시작된 것이었지마는 이 사건이 그와 같이 온 겨레의 격분심을 일으키게 된 것은 다음에 드는 몇 가지 그 동기가 있었던 까닭이니 일본이 한일합방을 자행한 이래 우리의 역사는 그 빛을 잃었고 인권은 유린되었으며 생명과 재산은 여지없이 약탈당했던 것이다.

어찌 그뿐이랴. 우리의 찬란한 미술품은 마음대로 가져갔고 우리의 옥토에서 생산된 기름진 곡식은 일본으로 옮겨졌으며 그 대신에 만주에서 생산된 흔한 좁쌀이 우리에게 배급되었던 것이다. 그리하여 우리 민족은 가난에 시달리다 못하여 남부여대 남부만주 벌판으로 쫓겨 갈 수밖에 없이 되었던 것이다.

이와 같은 참담한 결과가 민족적 양심을 자극시켰고 젊은 학생들의 의분심을 자극하여 광주학생사건을 일으키게 된 것이며 이를 계기로 일조에 온 겨레의 항거가 시작되었던 것이다.

이에 우리는 三·一運動을 비롯하여 꾸준히 항쟁하여 온 선열들의 유덕과 연합국의 승전으로 八·一五 해방을 맞이하며 국가는 독립의 경사를 맞게 되고 민족은 光復의 기쁨을 노래하며 오늘에 이른 것이다.

바야흐로 新生躍動하는 우리로서 옛날 원한을 다시 새기어 그 결의를 굳게 하려는 뜻도 있으려니와 또 한편 될 수 있는 대로 구원을 잊고 너그러이 접함으로써 현대국가의 국제적 체면을 지키며 또한 여러 나라 중에서도 지리적으로 가까운 인방으로서의 공동이익을 도모하고 각각 건전한 문명국가를 건설하려는 것이 현대인의 새로운 의식이며 자유진영의 희망이라고 생각한다.

그러나 한일 간의 국교정상화는 이루지 못한 채 그대로 남아 있고 일본은 한국에 대한 배상문제는 고사하고 한국이 六·二五 동란으로 곤경에 빠졌을 때 일본은 이 틈에 무한한 어부지리를 얻었으며 경제적으로 세계수준을 능가하고 국제적 진출이 매우 활달하여졌다.

二次大戰 당시 숙적이었던 미국과 소련에 아부하여 UN에 가입이 되었고 서구의 여러 나라와도 어깨를 겨루는 상대이며 동남아 방방곡곡에 손길을 뻗치고 있다.

우리나라의 최근 사태를 돌아보면 엄연히 지켜져야 할 평화선은 실질적으로 어떠한 상태에 놓여 있는가! 일본의 어로선이 평화선을 침범함으로 우리나라의 해상경비대에 나포될 정도로 어로작업에 열중하고 있다.

바다에 있는 고기쯤 잡아 가는 것이야 어떠랴 할지 모르나 역사상에 나타난 일본의 한국침범은 항상 해상으로부터 비롯하였다는 사실을 잊어서는 아니 된다. 근일에 또한 한일 간의 친선 스포츠, 친선 음악회, 무슨 친선……매우 많아졌다. 액면 그대로 보면 전일의 宿敵이 오늘에 친선을 보게 되었으니 얼마나 기뻐할 일인가? 그러나 그 이면이 매우 의아하게 생각되는 것은 일본이 아직도 한국에 대한 모든 현안문제가 하나도 타결됨이 없이 그대로 남아 있기 때문이다.

학술계에서도 많은 초청이 있어서 수년래 우리 학계의 명사들이 일본학계에서 발표할 기회를 얻게 된 것이다. 이 또한 얼마나 의미 있는 일인가! 그러나 듣건대 학술 발표할 때의 용어도 발표하는 당자의 자유에 맡기는 것이 아니라 일본말로 할 것을 강요당하고 있다고 한다. 이것도 사소한 일이라면 사소할지 모르나 우리 한국 사람으로서는 좀 신중히 생각할 문제가 아닌가 한다.

해마다 한 번씩 맞는 학생의 날이지마는 형식화된 기념일이 되지 말고 마음 깊이 선열들의 장엄한 의지를 되살리며 한국 남아의 옛 모습을 가슴에 간직하고 새로운 세대의 등불을 삼는 것이 우리 문화의 건전한 발전을 구하는 길이 될 것이며 새로운 역사를 창조하는 기초가 될 것을 확신하는 바이다.

西洋學者의 孔子觀

우리가 西洋文化에 對하여서는 關心이 매우 크지마는 東洋文化에 對하여서는 오히려 疏忽히 여기는 感이 많다.

그러나 歐美의 學者中에는 오히려 東洋文化에 對한 熱意와 同情心이 많은 것을 發見하게 될 때 우리의 從來의 態度를 부끄러이 여기지 아니할 수 없다.

東洋文化의 歐洲에 輸出된 由來와 아울러 이제 歐美의 學者로서 東洋文化의 紹介를 한 實例를 들면 明朝中葉에 西洋의 宣敎師가 中國에 왔을 때부터 論語, 大學, 中庸 等 書를 歐文으로 移譯하였고 十八世紀에는 歐洲의 Voltaire(1694～1778服甫德)輩가 中國의 思想을 吸收하는 데 努力하였으며 英美의 現行하는 文官制度는 實際로 中國의 考試制度의 영향을 받은 것이라 한다.

Emerson(1803～1882)→艾默生

Emerson은 一八四三년에 四書의 全譯本을 얻어 읽었다 한다.

四書中의 좋은 名句를 많이 摘出하여서 自己의 著書中에 引用하였다.

東洋文化에 對하여 愛慕의 뜻을 表하였고 特히 東方聖人의 名言을 自己 學問의 根本理念으로 하였다.

Em氏는 孔子로서 中國文化의 中心人物로 景仰하였다. Em氏가 말하기를 "孔子는 全世界 各氏族의 光榮이며 孔子는 또한 哲學上에 있어서 美國의 華盛頓과도 같다고 하였다."

Em氏는 "朝聞道, 夕死可矣"라는 孔子의 말을 많이 引用하였고 孔子의 가장 重히 여긴 것은 人間의 實踐倫理와 社會道德인 것이며 孔子의 崇高한 理想을 追求하는 데 對하여 더욱 尊敬한 것이다. 즉 孔子는 入世精神을 具有하면서 同時에 流俗的인 人間에서는 멀리하려는 것이다.

歷史상 偉大한 人物은 항상 한 民族의 精神을 代表하고 옛것으로부터 새로운 데로 옮기는 것이다. –(由舊轉新)

日日新又日新

麻冕禮也 今也純儉 吾從衆

그리하여 民族의 前進함을 領導한다.

東洋의 孔子나 美國의 華盛頓은 그러한 人物의 代表인 것이다. 이 두 偉人은 實踐과 理想을 항상 人生의 最高目標로 한 것이다.

Em氏는 孔子의 人類史上에 貢獻한 五個項의 實踐倫理의 基本原理를 들었다.

① 不知爲不知하는 知的態度

② 모든 일을 原則에 依하여 實踐方法을 講求함……(絜矩之道)
絜은 헤아린다는 뜻

③ 中庸의 道(鑑空衡平)

④ 反省自責
季康子患盜 問於孔子 孔子對曰 "苟子之不欲, 雖賞之不竊"
(魯君問盜, 論語顔淵)

⑤ 勤儉의 美德

LauFer(美國)는 雜誌 ≪科學的美國≫ 一九三二年 三月號에서 '中美의 接觸点' –(Sino – American of contact)이라는 論說을 發表하여 中國과 美國 두 나라 民族性의 共通된 点을 列擧하였다.

① 民治精神(民主) '民有, 民治, 民享'은 美國建國의 原則이며

또한 中國에서 예로부터 믿고 實踐하려던 理想的 政治의 理念이다(紀元前 四世紀).

孟子는 民貴君輕(孟子盡心下)의 大義를 論하였다. 民爲貴, 社稷次之. 君爲輕

② 信仰自由 世界에서 宗教上 自由 保障됨이 中國보다 더한 나라가 적다.

③ 社會平等 中國에는 階級制度에 의한 世襲的인 貴族도 없다. 다만 知識上의 貴族이 있을 뿐이며 公開考試制度가 있어서 人材를 登庸한다.

④ 正義觀念 和平을 崇尙하고 公道를 主張한다.

⑤ 教育尊重 學術은 人類文化向上의 最大保障으로 한다. 孔子의 有教無類(論語衛靈公)

孔子의 教育理念이 人格의 完成에 있고 人格完成의 內容은 知仁勇三達德을 아울러서 發展시킴에 있다.

Columbia 大學의 校長 Butlet는 말하기를 "個人의 身體, 智慧, 心力이 實은 文化의 原動力이 된다." 하였고 Bowman(大學校長)은 世界의 平和를 保障하는 道가 둘이 있으니

Ⓐ 人權學說

Ⓑ 平等에 立脚한 各國의 聯合力量을 擁護하는 것

知仁勇의 指向하는 理念과 類似하며 Bowman氏의 말은 東洋의 親仁善隣으로 立國의 精神을 삼는 데 매우 融合되는 点이 많다 할 것이다.

東洋이 人文科學의 發展에 比하면 自然科學의 發展은 매우 늦다 할 것이다. 그러나 英國의 런던大學教授 Bermal氏의 주장에

依하면 中國人의

Ⓐ 治事하는 데 謹嚴한 것

Ⓑ 忍耐하는 習慣

Ⓒ 中庸的 德性

이 세 가지의 性格을 들어서 中國이 科學에 있어서도 공헌한 바 크다는 것을 찬양할 뿐 아니라 歐美에 뒤지지 아니함을 强調한 바 있다.

위에 列擧한 例證으로서 東西文化의 接近할 수 있는 것을 論定하기에는 아직 이르다 할 것이다. 近來 歐美學者의 關心하는 바로의 人間倫理 즉 第一次 大戰이 終結된 뒤에 Dewey와 Russel은 中國에 와서 各大學을 歷訪하고 講演한 바 있었다. 이 中에서 "西方文化의 長處는 科學方法에 있고 中國文化의 長處는 合理的 人生觀에 있다. 이 二者가 漸次 結合하여 하나가 되기를 바란다."는 깊은 뜻을 부친 바 있다.

3부

서예의 길

서예와 인생

사람이 생활하는 중에는 누구나 다 같이 행복하기를 바란다. 우리가 역사를 창조한다는 것은 곧 우리의 행복함을 얼마나 많게 할 수 있나 하는 문제가 선행되어야 한다. 그렇기에 사람은 항상 생각하고 일하며 일하는 중에도 쉴 새 없이 생각하는 것이다. 이와 같은 현상을 간단한 말로써 표현한다면 노력이라고 할 것이다.

그러나 사람은 개성을 달리하고 있는 만큼 노력하는 방향과 방법이 다를 뿐이다. 이에서 종교가가 있으며 교육가가 나고 예술인으로서 또는 자연과학자로서의 두각을 나타내게 되는 것이며, 정치인이나 실업가로도 활동하는 데 이르는 것이다.

이에 다시 생각할 것은 사람의 활동하는 방면이 매우 다른 것 같지마는 결국은 자기의 행복을 추구하는 것이며, 이 행복이 개인에게만 국한되지 아니하고, 사회적으로 큰 영향을 미치게 되면 사회적 행복이라 이른 것이며, 국가적 사업이 되는 것이고, 문화 창조에 공헌이 되는 것이다.

그런데 이상에서 말한 바와 같은 인간의 행복을 추구하는 정상적인 방향이 있음에도 불구하고 항상 세속적인 향락만이 인생의 유일한 행복인 것같이 취급되는 경향이 많은 것은 매우 유감된 일이라고 아니할 수 없다.

엄격한 도덕적인 사회나 합리적인 윤리의 사회보다는 자유 방종한 낭만의 세계로 돌진하는 것이다. 고상하고 우아한 선율보다는 야속하고 충동적이며 선정적인 리듬이 현대인의 감각에 어필하고 있다. 잡다한 유행가도 퇴폐한 트위스트로 세대의 청춘들은 휩쓸려 가고 있다.

이와 같은 현상은 물론 우리의 사회에서만 볼 수 있는 것이 아니리라. 현시대의 세계적 현상이라고 할 것이다. 제1차 세계대전을 계기로 제2차 세계대전을 전후하여 서구에서 비롯된 M·R·A 운동이 세계적으로 널리 퍼지고 있는 것도 우연한 일이라고 속단하기는 어려운 것이다. 노도처럼 밀려오는 세파 '날로 일어나고 있는 어지러운 풍조'를 조금이라도 저지시켜 보려는 계획에서 나온 것이며 참으로 정상적인 행복을 얻어 보려는 충심에서 나온 운동이 아닌가 한다.

절대정직, 절대순결, 절대무사, 절대친애 이 얼마나 고귀한 말인가. 지금과 같이 혼미한 시대에 우리에게 주는 경세의 교훈이라고 아니할 수 없다. 서예는 우리를 얼마든지 좋은 길로 인도할 수 있는 한 가지의 방법이다. 음악이 음파를 통하여 얻을 수 있는 예술이라면, 서예와 회화는 선의 움직임에 의하여 표현되는 예술적 활동이라고 할 것이다.

서예에 대한 전문적인 서술은 할애하여 두거니와 서예의 기초적 상식이 되는 정신과 그 자세에 대하여 몇 가지 알아보기로 한다.

중국의 당태종은 서예의 기본이념을 의전필후(意前筆後)라는 말로 표현한 바 있다. 이 뜻은 곧 정신의 자세가 바른 뒤에 훌륭한 서예를 완성할 수 있다는 것이다. 즉 마음의 자세가 통일이 되고 안정이 되며 평화스러운 때에는 선에 나타나는 서품도 그와 동일하게 표현된다는 것이니 옛날 서예가의 말에 마음이 바르면 그 글씨도 바르니(心正則筆正)라고 한 것이라든지 또는 글씨는 마음의 그림이라고 이른 것은 서예에 있어서 기예에만 치중하지 말고 반드시 정신의 기본자세, 즉 인격이 예술 감정을 좌우하는 원동력이 된다는 것을 강조한 말이다.

우리 한국이 낳은 학문의 거장이며 서예의 대가인 김정희(金正喜) 선생은 서예의 평론에 있어서 문자향(文字香)이라는 말을 많이 애용한 바 있다. 이것은 곧 서예가 인격과 지식의 정도가 서품에 그대로 반영됨을 뜻하는 것이다.

이와 같은 고인(古人)의 이론에 의하면 서예는 인격의 상징이며 지식을 구현(具顯)하여 주는 방법이 되는 것이다.

이제 구체적으로 한 절의 시조를 옮겨 보기로 한다.

청산은 어찌하여 만고에 푸르르며,
유수는 어찌하여 주야에 긋지 아니는고
우리도 그치지 말아 만고 상청하리라.

이 시조는 누구나 잘 아는 퇴계 선생이 지은 시조이다. 감상하는 사람의 주관에 따라서 그 해석되는 방향은 다소 다를지 모르나 사람마다 무엇인가 사모하고 있는 대상에 대하여 조금도 변함이 없이 영원히 지니고 있는 마음의 자세만은 부정할 수 없는 객관적인 사실이라 아니할 수 없다.

이에서 선생의 인격과 신념과 식견이 엿보이고 따라서 선생의 생활태도까지도 나타나는 것이다. 서예는 진정한 의미에서 이와 같은 문안(文案)을 옮겨 쓸 때에 무의미하게 다만 기계적으로 붓을 움직이는 것뿐이 아니라 옮겨 쓰는 원문에 내포되어 있는 작가의 생활태도까지도 음미 체득하여 필법대로 표현하는 것이다.

이와 같이 동일한 활동을 끊임없이 반복하는 중에 서예가의 심정은 모르는 사이에 순화되고 아름다워지며 평화스러운 삼매경(三昧鏡)에 이르고 참다운 행복감을 지니게 된다.

인생으로서 자기가 하는 일에 만족을 느끼고 행복감을 지니는 것이 성공의 유일한 비결이 될진대 위대한 인격과 직결될 수 있는 활동의 하나인 서예도 보람 있는 인생 행복한 인생의 길로 인도하여 주는 훌륭한 방법이 될 것을 확신하는 바이다.

書와 人間

인간은 원래 특이한 존재이므로 그 생각하고 노력하는 데 따라서 거의 불가능한 것이 없다. 현재 우리 人間社會에서 營爲되고 있는 文化活動은 매우 多樣하며 그 시행되고 있는 범위도 넓고 따라서 그 발전과정은 悠久한 세월을 지니고 있다.

그 내용을 대별하여 보면 철학, 문학, 역사, 정치, 사회, 교육, 자연과학, 예술 등이 있다.

이 모든 분야에 있어서 書는 과연 그 어느 분야에 속하여야 할 것인가 그 성격상으로 보아 우리는 편의상 書를 예술분야에 국한하고 있다. 그러나 自來로 人間品格의 高下와 抱負와 力量과 技能을 制定함에 있어서 身, 言, 書, 判이라는 規格을 내건 것을 보면 첫째로 사람의 건장한 신체 그 말의 내용 그가 쓴 글씨에 關한 知識과 實力의 모든 것이 主가 되었던 것을 볼 때 書는 人間生活에 있어서 얼마나 중요한 부분을 차지하였던가 잘 알 수 있다.

그러나 一便으로는 書를 일종의 小技라 하며 過히 重要視하지 아니하였던 學者도 없지는 아니하였다. 이와 같이 時代를 따라서 書의 價値를 論할 때 그 基準이 多少의 差異는 있었다 하지마는 書로 因하여 사람을 評價함에 있어서 그의 性格이 잘 나타났으며 어느 정도의 實力과 技量를 表示하여 주었던 것만은 否認하지 못하였다.

書에는 一定한 規律이 있다. 즉 嚴正한 書法이 있으니 書家로서 이 規律을 잘 지키면 그 書가 훌륭할 뿐 아니라 書家의 人格도 따라서 高貴하여지는 것이니 그러므로 그 書法이 莊嚴精密하거나 美麗淸純하면 곧 그 作家의 人品도 따라서 健實純樸함을 推定하게 되는 것이다.

文化活動의 發展過程에는 반드시 여러 가지의 要因과 變遷이 따르는 것이다. 書도 時代와 地方과 人品에 따라서 多樣한 모습을 보이고 있다. 이를 各分野別로 大略列記하면 우선 中國을 表準하여 볼 때 時代的으로는 所謂 歷史가 創始한 때로부터 夏, 殷, 周를 經由하여 春秋, 漢, 六朝, 唐, 宋, 元, 明, 淸으로 區分되고 地方과 人品에 記하여는 特히 細分하지 아니하여 各世代를 따라서 固有한 風味가 있다. 이를 書品上으로 보면

1. 甲骨文, 2. 石鼓文, 3. 古篆, 4. 隷, 5. 楷, 6. 行, 7. 草 等으로 大別되고 이를 文字의 構造上으로 보면, 1. 象形, 2. 指事, 3. 形聲, 4. 會意, 5. 轉注, 6. 假借로 表示된다.

이에서 各其 特色을 간단히 보이면

一. 象形

太陽의 형상을 보여준 것

二. 指事 中 口形은 四方을 뜻하는 것

丨→四方의 가운데를 보인 것

三. 會意 吉→士는 인격이 훌륭한 선비의 뜻이며

口는 말하는 입을 보인 것이니, 즉 훌륭한 선비의 말은 吉하고 좋다는 뜻이다.

四. 形聲 河 氵은 '水'이니 文字의 뜻이며 可는 그 音을 보인 것이다.

五. 轉注 文字의 首部를 같이하여 그 뜻을 同一하게 보는 法이니 老, 考와 같은 것

六. 假借 令, 長과 같이 글자는 다르나 뜻을 같이하는 경우

이에서 說文을 繁說하려는 것이 本意가 아니라 다만 書家로서는 반드시 硏究할 것을 주장하여 두는 것이다.

書와 現代

人間文化의 內容과 樣狀을 表現하는 方法은 매우 많았으나 가장 중요한 것은 문자이다.

文字도 全世界的으로 그 形態가 多樣하며 特히 漢字를 使用하는 文化圈만 하여도 中國, 韓國, 日本을 비롯하여 東南亞 一帶를 占有하고 있는 것이다.

地域에 따라서 各其 固有한 特色이 있고 그 發展하는 過程이 다르며 더욱이 우리 韓國과 같은 나라는 獨特한 文字를 創始하고 있다.

文字를 實地로 使用하는 方法은 여러 가지가 있겠으나 이에서는 主로 毛筆書藝를 토론한 것이며 毛筆은 大分하여 事務用書法과 玩賞用書法上으로 區分할 수 있다. 또한 이에서는 前者보다는 主로 後者에 대하여 現代的으로 어떠한 意義를 지니고 있나 하는 것을 說明하고자 하는 바이다.

우리의 理想이나 情感을 表現하는 데 있어서 文章과 書法은 큰 役割을 하는 것이니 中正하지 못하면 書法에 맞는 線畫을 보일 수가 없는 것이다. 그렇기에 書藝 或은 書道라는 聖스러운 標語까지 發生하는 데 이른 것이며 이와 같은 規法에 따르기 위하여 우리는 반드시 이에 合當한 옛 名筆의 書帖을 選擇하는 것이다. 例를 들면 石鼓에서 그 雄勁古樸한 畫法을 배우고 漢碑와 六朝에서 質實謹嚴한 態勢를 익히며 唐宋에서 美麗暢達한 技法을 배우나니 이에서 書藝人의 心情調和는 自然히 陶冶되며 書藝를 健實히 행해 社會의 氣風도 순화됨을 보는 데 이르는 것이다.

우리의 國文書藝 또한 獨特異한 長處를 지니는 것이니 文字의 形態는 漢字와 다르다 하여도 書法의 基本은 同一하다 할 것이며 宮體와 古, 版本體로 大別하여 發達한 것이다.

다음으로 文章의 取材는 漢文體와 國文體로 分類되는 것이니 各其 文章의 內容에 따라서 書風이 多少 달라질 수도 있고 사람에게 주는 영향도 다를 수 있다. 實例를 들어 보면 "入則孝於家出則忠於國……집에서는 孝를 실천하고 나라에서는 충성을 한다."

이 文章을 主題로 하고 書法에 依한 運筆을 할 때 執筆者는 文章의 內容을 吟味하게 되는 것이며 따라 筆者의 心境은 多樣하게 感應되는 것이니 그 世界는 매우 曠達하며 또한 接할 때 千萬人에게 주는 영향력도 매우 크다고 아니할 수 없다. 國文으로 文章을 하나 더 들어 보면

> "태산이 높다 해도 하늘 아래 뫼이로다.
> 오르고 또 오르면 못 오를 리 없건마는
> 사람이 제 아니 오르고 뫼만 높다 하더라."

이 시조가 풍기는 뜻은 매우 교육적이다. 이를 作品化하여 볼 때 사람에게 주는 感化力과 또한 그 敎育力은 至大한 것이라 이 어찌 一時的뿐이랴. 그 愛玩되는 경향은 永遠한 것이다. 이와 같이 볼 때 書藝가 우리 생활에 있어서 얼마나 중요하다는 것을 잘 알 수 있다.

書藝의 價值

書藝의 價値는 文字生活에 있어서 必要不可缺한 面도 있지마는 또한 人間으로서 가장 重要한 道義生活에 寄與하는 바 큰 것을 알아야 된다.

東洋에서는 身言書判이라 하여 人物을 登庸할 때 그 사람의 書品에 따라서 人格의 高下를 評價할 程度로 書藝가 貴重히 取扱되었던 것이며 그러므로 書藝는 實用的인 同時에 精神修養에 큰 役割을 하게 되는 것이다.

書法

書法은 線(劃)으로부터 비롯되는 것이니 이 線을 法대로 긋는 데 따라서 法에 依한 글씨를 쓸 수 있고 自來로 名筆이라 하면 筆法을 通하여 線을 法에 맞도록 驅使하였느냐 하는 데 달렸다 할 것이다.

線

線을 긋는 차례는 ① 붓을 右로부터 左로 向하여 움직이되 붓을 끝(毫)이 紙面을 스친다. ② 붓의 끝이 정지되며, ③ 그때에 붓을 아래로 누르며, ④ 다시 붓을 若干 들고 毫를 고르며 힘 있게 紙面 꽉 붙어서 右로 천천히 나간다. ⑤ 그리고 停止点에 이르러 붓을 들며 다시 눌렀다가, ⑥ 左의 方向으로 천천히 거둔다. 그림으로 보이면 다음과 같다.

点(점)→側

線은 点의 連長이다. 그러므로 위에서 線을 그을 수 있었다는 것은 이미 点을 찍을 수 있었다는 것을 說明하여 주었다고 할 것이니 다시 말하자면 線을 縮小한 것이 곧 点이 되는 것이다. 그러므로

点과 線만 잘 이룰 줄 알게 되면 그 다음에는 各方向과 大小와 强弱과 抑揚이 좀 다를 뿐이요 運筆하는 要領은 大同小異할 뿐이다. 이와 같이 說明하는 것은 從來 없었던 일이나 가장 留意하여야 할 일이다. 点과 線外에 여러 가지의 劃을 列記하면

위에서 보면 基本劃을 종합하여 한 글자를 完成하여 보면 永字外에 多少 異形的인 劃으로는 아래와 같다.

【4부】

經學解題

大學槪要

大學은 孔子 以前부터 實踐하여 오던 人間倫理의 基本理念과 社會道德의 보편적 原理와 그 實踐綱領을 敍述한 聖典이라 孔子는 仁으로써 宇宙와 人生의 最高統一原理로 規定한 것이며 曾子는 孝로써 이에 代하여 仁의 精神을 繼承發展한 것이다.

이와 같은 綜合的인 原理를 직접 實踐方法에 活用한 것은 大學은 물론 모든 經典에 一貫된 精神이라 하겠으나 이 精神을 理論的으로 表現한 것은 첫째로 大學을 들 수 있다.

大學卷頭에 보이기를

"大學의 道는 明德을 밝힘에 있고 民을 親(新)히 하게 함에 있으며 至善에 그침에 있느니라."

"大學之道 在明明德 在親民 在止於至善"

그 다음에

"物에는 本末이 있고 事에는 終始가 있으니 먼저 할 것과 뒤에 할 것을 알면 곧 道에 가까울 것이니라." 하였다.

"物有本末 事有終始 知所先後 則近道矣"

이에 보인 本末, 終始, 先後라 함은 事物의 性格과 사람이 實踐하는 形便에 따라서 構想하는 態度와 處理하는 方法에 秩序의 順次가 있음을 뜻하는 것이니 大學에서 例를 들면 다음에 보인 바와 같다.

> "예로부터 明德을 天下에 밝히고자 하면 먼저 그 國家를 다스리고 國家를 다스리고자 하면 먼저 齊家를 하고 齊家를 하고자 하면 먼저 修身을 하고 修身을 하고자 하면 먼저 그 마음을 바르게 하고 마음을 바르게 하고자 하면 먼저 뜻을 정성스럽게 하고 뜻을 정성스럽게 하려면 먼저 知를 致할 것이며 知를 致하려면 物(事)에 나아가 그 事理를 探求할 것이니라."
>
> "古之欲明明德於天下者 先治其國 欲治其國者 先齊其家 欲齊其家者 先修其身 欲修其身者 先正其心 欲正其心者 先誠其意 欲誠其意者 先致其知 致知在格物"

(A) 明明德 親民

明德을 天下에 밝힌다 함은 天下의 各個人에 주어진 明德을 다 같이 平等하게 밝힘이니, 즉 各個人이 이 세상에서 各自에 賦與된 本性을 지키며 이를 밝힘으로써 人格의 向上은 물론이려니와 이에 따라서 비로소 社會도 秩序가 있고 明朗한 狀態에 이를 수 있는 基礎가 確立되는 것이다. 이러므로 人間相互는 親愛協助하는 데 이를 것이며 이에 비로소 親民하는 實을 거둘 수 있는 것이다. 이와 같은 노력이 많으면 많을수록 明明德과 親民의 關係가 緊密하여짐을 認識할 것이니 다시 말하면 明明德의 作業을 떠나서는 親民의 功效는 期待할 수 없고 結果的으로는 明德하는 일이 곧 親民하는 原因이 됨을 自覺하는 데 이르게 될 때 비로소

明明德이 個人各自를 善導하는 데 얼마나 重要한 것인가를 알 것이며 社會道義를 構成하는 첩경인 것도 明確하여질 것이니 이 過程이 곧 明德을 天下에 밝힘이라 이르는 것이다.

이에 다시 明明德하는 데 이르는 序次를 論理的으로 說明하여 보면 첫째, 우리의 德性本體와 慧知를 밝히려고 할 때 반드시 格物, 致知, 誠意, 正心의 細部的인 工程이 同時에 이루어져야 하며 治人하는 方面, 즉 社會道德을 실현하는 齊家治國과 平天下의 中心的인 役割도 이에서 비롯되어야 한다. 그러면 다음에 致知格物과 誠心에 이르는 經路를 考察하여 보면

(B) 格物 致知

이에서 格物의 物은 일(事)이라 함이니 대개 우리가 무슨 事物을 대하여 그 眞狀을 알고자 하는 그 自體는 벌써 우리의 本有한 靈覺과 慧知가 作用한 것이나 이 靈覺과 慧知가 主가 되어서 事物自體에 具有한 眞理를 客觀化하여 이를 硏究 探討하며 正確한 判斷을 내림으로써 普遍妥當(누구에게나 理解될 수 있는 正當한 眞理)한 原理를 發見하는 데 이르는 것이니 이에서 그 心理의 作用하는 狀況을 살펴보면 主體的인 本性을 떠난 순수한 客體의 世界가 成立될 수 없고 또한 客體로서의 對象(事物)을 疎外한 主體 또한 그 眞正한 意義를 保存하기 어려운 것이다. 그러므로 우리의 動作이나 生活에 있어서 正當한 事理의 判斷이라 함은 主體와 客體가 完全히 互應調和된 境地를 이름이니 致知와 格物의 關係도 同一한 方法으로 論할 수 있다. 그렇기에 致知라 함은 人間에 賦與된 靈覺과 慧智를 發揚함이오 格物이라 함은 認識의 對象인

客體에 대하여 不絶히 연구를 繼續함으로써 事物의 正態를 追求把握하는 것이며 眞理의 所在를 究明하는 데 이르는 것이다. 이에 따라서 事物의 表裏 眞假와 善惡 美醜가 明白히 露呈되는 것이며 이와 같은 努力으로써 全知的인 本原이 確實하여지고 이에서 誠意 正心 修身의 節次가 順理的으로 可能하게 되는 것이다.

(C) 誠意 正心

다음으로 誠意 正心의 工課에 대하여 살펴보면 사람이 一定한 本性이 그대로 發現된다 하더라도 맑은 물에 風浪이 일어서 그 물을 變質하게 하는 것과 같이 人間의 氣品에도 淸濁과 强弱에 따라서 私欲과 妄想과 外誘的인 衝動에 感染되는 일이 많다. 이럴 때에는 사람은 항상 有察하고 克治하는 功으로 그때그때 動搖되고 誘惑된 心的狀態를 다시 元狀대로 安定시키며 善美淸新한 狀態로 還元시키게 하는 作業을 하는 것이니 다시 말하면 意志가 誠實한 境地에 있는지라 雜念을 超克挑除하고 存養省察의 功을 加함으로써 動靜感應하는 사이에도 明德(本體明顯)의 中和로운 原狀을 지니며 明哲 忠直한 心的 狀態를 그대로 持續하는 것이니 이 作用이 곧 誠意이며 이 사이에 所謂 天君(心)이 泰然한 正心의 德을 實現할 수 있는 것이다. 一身의 主宰가 되는 心體가 中正한 位置에 있으매 이에서 비로소 修身이 可能하게 되고 民衆 한 사람 한 사람이 正當한 人品을 갖추게 되며 齊家 治國의 實도 이로써 거두게 되며 最終에 平天下까지도 容易하게 實現될 수 있다는 것이다. 그러므로 格, 致, 誠, 正은 本源이며 修, 齊, 治, 平은 그 功効이다.

以上에서 論述한 바를 要約하여 圖解로 보이면 다음과 같다.

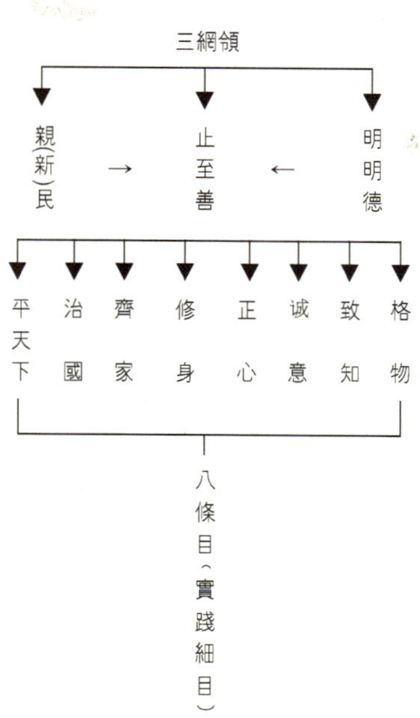

이에서 特히 注目되는 것은 明明德이나 親民이 同一하게 至善에 그쳐야 되는 事實을 생각할 때 유학의 實踐綱領을 簡明하게 體系的으로 說明한 것은 儒學經典의 總旨를 보여준 것은 물론이려니와 人類의 基本的인 道義를 忘却하고 物質과 機械文明에만 狂奔하고 있는 이때에 人間의 本質을 再闡明하며 社會 國家의 公道를 찾게 하는 唯一한 指針書라고 할 것이다.

大學解意

大學의 作者에 對하여는 여러 說이 있으나 程子에 依하면 孔子의 遺書라 하였고 朱子는 옛 大學의 敎人하는 法이라 하였으니 大學은 孔子 以前부터 實踐하여 오던 倫理道德의 基本理念과 社會思潮의 一般에 對한 傳統的 思想을 敍述한 것이니 古代高等敎育의 要綱이라 할 것이다.

孔子는 仁으로써 宇宙와 人生의 最高한 統一原理로 規定하였고 曾子는 孝로써 宇宙의 眞理로 認定하고 倫理道德의 基本原理로 하여 孔子의 仁의 精神을 繼承發展하였다 할 것이다.

이에서 孔子의 仁이나 曾子의 孝가 同一한 最高의 統一原理를 表示함에는 疑心할 바 없으나 이 原理를 根柢로 하여 人倫道德을 實踐하는 方法에 이르러서는 大學이 가장 體系的으로 表現되었다 할 것이다. 大學의 卷頭에 보이기를 大學의 道는 明德을 밝히는 데 있고 民을 親(新)히 함에 있고 至善에 그침에 있느니라.

그 다음으로 이어서

"物에는 本末이 있고 事에는 終始가 있다. 먼저 할 것과 뒤에 할 것을 알면 곧 道에 가까운 것이니라." 하였으니 이에서 말하는 바 本末, 終始, 先後는 위에서 말한 明德을 밝히는 것, 民을 親하게 하는 것 또한 至善에 그치는 것 이 세 가지(大學에서 三綱領이라 함)를 實踐하는 重要性에 對하여서 말한 것이니 그 具體的 方法과 順次를 다음과 같이 보이었다.

예전부터 明德을 天下에 밝히려 하는 이는 먼저 그 國家를 다스리고 國家를 다스리고자 하는 者는 먼저 齊家를 하고 齊家를 하고자 하는 者는 먼저 修身을 하고 修身을 하고자 하는 者는 먼저 그 마음을 바르게 하고 마음을 바르게 하고자 하는 者는 먼저 意를 誠케 하고 意를 誠케 하고자 하려면 먼저 知를 致할 것이며 知를 致하려면 物(事)에 이를 것이니라.

古之欲明明德於天下者先治其國
欲治其國者先齊其家
欲齊其家者先修其身
欲修其身者先正其心
欲正其心者先誠其意
欲誠其意者先致其知
致知在格物

이것이 大學의 八條目이니 大意를 順次에 따라서 解說하여 보면

明德을 天下에 밝힌다 함은 天下의 各個人에 賦與된 明德을 다 같이 밝힘이니, 즉 各個人이 個人의 人格完成의 基礎가 되는 天賦한 本性을 지켜 밝힘으로써 社會(天下)가 明朗濶達한 境地에 이를 것이다. 이럼으로 人間은 서로서로 親愛하게 될 것이니 이는 親(新)民이라 이를 것이며 이런 功이 더욱 實現됨으로 因하여서 비로소 明明德과 親民의 關聯性이 密接한 것을 認定할 수 있고 明德(本性)을 밝히는 功을 쌓으면 곧 親民하는 데 가깝다 할 것이며 明明德을 떠나서는 親民을 期待할 수 없는 것이라. 이것이 明德을 天下에 밝힌다 함은 明明德이 個人을 善導하는 德目이 될 뿐 아니라 社會道德의 要諦인 親民의 基本이 되는 所以이다.

그리하여 明明德에 內包된 意義를 兩分하여 생각하여 볼 때 治己하는 方面, 즉 個人의 德性涵養을 主로 하는 努力의 工程으로

보면 格物, 致知, 誠意, 正心, 修身의 名目으로 나눈 것이며 그 다음에 治人하는 方面, 즉 社會道德으로서의 親民하는 方法으로 齊家, 治國, 平天下의 過程을 理想으로 하는 것이다.

다음에 明明德을 完全히 하는 方法의 順次를 本文에 依하여 아래에 적어 보면 첫째, 格物과 致知로부터 비롯할 것이다.

物의 意義는 事와 物을 同一하게 表現한 것이니 대개 事物에 臨하여 모든 現象을 觀察하고 眞理를 探索할 때 반드시 心(精神力)의 知能, 즉 靈覺의 힘이 先行的으로 知함을 體得할 것이고 이에서 心의 虛靈한 知能과 力量을 知覺함과 동시에 사물에 自在한 과학적인 眞理를 硏究할 것이며 이 더욱 知能이 밝아질 수 있는 것이며 事物의 道理는 心을 通하여 推究하고 整理함으로써 正當한 形態를 表示하는 것이다.

이것이 物을 格(나아감)하여 知를 致하는 工程이며 知를 致한다 함은 事物을 接(格함)하여 窮理하는 동안에 自我의 靈覺이 더욱 밝아지고 知能을 完全히 發揮하게 되며 事物의 眞理에 對하여 理解하지 못하는 것이 없게 되는 것이다(爾雅曰 格至也, 詩毛傳曰物事也).

나의 理性 卽 明德의 純正함과 感性을 基本으로 한 經驗에서 얻은 바 知識으로써 事事物物을 接하매 瑩然하여 꺼리낌이 없고 精粗와 表裏에 가림이 없는지라 善惡과 美醜를 判斷함이 明白眞實하지 아니함이 없는 것이니 이러함으로써 事物을 對象으로 志向하는 바 意가 誠하여지는 것이다.

그 다음으로 誠意에 對하여서는 사람은 늘 明白眞實한 本心이 一定하게 元狀대로 지켜 가지 못 하는 것은 私欲의 衝動으로부터 이 本心을 誘惑하는 內의 妄想과 外의 物欲으로 因하여 本心이

忽然한 사이에 動搖되고 放縱하는 데 이르는 것이니 이러므로 恒常 省察克治의 功을 加하여 明白眞實한 境地로 還元하는 것이며 心(마음)의 志向하는 곳, 즉 思念의 發動하는 것이 誠實치 아니함이 없는 것이다. 이것이 곧 格物致知의 功으로 意를 誠하게 하는 所以이며 意를 誠케 하는지라 妄慮와 雜念의 꺼리낌이 없고 存養省察의 功으로 意念이 偏癖된 데 기울어지지 아니하며 動靜感應하는 사이에도 明德(本心)의 中和한 狀態를 지니고 本體의 明白眞實함을 그대로 持續하는 것이며 意識의 영향으로 心正의 功을 實現하게 된다. 一身의 主宰인 마음이 바른지라 따라서 修身이 되고 이런 結果로 또한 齊家 治國 平天下하는 데 이르기까지 다 格致誠正修身의 功이 아님이 없는 것이다. 人我를 區別하면 明明德 親民의 順序도 序列할 것이나 人我를 同體로 보면 明明德은 親民의 基本이며 親民은 明明德의 功效라고 할 수 있다.

以上에서 論述한 것을 다시 아래와 같이 圖示할 수 있으니, 즉

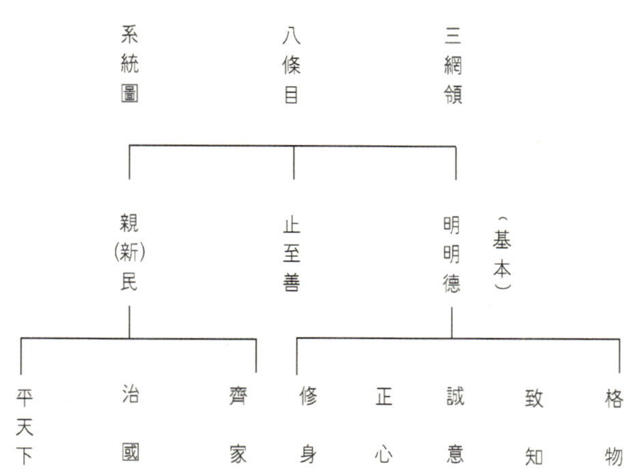

이에서 大學의 注要目的이 明明德에 있는 것을 알 것이며 三綱領의 中心이 될 뿐 아니라 倫理의 統一原理가 됨을 알 것이다. 다만 이와 같은 明德은 超經驗에서 온 한 主觀的이며 直觀的인 理性이라고 規定할 것이나 또는 이 理性은 반드시 感覺的 經驗을 通하여 事事物物에 나아가서 客觀的立場에서 眞理를 綜合究明함으로써 統一的 完全無缺한 知識을 다시 集積한 뒤에 비로소 事物의 眞相을 把握하는 데 到達할 수 있음을 밝혀 둔다.

이 本然의 明德인 理性과 感覺的 經驗이 調和됨으로써 理性은 積極的인 實現性을 얻고 經驗的 知識은 最高理想에 接近하게 되는 것이다.

그러므로 明德을 天下에 밝히려는 理想을 具現함에는 格物致知의 經驗的 硏磨를 비롯하여 必然的으로 誠正修의 工程을 經過하여 齊治平까지 이르게 되는 것이다.

社會道德으로서의 親民의 工程인 齊家 治國 平天下의 課程이 마련된 것이다.

그러면 다음에 明明德을 實踐하는 順次로서 첫째, 格物致知의 意義와 그 方法을 說明하려 한다.

致知格物 이에 物은 事의 意義와 同一한 것이니 대개 事物에 臨하여 모든 眞理를 探求할 때 반드시 人間의 本性을 基盤으로 하는 心的인 靈覺이나 慧知가 靈覺의 先驗的으로 內在함을 省察하여 알 수 있다. 이 靈覺과 慧知가 心的本能으로 主觀的인 知性을 發揮하는 同時에 事物 自體에 自在한 客體的인 眞理와도 互應調和하여 비로소 普遍妥當한 原理를 發見하는 데 이르는 것이니 이 心理的 作用을 살펴보면 主體觀的인 知性을 떠난 純粹한 客觀이 있을 수 없고 또한 客觀을 疎外한 主觀은 眞正한 意義를

지닐 수 없다.

그러므로 事物의 眞象을 把握하려고 할 때에는 반드시 人間의 事物 本有한 眞理가 客이 되어 相關交涉한 후에 本能的 內省的 知가 主가 되고 心的인 本能으로 內面的 省察을 可能하게 하여 事物 自體에 中正한 判斷을 期待할 수 있고 妥當한 公案이 成立되는 이것이 곧 物을 格(나아감)하여 知를 致하는 活動이니 致知와 格物의 關係도 上記한 範疇에서 論할 수 있다.

致知라 함은 人間의 本性인 靈明한 慧智를 개발함이며 格物이라 함은 認識의 對象인 客體에 對한 研究活動이니 致知와 格物의 關係도 上記된 範疇에서 論할 수 있다. 致知라 함은 人間의 本性에 發現하는 靈明한 知的인 作用 活動이며 格物은 認識의 對象인 客體에 對한 研究態度 作用이니 致知와 格物의 關係도 上記된 範疇에서 論할 수 있다. 致知라 함은 人間의 本性에 根據한 知的인 活動이며 格物은 認識의 對象인 客體에 對한 作用이다. 그러므로 致知는 格物의 動作을 要하고 格物은 또한 반드시 致知의 主導的 活躍이 要求된다. 具體的 實例로써 말하면 父母의 慈愛는 子孫에 미치는 것이니 이에 있어서 父母의 慈愛는 主體이며 慈愛를 받는 것은 客體인 子孫이다.

四書解題

一. 四書編著의 由來와 그 順位

儒家經傳에 있어서 十三經을 尊重히 여기게 된 것은 一般的 常識이라 이르겠지마는 이 중에서도 特히 詩·書·禮·樂·春秋·周易를 六經이라 總稱하여 經傳의 中樞로 여긴 바 있으며 從來로 十三經 중의 一部인 禮記篇中에 包括되어 있었던 大學과 中庸이 唐代 以前까지에는 單行本이 없었으나 宋代 司馬光의 著述한 바 中庸大學廣義一卷(直齊書錄解題)이 刊行된 뒤로부터 大學과 中庸의 名稱이 따로 나타나게 된 것이다. 自後로 兩程의 뒤를 이어 朱子에 이르러서는 비로소 大學·論語·孟子·中庸을 並稱하여 四書라 이르고 이로써 儒學體系의 基本을 이룬 것이며 道統의 淵源을 이에서 찾았고 生活教育의 態度도 또한 定하게 된 것이다.

四書의 著述된 由來와 經緯를 개별적으로 살펴보면

1. 論語는 孔子의 言行錄이며 儒學의 本源으로서 漢志에 依하면 古論 二十一篇·齊論 二十二篇·魯論 二十篇으로 記錄되었다.

이에 보인 바와 같이 論語에는 從來부터 三種이 있었음을 알 수 있다. 前漢 張禹는 經學에 밝아서 博士가 되었고 元帝時에는 太子의 師傅로서 論語를 講한 바 있으며 魯論을 編次함에 齊論도 兼采하여 그 長한 것을 擇한 것이니 이를 當時 張侯論이라 稱한 것이고 後日의 何晏의 集解나 邢皇의 二疏도 다 張候論에 依據한 것이라 하며 何晏은 三種의 論語에 對하여 더욱 詳說한 바 있다.

이에 依하면 "魯論은 二十篇이며 齊論은 『問王』『知道』 二篇이 더하여 二十二篇이고 이 중에는 章句가 魯論보다 많다. 그 다음으로 古論은 孔子의 壁中에서 나왔다는 것인데 『堯曰』의 下章을 分離하여 『子張問』 一篇을 別設함으로써 兩子張이 되어 二十一篇을 이루게 된 것이며 篇次도 齊·魯 兩論과는 같지 아니하다."

何氏曰 "魯論語 二十篇 齊論語別有問王知道凡二十二篇 其二十篇中 章句頗多於魯論 古論出孔子壁中 分『堯曰』下章『子張問』以爲一篇 有兩『子張』凡二十一篇 篇次不與齊魯論同"(集註論語序說引)

이로써 現行論語는 魯論을 原本으로 하여 齊論과 參照 編集한 것임을 明徵한 것이다.

2. 大學의 著述에 對하여서는 朱子가 일찍이 "古經一章 盖孔子之言 而曾子述之 其傳十章 則曾子之意 而門人記之也"라고 明記한 바 있다.

이 註解에 依하면 大學의 經一章은 曾子의 著述한 것이고 그 傳十章은 門人의 著作이라 한 것이다. 다만 淸代에 이르러서 經傳을 疑心하는 風習이 있은 뒤로 毛奇齡이나 閻若璩 等의 異說이 있으나 이 影印本은 朱子의 原本에 依한 것임을 밝혀 둔다.

3. 中庸에 對하여서는 李習之는 "子思 仲尼之孫 得其祖之道 述中庸四十七篇 以傳於孟軻(復性書)"라고 하여 中庸은 子思의 著임을 알린 바 있으며 宋儒間에는 더욱이 定論으로 되어 있다. 다만 大學의 例와 같이 淸朝의 崔述(洙泗考信餘錄)과 顧實(漢書藝文志講疏) 같은 學者들의 말에 依하면 中庸은 子思를 主로 한 後人의 僞作이라고 하며 또는 子思의 自作한 것은 中庸의 首章 一篇뿐이고 其餘는 子思學派의 續集이라고 하는 것이다. 그러나

이 影印本은 朱子의 本旨를 繼承한 것임을 또한 附記하여 둔다.

4. 孟子 七篇에 對하여 살펴보면 漢志에는 諸子中의 儒家에 編入되었고 隋志 및 舊唐書經籍志도 漢志의 記述한 것을 그대로 踏襲하였다. 다만 趙岐의 註解가 붙게 된 뒤로부터 孟子에 對한 認識이 새로워졌고 唐의 韓退之에 이르러 비로소 孟子의 貴重한 價値가 세상에 널리 알려지게 되었으며 이로써 孔子의 道가 얼마나 尊崇한 것인가를 알게 되었다는 것이다. 이에 程子는 論語 및 學·庸과 並合하여 四書에 編入하는 데 이르고 朱子는 特히 經書로 尊奉하게 되었으며 孟子를 孔子의 다음인 亞聖이라고 稱하여 並列한 것이다.

二. 國朝儒學의 發展된 狀況

우리 歷史에 보인 바로서도 儒學思想이 傳하여진 것은 매우 오랜 事實이지마는 羅·麗 以前은 이에서 煩說함을 割愛하여 둔다. 國朝에 들어와서는 宋學의 影響을 많이 받았으며 나라에서는 政治의 原理를 이에 根據한지라 愛國治民하는 方法을 儒學의 敎理에 依存한 바 많았고 文化創造와 社會建設의 構想도 儒學의 理念을 背景으로 하여 展開하였던 것이다.

鄭圃隱의 理學을 唱導한 點은 이미 그 門逕을 연 것이며 當時 諸儒들로 하여금 圃隱의 講說이 매우 發越하다고 嘆服게 한 것은 直接 宋儒의 學風을 繼承하였다는 것보다는 오히려 鄭公의 學的 力量이 얼마나 超出하였던가를 想像하고도 남음이 있다.

"恭愍王 銳意復興 新創成均館……時經書至東方者 唯朱子集

註 而公(圃隱) 講說發越 超出人意 聞者頗疑 及得雲峰胡氏四書通 與公所論 靡不脗合 諸儒尤加歎服 牧隱 亟稱之曰 達可(圃隱의 字)論理 橫說竪說 無非當理 推爲東方理學"(圃隱行狀)

圃隱 以後로 宏儒碩學이 많이 輩出하였었다. 趙靜庵은 그 中의 한 분으로서 崇儒의 精神은 空言에 그친 것이 아니라 至治를 實現하려고 努力하였다. 命世之才로 實用之學을 갖추었으며 格君安民에 餘念이 없었다. 小學으로써 育英의 本을 삼으매 宿弊는 漸次 改革되었고 四方이 이에 互應하는 데 이른 것이다.

"先生受命世之才 抱適用之學 格君安民 此固素心……訓小學以育英才 宿弊漸革 四方風動"(栗谷撰靜庵 趙先生墓誌銘)

이 外에도 儒家의 事功은 볼만한 것이 매우 많다. 金安國의 刊行한 『農書』, 『蠶書』 等의 諺解와 『二倫行實』, 『諺解呂氏鄕約』을 비롯하여 金正國의 制述한 警民 十二條와 學令 二十四條는 社會生活과 教育方針에 있어서 한 새로운 試圖였다. 이와 같은 活動은 至治, 즉 理想的 社會를 建設하는 데 主眼이 있던 것이며 이 理想은 儒學을 根底로 하여 發源되었던 것이다.

이 時期를 國朝儒學의 開花期라 이르면 退·栗 時代는 한 結實期라고도 할 것이다.

三. 四書의 治學方法

朱子는 四書의 讀法에 있어서 大學·論語·孟子·中庸의 順次로 할 것을 明記하여 "讀書之序 須是且著力去看大學 又著力去看論語 又著力去看孟子 看得三書了 這中庸……說下學處少

說上達處多 若此理會文義 則可矣"(讀中庸法)라 하였다.

이미 上記한바 論語·大學·中庸·孟子를 史的序次라 하면 大學·論語·孟子·中庸의 順位는 治經方法의 次第라 할 것이다. 栗谷도 四書讀法의 順次는 朱子와 相異함이 없으나 各其 性格에 따라서 治學하는 目的에 對하여 다음과 같이 詳記한 바 있다.

大學에서는 窮理正心과 修己治人하는 道를 잘 認識하여 實踐할 것이며

論語에서는 求仁爲己와 涵養本源하는 功을 精思深體할 것이고

孟子에서는 明辨義利와 遏人慾 存天理를 明察擴充할 것이며

中庸에서는 性情之德과 推致之功과 位育之妙를 一一이 玩索하며 體得하는 바 있어야 할 것이다.

"讀大學……於窮理正心修己治人之道 一一眞知而實踐之 次讀論語於求仁爲己 涵養本源之功 一一精思而深體之 次讀孟子 明辯義利 遏人慾存天理之說 一一明察而擴充之 次讀中庸 於性情之德 推致之功 位育之妙 一一玩索而有得焉"(擊蒙要訣讀書章第四)

이로써 人間本然에 對한 認識을 새롭게 하는 同時에 社會構成의 本源과 自然妙法의 眞理와 아울러 實踐生活의 方道를 提示한 것이며 儒學에서 指向하고 있는 精神이 얼마나 人生問題解決에 있어서 切實한 意義가 있는가를 闡明한 것이다.

이와 같이 儒學은 人間에서 시작되어 人間을 爲한 것이고 人間을 바른길로 인도하는 尺度이기도 하다. 생각하는 主體도 人間이며 行하는 自體도 또한 人間이다. 人間을 떠나서는 歷史도 없는 것이며 文化도 없다. 따라서 藝術도 없다. 이것이 儒學의 참된 面目이며 이에서 '生'의 보람도 느끼고 生命도 永續되는 것이다.

이번 成均館大學校 大東文化硏究院에서 그 事業의 하나로 四書

影印本을 出版하게 된 것은 다만 儒學振興에 있어서 劃期的인 寄與가 될 뿐 아니라 一般文化向上에 있어서도 한 鼓舞的인 活動이라 아니할 수 없다. 더욱이 現代에 있어서 精神의 純化와 心理의 安定이 時急히 要請되는 이때에 傳統的인 古典을 刊行하며 科學文明의 缺如된 面을 補充함은 참으로 儒敎의 現代化에 있어서 한 妙案이 될 뿐 아니라 또한 時宜에 適切한 貢獻이라 아니할 수 없다.

四. 銅活字本에 대하여

다음으로 이 影印本의 出刊에 臨하여 가장 優秀한 銅活字內閣本을 얻게 된 것은 참으로 同慶할 만한 일이다. 銅活字는 國朝文化發展史上 特記할 事實이며 또한 世界的으로 가장 오래된 活字이며 書體도 매우 優雅遒勁한 字形이다.

國朝太宗癸未(西紀 一四○三)로부터 活字의 鑄成을 보게 된 以來 世宗朝甲寅(西紀 一四三四)에 이르러서는 銅活字의 集大成을 이룬 것이다.

英宗壬辰(西紀 一七七二)에 甲寅字를 臺本으로 하여 經書의 正文이 印出되었고 丁酉(西紀 一七七七)에 이르러서는 甲寅字를 元本으로 하여 內閣에서 經書를 刊行한 것이니 이 影印本은 곧 世宗甲寅字의 原形임을 알 수 있다.

이에서 우리는 이 影印本으로 因하여 由緖 깊은 아름다운 銅活字를 日常 接하게 됨은 우리의 美感을 새롭게 할 뿐 아니라 藝林의 한 자랑이 될 것을 確信한다. 西紀 一九六五年 二月 日 閔泰植 謹識

四書의 發展과 영향

Ⓐ 四書의 史的 考察

四書의 著述된 由來와 經緯를 個別的으로 살펴보면

論語는 孔子의 言行錄이며 儒學의 本源으로서 漢志에 依하면 古論 二十一篇, 齊論 二十二篇, 魯論 二十篇으로 記敍되었다.

이에 보인 바와 같이 論語에는 從來부터 三種이 있었음을 알 수 있다. 前漢 張禹는 經學에 밝아서 博士가 되었고 元帝 時에는 太子의 師傅로서 論語를 講한 바 있으며 魯論을 編次함에 齊論도 兼采하여 그 長한 것을 擇한 것이니 이를 當時 張侯論이라 稱한 것이고 後日의 何晏의 集解와 邢昺의 二疏도 다 張侯論에 依據한 것이라 하며 何晏은 三種의 論語에 對하여 더욱 詳說한 바 있다. 이에 依하면 "魯論은 二十篇이며 齊論은 『問王』『知道』 二篇이 더하여 二十二篇이고 이 중에는 章句가 魯論보다 많다. 그 다음으로 古論은 孔子의 壁中에서 나왔다는 것인데 『堯曰』의 下章을 分離하여 『子張問』 一篇을 別設함으로써 兩子張이 되어 二十一篇을 이루게 된 것이며 編次도 齊·魯 兩論과는 같지 아니하다."

① 何氏曰 "魯論語二十篇 齊論語別有問王知道 凡二十二篇 其二十篇中 章句頗多於魯論 古論出孔子壁中 分『堯曰』下章『子張問』以爲一篇 有兩『子張』凡二十一篇 編次不與齊魯論同"(集註論語序說引)

이 何氏의 論한 것으로서 現行 論語는 魯論을 原本으로 하여

齊論과 參照 編輯한 것임을 明徵한 것이다.

② 大學의 著述에 對하여서는 朱子의 "古經一章 盖孔子之言 而曾子述之 其傳十章 則曾子之意 而門人記之也"(朱子說)

註解한 바에 依하면 大學의 經一章은 曾子의 著述한 것이고 그 傳十章은 門人의 著作이라 한 것이다. 다만 淸代에 이르러서 經傳을 疑心하는 風習이 있은 뒤로 毛奇齡이나 閻若璩 等의 異說이 있음을 附記하여 둔다.

③ 中庸에 對하여서는 李習之는 "子思仲尼之孫 得其祖之道 述中庸四十七篇 以傳於孟軻(復性書)"

中庸은 子思의 著임을 알린 바 있으며 宋儒間에는 더욱이 定論으로 되어 있다. 다만 大學의 例와 같이 淸朝의 崔述(洙泗考信餘錄)과 顧實(漢書藝文志講疏)과 같은 學者들의 말에 依하면 中庸은 子思를 主로 한 後人의 僞作이라고 하며 또는 子思의 自作한 것은 中庸의 首章一篇뿐이고 其餘는 子思學派의 續集이라고 하는 것이다. 그러나 이에서는 朱子의 本旨에 따르기로 한다.

④ 孟子 七篇에 對하여 살펴보면 漢志에는 諸子中의 儒家에 編入되었고 隋志 및 舊唐書 經籍志도 漢志의 記述한 것을 그대로 踏襲하였다. 다만 趙岐의 註解가 붙게 된 뒤로부터 孟子에 對한 認識이 새로워졌고 唐의 韓退之에 이르러 비로소 孟子의 貴重한 價値를 세상에 널리 알려지게 되었으며 이로써 孔子의 道가 얼마나 尊崇한 것인가를 알게 되었다는 것이다. 이에 程子는 論語 및 學·庸과 並合하여 四書에 編入하는 데 이르고 朱子는 特히 經書로 尊奉하게 되었으며 孟子를 孔子의 다음인 亞聖이라고 稱하여 並列한 것이다.

Ⓑ 四書의 讀法

朱子는 四書의 讀法에 있어서 大學·論語·孟子·中庸의 順次로 할 것을 明記하였다.

① "讀書之序 須是且著力去看大學 又著力去看論語 又著力去看孟子 看得三書了 這中庸……說下學處少說上達處多 若此理會文義 則可矣"(讀中庸法)

이미 上記한바 論語·大學·中庸·孟子를 史的인 序次라 하면 大學·論語·孟子·中庸의 順位는 治經方法의 次第라 할 것이다. 栗谷도 四書讀法의 順次는 朱子와 相異함이 없으나 各其性格에 따라서 治學하는 目的에 對하여 다음과 같이 詳記한 바 있다. 大學에서는 窮理正心과 修己治人하는 道를 잘 認識하여 實踐할 것이며 論語에서는 求仁爲己와 涵養本源하는 功을 精思深體할 것이고 孟子에서는 明辨義利와 遏人慾 存天理를 明察擴充할 것이며 中庸에서는 性情之德과 推致之功과 位育之妙를 일일이 玩索하여 體得하는 바 있어야 할 것이다.

"讀大學……於窮理正心修己治人之道 一一眞知而實踐之 次讀論語於求仁爲己 涵養本源之功 一一精思而深體之 次讀孟子 明辨義利 遏人慾存天理之說 一一明察而擴充之 次讀中庸 於性情之德推致之功 位育之妙 一一玩索而有得焉" (擊蒙要訣讀書章第四)

이로써 人間本然에 對한 認識을 새롭게 하는 同時에 社會構成의 本源과 自然妙法의 眞理와 아울러 實踐生活의 方道를 提示한 것이며 儒學에서 指向하고 있는 精神이 얼마나 人生問題解決에 있어서 切實한 意義가 內包되어 있는가를 闡明한 것이다.

이와 같이 儒學은 人間에서 시작되어 人間을 爲한 것이고 人間

을 바른길로 인도하는 尺度이기도 하다. 생각하는 主體도 人間이며 行하는 自體도 또한 人間이다. 人間을 떠나서는 歷史도 없는 것이며 文化도 없다. 따라서 藝術도 없다. 이것이 儒學의 참된 面目이며 이에서 '生'의 보람도 느끼고 生命도 永續되는 것이다.

"仁義禮智 非由外鑠我也 我固有之也→鑠以大銷金之名 自外以至內也"(孟, 告子上)

仁·義·禮·智는 밖으로부터 얻은 것이 아니라 내 自我에 固有한 것이니라.

心理作用에 있어서 惻隱한 마음의 仁(愛情)이나 羞惡하는 마음의 義(正道)나 辭讓할 줄 아는 마음의 禮(節度)나 是非를 가를 줄 아는 마음의 智(判斷)와 같은 性情은 人間이 心理的인 省察의 功에서 얻는 바도 많다고 하겠지마는 主로 天賦한 本性에서 發源되는 것이며 孟子는 特히 이 面을 體察하여 밝히고자 한 것이다. 그러므로 日常生活에 있어서 千變萬化하는 經驗的인 事物을 統察하기에 앞서 心性의 根本的 存在를 探求하고 그 價値를 尊重히 하기에 더욱 用意하였던 것이니 이에서 孟子의 이른바

"學問之道無他 求其放心而已矣"(孟子 告子上)

學問의 道는 無他라 그 放心을 求할 뿐이라고 提唱한 眞意를 可히 理解할 수 있는 것이며 道德의 本源을 論하게 되면 언제나 行爲의 結果를 考究하기에 앞서서 먼저 그 行爲의 動機를 溯求通察하기에 急하였고 人間敎育을 論하는 行事에 있어서도 이른바 展示的인 敎課目의 羅列보다는 性靈의 淸虛한 源頭處를 正常的인 位置로 復歸 安定시키는 데 致力하였던 것이니 이의 工程을 宋儒들이 居敬窮理라 이른 것이다. 그러므로 社會道義를 助成하는 方法에 있어서도 細密한 組織과 圓滿한 制度를 審定하는 同

時에 항상 人間의 純美로운 性情과 仁愛할 줄 아는 善意識을 鼓舞宣揚하는 것을 優先的으로 하였고 政治를 試圖함에 있어서도 다만 形式的인 刑政과 法規에만 用意하는 것이 아니라 먼저 內面的인 性命의 妙理를 警發하여 王道를 顯暢하는 反面에 私曲과 橫暴를 能事로 하는 邪惡한 覇道를 排斥하는 데 注力했던 것이었다. 또한 財政을 料理함에 이르러서도 獨占을 敬遠하고 分配에 있어서도 公正한 均霑制度를 必然的으로 實踐할 줄 아는 正統儒學의 思想에서 發源되는 것이며 이에 비로소 斥邪衛正의 根據도 이로써 明確히 하는 데 이르는 것이다.

이에서 孟子는 다음과 같은 人生哲學의 本源이며 結果라고 할 만한 命題를 提唱한 것이니

"孟子曰……人皆有不忍人之心 先王有不忍人之心 斯有不忍人之政矣 以不忍人之心 行不忍人之政 治天下 可運之掌上(孟子公孫丑上)"

"사람에게는 참아 하지 못하는 마음이 있나니 先王이 不忍人之心이 있으매 이에 不忍人之政이 있게 되는 것이며 不忍人之心으로 不忍人之政을 行하면 天下 다스리기는 可히 掌上에서 움직이는 것과 같이 쉬울 것이니라." 한 것이다. 그러므로 이 '참아 하지 못하는 마음', 즉 善性은 사람이 善한 일을 여러 번 經驗 反復하는 敎育的인 努力 다시 말하면 客觀的인 實踐에 置重하는 同時에 直觀的인 內省을 疎忽히 여기지 아니하는 것이니 居敬窮理의 實을 이에서 거둘 수 있다고 할 것이며 그러면 '不忍人之心'의 根據에 對하여서 以上에서 言及한바 '孺子入井'의 例와 四端의 說明에서 이미 밝힌 바이지마는 이를 人間의 生活을 通한 心理的 現狀에서 考察하여 보면 正常的인 精神狀態는 항상 그 根底에

있어서 直感과 感覺의 相互作用함을 體認知할 수 있으며 中樞神經의 統攝管理로써 비로소 順調로운 心的現狀이 持續되는 것이다. 內面的인 省察과 外來的인 衝動에 依하여 經驗을 거듭하는 중에 더욱 事理의 眞僞에 對한 正確한 判斷을 얻게 되며 日新又新하는 새로운 知德은 그 善性의 內容을 充實하게 하는 데 이른다. 이에 心的인 安定과 調和를 期할 수 있고 이와 같은 能力을 基調로 하여 人格은 漸次로 成熟하는 데 이르게 되는 것이니 孟子는 이와 같은 過程을 良知良能이라고 稱한 것이며 宋代 以後 많이 論하여 온 理氣性命의 論도 이 範疇에 벗어나지 아니하는 것이다.

그러나 人間은 錯雜한 生活을 하는 중에 心事와 行爲는 正道에 違背되는 일이 많다. 孟子의 이른바 性善說에 錯誤가 없다고 하면 누구나 純善 無惡한 行爲만 있어야 할 터인데 孟子 當時의 事實로 보아서도 戰國動亂時期에 이미 亂臣과 賊子가 많았으며 亂倫敗常하는 事例가 한둘이 아니었으니 어찌 性善說에 對한 懷疑가 없었을 것인가. 孟子 當時에도 벌써 公都子는 告子의 이른바

公都子曰 告子曰 性無善 無不善也(孟子 告子章句上)

"性은 善함도 없고 不善함도 없느니라."를 引用하여 性善說을 間接的으로 의심한 것을 비롯하여 或人의 說을(다음에 보임) 轉用함으로써 더욱 自己의 立論을 明白히 하여 보려고 한 것이다. 즉

"或曰 性可以爲善 可以爲不善 是故文武興 則民好善 幽厲興 則民好暴"(仝上)

"性은 善하게도 할 수가 있고 不善하게도 할 수가 있으므로 文武가 興하면 民이 善良함을 좋아하고 幽厲가 興하면 民이 暴惡함을 좋아하느니라."

"或曰 有性善 有性不善 是故以堯爲君而有象 以瞽瞍爲父 而有舜 以紂爲兄之子 且以爲君 而有微子啓王子比干 今曰性善 然則彼皆非歟"

"性이 善함도 있고 性이 不善함도 있으므로 堯와 같이 善한 이가 君이 되어도 象과 같은 惡한 사람이 있었으며 瞽瞍와 같이 惡한 아버지로도 舜과 같은 착한 아들이 있었으며 紂와 같은 暴君으로도 그의 近親에는 微子啓와 王子比干과 같은 仁人이 있었으니 이것은 다 人性의 不一한 證據가 아닙니까?"

이와 같이 公都子는 孟子에게 抗辯한 것이다. 그런데 孟子는 다시 公都子에게 答하기를

"孟子曰乃若其情 則可以爲善矣 乃所謂善也 若夫爲不善 非才之罪也(孟子 告子上)"

"그 善한 情대로 따를진대(古註에 依함) 可히 善하게 될 것이니 이 事實이 곧 善한 것이며 不善한 것은 天才의 罪는 아니니라." 하였고 이 本文 아래에 註解(古註)하기를

"若 順也 性與情相爲表裏 性善勝情 情則從之……若隨人 而强作善者 非善者之善也 若爲不善者 非所受天才之罪 物動之故也(告子上, 本文古註)"

"若은 順히 한다는 뜻이다. 性과 情은 서로 表裏가 되는 것이니 性은 언제나 잘 情을 制御할 수 있는 것이며 情이 또한 이 性에 따르는 것이니라…… 만일 사람에 따라서 억지로 善을 하는 것은 참 善은 아닌 것이오. 만일 不善을 하게 되는 것이라면 받은바 天然的 才質의 罪는 아니요 物이 動한 까닭이니라."고 性의 善한 面을 强調한 것이며 이에 곧이어 孟子는 다시 解說하기를

"惻隱之心 人皆有之 羞惡之心 人皆有之 恭敬之心 人皆有之 是

非之心 人皆有之 惻隱之心仁也 羞惡之心義也 恭敬之心禮也 是非之心智也 仁義禮智 非由外鑠我也 我固有之也 弗思耳矣 故曰 求則得之 舍則失之 或相倍蓰 而無算者 不能盡其才者也(告子上)"

"惻隱한 마음은 사람마다 있고 羞惡하는 마음도 사람마다 있으며 恭敬할 줄 아는 마음도 사람마다 있으며 是非할 줄 아는 마음도 사람마다 있는 것이니 惻隱之心은 仁이며 羞惡之心은 義며 恭敬之心은 禮며 是非之心은 智니 仁義禮智는 밖으로부터 나에게 들어오는 것이 아니라 나에게 원래부터 있는 것이지마는 생각하지 아니하였을 뿐이니라. 그러므로 求하면 得하고 舍하면 失하는 것이니 得하고 失하게 되는 그 差異는 서로 倍나 五倍의 距離가 있으며 또 그 以上으로 되는 것도 있지마는 다만 天才(才性)를 實現하지 아니한 까닭이니라." 한 것이다.

以上에 보인 바와 같이 人間의 最貴한 本性의 存在를 認定하는 데 있어서도 漠然한 推想과 觀念的인 設定이 아니라 內省審察하는 중에 崇嚴한 靈覺과 深密한 慧智로써 湧出躍動하는 神妙한 源頭處를 쉴 새 없이 發現 體驗하는 것이니 이 心功이 곧 儒教性理哲學의 特徵이며 雜多한 現實 속에서도 愛情을 主體로 한 正道를 確立하고 事物의 是非와 曲直을 能히 判別할 수 있는 嚴肅한 尺度가 마련되었다 할 것이다. 그러므로 "仁義禮智 非由外鑠我也 我固有之"라 하여 人間의 先驗的인 內在性을 確固히 하고 恒時 이를 警發策勵함으로써 心的姿勢를 整肅히 하며 이에 人性의 本然을 持續하는 것이니 求하면 得하고 舍하면 失한다는 境地도 이에 基因한 것이며 栗谷의 이른바

"衆人之性 有警則發 無戒則昧 吾欲警發衆人 使之不昧耳(栗谷全書・護松說)"

"衆人의 성품은 일깨워 주면 깨닫게 되고 경계하지 아니하면 어두워지는 것이니 내가 衆人을 깨우치고 경계하여서 어둡지 아니하게 하리라." 한 것도 이러한 論旨를 더욱 明白히 하여 준 뜻이라 하겠다.

그러기에 惡한 일을 하게 된다는 것도 그 才性(天性)을 充實히 發揮하지 못하는 것을 深切히 警戒한 말이라 할 것이니 가령 惡한 사람이 있다고 하는 것도 그 사람이 날 때부터 하늘(天)이 이 惡人에게만 唯獨 惡性을 賦與한 것이 아니요 下愚不移한 까닭이니 譬論하면 病的인 不具를 이름이다. 이것이 곧 童昏이라고 이르는 것이다(註解本 本文下註에서 取意). 이러한 人間은 到底히 氣質的으로 變化될 수 없는 低劣한 人禀임을 指稱한 것이니 論及할 여지조차 없는 것이라거나 또한 制御할 수 없는 外界의 物欲이 頻煩히 來襲하여 性靈이 發揚됨을 거의 不可能하게 만드는 까닭이다. 그러므로 本性의 發露로 因하여 實現할 수 있는 純正明澈한 善의 意識을 固守하기보다는 도리어 誘惑과 貪欲에 昏迷된 나머지 純한 性과 本源을 喪失하는 데 이르기가 훨씬 쉬운 것이니 이와 같은 經驗이 反復되는 동안에 사람의 生活에는 缺陷을 招來하게 되고 社會의 氣習이 이에 따르게 되며 모르는 중에 民族과 國家社會에 風靡하는 데 이르는 것이다.

그러나 雲霧에 가렸던 日月의 光明과도 같이 人間의 本性은 다시 本來의 모습을 露呈再現한다. 즉 先驗的으로 內省 審察하는 潛能이 爀爀한 빛을 發揮한다. 惡은 자취를 감추고 善한 狀態로 還元한다. 이와 같은 功效로 仁道와 正義를 다시 찾게 되는 것이다. 이 点이 孟子의 性善說은 孔子의 仁을 實現하는 데 더욱 基本的인 方法을 闡明한 것이라 할 것이다. 孔子는 '性相近'이나

'人之生也直'이라는 말을 보임으로써 人間性의 善한 方向을 提示하였지마는 아직 性善이라는 文句를 公言하지는 아니하였고 孟子에 이르러서 비로소 本性의 善함을 强調하였다.

孟子는 人間에는 不忍하는 마음이 있으며

"無惻隱之心 非人也 無羞惡之心 非人也 無辭讓之心 非人也 無是非之心 非人也(孟子 公孫丑上)"

"惻隱한 마음이 없으면 사람이 아니며 羞惡하는 마음이 없으면 사람이 아니며 辭讓하는 마음이 없으면 사람이 아니며 是非를 가리는 마음이 없으면 사람이 아니니라."고까지 斷言하기에 이른 것이다.

이 四端을 基調로 하여 道德의 理念이 確立되었고 이 理念이 行動으로 具顯되는 데 이른 것이니 赤子入井의 狀況에서 不忍之心이 流露되고 이 마음이 社會國家의 各 方面에 浸透 普及되는 것이며 同時에 庶物에게도 애정이 遍滿하여지는 것이다.

이로써 孔子의 仁을 비롯하여 曾子의 孝나 子思의 誠이나 孟子의 性善이 그 表現하는 形式이 相異한 것 같으나 人間性情의 極致를 追求하는 道德心은 同一하다고 할 것이다.

子思와 中庸

現代에 適切한 倫理로서의 中庸思想

子思의 名은 伋이니 孔子의 孫이며 伯魚의 子이다. 그의 生卒은 不明하나 孔子의 晩年에 生하였다고 傳하며 宋儒의 說한 바에 依하면 子思는 孔子의 영향을 받았으나 特히 曾門의 學을 傳受한 것이라 한다. 孔子가 天下를 周遊하면서 그 道를 行하려고 한 것과 같이 諸國을 巡訪하면서 道를 宣布하기에 餘念이 없었다. 宋과 衛에서는 많은 困苦를 當한 일도 있었고 晩年에는 魯에 돌아와 魯穆公으로부터 賓師의 禮遇를 받았다. 中庸은 宋에 있을 때의 著述이다.

中庸

不安과 矛盾은 中國의 歷史에만 局限된 문제는 아니다. 물론 世界歷史 乃至는 人類의 全體歷史가 이 不安과 矛盾으로 点綴되었다 하여도 過言이 아니다. 다만 이 不安을 救濟하는 方法과 이 矛盾을 匡正하는 態度가 서로 다를 뿐이라 慈悲를 說하고 博愛를 論하며 仁愛를 主張함에 相異한 것 같지마는 歷史의 大德先知 및 聖哲들은 마음을 가다듬어 人類의 善導 救援과 社會의 淨化에 狂奔 致力하였던 것이다.

그러기에 우리와 같은 凡人들도 聖哲과 같이 생각할 수도 있고 行할 수도 있다는 것이니 이 点이 人間自體를 罪惡視하거나 凡夫로 看做하려는 태도와는 天壤의 區別이 있는 것이라 終局的으로 우리도 聖哲들의 하는 일에 直接 參與하여 人類와 같이 生長하며

永久한 發展을 즐길 수 있다는 것이다. 이것이 儒學에서 特히 生命처럼 아끼고 있는 修己治人의 精神이며 保國安民의 方道인 것이다.

더욱이 儒學에서는 이 偉大한 活動이 어느 特殊한 聖哲에만 局限되는 것이 아니라 어디까지나 大衆的이다. 즉 人間自體에 聖哲이 될 수 있는 仁性과 知性이 先天的으로 賦與되었다는 것이다. 다만 이 마련된 本質을 誘導 發揚하는 일이 가장 重要한 것이다. 이 本質, 즉 天性의 內容이 곧 明德이며 至善이며 仁性이다. 그렇기에 儒子의 根本은 이 天性이 基礎가 되어 모든 人類活動의 出發을 可能하게 함에도 差는 甚하여서 民生의 困苦는 極度에 達하였다. 이와 같은 형편이며 自然的 結果로 種種 여러 種類의 思想的인 反動을 招來하였으며 胡氏는 다시 梁啓超의 말을 引用하여 結論을 대신한 바 있다. 이에 의하면

이와 같은 不安과 矛盾은 中國歷史 중 어느 時代에서나 볼 수 있는 現狀이라는 것이다. 이 얼마나 痛絶한 論調인가.

그러면 이 不安과 矛盾이 또한 中國에 瀰滿하게 되며 一定한 制度를 離脫하는 데 이르고 人心은 極端으로 放慢하여지며 人間의 基本姿勢까지도 忘却하는 데 이른 것이다.

이와 같이 經典을 비롯한 子書와 史書에 그 當時의 不安과 慘劇이 그칠 사이가 없이 記錄하였을 뿐 아니라 近代의 中國哲學家인 胡適 氏는 더욱이 이 点에 對하여 綜合的으로 提示하여 준 바도 있다. 즉 "老子와 孔子 以前부터 政治는 暗澹하고 社會는 紛亂을 거듭하였으며 경제적으로 貧富가 고르지 못한 까닭이다."

上記한 것과 같이 經典이나 子書에 보여준 그 時代의 不安狀을 中庸의 道로 安定과 和合을 되찾으려고 하였다. 즉 周末의 王

權이 封建諸侯에게 옮겨지며 禮法은 해이하여지고 下剋上하는 風潮를 바로잡아 大同共和를 추구하므로써 一般社會에 보람을 느끼며 悠久한 未來에 끊임없는 希望을 약속하는 것이다.

그러기에 이 中庸世界의 보람과 希望은 地球軸이 暫時도 休息함이 없이 軌道를 순환하는 것과 같다.

經書各論

甲. 詩經

一. 采詩의 유래

中國의 古代史料로서 詩經과 書經은 가장 오래된 經典으로 周知되어 있다.

그러므로 歷史를 硏究함에는 물론이요, 文學, 藝術, 政治, 經濟 一般思想에 이르기까지 史的 淵源이나 文化의 發展 過程을 論하려고 하면 반드시 參考해야 할 重要한 文獻이 아닐 수 없다. 禮記王制篇에 보이기를

"天子五年一巡守……命太師陳詩以觀民風"(王制)

"天子는 五年마다 한 번 巡守하게 되는데 大師를 命하여 民間에서는 民謠를 널리 采集하게 하고 이로 因하여 民情을 알게 한다."라고 하였다.

원래 政治는 民衆을 위하는 政治인 만큼 民情을 疎忽히 여기는 곳에 眞正한 輿論을 살펴 알 수 없다. 그러므로 古代社會에서는 治者로서 民間의 實情을 알기 위해서는 民謠를 蒐集하는 것이 무엇보다 善策이었다. 다음에 引用한 "五穀畢入 民皆居宅 男女有所怨恨 相從而歌 飢者歌其食 勞者歌其事 男年六十 女五十無子者 官衣食之 使之民間求詩 鄕移於邑 邑移於國 國以聞於天子 故王者不出牖戶 盡知天下所苦 不下堂而知四方(公羊宣十五年 注 吳康經子解題 七二○)

"五穀을 다 거두면 백성들은 집에 들게 되나니 男女가 怨恨이 있으매 서로 노래를 부르게 되고 飢者는 먹을 걸 노래하며 勞者는 그 일을 노래하며 男子는 六十才 女子는 五十才가 되매 아들이 없으면 官에서 이들을 입히고 먹이며 民間에서는 詩를 求하게 하나니 鄕에서 邑으로, 邑에서 나라로, 나라에서는 天子께 드리게 하느니라. 그러므로 王者는 牖戶(門과 창호)를 나서지 아니하고도 天下사람의 외로움을 알게 되며 堂에서 나가지 아니하고도 四方의 일을 알게 되느니라." 한 것으로서 民衆의 情狀을 詳細한 곳까지 알게 되는 것이다. 즉 經濟를 비롯하여 住居, 夫婦의 關係, 勞使의 問題, 老小와 男女의 生活保障까지 完美하게 陳述한 것이다. 이와 같은 정도로 民衆을 擁護하는 政治가 곧 王道이며 모든 經學에서 主張하는 最高의 理想이다.

이에 人間生活에 關한 切實한 詩 몇 篇을 들어 그 例說로 삼고자 한다.

① 혼인을 그리워하는 노래(周南桃夭 梁柱東譯 參照)
복사나무 어린 가지
빨긋빨긋 꽃이 피네
저 아가씨 시집가니
부부생활 즐거우리

桃之夭夭
灼灼其華
之子于歸
宜其室家

② 남편이 行役에서 돌아온 것을 기뻐하여 부른 노래
저기 저 汝水ㅅ가 동축에 가

큰 가지 잔 가지 베었음네.
임 떠나선 진정 못 살러라-
굶은 양 몹시도 허전해서

저기 저 汝水ㅅ가 동축에 가
生나무 가지를 베었음네
임 곧 만나니 시름없어라.
나를 안 잊고 돌아왔네

遵彼汝墳
伐其條枚
未見君子
惄如調飢

遵彼汝墳
伐其條肄
旣見君子
不我遐棄

③ 人民의 勞苦를 同情하여 읊은 노래
魴魚 꼬리는 붉어졌네
나라엔 사뭇 불이 났다
불이야 난 듯하다마는
父母님 가까이 계시옵네

魴魚赬尾
王室如燬
王室如燬
父母孔邇
(周南汝墳)

(注解)

魴魚는 疲困하면 꼬리가 붉어진다 함. 이로써 人民의 苦役을 비유하여 말한 것임.

二. 詩體의 類別

詩經의 文體를 大別하면 國風과 小雅, 大雅 및 頌으로 分類되어 있고 이 風 雅 頌은 다시 比, 賦, 興의 文體를 갖추게 되는 것이니 例文으로써 보이면 다음에 列記한 것과 같다.

1. 國風

國者 諸侯所封之域 而風者 民俗歌謠之詩也(朱熹集傳 國風)

"國이라 함은 諸侯들의 맡아 다스리는 封建地域을 뜻하는 것이며 風이라 함은 民俗歌謠를 말하는 것이라."

(1) 比體

"比者 以彼物比此物也"(周南螽斯)

"比는 저 물건을 例證으로 들어서 이 물건에 비유하는 것이다."

(例)(一) 메뚜기 떼는 정답게 모이네
그처럼 子孫들도 많으리

螽斯羽詵詵兮하니
宜爾子孫이 振振兮로다

(註) 螽斯 가을에 무르익은 벼에 있는 메뚜기
詵詵 정답게 모여드는 모양
振振 왕성한 모양

(二) 메뚜기 떼는 떼를 지어 날아드네

그처럼 子孫들도 그치지 않으리
螽斯羽薨薨兮니
宜爾子孫이 繩繩兮로다

(註) 薨薨 떼를 지어 나는 모양
繩繩 끊이지 아니하는 모양

(三) 메뚜기 떼는 수없이 모여드네
그처럼 子孫도 많으리로다

螽螽羽揖揖兮니
宜爾子孫이 蟄蟄兮로다

(註) 揖揖 모여든다.
蟄蟄 많다.

演論 이 詩의 大意를 螽斯가 많이 蕃殖하는 것과 같이 后妃의 德이 仁厚한 까닭에 子孫까지도 많이 繁昌함을 찬양하여 지은 民謠이다.

(四) 정으로 보면 선물(木瓜)
참으로 아름다워
얼마나 소중하리
그 마음 그 정이야
玉으로나 갚을쏜가
金으로나 바꿀 건가
두어라 玉이니 金이니
그 마음 따를쏜가
차라리 깊이 새긴 마음
길이 간직하리라

投我以木瓜에
報之以瓊琚오
匪報也는
永以爲好也라니

(註) 木瓜 實如小瓜
瓊 玉之美
琚 佩玉名

(五) 정으로 보낸 선물(木桃)
얼마나 소중한가
그 정성 그 마음이야
옥으로 갚을쏜가
금으로 대신할까
두어라 玉이니 金이니
그 정성 따를쏜가
차라리 깊이 먹은 마음
길이 간직하리라

投我以木桃에
報之以瓊瑤오
匪報也는
永以爲好也라니

(註) 瑤 美玉也

(六) 정으로 보낸 선물(木李)
참으로 아름다워
탐탐이 괴인 사람
玉으로나 바꿀쏜가
金으로나 갚을쏜가
두어라 玉이여 金이여

꿈에선들 잊을쏜가

投我以木李에
報之以瓊玖오
匪報也는
永以爲好也라니

(註) 玖 亦玉名也

이 詩는 三章에 다 같이 男女의 사이에 이루어진 情表로써 좋은 玉을 서로 贈答하는 뜻을 말한 것이다. 木瓜, 木桃, 木李와 같은 조그마한 물건을 받았으면 이에 대하여 이편에서는 당연히 더 아름답고 좋은 玉으로 갚아야 되겠지마는 일부러 갚지 아니하려는 뜻은 물건을 아껴서가 아니라 도리어 사랑스러운 좋은 뜻을 더욱 더욱 길이 마음속에 간직하여 잊지 아니하려는 정성 때문인 것이니 다시 말하면 참된 사랑은 물질과도 바꿀 수 없다는 뜻이다.

(2) 賦體: 어느 한 事實을 寫實的으로 直說하는 詩體이다.
賦者敷陳其事 而直言之者也.

豐年이 왔네 豐年이 와
기장(黍)도 벼(稌)도 무르익었네.
곳 집에나 쌓을 건가
광 안에나 넣을 건가
萬이어 億이어 秭(數億至億)로구나
가진 술 다 빚어서
조상께 올리며
百禮를 갖추오니
萬福이 내리리로다

豐年多黍多稌하야
亦有高廩이
萬億及秭어늘
爲酒爲醴하야
烝畀祖妣하야
以洽百禮하니
降福孔皆(周頌臣工 豐年)

(註) 稌 稻也
烝 進
畀 予 洽備
皆 徧

(3) 興體: 먼저 다른 물건을 말하여 말하고자 하는 글을 引起하는 詩體이다.
興者先言他物以引起所詠之詞也(詩, 關雎 註)

關關히 우는 비둘기여
河水가에 있도다
窈窕한 淑女여
君子의 좋은 짝이로다

關關雎鳩여
在河之洲로다
窈窕淑女여
君子好逑로다.

(註) 關關 雌雄相應之和聲也
雎鳩 水鳥

乙. 書經

一. 敎育的 價値

漢書 藝文志에 書는 見聞을 널리 하는 것이니 '知之術'이라 하였다. 물론 經書로는 倫理나 敎育 政治나 經濟 어느 分野도 疎忽히 한 것은 없다. 泰誓(僞古文)에서 이미 人間倫理의 基本인 五常을 들었는데 孔疏에 解明하기를 "父義 母慈 兄友 弟恭 子孝"라 하였고 또 舜典에 '愼徽五典'이라는 文句下에 孔傳은 說明하기를 五典을 '五常之訓'이라 하였은즉 다른 儒敎經典에서와 同一하게 重要視된 것을 可히 알 수 있다.

人間으로서 個人倫理나 社會生活의 普遍的인 道義原理를 探究하여 볼 때 儒敎經典과 같이 體系的이며, 또한 그 意義가 深奧한 것은 적다 할 것이다. 舜典에 이른바

"直而溫 寬而栗 剛而無虐 簡而不傲"(舜典)

"直하고도 溫하며 寬하고도 栗(삼간다)하며 剛하고도 虐함이 없으며 簡하고도 傲함이 없어야 한다."고 하여 用心의 要處를 指示하였고 또 舜이 契에게 命하여 社會道義에 關하여 緊切한 德目을 提하기를

"百姓不親 五品不遜 汝作司徒 敬敷五敎 在寬"

"百姓이 不親하고 五品이 不遜(五品은 五常, 五典과 같음)할새 汝(契)는 司徒의 職責(司徒는 文敎의 職責)을 맡았으니 五敎를 敬敷호대 寬大히 하여라." 하였다.

以上에 記載한 德目의 內容을 檢討하여 보면 사람은 心理的作用에 있어서 冷嚴和厚한 本性을 잃기 쉽고 도리어 환경에서 오

는 外的 衝動으로 因하여 偏曲放肆한 感情에 左右되는 경향이 많다. 그러므로 이때에는 반드시 決然한 勇斷과 確固한 信念으로 臨하며 中正한 心的 狀態로 돌아가는 것이니 이것이 性의 本體를 찾는 方法이다. 즉 上文에 記敍된 直이니 寬이니 剛이니 簡이니 하는 것은 한 美德에는 틀림이 없으나 이것이 지나칠 때에는 絶對로 中正하다고 할 수는 없는 것이다. 이와 같은 過情의 弊端을 막기 위하여 이에 對備調節하는 感性에 곧 溫이며 栗이며 無虐이며 無傲인 것이니, 즉 極端한 情感의 露出 極限된 言動의 表現을 豫而 繁束하면서 感性의 正通을 찾고 意志의 健全함을 期圖하는 것이다.

다음으로 "敬敷五教在寬"

"삼가 五教를 펴되 너그러이 하라."

이 역시 一方의 長點됨을 强調하면서 그 過度한 弊端을 미리 警告하는 동시에 公正하고 合理的인 方案을 促求한 말이다. 孔子가 일찍이 "지나치게 甚한 일은 아니 한다." – 不爲已甚者 – 는 말과도 잘 相應되는 表現이라 할 수 있다 한 것으로 볼 때 儒學經典에서는 千言萬語가 그 活用되는 面에서는 그때의 處地와 時代的 潮流에 따라서 方法과 形式의 變遷은 있지마는 그중에서 一貫된 時中의 道는 健在한 것이 特色이다.

二. 洪範의 解說

書經에 있어서 主로 各篇에 收藏된 政·經의 理論과 施策이 매우 具備하나 特히 利用 厚生을 위한 體系的인 敍述로서 洪範에 나타난 大義의 一端을 엿보려 한다.

洪範은 書經 중 一篇인데 傳하는 바에 依하면 殷이 亡한 뒤에 殷의 遺臣인 箕子가 周의 武王에게 傳授한 것이라 한다. 洪範은 中國古代의 政治의 實踐綱領을 簡明하게 整理한 唯一한 文獻이라 할 것이니 原書에 敍述된 대로 轉錄하여 보면

一. 五行 水, 火, 木, 金, 土→(物質)

二. 五事 貌, 言, 視, 聽, 思→(實踐倫理의 要綱)

三. 八政 食, 貨, 祀, 司空, 司徒, 司寇, 賓, 師→(施政)

四. 五紀 歲, 月, 日, 星辰, 曆數→(時令)

五. 皇極 治民之術

六. 三德 正直, 剛克, 柔克

七. 稽疑 神道信仰에 依한 卜筮의 方法

八. 庶徵 自然界의 現象인 雨, 暘, 燠, 寒, 風, 時의 反應에 따르는 施政의 善否

九. 五福 壽, 富, 康寧, 攸好德, 考終命

六極 凶短折, 疾, 憂, 貧, 惡, 弱

以上에 記述된 것이 洪範九疇이다. 이것을 逐條 硏究하여 보면 어느 것이나 人類의 生活에 必須되는 問題 아닌 것이 없다.

第一의 五行을 밝힘에 있어서 다음에 보인 것과 같이 되어 있다.

> '水曰潤下 火曰炎上' 師古曰皆水火自然之性也
> '木曰曲直' 師古曰言可揉而曲, 可矯而直
> '金曰從革' 張晏曰 革更也. 可更銷鑄也
> '土爰稼穡' 師古曰爰亦曰也一說爰於也可於其上稼穡也. 種之曰稼 收聚曰穡(漢書卷 27上 五行志)

이는 物質의 性格과 이것이 直接 民生器用의 基本的인 材料로

서 重要함을 論定한 것이라 할 것이다. 이 点에 對하여 朝鮮王朝의 碩學 洪奭周의 論한 바가 가장 要를 얻는 것 같으므로 이에 參考로 原文을 附記하여 둔다.

> "九疇之敍 爲民事也 故其言五行也 皆以民用爲主 木之曲直 金之從革 皆言夫爲民器用者也 土之爲功 莫大於厚載 而獨言稼穡者 人之用夫土者也 故洪範之言五行也皆主乎民用也 其特言五味何也 用民之最急者 莫如食 五味者 爲民之食 而養其生 治其病者也 …… 洪範之於五行也 則非最急於民用者 不暇言也 後世言洪範者 乃或參之以八卦之說 嗚呼此其果大禹箕子之本意耶"

第二 五事 貌, 言, 視, 聽, 思는 個人의 實踐倫理와 道德의 本源을 이름이며

第三 八政은 組織的인 政治의 全貌를 나타내고 있다. 즉

一曰食 經濟

二曰貨 經濟

三曰祀→祭祀→報本

四曰司空→掌土→安其居→農林

五曰司徒→掌敎→成其性→敎育

六曰司寇→掌禁→治其姦也→司法

七曰賓→國際間外交→外務

八日師→除殘禁暴也→國防

八政에서 特히 經濟, 治政, 敎育, 産業, 司法, 外交, 國防에 이르기까지의 祥細하고도 徹底한 制度와 節次가 마련된 것이며 敎育에서 重要視되는 報本反始를 爲한 祭祀의 項目까지 別設한 것

은 참으로 儒教의 本來思想을 그대로 表現한 것이다.

第四 五紀→歲, 日, 月, 星辰, 曆數

經濟, 行政, 文化에 利用되는 一般的인 氣象學에 該當한다.

第五 皇極→皇은 大요 極은 中이니 크고 中樞的인 役割을 할 수 있는 基本原理를 이루니라. 즉 國家를 統率할 수 있는 主體的인 存在를 말함이니 古代의 天子이며 現今의 統治者이다.

第六 三德→正直, 剛克, 柔克

이 三德은 主로 個人의 人格陶冶에 關한 主要한 綱領이라 하겠으나 特히 爲政의 要諦로서 時代의 變遷과 환경의 推移에 따른 自由스러운 裁量과 法을 明示한 것이니 平和한 時期에는 正直한 方法으로 臨하고 時節이 混亂한 때에는 嚴格하게 다루어서 難局이 一段 經過한 뒤에 다시 柔和한 政策을 쓴다는 것이다.

第七 稽疑→卜筮는 元來 人間의 處事에 대한 解決을 天의 命令에나 神의 啓示에 依存하던 만큼 한 중요한 행사로 되었던 것이다.

第八 庶徵→五紀는 一般的 氣象을 말함이오. 이 庶徵은 主로 自然界에 나타나는 徵候로서 治政의 得失과 人心의 向背를 推察하는 데 利用되었던 것이다.

第九 五福 六極

五福→壽, 富, 康寧, 攸好德, 考終命

六極→凶短折, 疾, 憂, 貧, 惡, 弱으로 人事와 行政에 대한 應報의 原理를 說明한 것이다.

以上에 列記한 九疇의 內容을 綜合的으로 檢討하며 볼 때 整然한 理論的 體系가 있는 것도 아니며 또한 箕子 當時에 이와 같은 具體的 事項을 武王에게 傳授한 것인지 그렇지 아니하면 後世

의 史官이나 或은 漢儒들의 執筆을 通하여 增減 排列된 것인지 憶測하기 어려운 일이다.

그러나 이에서는 洪範의 理論的인 根源과 沿革을 推究하기보다는 오히려 그 整然한 內容을 吟味하고 古代思想을 研究함으로써 現代에 適應될 만한 事實을 摸索하는 데 곧 意義가 있다 할 것이다. 즉 五事, 三德, 五福, 六極은 個人的인 修德과 그 結果에 關한 것이니 主로 人道를 말한 것이며 五紀와 庶徵은 古代社會에서 가장 信奉하여 내려 온 自然現象이나 또는 人事와 直結되는 天道를 提示한 것이며 五行 八政은 天道와 並行되는 地道를 말한 것이고 稽疑는 天道와 人事間의 不相離한 關係를 說明한 것이라 할 것이며 皇極에 이르러서는 大中至正한 自然的인 天道의 原理와 呼應할 수 있는 人格的 表現의 最高 目標이며 이러므로써 自然과 人間의 調和를 具顯할 수 있다는 것이다.

洪範九疇는 中國 古代思想의 總本源일 뿐 아니라 時間的으로 오랫동안 傳來한 人間道의 正體이며 特히 爲政家로서 實踐하여야 될 基本 理念인 것이다.

다음으로 一言하고자 하는 問題는 先儒들이 많이 論議한 것과 같이 五行이라는 名稱은 先秦 諸賢의 著書에는 나타나지 아니할 뿐 아니라 殷周時代를 文化의 本源으로 여기는 孔·孟도 五行의 意義에 對하여서는 何等의 闡明한 바 없는 것은 理解할 수 없는 일이다. 만일 옛 文獻에서 五行과 類似한 것이 있다면 이미 荀子 以前에 齊의 騶衍이 五德을 提擧한 바 있었으나 騶衍이 元來 儒家系의 人物이 아닌 만큼 洪範의 五行과 同一하다고 速斷하기 어렵고 또한 先秦時代의 文獻으로서 左傳에 보인(襄公, 27年) 五材(水 火 木 金 土)가 그 序列에 있어서 '五行'과 形式은 같으나 과연 洪範의 五行과 並論할 수 있는 것인지 忖度하기 어렵다.

이러한 点을 綜合하여 볼 때 五行을 生活의 必須한 材料로 생각하면 社會發展上 當然한 일이 될 것이며 洪範에 보인 모든 條項이라도 副應調和되는 일이라 할 수 있다. 다만 五事, 三德, 五福, 六極의 同一한 範疇에 歸一되고 五紀, 庶徵이 같이 自然現象의 系列에 屬할 수 있는 것이며 相互 重複되는 感이 없지 아니하며 各 條項에 따라서 細分論列한 것은 論理上 整然한 長處는 있으나 純樸하여야 할 古代의 思想을 記述함에는 그 方法이 지나치게 洗練되었다고 할 것이다.

何如間 洪範 制作의 紀元을 論하기에 앞서 社會的 活用에 대한 實利的인 面을 强調한 것은 現代的으로 크게 宣揚되어야 할 만한 문제라고 생각한다.

丙. 易經

사람의 生活은 時代의 變轉함을 따라서 매우 雜多하여지며 생각하는 바 또한 單純치 아니하다. 時間이 흐를수록 經驗하는 바도 많고 人知 啓發에 따르는 思考의 方法도 될 수만 있으면 合理的인 것을 찾게 된다. 龜甲의 龜裂이나 筮竹의 配列만으로는 人間行動의 方向을 推定하는 것은 참으로 良識을 滿足시킬 수 없는 일이다.

그러나 人間은 宏遠하고 雄偉한 天地間에서 奇異한 現象을 많이 對한다. 日月星辰은 휘황한 빛을 發하고 天, 澤, 火, 雷, 風, 水, 山, 地는 제대로의 特性을 지니면서 人間의 生活에 直接的인 영향을 미치게 한다. 尊貴한 人類는 體質的인 男女의 別이 있고 微弱한 動物에 이르기까지도 雌雄의 相異가 있으며 時間에는 遲速이 있고 空間으로는 高下가 있다. 이와 같은 自然的인 환경 가운데서 悠久한 歷史는 展開되는 것이나 이에는 消長과 起伏과 盛衰와 存亡이 不斷히 계속된다.

그러면 人間의 處할 곳은 어디이며 行하여 나아갈 方向은 어디인가. 이를 가장 中正한 道理로 그 方向을 指示하는 것이 易理의 根本 理念이다. 天理가 無窮하고 그 立論의 基盤도 確固하거니와 應用의 人事가 多端함으로 妙理 또한 整然한 바 있다. 繫辭에 보이기를

"古者 包羲氏之王天下也 仰則觀象於天 俯則觀法於地 觀鳥獸之文與地之宜 近取諸身 遠取諸物 於是始作八卦 以通神明之德 以類萬物之情"

"昔에 包羲 氏가 天下에 王 노릇 할 때 위로는 天에 나타난 象을 보고 아래로는 地上에서 일어나고 있는 모든 現象을 觀察하였다. 鳥獸의 모습과 地質의 性格도 調査하여 보았고 가까이는 人事에서 멀리는 物象에서 모든 問題를 考究하여 이에 八卦의 法으로 神明의 德(眞理)을 探索하여 보기도 하고 萬物의 情(現實)을 綜合檢討하여 보기도 한 것이다."라고 하였다.

古代로부터 사람이 生活하여 오는 동안 自然現象을 對하였을 때 또는 人間 社會에서 일어나고 있는 모든 일들을 살펴볼 때 뚜렷한 異質的인 樣相이 있음에 着眼한 것이니 그 하나는 陽性的인 것이며 또 다른 하나는 陰性的인 것으로서 各其 陽과 陰의 兩性을 (—)과 (— —)의 符號로써 그 性格을 表示하였고 周易에서 이를 爻라

고 命名하였으며 爻는 곧 變한다는 뜻이다. 그런데 이 爻는 그 自體가 代表하는 事物의 形狀과 質量 位置와 關係에 따라서 各自 配屬되는 法規와 順序가 一定한 것이니 例示하면 다음과 같다.

自然界에서는
天→陽
地→陰
日→陽
月→陰
山→陽
川→陰이요

人間에서는
男→陽
女→陰
雄→陽
雌→陰이고

人事 關係로는
父→陽
母→陰
父→陽
子→陰
夫→陽
妻→陰이며

物體에서는
上→陽
下→陰
前→陽
後→陰

大→陽
小→陰으로 分類한 것이다.

上記한 바와 같은 陰・陽 兩性에 屬하는 爻가 要素가 되어 八卦를 造成하고 또 이 八卦를 錯綜 重爻 함으로써 六十四卦로 演進되는 것이니 이로써 宇宙自然과 人事萬端의 原理를 象徵的으로 說明할 수 있는 基礎가 마련된 것이며 이와 같이 生成된 八卦의 序次는 다음에 보인 약도와 같다.

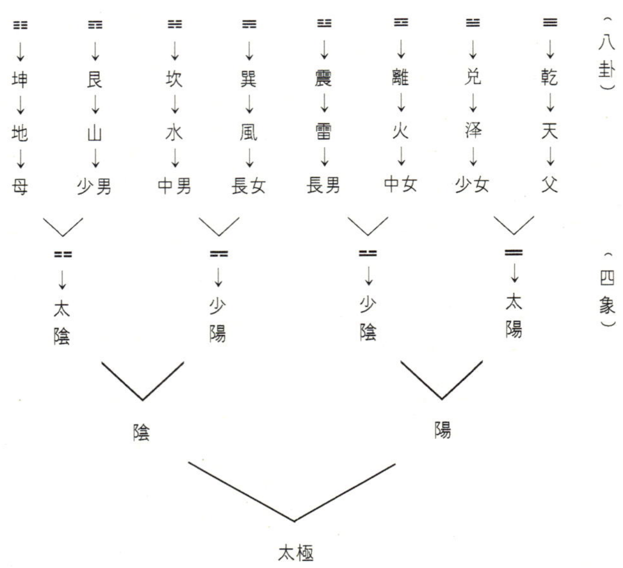

이로써 繫辭의 이른바

"易은 太極에서 비롯하여 兩儀를 生하고 兩儀는 四象을 生하며 四象은 다시 八卦를 生하니라."고 보인 뜻을 具體的으로 說明

한 것이니, 즉 宇宙萬象의 統一原理인 太極에서 비롯하여 兩儀로 四象으로 또는 八卦로 進展되는 樣相을 表現한 것이다.

以上에서 보인 八卦를 小成의 卦라 하고 六十四卦를 大成의 卦라 이르며 卦와 爻와 數의 相互 關係를 보이면 다음과 같다.

(A) 兩卦對偶

乾 - 坤

兌 - 艮

離 - 坎

震 - 巽

(B) 爻의 順位와 性格

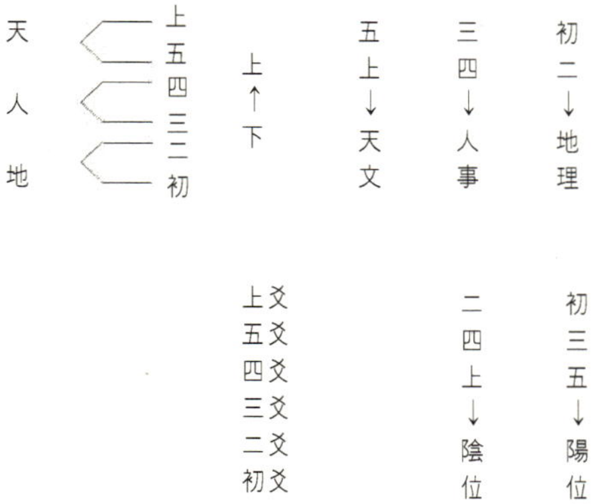

天 ＜ 上 五

人 ＜ 四 三

地 ＜ 二 初

上 ↑ 下

五 上 ↓ 天文

三 四 ↓ 人事

初 二 ↓ 地理

上爻 五爻 四爻 三爻 二爻 初爻

二 四 上 ↓ 陰位

初 三 五 ↓ 陽位

(C) 爻 相互 間의 相應 關係

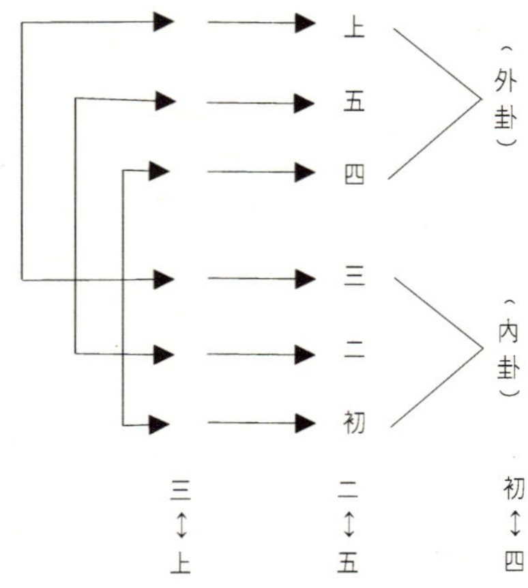

(D) 爻 數의 性格 關係

數의 意義

1 2 3 4 5→生數

6 7 8 9 10→成數

1 3 5 7 9→奇數→陽

2 4 6 8 10→偶數→陰

9→陽爻

6→陰爻

이와 같이 卦, 爻의 性格과 爻와 數와의 關係를 밝힌 다음에 卦의 爻 相互 間에 相應되는 狀態를 보아서 吉凶을 斷定하는 것이다. 占筮를 말하면 어떠한 상태의 것이 所望하는 理想的인 卦인가를 區別한다. 易에서 이를 中正한 卦라 이르며 吉하다고 命한다. 그러나 이에 反하는 卦는 凶하다고 이르는 것이다. 그러면 어떠한 경우를 中正하다고 이르는가. 이에 例를 들어서 一卦 六爻의 相應 中正되는 상태를 보이기로 한다. 즉䷾(旣濟)에 있어서 第二位의 陰爻(六二)와 第五位의 陽爻(九五)가 各其 外卦와 內卦의 中央에 位置하면서 交合相應하는 것이니 이를 '中'이라 한다. 이러한 경우에 二爻와 五爻는 이 卦의 主體로서 占斷에 있어서도 吉辭가 많이 나타난다. 다음으로 '正'이라 함은 一卦 六爻 중에 奇數의 位에 있는 初爻 三爻 五爻는 陽位이며 偶數의 位에 있는 二爻 四爻 上爻는 陰位인데 陽爻(－)는 陽位인 初, 三, 五에 陰爻(－ －)는 陰位인 二 四 上에 各其 配置된 狀態를 말하는 것이니 만일 이에 反하여 陽爻가 陰位에 있거나 陰爻가 陽位에 있을 경우 이를 不正한 것이라 하며 不祥한 것이라고 한다. 그러나 이와 같은 것은 原則的으로 理想的인 것이며 例外도 또한 많은 것이다(六十四卦 중 各爻가 正位에 있는 것은 이미 例示한 旣濟䷾의 卦뿐이다).

要컨대 周易은 六十四卦 三百八十四爻의 變化에 따르는 樣相(德)에 依하여 그 吉凶을 判斷하는 것이니 爻는 반드시 中正한 位置를 잃지 아니하고 剛健한 態度를 固守할 때 비로소 이를 '時中'이라 이르는 것이며 이에 나타난 卦辭나 爻辭는 天理와 人事에 妥當한 敎誨가 될 수 있는 特有한 價値를 지닌 名言이 되는 것이니 人間은 이 敎理에 順應하여 實踐에 옮김으로써 '時中之道'를 實現하였다 할 것이며 이에 易은 自來로 人生哲學의 基準으로 論定된 것이다.

이에 보인 '時中'이란 用語는 易의 蒙卦(坎下艮上) 彖(卦意를 斷定한 것)에 나타난 말이다. 彖辭를 보면

"蒙은 山下有險하고 險而止가 蒙이라" 하였다.

산 아래는 險하고 山은 動하지 않는 상태로 앞으로는 더 以上 進出하기 어려운 상태이다. 前途가 매우 昏蒙하여 막힌 것을 보인 象이니 가령 사람이 如意치 못한 일이 있다면 消極的으로 斷念하고 말 것인가 그렇지 아니하면 이 難關을 어떻게 克服하여 끝까지 生道를 찾아서 前進하여야 할 것인가. 이와 같이 進退를 決定하지 못하고 당황할 제 이에 對處할 賢明한 教理를 提示하는 것이 易의 主旨이며 教訓이다.

그러면 이 '蒙'에서 亨通할 수 있는 妙案은 무엇인가. 다름이 아닌 '時中'의 方法이다. '蒙'에 있어서 主體가 되는 爻는 內卦인 '九二'와 外卦인 '六五'와의 相應 關係이니, 즉 '九二'의 陽爻가 '六五'의 陰爻와 陰, 陽이 交合되는 것은 時를 得한 것이며 또한 '九二'는 內卦의 中正한 位置에 있는 것이며 '時中'에 適合한 狀態이다. 다시 말하면 陰爻로서 陽位에 있는 '六五'는 '中正'한 位置에 있는 것이 아니다. 君王의 位에 있으면서 昏蒙을 면치 못하는 것이니 끝까지 中正한 '九二'의 包容的인 賢明한 輔弼이 重要한 것이며 上位에 있는 '六五' 또한 致敬盡禮하며 이에 順應하고 君王의 道를 다 함으로써 國家를 바르게 할 수 있다는 大意를 보인 것이다(程子易傳取意).

이와 같이 易理는 元來 人間에 賦與된 제대로의 天性과 本能을 基盤으로 하되 自然界에서 生成되고 있는 森羅한 現象을 詳細히 觀察하여 雜多한 經驗을 反覆하는 것이다. 이에서 共通되는 綜合的인 原理를 發見한 것이니 周易에서는 特히 이와 같은 原理를 基本으로 하되 그 錯綜變化되는 過程을 爻와 卦의 形式으로 表示하고 이를 體系 있는 論理로 展開하는 同時에 人事와 自然과의 公道를 客觀的으로 對比 照應하는 중에 難題解決의 妙理

를 體得하고 이에 따라서 日新又新하는 大道가 漸次로 열리며 嶄新한 文化創造에 貢獻하는 것이다.

그러기에 易理는 人生哲學의 眞髓이며 儒教經典으로서 異彩를 보이는 것이다. 그러나 直感的이며 神秘性이 많은 筮占은 獨斷的이며 術數的인 誤謬를 犯하기 쉬운 것임을 항상 警戒하여야 할 것이다.

丁. 春秋

一. 春秋大義

春秋가 歷史的 文獻으로 이루어진 것은 孔子 七十一歲 되던 때이니 魯의 哀公十四年(西紀前481)의 일이다. 孔子가 이미 衛로부터 祖國인 魯에 돌아왔으나(孔子六十八歲) 魯에서는 孔子로 하여금 國政에 參與함을 不許하였고 孔子도 就仕하기를 願하지 아니하였다.

當時의 宗主國인 周의 權威는 땅에 떨어졌고 禮, 樂도 매우 不振하였으며 詩, 書도 本來의 面貌를 잃게 되었었다.

이에 孔子는 三代에 쓰던 禮의 자취를 다시 찾았고 書傳에 序를 달았으며 唐虞의 時代로부터 秦의 繆公에 이르기까지의 事實을 編次한 것이다. 그러므로 書傳과 禮記는 孔子가 이를 새롭게 한 것이며 더욱이 詩 三百五篇을 刪定하여 禮, 樂을 바르게 함으로써 비로소 王道를 闡明한 것이다. 周易을 贊述하여 그 妙理를 밝혔으므로 이에 詩, 書, 禮, 樂의 正道를 弟子들에게 傳授하며 몸소 六藝에 通하는 데 이른 것이다(史記 孔子世家取意).

이와 같이 考究하여 볼 때 孔子의 理想은 自己의 自叙傳이라고 이를 만한 論語를 비롯하여 各其 六經에 보인 것이며 이 중에서도 春秋는 廣汎한 事理와 君王으로서(春秋天子之事也 - 孟子滕文公下) 遵守하여야 될 大道를 當時에 일어났던 事件의 實徵에 依하여 具體的으로 敍述한 史典의 一種이다. 그러므로 孔子 自身도 春秋를 創造한 所信을 다음에 보인 바와 같이 밝힌 바 있다. 즉

"孔子曰 知我者 其惟春秋乎 罪我者 其惟春秋乎"(孟子滕文公下)

"나를 알게 될 자도 春秋이며 나에게 罪를 주게 될 자도 春秋이니라." 한 것이다.

이 本文 下에 註解하기를

"知孔子者 謂此書之作 遏人欲於橫流 存天理於旣滅……罪孔子者 以謂無其位 而託二百四十二年南面之權"(朱子集註)

"나를 안다고 하는 것은 春秋를 지음으로써 人欲을 橫流에서 막게 하고 天理를 旣滅에서 다시 存續하게 한다는 것이며 나를 罪한다 함은 地位에 있지도 아니한 自身이 二百四十二年 동안이나 南面(君王)의 大權을 掌握하였다는 것을 말함이니라."고 보였다.

孟子는 春秋制作의 動機와 그 效果에 대하여 다음과 같이 論述하기를

"世衰道微 邪說暴行有作 臣弒其君者有之 子弒其父者有之 孔子懼 作春秋"(孟子滕文公下)

"世道가 衰微하여 邪說과 暴行이 橫行하였다. 臣으로서 그 君을 弒하는 일도 있었고 子로서 그 父를 弒하는 일도 있었으며 孔子가 이를 두려워서 春秋를 지은 것이니라."고 한 것이다.

孔子는 不義한 일에 대하여는 항상 용서함이 없었으며 또한 이

를 貶斥하였다. 이에 그 實例를 들면

"齊陳恒弑其君壬于舒州 孔丘三日齊 而請伐齊三(左傳 哀公14年 論語, 憲問)"

"齊의 大夫 陳恒이 그의 임금인 簡公(名은 壬)을 舒州라는 곳에서 弑害하였을 때 孔子는 三日 동안 沐浴齊戒하고 伐齊할 것을 세 번이나 請하였다."는 것이다.

이처럼 春秋는 事實의 正確을 期하였을 뿐 아니라 混濁한 人心을 밝히는 데 큰 功이 있었고 紊亂한 社會를 바로잡는 尺度로서 千秋에 崇仰을 받게 된 것이다.

二. 三傳

三傳은 公羊, 穀梁, 左傳을 이름이니 다 같이 春秋의 傳註이다. 원래 孔子의 春秋는 執權者에 대한 褒貶의 記錄인 만큼 本文의 註解도 孔子의 本旨를 尊重한 것이다. 當初에는 筆寫의 方便을 빌지 아니하고 다만 弟子들에 依하여 直接 口傳으로 相傳된 것이 많으며 漢代에 이르러서는 衆儒들의 誦習한 것을 거친 뒤에 비로소 成書된 것이다(梁啓超, 古書眞僞及其年代 p.125 參照).

이와 같은 過程을 지나 西漢時代에는 公羊과 穀梁이 盛行되었다 하여 漢武帝 當時에 다른 經典과 並行하여 公羊 博士를 세웠고 元帝 때에는 穀梁 博士를 세웠으며 哀帝 時에는 劉歆의 請으로 左傳 博士를 세우려 하였으나 諸儒들의 反對로 因하여 이루어지지는 못하였던 것이다. 平帝 때에 이르러서 비로소 成功을 보게 된 것이니 要컨대 所謂 西漢의 今文學派들의 생각은 公羊과 穀梁이 春秋의 微言과 大義를 傳하였다는 것이며 左傳은 東漢의

古文學이 抬頭하게 된 뒤로 그 面貌를 나타낸 것이지마는 春秋의 本旨를 傳하는 데 이르러서는 公, 穀, 兩傳보다도 훨씬 優越하다는 것이다. 이에서 西漢의 今文學과 東漢의 古文學의 論爭은 儒者間에 있어서 兩大派閥을 造成하게 된 것이다. 東漢의 大儒 鄭玄이 古文을 崇尙한 뒤로부터 左傳이 春秋의 正傳으로 定立되었고 겨우 董仲舒가 公羊을 主로 하여 大義를 찾았을 뿐이었다. 그러나 그 後로 公羊學派는 오랫동안 不振하였던 것이 淸朝에 이르러서 莊存與 劉申受 等이 公羊의 趣意에 共鳴함을 비롯하여 康有爲와 崔適 等이 다시 이에 新意를 붙이면서 다시 세상에 널리 紹介하는 同時에 西歐의 新文化 輸入에도 先導的 役割을 하게 된 것은 참으로 特記할 만한 일이었다.

戊. 三禮

一. 禮의 槪念

禮는 人間의 善美, 平正한 性情에서 發源하여 誠敬 直達한 實踐으로 表現되는 行爲의 規範이다. 그러므로 持心과 行事에 있어서 마음의 均衡과 平和를 잃지 아니하며 모든 일에 無理와 矛盾이 없고 嚴正한 秩序를 尊重히 여기면서 人類 相互 間에 交流調和되는 狀況을 禮 또는 禮節이라 한다.

禮記에

① 子曰: 禮也者 理也(禮記, 仲尼燕居)

"孔子 말씀하기를 禮라는 것은 理니라." 하였고

本文 註에 다시 보이기를

② 禮得其理 則有序 而不亂

"禮가 그 理를 얻으면 질서가 있고 문란하지 아니하니라." 하였으며

또 이 위에 强調되기를

③ 禮者 理之不可易者也(禮記, 樂記)

"禮는 理대로 하여 바꾸지 못할 것이니라." 한 것이니

이처럼 禮에 있어서 理의 重要함이 밝혀진 것이다.

그러면 이에서 理는 무엇이라고 解釋되어야 할 것인가.

'理'는 說文에 治玉이라 하여 玉을 다스리는 데 比하였고 朱氏는 좀 더 具體的으로

④ 順玉之文 而剖析之

"玉의 文理(玉의 결)에 따라서 쪼갠다." 하였으며

廣雅에는

"理 順也 道也"라 한 것이니 대개 治玉하는 方法은 玉文의 결을 따라서 쪼개고 磨琢하는 데 그 妙를 찾을 수 있다는 것과 같이 人事에 있어서도 心性이 安靜되고 正當한 狀態를 基調로 하여 事理의 本末과 先後를 밝히며 判斷의 正確한 것을 期하는 것이다. 이에 따라서 秩序 있는 行爲가 可能하게 되는 것이니 이러므로 天理니 事理니 道理니 倫理니 眞理니 하는 風雅하고도 興趣있는 用語가 使用하게 되는 것이다.

이에 다시 禮의 意義를 普遍的으로 平易하게 解說한 것을 보면

⑤ 性至中而情則不能無過不及之偏, 非禮以節之 則何以復其性焉(皮錫瑞經學通論 p.13) 性은 至中하나 情은 過不及의 편벽한 바 없지 못하다. 그러기에 禮로 절제하지 아니하면 어찌 그 本性

의 상태로 돌아갈 수 있겠는가.

이로써 禮는 과연 人性의 本來面目을 그대로 維持하고 心情을 調節할 수 있는 絶對的이며 基本的인 역할을 할 뿐 아니라 同時에 平和스러운 生活을 營爲할 수 있는 不可缺한 要件이 되는 것이다.

二. 禮의 實踐方法

禮를 實踐함에 있어서도 上記한바 禮의 中樞的인 理念에 忠實하여야 하며 確實한 意志와 和厚한 情感으로써 濶達한 實行力이 隨伴되는데 眞正한 禮의 具顯을 볼 수 있다. 즉 精神의 姿勢가 健全함으로써 秩序 있는 行動을 期할 수 있고 完美한 結果를 期할 수 있는 것이니 經典에서 이른바

① "禮者 敬而已矣"(孝經)

"禮는 공경함이 있을 뿐이니라." 한 것은 곧 禮를 實行함에 있어서 무엇보다도 要緊한 警語가 아닐 수 없다. 敬이라 하면 첫째 마음으로 敬虔한 狀態와 行動으로 操心하는 모습을 持續하는 것이 敬의 綜合的인 表現이라고 할 수 있지마는 古經의 解釋에서 그 眞意를 살펴보면 다음과 같이 보인 바 있다. 즉

② 主一之謂敬(左傳 喜公 33)

"정신을 한곳에 集中한 것을 敬이라." 한다.

물론 이와 같은 心理狀態가 보람 있는 一定한 目標를 向하여 集中되었다고 할 때 마음은 緊張되고 慧智는 閃光처럼 빛을 보일 것이다.

이와 같은 精神으로 事物을 接하게 되면 嚴正하고 冷澈한 判斷

도 可能하게 되며 偉業을 成就할 수 있는 勇氣와 精力도 培養되는 것이니 이것이 곧 眞正한 敬을 實現하는 態度이며 所謂 主一無適의 效能이라고도 할 것이다.

다만 이에서 特히 警戒하여야 할 것은 부질없이 瞑目無想하며 逃世安逸하는 心法을 唯一한 主旨로 삼거나 閉門高蹈하고 淸淨自娛하는 怪癖한 行動만은 絶對로 敬의 本旨가 되지 못할 뿐 아니라 人生行路에 秋毫도 裨益되는 바 없음을 깨닫게 될 때 비로소 敬의 意義가 올바르게 解明되었다 할 것이오. 더욱이

③ 能敬必有德 德以治民(左傳 喜公 三十三)

"能히 敬하면 반드시 德이 있게 되고 德으로써만이 民衆을 다스리게 되느니라." 함에 이르러서는 敬이 곧 德의 本源이 될 뿐 아니라 또한 德이 治民하는 基本이 됨을 알 수 있다.

三. 禮의 社會的 意義

以上에서 보인 바와 같은 敬의 解說이 進展됨으로써 '主一'에 대한 새로운 뜻도 體得할 수 있고 '禮者敬而已矣'(前出)라는 表現이 더욱 切實함을 感得하게 된다. 다음에 列記된 例文으로써 禮의 基本的인 意義를 더욱 깨닫게 될 것이며 人事全般에 亘하여 禮나 敬에 얼마나 重要한 것도 알 수 있다.

① 禮身之幹 敬身之基(左傳 成公13)

禮는 身의 幹이며 敬은 身의 基니라.

本文下에 注解하기를

② "禮所以立 故在身如樹木之有幹 敬所以守 故在身如垣墻之有基"(上文, 註)라고 된 것이니, 즉 禮는 사람을 설(立) 자리에 서

게 한다는 뜻이다. 다시 말하면 禮는 사람의 몸에 있어서는 樹木의 줄기 役割을 하는 것이며 또한 '敬'이라는 것은 지킨다는 뜻이니 身體에 있어서는 담장(垣墻)의 基礎的 구실을 하는 것이다. 人間이 人間다운 本然의 狀態를 간직할 수 있는 것은 오로지 禮와 敬으로써 可能할 수 있다는 것이오.

③ 禮, 國之幹也 敬, 禮之輿也 不敬 則禮不行, 禮不行 則上下昏 何以長世(左傳 喜公 11)

"禮는 나라의 幹이며 敬은 禮의 輿이니 不敬하면 禮가 行하여지지 못하고 禮가 行하여지지 못하면 上下가 昏亂할 것이니 어찌 傳世하기를 길게 할 수 있겠는가." 하였다.

또한 이에 대한 注解로는

④ "國 恃禮而立 猶木恃榦而立 敬 恭敬 敬載禮而行 猶車載人而行 不敬是無禮也 故上慢下暴 禮不能自行 無禮是無榦也 故上下昏亂 國不能有立 何以長永世祚乎"(仝上文, 注)

이로써 禮와 敬의 不可離한 關係를 보임이니 不敬하면 禮가 成立될 수 없는 것이 그 結果로는 社會秩序가 紊亂하여지고 國家體貌를 갖추지 못할 뿐 아니라 國運도 長久치 못할 것을 말한 것이다. 그렇기에 '禮 經國家'(左, 隱, 11)라고 하여 禮는 國家를 經理할 수 있고 '定 社稷'(仝上)이라 하여 國家 社會의 秩序를 바르게 하며 '序人民'(仝上)이라 하여 人民의 相互 親愛와 和睦을 期하는 道理를 알리게 하고 '利 後嗣'(仝上)라 하여 禮를 지킨 영향은 後嗣에게까지 미쳐 갈 수 있음을 보여준 것이다. 또한 '禮 政之輿也'(左, 哀 21)란 文句나 '政須禮而行 故禮爲政之輿(仝上, 註)'에 있어서 '輿'라고 한 것은 운행의 도구라는 뜻이다.

易의 生成

易은 傳하는 바에 依하면 卜筮를 그 發生의 起源으로 하고 있다는 것이다. 古代 社會에서는 人知가 未開한 때이라 人間自力으로 생각할 줄을 알기 전에 모든 것을 神秘의 方法으로 解決하였던 것이다. 그러므로 行動할 때에는 반드시 龜卜이나 筮占에 依存하는 일이 많았던 것이나 生活이 아직 단순할 때에는 氣象의 晴 雨를 定하거나 狩獵에 臨할 時期를 豫知하려고 하거나 居住를 移轉할 때 또는 조금 더 큰 일로는 君王의 行次 王家의 祭祀, 다른 나라와 戰爭을 하려고 할 때는 항상 卜筮에 물어서 그 疑心되는 바를 解決하였다는 것이다. 그러나 사람의 生活도 複雜하여지고 생각도 또한 單純한 것이 아니며 時間이 지날수록 經驗도 많아지고 人知 啓發에 따르는 思考의 方法도 合理的인 것을 찾게 되고 具象的인 形式도 갖추기를 願하게 된 것이니 龜甲의 龜裂이나 筮竹의 配列 或은 筮揲만으로는 行動의 方向을 推定하는 것은 참으로 中正한 良識을 滿足시킬 수는 없었던 것이다.

人間이 生을 계속하는 중에 感覺하며 經驗할 수 있는 일은 매우 많다. 이 現狀이 反復되는 데 따라서 우리의 情感도 多樣的이고 精神生活의 內容도 複雜하며 社會의 裏面도 喜悲交錯의 激發을 계속하고 있다. 사람이 살고 있는 周邊에는 여러 가지 奇異한 現狀이 나타나고 있다. 雄偉한 天地를 바라보면 日月星辰이 빛을 發하고 山川草木은 아름다운 景槪를 나타내고 있는 것이니 이에 대하여는 驚異한 느낌을 가지지 아니할 수가 없다. 이 外에 바람(風)과 우레(雷) 물(水)과 불(火)로 自然界의 重要한 部分을 이루고 있을 뿐 아니라 人間의 生活과 緊密한 關聯性이 있다. 神靈한 人間은 男女의 體質的인 區別이 있고 微弱한 動物까지도 雌雄의 相異가 있다. 그러면 이와 같은 雜多한 狀態 또는 性格이 周易에서는 어떻게 연구의 對象이 되고 있으며 立言의 根據가 되고 있었는가. 이를 基盤으로 하여 構成된 法則이 人間의 思考와 行爲의 指針이 되었으며 應用의 妙를 거듭하고 文化의 重要함을 보인 것이다. 이에 對하여 繫辭에 보인 具體的인 說明을 引用하여 보면

"古者包羲氏之王天下也, 仰則觀象於天, 俯則觀法於地, 觀鳥獸之文與地之宜, 近取諸身 遠取諸物, 於是始作八卦以通神明之德, 以類萬物之情."

昔에 包羲氏가 天下에 王 노릇 할 제 위로는 天에 나타난 象을 보고 아래에서는 地上에서 일어나고 있는 모든 現象을 觀察하였다. 鳥獸의 모습과 地質의 性格도 調査하여 보았고 萬類를 多方面으로 考察한 나머지에 形而上的인 眞理(神明之德)와 形而下的인 現實(萬物之情)問題에 關하여 綜合檢討함으로써 비로소 自然과 人事에 源泉이 될 수 있는 基本原理를 發見하는 데 이른 것이니 이것이 곧 太極이며 太極으로부터 다시 八卦로 進展하는 形式的인 論理를 展開한 것이다.

그러면 이 太極을 本原으로 하여 宇宙萬類를 抱括統攝할 수 있는 基本原則이 成立되기까지 어떠한 節次를 經由하여 發展된 것인가.

古代사람들이 生活하여 오는 동안 특히 聖哲들이 自然現象을 對하였을 때 또는 人間社會에서 일어나고 있는 모든 일들을 살펴볼 때 뚜렷한 두 가지의 異質的인 樣相이 나타나고 있음에 着眼한 것이니 그 하나는 陽性的인 것이며 또 다른 하나는 陰性的인 것으로 各其 (−)과 (− −)의 符號로써 表示하였고 周易에서는 이

것을 爻라고 命名하며 爻는 變한다는 뜻이다. 그런데 이 爻는 그 自體가 代表하는 事物의 性格과 位置와 方向과 相互 關係되는데 따라서 各自 配屬되는 標準이 다른 것이니 例示하면 다음과 같다.

自然界에서는 天陽, 地陰, 日陽, 月陰, 山陽, 川陰……과 같고 人間과 動物의 性格에 있어서는 男陽, 女陰, 雄陽, 雌陰……과 같으며 人事의 相互關係에 있어서는 父陽, 母陰, 父陽, 子陰, 夫陽, 妻陰……과 같이 配列될 수 있으며 物體의 位置와 方向에 있어서는 上陽, 下陰, 前陽, 後陰……으로 規定된다.

다음으로는 이 陰陽兩性인 爻가 要素가 되어 八卦를 造成하고 또 이 八卦를 錯綜重爻함으로써 六十四卦로 演進되는 것이니 이로써 宇宙 自然과 人事萬端의 原理를 象徵的으로 說明할 수 있는 基盤이 마련된 것이며 이와 같이 成立된 八卦의 生成되는 序次와 이에 該當되는 類別圖를 보이면 다음과 같다.

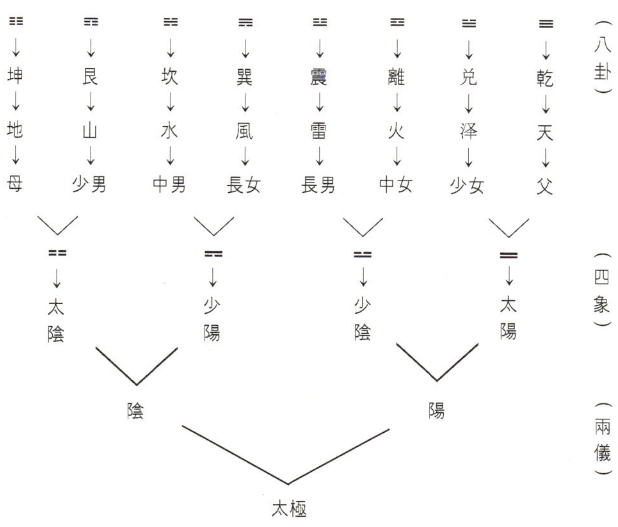

이로써 繫辭의 이른바

“易은 太極에서 비롯하여 兩儀를 生하고 兩儀는 四象을 生하며 四象은 다시 八卦를 生하느니라.”고 이른 뜻을 具體的으로 說明하였다. 즉 統一原理의 中樞인 太極이 本源이 되어 兩儀로 四象으로 또는 八卦로 進展되는 樣相을 表現한 것이다.

以上에서 보인 八卦를 小成의 卦라 이르고 六十四卦를 大成의 卦라 이르며 卦·爻의 相互 關係를 보이면 다음과 같다.

(A) 兩卦對偶

震	離	兌	乾
|	|	|	|
巽	坎	艮	坤

(B) 爻의 順位와 性格

天	上 五	上 ↑ 下	五 上 ↓ 天文	三 四 ↓ 人事	初 二 ↓ 地理
人	四 三				
地	二 初				

上爻	二	初
五爻	四	三
四爻	上	五
三爻	↓	↓
二爻	陰	陽
初爻	位	位

(C) 爻 相互의 相應關係

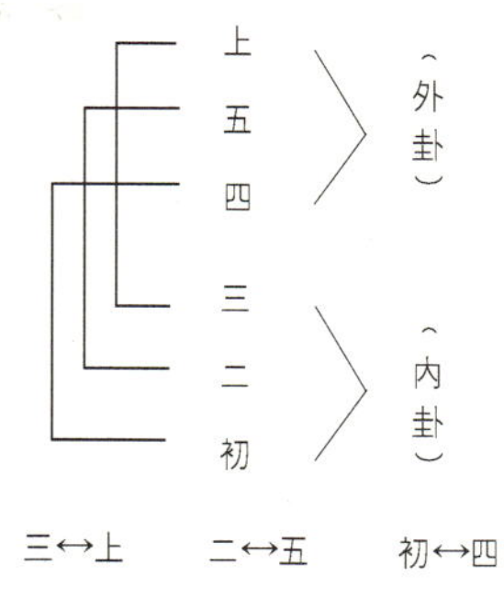

三↔上　　二↔五　　初↔四

(D) 爻·數의 關係

數의 意義

1 2 3 4 5……生數

6 7 8 9 10……成數

1 3 5 7 9……奇數→陽

2 4 6 8 10……偶數→陰

7 – 少陽→不純

8 – 少陰→不純

陽爻→9

陰爻→6

乾體는 三畫이며 坤體 六畫(– –……陰爻를 2로 본 것)

陽은 陰을 兼할 수 있기에 9.

陰은 陽을 兼할 수 없기에 6.

(乾卦 孔疏引)

이와 같이 卦 爻의 性格과 爻와 數와의 關係를 밝힌 다음에 爻相互間에 相應하는 狀態를 보면 그 位置나 爻의 陰陽에 따라서 어떠한 것이 가장 理想的인가 占筮에서 말하면 어떠한 것이 所望하는 卦인가. 易에서는 이것을 中正이라고 稱하여 '吉'하다고 斷定하여 이에 反하는 것을 '凶'하다고 이르는 것이다. 그러면 어떠한 경우를 中正이라고 말하는가.

이에 一卦六爻의 例로 旣濟(䷾)를 보면 第二位의 陰爻(六二)와 第五位(九五)의 陽爻가 各其 外卦와 內卦의 中央에 位置하면서 交合相應하는 것이니 이를 '中'이라 한다. 이런 경우에 二爻와 五爻는 이 卦의 主體로서 占斷에로 吉辭가 많이 보인다. 다음으로 '正'이라 함은 一卦六爻 중 奇數의 位에 있는 初爻 三爻 五爻는 陽位이며 偶數의 位에 있는 二爻 四爻 上爻는 陰位인데 陽爻(—)는 陽位인 初三五 陰爻(- -)는 陰位인 二四上에 各其 配置된 狀態를 말하는 것이니 만일 이에 反하여 陽爻가 陰位에 있거나 陰爻가 陽位에 있을 경우 이를 '不正'한 것이라 하며 不祥한 것이라고 한다. 그러나 이것은 原則的인 것이며 例外도 또한 많은 것이다(六十四卦 중 各爻가 그 位의 正한 것을 보인 卦는 上에 이어 例示된 旣濟의 卦䷾뿐이다.).

要컨대 周易은 六十四卦三百八十四爻의 變化에 따르는 樣相(德)에 依하여 그 吉凶을 判斷하는 것이니 爻는 반드시 中正한 位置를 잃지 아니하고 剛健한 態度를 固守할 때 비로소 이를 '時中'이라 이르는 것이며 이에 나타난 卦辭나 爻辭는 天理人事에 妥當한 教誨가 될 수 있는 特有한 價値를 지니는 것이니 人間은 이 教理에 順應하여 實踐에 옮김으로써 '時中之道'를 實現하였다 할 것이며 이에 易은 自來로 人生哲學의 標本으로 規定되는 것이다.

이에 보인 '時中'이란 用語는 易의 蒙卦(坎下艮上) 彖(卦意를 斷定한 것)에 나타난 말이나 彖辭를 보면

"蒙은 山下有險하고 險而止가 蒙이라" 하였다.

-산 아래는 險하고 山은 動하지 않는 상태를 앞으로 더 進出하기 어려운 모양이다. 앞 것이 매우 昏蒙한 것을 보인 象이니 가령 사람이 좀 如意치 못한 일이 있다면 消極的으로 斷念하고 말 것인가. 그렇지 아니하면 이 難關을 어떻게 克服하여 끝까지 生道를 찾아서 前進할 것인가. 이에 處할 敎理를 밝게 보여주는 것이 易의 主旨이며 敎訓이다. 그러면 이 '蒙'에서 亨通할 수 있는 길은 무엇일까? 다름이 아닌 '時中'의 方法이다. '蒙'에 있어서 主體되는 爻는 內卦인 '九二'와 外卦인 '六五'의 相應關係이니, 즉 '九二'의 陽爻가 '六五'의 陰爻와 交合되는 것은 '時'를 得한 것이며 또한 '九二'는 內卦의 中正한 位置에 있는 것이며 '時中'에 適合한 狀態이다. 다시 말하면 陰爻로써 陽位에 있는 '六五'는 '中正'한 位置가 아니라 君王의 位에 있으면서 昏蒙을 免치 못하는 것이니 끝까지 中正한 '九二'의 包容的인 賢明한 輔弼이 必要한 것이며 上位에 있는 '六五' 또한 致敬盡禮하여 이에 順應하고 君王의 道를 다함으로써 國家를 바르게 할 수 있다는 大意이다(程子易傳取意).

이와 같이 易理는 元來 人間에 賦與된 제대로의 天性과 本能을 基盤으로 하되 自然界에서 運行되고 있는 森羅한 現象을 詳細히 觀察하여 雜多한 經驗을 反覆하는 중에 共通되는 綜合的인 原理를 發見한 것이니 周易에서는 特히 이와 같은 原理를 根據

로 하되 그 錯綜變化되는 過程을 爻와 卦의 形式으로 表示하고 이를 體系 있는 論理로 展開하며 同時에 人事와 自然의 公道를 客觀的으로 對比照應하는 중에 難題解決의 妙理를 體得하고 이에 따라서 日新又新하는 大道가 漸次로 열리여 嶄新한 文化創造에 貢獻하는 것이다.

그러기에 易理는 人生哲學의 眞髓이며 儒教經典으로서 빛을 보이는 것이다. 그러나 直感的이며 神秘的인 傾向이 있는 筮占은 獨斷的이며 術數的인 誤謬를 犯하기 쉬운 것임을 항상 警戒하여야 할 것이다.

易傳의 作者

漢書藝文志에

"易道深矣, 人更三聖"이라 하였는데 韋昭는 이에 註解하기를 伏羲, 文王, 孔子가 三聖임을 밝혀둔 바 있고 "世歷三古"라고 보인 아래에 孟康은 繫辭의 말인 "易之興 其於中古乎"라는 말을 引用하여 斷定하기를 伏羲→上古 文王→中古 孔子→下古라고 註釋한 바 있다.

이로써 보면 易의 創案은 伏羲로부터 비롯되고 그 뒤 文王을 經由하여 孔子에 이르러서 비로소 完成된 것이라고 하겠지마는 이에 對한 後人의 異說이 많다. 이를 列擧하여 易研究의 資料로 한다.

後漢 鄭玄說(孔穎達 易正義)에는

伏羲……八卦 設定

文王……卦, 爻辭 制作

孔子……十翼 論定

馬融 陸績 鄭衆 賈逵 等 說에는

伏義……八卦

文王……卦辭

周公……爻辭

孔子……十翼

但爻辭에는 文王 以後의 일이 쓰여 있고 또 左傳에는 晉韓宣子가 易象을 보고 周公의 德을 알았다는 記事에서 周公의 作임을 推定한 것.

이와 같이 이 易의 作者는 三聖 或 四聖說이 있는가 하면 淸代의 皮錫瑞는

卦爻辭……孔子

繫辭……孔門弟子라 하여 새로운 見解를 보이기도 하였다.

그러나 自來로 經에 對하여 懷疑한 事實이 있고 易理의 發明에 대하여도 三聖 或 四聖說이 있지마는 이는 一種의 傳說로써 傳하게 되고 別로 根據가 없는 것으로 여기었으며 八卦는 商代에 없었던 것으로 定評이 되고 있다(馮友蘭 中國哲學史 第十五章 第一節).

따라서 易의 八卦의 符號는 오히려 後世에 이르러서 된 것으로 보게 된 것이다. 이에 直接 證據될 만한 資料는 없으나 漢 以前의 鐘鼎彝器에서 아직 八卦圖를 發見하지 못하였으며 또한 近年에 發掘된 殷虛의 龜卜 辭片에서도 八卦와 類似한 模型이 없는 것을 보면 伏羲 八卦 創案說은 崇古主義에서 온 附會說로 認定하게 되는 것이다. 皮錫瑞의 提案한 바

“孔子의 지은 易이 다만 十翼에 그친다면 孔子가 易에 대하여 經을 위하여 傳을 지었다 하는 것이 後世의 箋注와 같은 것이며 陳搏이 또 道家의 圖書를 雜用하여 伏羲와 文王의 易이 있다 하여 孔子보다 높은 위치에 두게 되매 易의 正義가 大亂한 것이다.”

孔子所作之易 以爲止有十翼 則孔子於易 不過爲經作傳 如後世箋注家 陳搏又雜以道家之圖 乃有伏羲之易 文王之易加於孔子之上而易義大亂矣(經學歷史 頁4)

以上에 記述된 바로써 과연 伏羲나 文王의 八卦와 卦辭에 대한 疑惑이 더하여짐을 알 수 있다. 그뿐 아니라 周書의 雒誥와 金縢이나 또는 鴻範에 보인(擇建立卜筮人) 卜法은 完成된 易法으로 認定하기 어려우며 左傳(莊公二十二年 昭公十二年 閔公二年 宣公十二年)에 이미 八卦의 意義를 具體的으로 說明한 乾, 坤, 震, 巽, 坎, 離, 艮, 兌의 說話가 보였으나 이로써 八卦易法의 完成된 起源으로 速斷할 수 없는 것이다.

今本論語에 보이기를

“子 가라사대 나에게 數年을 더하여 五十에 易을 배우게 하였으면 可히 大過가 없었을 것이다.”

子曰加我數年 五十以學易 可以無大過矣(述而)

이로써 史記와 漢書는 孔子의 晩年喜易의 唯一한 根據로 여기지 마는 魯論에는

“易은 亦으로 作하고 五十以學(句) 亦可以無大過矣”라 記述되었느니 孔子의 晩年喜易說만을 信憑하기 어려우며 이 外에 더욱이 懷疑치 아니할 수 없는 것은 孔子가 그와 같이 易學을 좋아하였다 할진대 孔子의 高弟인 顔回, 子貢, 子夏(後世의 子夏易傳은 僞托으로 여김) 等이 易學에 대하여 論及한 事實이 全然 없는 点

이며 또는 孔門의 思想을 가장 잘 繼承하였다는 子思로부터 曾子 孟子의 著書에 이르기까지 易에 대한 것은 一句도 보이지 아니하는 点이다. 이런 데서 孔子는 勿論이고 子貢이나 孟子時代에도 아직 卜筮로서의 易法이 應用된 데 不過한 것이 아닌가 한다.

5부

기서발지

宋子大全影印에 즈음하여

人間의 健全한 精神은 價値 있는 歷史를 創造하며 眞實한 活動은 悠久한 發展을 可能케 한다.

우리 民族은 從來 孝家忠國의 精神이 徹底하였던 것이니 三國時代는 國家危難之秋에 殉國立節한 忠義之士가 많았고, 더욱이 高麗를 거쳐 朝鮮王朝에 이르러서는 賢哲이 輩出하여 그 守道就正하던 風敎 널리 社會의 趣向할 바를 밝혀 주었던 것이다.

靜庵의 丹誠과 忠武의 忠烈은 爀然히 그 儀範을 後世에 빛나게 한 것이며, 退栗의 道德과 學問은 深厚精博한 氣運을 今日에 남긴 것이다. 또한 三學士의 節義는 다른 歷史에서 그 例를 찾아보기 어려운 正義의 標的이라고 아니 할 수 없다.

尤庵 先生께서는 天資 巍然特出하셨고 그 傳受하신 바 淵源이 또한 宏遠하였다.

儒學經傳의 本旨인 修己安人과 尊王賤霸의 道를 根幹으로 하여 在野하여서는 學問에 致念 繼往開來에 精進하시었으며 立朝

하여서는 靖世道, 息邪說을 己任으로 삼아 人類의 正路를 밝히시는 데 平生을 바치시었다. 特히 孝廟의 殊遇는 曠絶千古한 것이었으며 幄對에서의 密勿 謀猷와 世子親傳의 嚴切한 密札의 往復等으로 세워졌던 北伐의 大計는 一時 外侮의 雪辱과 大義의 闡明에 그칠 뿐 아니라 永遠히 民族正氣의 큰 源泉을 이루어 놓으신 것이라 할 것이다. 더욱이 君王으로서 憂國愛民하는 節目에 이르러서는 다음에 引用列記한 己丑封事에서 그 規模의 磊落함과 方案의 適切함을 또한 感得할 수 있으니, 즉 節哀以保躬을 비롯하여 講禮以愼終, 勉學以正心, 修身以齊家, 遠便佞以近忠直, 抑私恩以恢公道, 精選任以明體統, 振紀綱以勵風俗, 節財用以固邦本, 正貢案以紓民力, 崇儉德以革侈靡, 擇師傅以輔儲貳, 修政事以攘夷狄에 이른 十三條는 修齊治平의 大道가 明示되었다 할 것이며, 本 大全에 收錄된 大文字는 擧皆 人性啓發의 根源인 性理에 對한 論究와 置心行己의 準繩이 되는 深奧한 理法 아님이 없는 것이다.

先生의 淵源을 繼承하여 山林碩學과 名臣碩輔가 蔚興하였고 韓末에 이르러서는 國變을 前後하여 殉義操守한 節義之士가 많이 이에서 났으니 이는 오로지 源遠流長한 先生의 遺風에 힘입어 이룩된 것이다. 더욱이 今日과 같이 人間의 本領이 喪失되고 物質과 機械의 橫暴가 恣行되고 있는 이때에 참으로 이 大全은 後學의 龜鑑이 될 것은 勿論이며, 大衆의 寶典이라고 아니 할 수 없다.

全書刊行의 沿革을 살펴보면 肅宗四十三年丁酉(一七一七)에 趾齊 閔公鎭厚의 筵白으로 御命에 依하여 芸館(校書館)에서 鐵鑄字로 刊布된 바 있고 其後 別集九沓(凡一百六十七卷)와 經禮

疑義(總 一百九十一卷) 및 附錄 年譜 等을 次例로 出刊하니 이른바 舊本(芸館本)이며 이 舊本이 이루어지기 前에 遂庵權公 尙夏에 依하여 編輯된 것을 黃江本(草本)이라 이르고 이에 다시 正祖卽位初에 全書刊行의 命이 있어 널리 遺文을 蒐集하여 이를 舊本과 合編 正祖十一年丁未(一七八七)에 大全이 出刊되니 이를 新本(箕營本)이라 이른다. 이때 그 編纂 및 校正의 主役을 擔當한 분은 先生 五代孫 性潭, 煥箕와 李尙書, 敏輔 및 金相國, 憙等 諸公이었으며 鋟梓에 이르러서는 趙相國, 璥이 箕伯在任時에 萬緡의 捐捧으로 箕營에서 始役한 것을 後任 李尙書, 命植에 依하여 마침내 完刊을 보게 되었다. 이에 따로 밝혀둘 것은 首卷과 年譜는 大全刊行을 爲하여 京都에 設置하였던 校正所에서 別途로 刊行한 것으로서 總 二百十五卷, 百二冊의 巨帙을 完成하여 이를 宋子大全이라 命名하였던 것이다.

이와 같은 巨大한 刊行事業의 推進을 보게 이른 것은 正祖의 崇儒重道의 聖德이라 할 것이며 또한 先生의 超邁한 精神과 偉大한 德業의 影響이라고 아니 할 수 없다. 王朝實錄에 依하면 正祖卽位年 丙申(一七七六) 六月 壬寅에 先生의 嗣孫을 入侍케 하라는 命에 依하여 先生 五代孫 副司果 宋煥億과 嗣孫 全義縣監 宋宅圭가 入侍하여 孝廟의 御札과 明聖王后의 諺敎 및 獨對說話를 올리었다. 正祖께서 다 보시고 말씀하시기를

"先正의 際遇는 前古에 없었던 일이다. 내가 春宮에 있을 때에 일찍이 先正의 文集序文을 지었으나 外人에게는 내보이지 아니하였다. 先正의 子孫이 이제 入侍하고 있으니 마땅히 보여야 할 것이다." 하시고 中官을 시켜 御製尤庵集序文을 가져오라 하시고 承旨에 命하여 읽게 하셨다. 煥億이 아뢰어 말하기를 "聖恩이 이

에 미치시니 臣 等은 感泣할 뿐이오. 아뢰올 말씀을 알지 못하겠나이다." 하였다(王朝實錄 및 承政院日記 正祖卽位年 丙申六月 壬寅記事參照).

大全이 箕營에서 完刊된 後 그 板本을 箕營으로부터 淸州華陽洞에 轉輸收藏하여 오던 중 純祖十九年(一八一九)에 建閣하고 宋子大全板本藏閣 八字를 阮堂 金正喜의 筆로 懸額하였던 것이다.

其後 純宗元年丁未(一九○七)에 이 板閣은 不幸히 兵火로 因하여 灰燼되었고 二十三年 뒤인 己巳(一九二九)年에 先生後孫과 儒林들의 合力으로 大田 興農(現紫陽洞)에 所在한 南澗精舍에서 大全의 重刊이 畢役되었는데 이때 先生 九代孫 淵齋秉璿의 宋書拾遺四冊과 續拾遺二冊도 아울러 刊行하니 大全은 總 百八冊에 達한 것이다.

乙酉(一九四五) 光復 後에 國內 儒林을 비롯한 內外學界에서 大全의 重刊을 顒望하여 오던 바 這間 斯文學會의 發議와 先生의 嗣孫 永達氏의 誠勤으로 影印出刊이 그 有終의 美를 거두게 된 것이다. 先生의 遺德이 널리 빛날 것을 기뻐하며 한 걸음 나아가서 民族文化發展에 큰 貢獻이 될 것을 同慶하여 마지않는 바이다.

辛亥(一九七一) 十月 後學 哲學博士 閔泰植 謹識

綜合儒學哲學 解題

曺友龍承甫 일찍부터 뜻한 바 있어 聖経賢傳에 特히 留意하였다. 四書와 三經을 經으로 하고 內外儒賢들의 遺書를 緯로 하여 奉讀敬誦함이 凡數十星霜 人間의 心性情을 밝히고 天人合一의 妙道를 闡明한 聖哲의 大志를 探賾함이 어찌 容易한 일이요마는 盡精力求 爲學의 要訣과 行儀의 大道를 擧論한 巨篇을 條理 있게 搜羅하여 順次的으로 이를 整理한지라 上下兩編으로 大別하여 爲學之法으로는 孔門의 傳授心法이 中樞가 됨을 紹介하였고 人間의 本質에 있어서는 仁說과 性命이 體가 됨을 闡揚하는 데 힘썼으며 用에 이르러서는 實踐의 始發은 孝의 精神이 主가 됨을 보인 것이니 大體로 儒敎倫理의 高貴한 點을 顯彰하였다 할 것이다. 事親으로부터 治家, 治家가 곧 治國과 直結되는 妙理를 밝혔다 할 것이니 말하면 人間 實用倫理의 大道를 經傳에 依하여 밝혀 준 것이다. 한편으로는 鬼神說을 表出하여 一般人으로 하여금 '盡心 知性과 知性 知天'(孟子 盡心上) 하는 肅然한 境地까지도 엿볼 수 있는 契機를 마련하여 주었다고도 할 것이다.

下編에서는 上編에서 이루어진 大意를 더욱 補充說明하는 作業에 힘쓴 것이다. 汗牛充棟에도 比할 수 없는 數많은 儒學經傳을 어찌 다 攝獵하리오마는 其中에서도 要緊한 節目만을 거의 收錄한 것이다.

現在는 東西의 有志한 사람들이 다 같이 二十世紀에 들어오면서부터 物質文明에 너무 偏重한 結果 人道가 喪失되고 지킬 바 正義에서 벗어남을 두렵게 生覺하는 것이 可謂 一般的인 通念이라고 할 것이다. 이런 데에 古道를 찾아 새로운 方向을 摸索하고 健全한 社會國家發展에 이바지하려는 盛意 자못 크게 사지 아니할 수 없다. 짤막한 蕪辭로서 그 遠慮의 勞苦를 敬賀하여 이 뜻이 길이 傳하여지기를 바란다.

一九七四年 十二月 哲學博士 閔泰植 識

蘆沙先生 百周忌紀念 學術講演會를 開催하면서

年前에 蘆沙先生의 宗孫 奇浩仲氏(東新水道暖房社 社長)가 安晉吾 教授(全南大)를 만나 蘆沙先生의 學術을 發揚하는 일에 一助가 되고 싶다고 提言함으로써, 그후 이를 위한 事業의 推進을 위해 各界의 關心있는 人士들이 몇 차례에 걸쳐 協議를 해왔다고 합니다. 그리하여 이번에 드디어 蘆沙 奇正鎭 先生 記念事業會를 發足시킴과 동시에, 우선 그 主要 事業으로서 (1) 百周忌紀念 學術講演會 開催 (2) 紀念碑 建立 (3) 學術論文集 및 小冊子 發刊 (4) 文集 影印本 刊行 (5) 學會構成등을 確定 짓고, 그 一次事業으로 선생의 百周忌紀念 學術講演會를 열고 百周忌 紀念碑를 세우게 된 것입니다.

이 講演會는 특히 宗孫 奇浩仲氏가 慕先의 情에 넘친 物心兩面의 後援과 鄉土文化開發協議會의 鄉土文化開發을 위한 정성어린 活動에 의해 이루어졌으며, 李乙浩 博士(國立 光州博物館長)裵宗鎬 教授(延世大), 尹絲淳 教授(高麗大) 등 朴錫璉(漢陽大附屬 病院長) 國內 屈指의 碩學들이 이 講演會의 演士 招聘을 흔쾌히 受諾해주심으로써 內實을 갖추는 길이 마련 되었습니다. 물론 이와 함께 이 고장 儒林을 비롯한 뜻 있는 人士 여러분의 聲援이 이 行事를 推進시킬 수 있는 基盤이 되었다고 생각합니다. 各界의 여러분께 뜨거운 謝意를 表하며, 아울러 遠近에서 來臨하신 聽衆 여러분께 衷心으로 感謝를 드립니다.

1960年代 이후에 民族主體性의 確立을 위한 自覺이 높아지면서 우리 先賢들의 精神과 업적을 顯揚하기 위한 運動 내지 事業

이 國家的으로 展開되기도 하고, 民間에서는 紀念事業會 등에 의하여 先賢의 學德을 追慕하고 그 學術을 發揚하는 行事가 곳곳에서 행해지고 있는 줄 압니다. 그리고 이 고장에서도 그러한 뜻있는 行事가 간혹 있었던 것으로 알고 있습니다.

이번에 이 고장에서 우리나라 性理學 6大家의 한 분으로 손꼽는 蘆沙先生의 학술을 發揚하기 위한 學術講演會를 열게 된 것은 한편으로 우리 後學들에게 주어진 所任을 遂行하는 模範을 우리 後孫들에게 보여주는 일이 될 것이며, 또 한편으로 여러 뜻 있는 분들의 이 行事에 대한 理解와 協助를 입는다면 先生의 後孫의 즐거움과 함께 이 고장 여러분의 榮光이 되리라고 믿습니다.

아무쪼록 이 百周忌紀念 學術講演會를 契機로 하여 後人들이 蘆沙先生의 高邁한 學德을 더욱 追尊함과 아울러 蘆沙先生의 學術에 관한 研究가 계속 進行되어 先生의 진지한 眞理愛와 爲國忠義의 精神이 우리의 現實에서 되살려지기를 바라마지 않습니다.(1979.12.24) 蘆沙先生記念事業會長 閔泰植

寒齋文集 推薦辭

우리의 歷史에서 史禍는 民族의 悲劇이며 國家發展의 큰 害毒이 아닐 수 없다.

燕山君 四年(西, 一四九八)의 戊午史禍를 비롯하여 甲子史禍(一五0四)에 이르는 동안에 士類들이 당한 慘事는 千秋에 가실 수 없는 不幸이었다.

王后의 嚴命을 거슬러 가며 成均館에서 淫祠를 逐出한 것이나 또는 公道에 벗어나는 좋지 못한 徒黨을 除去하려는 嚴正한 抗拒는 이것이 國家를 위하는 길이며 社會의 氣風을 바르게 하는 當然한 方法이거늘 先生의 부르짖음이 도리어 邪惡한 무리에 희생이 되었으니, 이 어찌 一時的인 痛憤할 일이라고만 할 것이랴. 先生은 兩大史禍에서 사람으로서는 견딜 수 없는 酷禍를 당하시었다. 지금이라도 當時의 일을 생각하면 悲憤慷慨치 아니할 사람이 없거늘 그 直孫되시는 분들의 心情이야 어찌 다른 사람에 比할 바이랴.

先生의 遺孫들이 뜻을 모아 遺稿를 現代語로 풀어 그 뜻을 널리 傳하고자 하니 이는 一時의 事業에 그칠 뿐 아니라, 그 崇高한 精神이 길이 傳하여질 것을 의심치 않는 바이다.

現代는 物質과 科學文明을 過信한 나머지 祖上이 남기신 遺業에 대하여서는 疎忽히 하는 경향이 많다. 이런 때에 여러분의 意圖는 더욱 빛나는 것으로 의심치 아니한다.

이에 삼가 僉賢의 高意를 敬錄하는 바이다.

辛酉 一九八一年 四月 哲學博士 閔泰植 謹識

斯文學報 第二輯을 내며

斯文學報 第一輯이 發行된 것은 이미 數個星霜이 지났다. 그동안 年次的으로 續刊되지 못한 것을 매우 遺憾으로 생각하는 바이다.

그러나 本學會活動으로는 昨年度에 斯文論叢의 發刊을 봄으로써 多少 空漠한 感을 免할 수 있었다. 이어서 우리는 先儒들이 이루어 놓은 大義를 다시 밝히고 宏遠한 民族의 主體意識을 反省할 機會를 얻게 된 것이며 또한 이 論叢을 效果 있게 使用함으로써 本 學會의 面貌를 널리 알리게 한 것이 아닌가 한다. 그 發給分布된 狀況을 보면

一. 文教部 主催 中高校 校長 및 校監 特別 講習會에 基本教材로 使用하여 우리 民族精神의 根底가 되는 主體意識을 强調宣揚한 바 있으며(一九七三年度 夏期 講習 崔昌圭 教授 指導).

二. 東洋文化硏究所와 大韓三樂會의 主催로 이루어진 서울市內 奬學士 및 中·高校 校監 夏期 講習會에 즈음, 道義教育에 關한 教材로 選用된 바 있고(同上).

三. 一般有志와 名士에게 寄贈, 主體思想의 普及에 致力하였으며

四. 自由中國의 碩學 錢穆 氏 夫妻 訪韓 時 宋子大全 및 本 論叢을 寄贈하였다. 이 外에도 本 學會 主催로 열린 講演會와 討論會는 매우 큰 成果를 얻은 것이었다(李相殷 博士·李正鎬 博士·柳承國 教授 諸氏 擔當指導).

今番學報 第二輯에서 學界名士의 玉稿를 얻게 된 것을 感謝드리며 本輯 發刊에 財政的 後援과 諸般 勞苦를 아끼지 아니하신 本會 理事長 宋永達 氏에게 또한 深甚한 謝意를 表하는 바입니다.

一九七四年 十二月 二十五日 會長 閔泰植

李 議員 自敍傳에 씀

내 平生에 先輩 또는 同僚들 중에 나 自身이 따르기 어려운 長點이나 또는 부지런함이나 勇氣와 創意力이 풍부한 분에 대하여서는 항상 부러움과 尊敬하는 마음을 지닌다.

이러한 것은 그분들의 하는 일이 自己의 身的인 向上은 물론이요, 이것이 곧 社會와 國家發展에 큰 도움이 되며 後世에까지도 그의 남긴 業蹟이 큰 영향을 미치는 까닭이다.

李 議員은 天稟이 英敏하고 才質이 非凡한 중에 어려서부터 先親의 教訓을 많이 받았다. 先親께서 病苦로 靡寧하실 때에 侍側하면서 무엇이든지 未詳한 일이 있으면 항상 알고자 하였다는 것이다. 先親께서 대단히 귀히 여기시여 將來를 촉망하시었으니 그때의 나이 不過 六・七歲였다. 十四歲 때에 兩親께서 이미 俱沒하시어 前에 받던 親切한 教訓을 받을 길이 없었다. 얼마나 안타까운 일이었던가! 지금도 항상 先親의 남다른 教訓을 못 받은 것을 한스럽게 여기며 못 다한 風樹之懷를 禁치 못한다. 그 後에 叔父께서 사시던 곳에 往來하여 普通學校를 卒業 當時 秀才들이 모이던 大邱師範에서 研學 卒業 後에는 孤島인 突山에서 奉職하다가 一年 後에 서울 齋洞普通學校에 轉勤하여 고달픈 나날을 지내면서 낮이면 아이들과의 고달픈 하루의 일을 마치고 밤이 되면 저녁밥을 자전거에 싣고 도서관을 찾는 것이니 이 얼마나 안타까운 생활이었던가. 圖書館에서 하던 일은 主로 醫學方面의 공부였다. 李 議員의 努力은 順調롭게 進陟되어 不過 二, 三年 後에 無難히 醫師資格試驗에 通過하였다. 곧 京城帝大醫學研究室에서

指導를 받으며 처음으로 서울市 內 往十里에 杏林病院을 開設 諸般施設을 豊備하고 應酬敏活하니 來往人士 盛市를 이루었다. 집안의 經濟가 매우 豊足하여지자 子女의 敎育은 勿論 舍兄의 諸般 어려움을 全部 解決하였고 令姪을 비롯하여 出嫁한 姉妹 親戚까지에도 그 힘에 의뢰하게 된 것은 참으로 보기 드문 難事라 아니 할 수 없다. 餘力이 미치는 것을 따라서 先祖의 祠宇를 創建修理, 文集의 飜譯과 發刊, 先父兄의 墓域修理 等 枚擧하기 어려울 정도였다.

一方으로 成均館의 發展에 큰 힘이 된 것은 그가 成均館大成殿과 明倫堂의 改修工事에 直接參與하게 된 뒤로부터였다. 즉 이 工事를 시작한 지 거의 數月을 지나 雨期가 닥치자, 비닐로 豪雨에 對備하니 이런 方法으로는 文化財에 編入된 成均館의 保存이 거의 危殆로울 地境에 이르렀었다. 李 議員은 이 光景을 보자 참으로 義憤에 견디지 못하였다. 이 建物은 다만 한 一個의 古建物로만 보아지기에는 너무나 崇嚴하고 儒道의 總本院이며 적어도 數千 年 동안 우리 韓民族의 얼을 象徵하는 곳이다. 李 議員도 이런 뜻에서 더욱 悲憤慷慨하게 느낀 바이다. 李 議員은 곧 서울市長을 訪問, 이 建物의 古蹟價値는 莫論하고 우리 過去의 先賢을 輩出한 곳임을 懇曲히 說破하여 곧 改修에 着手하여 二年을 거쳐서 옛 모습을 回復한 것은 오로지 李 議員의 努力과 誠熱의 結實이라 할 것이다.

自後로 成均館의 理事長과 儒道會長을 歷任하면서 大小事를 管掌하고 儒敎振興에 많은 힘을 기울인 것이다. 全國儒林의 團合, 儒道精神을 宣揚하기 위한 講演會의 主導的인 役割, 過去에 實現되지 못하였던 것을 果敢히 實現하게 된 것이다.

館外의 活動으로는 靜庵先生記念事業會에 理事長으로 先生의 文集을 國譯하는 데 온 힘을 傾注하는 것은 斯道發展에 큰 寄與라 할 것이며, 靜庵 先生은 至治主義로써 正道의 政治를 創始한 우리나라의 뚜렷하신 存在이므로 오늘의 民主政治의 具顯을 위하여서도 큰 도움이 될 것을 確信하는 바이며, 李 議員이 最近 立法議員에 參與한 것도 뜻있는 일이라 할 것이다. 李 議員은 自敍傳을 냄에 있어서 매우 고사하였다. 즉 自己가 한 일에 대하여 당연히 할 일을 하였을 뿐 그 行蹟에 대하여 널리 알리고자 아니 하였다. 그러나 親舊들의 勸함에 報答하고자 그 一生 한 일에 대하여 回顧한 것이니 自他를 위하여 좋은 일이라 慶賀하여 마지않는 바이다. 一九八一年 辛酉 五月 七日 哲學博士 東喬 閔泰植

兪愚堂 昌煥 先生 遺墨展

愚堂 兪 先生은 高邁한 人格과 深遠한 識見으로 韓末의 國勢 多難한 때를 當하시었다.

일찍이 上의 召見코자 하신 榮光을 받으시니 大用의 階梯 없었던 것도 아니었지마는 時事 뜻대로 되지 아니할 것을 洞察하신지라 乙巳 以後에는 세상에 나아갈 뜻을 멈추시고 鄕第인 扶餘에 돌아가 조용히 한 義塾을 마련하시어 오로지 後學의 敎導에 盡瘁하시었으며 一方으로는 中國에서 活躍하던 同志들과 通情密謀하며 國基를 편안히 하려 하시었고 甲寅에는 中國의 大思想家인 康有爲와도 서로 東洋의 風雲을 憂慮한 바도 있었으며 己未運動 때에는 八域이 同聲相應하니 間接으로 風勵하신 그 영향이 적지 아니하였다.

이와 같은 雄圖가 胸懷에 往來하는 동안에 觸景傷感하면 淸越한 琴韻으로 그 뜻을 보이기도 하고 또한 遒勁한 書法으로 그 壹鬱을 풀기도 한 것이다.

이러한 等節에 대하여는 恥齋 竹下 蒼園 諸公이 이미 餘蘊 없이 敍述한 바이므로 末學으로써 어찌 添足할 바 있으리오.

吾友 一滄兄은 元來 慕先의 誠이 다른 분에 지나는지라 傳來遺業은 短杖과 獘履라도 起敬寶藏하여 조금도 輕忽히 여기지 아니하는 規範이니 하물며 先公의 遺墨에 이르러서이랴.

이에 收錄된 先生의 遺品은 全鼎의 一臠에 不過하지마는 그 氣韻의 動蕩함과 品格의 古雅함은 우리 文化史上에 길이 光明이 될 것을 믿어마지 아니하는 바이다.

一滄 兪兄致雄 六十一壽

형을 처음 뵈옵게 된 것은 거금 약 삼십 년 전이라 존경하는 마음 더욱 새로워지고 정리의 가까움이 갈수록 두터운지라 형의 지심행사가 항상 독실하고 근면하여 위선사업에 바쁘고 특히 부모를 모시는 범절이 옛사람으로도 능히 따르기 어려우며 족척 간에 돈후하고 붕우 간에 은근 정녕함은 형을 아는 이 누구나 다 흠모하여 마지않는 바이다.

형이 일찍 춘부대인의 행적을 받들어 기록하기 위하여 글월을 증 위당 선생에게 청한 바 있더니 글월이 완성된 후에 형이 그 글월을 읽고 나서 대단히 미안한 곳이 있는 뜻을 표하며 이 글월에서 대인의 평일풍모가 엿보이지 않는다고 정성 어린 말을 하였다.

이때 위당 선생은 겸허한 마음으로 말하기를 "효자가 부군을 뵈옵고자 하는데 내 어찌 그 원하는 바에 응하지 아니하리오." 하고 그 글월을 다시 마련한 것이다.

내 높은 자리에 참여하여 자주 고론을 배청한지라 말이 일창 형의 일에 이르면 선생은 항상 효자라는 찬사를 아끼지 아니하였다.

위당 선생은 평소에 사람에게 굽히는 바 매우 적고 더욱이 문장에 이르러서는 사람에게 허락하는 바 적었던지라 형의 부모님을 위하는 남다른 정성이 아니면 어찌 사람의 특이한 품성을 감동함이 이에 이르리오. 이 모든 것이 다 지성 측달과 인지 공근한 마음으로써 이루어지지 아니한 것이 없음이라 어찌 존경할 바 아니리오.

옛 성현의 말에 어진 사람은 수한다고 하였으니 이것은 곧 형의 마음과 행동 같은 인격을 구비한 사람을 이름이리라. 형의 누릴 바 복록이 어찌 수하는 데만 그치랴. 자후로 앞길이 더욱더 행복할 것을 예측하는 바이며 금실의 낙을 누림과 슬하의 자손들이 길이 영화를 받으며 끊임없이 빛날 것을 경하하여 마지않는 바이다.

一滄 兪兄致雄 八十壽

名門盛德百世無疆至孝輸誠養志爲方令子賢孫繼述有常天運多艱遑通棼棼獨好淸雅還愧煩聞松栢之氣芝蘭之芬育英爲樂趍儀如雲事期就正秉直爲先性嗜翰墨晋漢可班往來中華善隣爲懽定居城北山高意寛滿庭瑤花一見可憐香風撲簾境與俱鮮綺筵月上賀語益繁願以康寧壽考萬年

名門의 盛德은 百世토록 한이 없네. 至孝로 정성을 다하니 養志로 근본을 삼으리라.

令子와 賢孫이 그 뜻을 받드니 더욱 아름답도다.

세상이 어지러워 몸 둘 곳 모르니 안타까워라. 그러나 松栢과 같은 高節 芝蘭과 같은 향기는 항상 사모하였노라. 교육으로 樂을 삼으니 모인 사람 얼마던고 곧은 길을 따르고자 힘쓰노라. 不足함을 깨달을 뿐.

翰墨에 뜻을 두고 自由中國 往來하니 見聞도 넓히려니와 交隣의 誼 매우 두터워라.

사시는 곳이 어데요. 城北의 깊은 골 山도 높거니와 높은 뜻 아름다워 奇花瑤草 좋거니와 그 향기 더욱 좋고 좋은 자리 한이 없네. 友朋의 賀語 그칠 줄 모르도다.

宇田 鄭泰吾 書畵展에 붙여

宇田 鄭泰吾 兄은 書藝界에 留意한 지 半世紀를 지난 오늘에 이르러 많은 親知들의 勸에 의하여 書畵展을 갖게 됨은 비록 晩時之感은 있으나 欣幸한 일이라 아니 할 수 없다.

宇田은 謙虛한 藝術家로서의 人品과 書畵에의 그 獨特한 精神은 一般의 周知하는 바이다.

鄭友는 일찍이 曉齋 崔翰求 先生 門下에서 書藝와 墨畵에 專念 그 後 篆·隸·楷·行·草書는 勿論 墨畵에도 能한 분이라 하지 않을 수 없다.

最近 書室을 經營하면서 後進을 養成하였고 各 書藝團體展에 招待出品도 하여 그 名聲이 매우 높다.

書는 人格의 象徵이니 높은 理想이라 하지 않을 수 없다.

宇田이 이대로 精進하면 將來 그 成果가 매우 클 뿐 아니라 우리 藝園에 큰 빛이 되리라 믿는다.

江湖諸賢의 아낌없는 聲援이 있으시기를 빌며 祝語로 代하는 바이다.

一九七八年 十一月 東喬 閔泰植 拜

金舜東 先生宅

令胤方至 謹承 安候 所感何喩於此 惠椷尙未奉答 豈敢慢忽還切悚仄 冬休已過月餘 擬謂 京駕在卽 何以于今未就耶 從來經營貴稿 想已完了 將以有終 以今物情 似難卽付刊行 南雲 晩松兩友 相爲貢慮 弟待 惠駕後 商量善處爲妙 昨拜 謙山兄書 仍知婚事 迫在旬餘 且提誦鄰近 諸賢 日夕雅集於 貴莊云 回想前日事 舊懷如新 惠送全韻玉篇 裝黃甚淨 備置案頭 時時可玩 感荷感荷 弟之近狀 一日二次 登後麓 南望雪山漠漠 景仰 高風 不覺心擾 是特記者耳 三日前 新聞 告儒林呼訴文者 亦可參觀 亦是鄙鄕近況 餘非久拜唔 不備謹候上 二月 一日 閔損泰植 拜

金大泳 氏 座下

省禮言

先大人喪事 是何言 是何事 年齡 尙未隆邵 宿患雖云彌連 以尊哀根天之誠 宜卽勿藥 豈意遽至於斯耶 理固難諶 日月不居 奄踰旬朔 不審 自罹荼毒 氣力何如 時異事違 初終凡百 何以拮据孝子盡誠 多有未及 幸乞節哀順變 不至傷孝 伏惟 鑑察不備 謹疏禮 八月 二十八日 閔泰植 拜疏

趙鍾業 敎授 惠披

日來炎天 體度益爲淸旺 溸仰區區 就此去洪友 曾卒業 서울 문리대 중문과 兼修 同大學院 今月終空軍 將欲就業 而今貴科形便如何 洪友 人品健實 頗有才華 事當仰議於諸賢 而不知貴邊事情故先爲探問矣 幸爲之指敎如何 日前 賢季委訪 兼惠美菓 感荷感荷 爲此只祝健安 不備禮 六月 二十六日 損 東喬 拜

頌 玄潭 柳正東 博士 壽筵

遠自海西 學于漢陽 人多取華 以實爲常 志遠行高 期以棟樑出入蘆山 凡於論辨 甄徵而嫺 一載養賢 以樂嘉年 生平守操 擬如登攀 南華學緣 講磨而還 琴瑟在御 舞儀斑斑 願以康寧 壽考萬千 一九八一年 辛酉三月 東喬 閔泰植 拜

顯正書莊을 위하여

仁慈한 天性 원만한 品位
遠近이 尊敬하거니
精熟한 仁術 和易한 接人
누구 아니 欽慕할까.
膝下에 뫼시는 孝子들이여
家庭의 빛이며 社會의 模範이로세.
丁巳新春 萬丈樓에서 東喬 少學題

贈人

蓋人之道以愛爲先 古論曰 孝悌也者其爲仁之本與 樊遲問仁子曰愛人 果孝非施愛之源乎 傳曰上思利民爲忠 利民與愛民相去幾何 以此推之 忠孝之義 大矣哉 敢不致心.

經義問答 序文

琅玕齊 朴 先生께서는 國朝 後期(英祖四年生・純祖六年卒)에 生하시니 天資秀朗하고 早年好學하야 儒門에 聲譽 높으시니라.

時儒들은 從來의 風習을 墨守하고 功令을 위한 詩, 文을 崇尙하였거늘 超然히 窮巷에 隱居하시면서 經學의 蘊奧를 探賾 闡明하시기에 餘念이 없었으니 明哲하신 卓見에 敬服함을 禁할 수 없다. 經學은 天理와 人事를 綜合硏究한 叢書이라 이에 보이기를 사람은 원래 尊貴한 存在로서 '仁'하다 하였으며 '知, 仁, 勇, 三達德을 兼備하였다' 하였고 또한 '人性은 善한 것이라'고도 일컬었으니 참으로 人間은 항상 天理와 合一될 수 있는 中樞이며 萬象의 主體가 됨을 뜻하는 것이다.

그렇기에 그 靈明한 慧智와 多樣한 經驗으로 歷史와 文化를 創造하고 國家와 民族을 繁榮케 하며 나아가서는 世界를 平和롭게 할 수 있는 能力을 保有하고 있다. 悠久한 歲月이 지나는 동안에 聖哲들은 그 事實을 體系 있게 整理한 것이니 이것이 곧 經學이 成立된 過程이다.

後學들은 이에 보인 道理를 거울삼아 硏鑽 講磨하는 중에 잠시라도 喪失되었던 本然의 모습을 되찾게 되는 것이며 누구나 다 같이 人間의 文化 發展에 貢獻하는 것이다. 이에서 敎育과 政治, 經濟와 社會는 그 正道를 밝힐 수 있고 乃至 藝術文化의 華麗함도 實現할 수 있는 것이다. 그러므로 經傳에 明示된 眞理가 그대로 實現되는 時代는 健全하고 明朗하지마는 그 啓示에 違背되면 人間社會는 항상 混亂함을 免치 못한다.

그러기에 東洋에서는 歷代의 聖主 明王들이 그 施政에 앞서 먼저 經義를 根幹으로 하는 方道를 講究하였고 歐米에 있어서도 思考하는 方法과 形態는 다른 바 있다 하여도 그 成就하는 終局에 이르러서는 相通歸一되는 바 있음을 發見할 수 있다. 明 萬曆間(明神宗丁亥一五年, 西紀 一五八七年)에 伊太利人 利瑪竇(Matheo

Riccee)가 中國 南京에 들어와 오랫동안 머물면서 經書를 飜譯한 것은 公認된 바이며 또한 이 經學思想이 民權을 主張한 佛蘭西 革命이나 米國의 建國理念에 지대한 영향을 끼쳤다 하는 것은 內外 學界에 널리 알려져 있을 뿐 아니라 누구나 놀라지 아니할 수 없는 事實이다.

魏略에 扶餘와 高句麗는 孝의 思想이 일찍이 傳하였다 하였고 論語에 孔子가 동방을 稱道하여 '君子國'이라 이른 바 있으며 또한 中國人들은 우리를 '東方禮義之國'이라 愛稱한 것은 오래전부터의 일이었다. 高句麗 小獸林王 2年(公曆 372)에 세워진 太學에서는 經學思想이 이미 敎育의 中樞理念을 이루었던 것이니 이에서 政經의 制度와 社會風化의 基本은 항상 經學에 두었던 것이다. 自後로 歷史의 흐름에 따라서 多少의 起伏은 免치 못하였다 하여도 經傳思想이 文化隆替의 尺度가 되었던 것을 銘心하지 아니할 수 없다.

特히 國朝에 이르러서는 世宗聖君의 모든 構想과 施策이 歸竟은 保國安民에 있었으나 다만 이 理想이 具顯되기도 前에 探權樂世하려는 部類들의 阻害가 그칠 사이 없이 뒤를 따랐던 것은 누구나 다 같이 恨스럽게 생각하는 것이나 多幸이 歷代로 名賢達士와 巨儒碩學이 輩出하여 救世濟民의 誠熱을 다한 것도 잊을 수 없는 事實이다.

正宗明君에 이르러서는 오래된 弊政을 살피시와 革新의 方道를 찾으실새 먼저 儒敎經傳의 眞意를 널리 알리고자 十三經을 正本으로 삼으시고 十三經 中에서도 '古今을 通하여 定論을 얻지 못한 곳' 或은 '先賢의 註解에 異同이 있는 곳'을 摘出하여 그 '歸趣를 明記할 것' 또는 '經書의 大意를 簡明하게 要約'하며 '疑難處를 廣探闡明할 것' 等을 核心으로 條問을 나리시와 널리 山林

에 숨은 經士들에게 물으시니 이 곧 十三經條問이다.

이때 條對를 制呈한 儒士들이 많았으나 그중에서도 琅玕齊 先生의 應對한바 睿望에 올라 選拔되었던 것이다.

大王의 優渥하신 寵遇는 可謂 魚水相得으로 先生에게 卽時 敦寧府都正을 除授 上京入內하여 御前에서 進講케 하시고 稱歎하시기를 "七旬이 넘도록 草野에 묻혀 일찍이 上聽되지 못한 것이 恨스럽다." 하시고 淮陽府使를 命하시었다. 이윽고 內閣으로 하여금 衆士의 條對한 것을 編次 收錄 十三經講義라 命名하고 後日에 이 중에서도 先生의 條對하신 것만을 抄出別錄하여 經義問答이라 稱하였다.

大王은 稀代의 明君으로 掃地蔑如한 道義를 經學에서 찾으시려는 精慮는 王政史에 特記할 일이며 그 聖智와 明見이 뜻하신 대로 實現되지는 못하였다 하여도 그 啓發人知하고 風化世敎한 偉功은 길이 景仰하지 아니할 수 없다. 더욱이 方今 內外의 世情이 多端한지라 物質과 機械文明에만 偏重 獨走하여 精神的 覺醒과 道義的 鼓舞가 어느 時代보다도 切感되는 이때이라 這間 先生의 賢裔 勝九甫 繼述의 뜻을 받들어 家中에 珍藏하였던 經義問答을 剞劂에 붙이고자 할제.

그의 親愛하는 沈友 伯綱甫로 하여금 詳譯整理케 하였다. 沈友는 早年斯文에 從事, 行儀 매우 敦篤하여 將來가 촉망될 뿐 아니라 이 盛事에 有終之美가 있게 한 것은 참으로 時宜에 適切한 壯擧라 아니 할 수 없다. 우리의 高貴한 發展에 永遠히 寄與할 經傳의 奧意를 밝힌 經義問答은 반드시 驚世의 寶典이 될 것을 同慶하여 마지아니한다. 丙辰 公曆 一九七六年 十二月 三十日 後學 哲學博士 閔泰植 謹識

贈 戶曹叅判梁公墓碣銘

公諱應洙字雲遊 靑巖是自號也 始祖大成王業 世世修德 歷羅麗 入國朝 有諱漢忠文科 宗廟寺令 宗簿正 累傳 至諱由世

號松齋 庚子成均進士 避乙巳之禍 自光州泥場 移居靈巖錦山里 是公之九代祖也 生諱九山 號愚齋 烱察世昏難容 斷念名利 不事擧業 以孝行除宣陵叅奉 子有諱仁守 號惺齋 居家崇義睦婣 常以小學爲業焉 是生諱瀛初 天資聰敏 早習家訓 杜門講學

以學與行 被薦除將仕郎 康陵叅奉 官職連綿 孝友相傳 叅奉公玄孫 諱大栢 號玉峰謹守家法 博學力行 丁憂廬墓三年 生諱彦祖 號思齋 明志篤行 以裕後昆 寔公之祖與考也 妣錦城鄭氏僑厚女 生三男 公其長也 公生於英廟癸亥八月二十一日 靈巖錦山里故第 自少志氣高潔 不與俗低仰 斂跡於名山之下 計活儉薄 讀書自娛 以經傳爲養 志修行之本 或問當世治亂之事 笑曰資治書中論之詳矣 更何煩說 尤專攻性理之書 硏精探賾 丁巳五月二十四日卒 享年五十五 後以學行 聞于朝累登剡薦 贈嘉善大夫 戶曹叅判 葬于錦山後杏洞卯坐 配贈貞夫人 咸安朴氏泰興女 五恨成乾后 甲子生 戊戌五月五日卒 初葬於燕萑山戌坐 後移祔于公墓右 后配贈貞夫人 金海金氏萬聲女 兵使壽延後 己未三月一日生 戊午五月二十四日卒 祔乾墓左 生三男二女 長獻浩朴氏出 以孝贈童蒙敎官朝奉大夫 次暎 季玄金氏出 皆孝順 女嫁潘南朴履壽 密陽朴廷燮 孫男長杺掌樂院正 次桭 曾玄以下不暇記 噫海東巨姓何限而世遠人蔑 能承其先業者 固尠矣 公之家門 源遠流長 光耀後世 豈不盛哉 其後孫合謀將揭德于仟 因其同宗大淵氏 命余瑣石之文

自愧不文 感其追慕之義 誠忘拙略叙始末 繼之以銘曰

允矣梁公 傳受隱德 興孝興弟 其儀不忒 沈潛經學 隨處而安 不屑低仰 優遊自寬 聽聞于朝 褒贈榮官 年未耳順 就謂遐壽 賢裔振振 千秋不朽 年 月 日 驪興后人 前忠南大學校總長 哲學博士 閔泰植 撰

6부

어록 · 대담 · 기사

語錄

漢字는 동양 특히 동남아 일대의 문화권을 형성하는 데 있어서 核心的인 역할을 하고 있는 만큼 오랜 시간을 두고 중요한 위치를 차지하여 온 것이다.

중국은 물론이요 우리 한국을 비롯하여 일본은 수천 년 또는 그 이상으로 한자를 사용하여 왔으며 남아 일대에 자리를 잡고 있는 安南, 琉球, 暹羅 등 여러 나라들도 그 영향을 많이 받고 있는 것이다.

한국은 근세에 한글의 창조를 보았으나 용어의 내용이 한자와 많은 관련이 있으며 중국도 시문(時文)이니 백화(白話)니 하여 문장의 변천은 많았으나 한자의 기반은 벗어나지 못하였고, 일본 역시 한자를 기본으로 한 가나(假名) 문자의 발달을 이루었으나 한자와의 밀접한 관계는 벗어나지 못하고 있다.

문자로서 역사를 기술하는 중요한 사명을 다한 바이기도 하지마는 일상생활에서 이 한자의 사용을 금지한다면 우리의 사상이나 의사는 제대로 표현되지 못할 뿐 아니라 일반적인 문화활동은 크게 전진할 수 없게 될 것이다.

일찍이 英國大使를 隨從하여 中華에 왔던 船長인 Hall 氏는 그의 著書인 朝鮮西岸 及 琉球群島 遊記에서 말하기를 中國, 朝鮮, 日本 及 그 近海諸群島에 居住하는 住民들의 言語는 各其 같지는 아니하나 文字만은 완전히 같으며 한 中國사람이 朝鮮人이나 日本人의 말은 了解하지 못하더라도 그들이 筆談으로 하면 彼此間의 意想하는 바를 곧 明瞭히 할 수 있다. 그 原因에 대하여는 또한 다음과 같이 설명할 수 있는 것이니, 즉 歐米사람들은 자기가 생각하는 것을 일정한 성음(聲音)을 통하여 표현하게 되는지라 그 성음이 통일되지 못하고 각기 나라와 지방에 따라서 다르며, 또한 이 성음은 자모(字母)로써 記錄되는 만큼 그 言語를 理解하지 못하면 따라서 書籍까지도 읽지 못하게 되는 것이다. 이에 反하여 中國이나 기타 東洋人들은 字母의 사용이나 標音符號의 힘을 빌지 아니하여도 그 思想과 意見을 기록하는 데도 聲音의 拘碍를 받을 것 없는지라 동양 사람들은 그들이 사용하는 漢字로 된 單字가 바로 思想의 符號라고 할 것이다.

그렇기에 文人이나 思想家가 同一한 文字로써 同一한 思想을 發表할 수 있으며 그들이 쓴 글이면 完全히 相互 瞭解하게 되는 것이라고 하였다.

이것은 한자가 가지고 있는 문화동질성의 우수한 점을 지적한 것이니 우리가 깊이 연구하여야 될 것이다.

儒學으로 民族魂되찾자

□……침체된 東洋文化의 發展을 위해 지난 10月 東洋學에 뜻을 같이하는 몇몇 人士와 함께 東洋文化研究所를 設立한 閔泰植博士는 우리나라 東洋哲學界의 원로. 서울鍾路二街 파고다빌딩 6층에 자리잡은 同研究所는 그간 東洋文化에 관한 教養講座와 東洋文化의 精髓인 書藝및 漢字教育을 실시하는 등 대체로 난해한 儒學의 大衆化에 앞장서고 있다. 忠南大總長, 成大儒學大學長等 40여년간을 줄곧 教育界에 몸담고 있는 閔博士를 北阿峴洞 자택으로 찾아 維新의 旗幟아래 새로운 民族學으로서 다시 한번 각광받게 될 儒學에 관해 들어보았다.……□

『8·15以前에는 日政의 감시가 酷甚하던 때라 우리는 감히 「主體性」을 말하지 못했습니다. 그러나 解放이 되고 많은 時間이 지난 오늘, 우리의 현실을 냉철히 바라볼때 잘못 되어진 것이 많음을 지적치 않을 수 없습니다. 우리의 文化와 歷史를 성실히 지키면서 새로운 西歐文物을 받아들이지 못하고 마냥 西歐的인 것에만 치우쳤다고 생각됩니다.』

閔博士는 이렇듯 主體性없이 가다가는 民族과 歷史가 어떻게 될 것인가고 염려한 끝에 소멸돼 가는 東洋文化의 發展을 위해 東洋文化研究所를 開設했다고 한다.

지난해 10월 17일 종로2가 파고다빌딩 6층에서 發足한 東洋文化研究所는 그간 수차의 공개 강연회와 書藝및 國語(基礎漢字) 등을 가르치는 등 활발히 사업을 전개하고 있다.

오늘의 現實이 道德과 倫理의 不在의 時代라고 개탄하고 있으나 이것은 인간이 가장 貴重한 存在라는 우리 固有의 儒學精神을 계승치 못한데도 책임이 크다고 지적한 閔博士는 儒學도 과거에만 집착할 것이 아니라 現代人들에게 쉽게 적응할 수 있는 많은 연구가 필요하다고 역설한다.

『社會가 이렇듯 급변하는데 있어 무작정 전통만 고수한다는 것은 퍽 곤란한 일이지요. 새로운 세계를 개척하면서 전통을 지켜나가도록 해야 합니다.』

그러나 지금까지 儒學이 社會에서 뿐 아니라 學界에서 까지 너무 소외당하고 보니 儒學하면 대체로 고리타분하게들 생각하는 사람들이 많으나 儒學의 깊고 넓은 思想을 이해치 못하는데 연유한 것으로 앞으로 儒學의 참 뜻을 널리 보급하는 일이 시급하다는 主張이다.

이러한 일을 좀 적극적으로 추진해보자는 의도에서 東洋文化研究所를 創設한 것이라는데 이곳에서는 書藝및 東洋語學 全般의 인식을 증가케 하고 書藝및 東洋文化와 不可分의 관계인 語文學을 병행연구하며 이에 관한 연구서적을 出刊하고 會展도 개최할 계획이라고 한다.

또한 한걸음 더 나아가 東洋文化에 관한 연구자료를 수집하여 흩어진 문화유산의 발굴에 힘쓸 예정이며 東洋文化 저변확대를 위한 후진양성에도 전력을 다하리라고 한다.

現在 同 研究所의 理事陣은 金永驥(三樂會 會長), 李炳注(前國會議員), 南廣祐(中央大教授), 裴湙(창덕여고 校長), 金丁鎭(成大・儒學教授), 南澤春(天一TV院長) 諸氏인데 모두가 연구소의 발전을 위해 열심히 봉사하고 있다고.

－東洋文化와 書藝와는 不可分의 관계가 있다고 생각되는데

博士님의 書藝觀은 어떠하신지요?

『心正則筆正(마음이 바르면 글씨도 바르다)』라는 말로 대답할 수 있지요. 柳公權의 이 名言은 역시 예술에 있어서의 윤리적인 면을 重要視한 말입니다.

물론 현대적인 순수藝術觀으로는 別個의 意義를 論하게 될 수도 있으나 書藝를 가치적인 면에서 볼 때 柳公權의 主張은 퍽 타당성있는 말입니다.

요즘은 書藝가 취미로 혹은 인격수양을 위해 가정주부들에게 크게 「어필」하는 것은 땅에 떨어진 倫理再建을 위해 퍽 고무적인 현상이라고 말하는 博士는 이러한 여가선용운동이 전국적으로 파급되었으면 하고 희망하고 있다.

-博士님은 宗教에 對하여 어떻게 생각하십니까?

人間은 미미한 存在입니다. 人間이 자신의 부족을 느끼고 능력있고 위대한 절대자를 추구하는 것은 당연한 일이지요.

이 지구상에는 많은 宗教가 있습니다.

諸 宗教가 각기 특성이 있겠으나 믿는데 方法論的인 차이가 있을뿐 원천적인 근원은 同一하다고 생각됩니다.

그러나 가장 중요한 것은 自身의 가치성을 인식하는 것입니다.

宗教를 儒教的인 측면에서 보면 孔子는 人間의 生命을 神보다 더 重要시 했다. 그래서 人倫을 가장 중요시 했다는 것이다.

왜냐하면 生命體에 內在한 高貴한 人間존엄성을 중요시 했기 때문이라고.

또한 孔子는 人間의 죽음보다 먼저 삶의 의의를 알리고 사람의 지식으로 미지의 神을 섬기는 것보다는 먼저 실존하고 있는 人間

을 잘 섬기는 것을 主張하였다고 한다.

－오늘에 宗教人의 바람직한 자세는 어떠하다고 생각하시며 國家와 宗教와의 관계를 어떻게 말할 수 있는지요?

『저는 모든 국민이 인간본래의 자세로 돌아가야 한다고 생각합니다. 여기에 올바른 인간교육이 실시되어야 하겠지요. 어떻게 말하면 우리나라는 教育不在의 나라라고도 할 수 있습니다. 학생들을 보면 學的으로는 어느 나라의 학생들에 뒤지지 않지만 인격적인 면에서는 말할 수 없이 뒤떨어졌습니다. 그리고 國家의 번영을 위해서는 우선 자신, 가정등 적은 일부터 바르게 하나하나 실천해 나아가는 자세가 필요합니다.』

중국사람들을 보면 어디를 가나 中心과 정신이 똑바로 서 있는데 우리는 그렇지 못하고 있다는 것이다. 국민들 대부분이 민족정신의 지주인 退溪나 栗谷先生에 對하여 無知한 한심스러운 상태인데 이런 병폐를 하루속히 단절시키기 위해 교육의 쇄신과 정신개혁이 先行되어야한다고 강조한다.

閔博士는 최근 들어 정부에서 주체성을 제창하고 이를 庶政刷新의 기본이념으로 하고 있는 것은 퍽 다행스러운 일이라고 말하고 물질문명의 여파로 인한 퇴폐풍조가 범람하고 있는 이때 실천윤리의 실현은 文化維新에 크게 공헌할 것이라고 덧붙였다.

1903년 忠南大德에서 出生한 先生은 경성제대 동양철학과를 졸업하고 40여년 동안 줄곧 강단을 지켜왔는데 해방 후 서울大文理大教授를 비롯, 忠南大學校總長, 서울文理師大學長, 成均館大儒學大學長職 등을 역임한 바 있다.

지금도 젊은이들과의 對話를 즐긴다는 閔博士는 슬하에 五兄弟를 둔 다복한 家長이기도 하다. 1973.2.14 週刊宗教〈 吉 〉

恩師를 찾아서

어버이날에 제자가 스승을 찾았다. 5월 햇살이 고기비늘처럼 반짝이며 부서져 나가는 한강을 지날 때도 키 작은 가로수들이 미풍에도 몸을 뒤채는 강변로를 지날 때도 제자(琴章泰 · 成均館大 · 동양철학)의 마음은 옛날을 달리고 있었다. 그의 손에는 한 송이 빨간 카네이션. 어머니날의 그 포근한 감격은 어디 있는가. 어린이날의 맑디맑은 그 추억들은 어디서 찾을 수 있는가. 함성과 함성이 어우러지는 5월 하늘은 끝이 없는데 스승(閔泰植 · 전 忠南大 총장 · 東洋철학) 댁 층계를 오르는 제자의 발길은 자꾸만 떨렸다. 지난해 학위논문을 지도해 준 교수가 閔 박사의 제자였으니 자신은 閔 박사의 손자뻘 제자라고 한 琴 박사의 말이 노교수를 만나보니 실감이 난다. 스승의 저고리 가슴에 카네이션을 달아드리며 건강을 걱정하는 제자에게 "그냥 그래." 하는 노교수의 대답은 차라리 인생의 물음에 대한 대답처럼 허공에 퍼졌다. 아파트인 데도 열어 놓은 창밖 파란 하늘에 나뭇잎만 나부끼는 게 마치 어느 시골집 안에 앉아 있는 느낌이다.

[정리=表完洙 기자]

琴

저희들의 전통적 가족제도가 대가족제도인데 선생님께서는 5男을 모두 분가시키셔서…….

閔

현대사회에서는 자식들을 같이 데리고 산다는 게 어렵지. 사회구조가 그렇거든. 사회구조가 그렇다고 자식이 노부모와 분가하는 것이 현실적으로 정당화될 수 있느냐는 문제가 제기되기도 하지만 내 경우는 '내가 편하니 너희들 같이 살자'고 강요할 필요는 없다는 생각이야. 노년문제가 사회적 국가적 문제점이 돼 가고 있는 게 사실이야.

琴

서양사회의 문제로만 여겨져 오던 노년문제가 지금은 바로 우리 사회의 문제가 돼 가고 있다는 생각입니다. 해방 후 서양양식을 따르면서 정말 많은 게 바뀌었습니다. 5·16 이후에는 정책적으로 '忠', '孝'를 부각시켰지만 요즘은 다시 비판의 대상이 되고 있습니다.

閔

'忠', '孝'를 내걸고 현대인에게 따르도록 요구한 것은 도무지 이해가 되지 않아. 강요한 것 자체에 무리가 있었던 게지. 그래서 혼란이 온 거야. 다른 사회도 다 마찬가진데 왜 우리만 그러느냐는 생각들을 갖고 있는데 젊은이들에게 납득될 수가 있나. 당시 느꼈지. 도대체 이런 것도 강요해서 되는가 하고. 젊은 세대가 자연스레 납득해야 될 일이야.

琴

가정질서의 수립문제는 모든 가정이 다 안고 있는 문제인 것 같습니다. 정부는 강요만 했지 형식과 의미를 제시하지 못했습니다. 책임 있는 자리에 앉은 사람들이 의미를 충분히 설명하지 못했다는 생각입니다.

閔

체계적인 연구가 없었거든. 역사적으로 그래왔으니까 하는 식의 피상적 방법만 가지고는 현대의 젊은이들을 납득시킬 수 없지. 교육시키는 이들부터 우선 의미를 충분히 납득해야 돼.

琴

'孝' 윤리를 현대에 알맞게 구현하는 데 문제점이 되는 것은 무엇일까요? 中國에서는 어른 앞에서 담배는 피워도 술은 같이 안 마신다고 하는데 우리는 그 반대거든요. 이런 차이는 飮酒나 吸煙 자체에 윤리적 의미가 있느냐에 문제가 있다는 것으로 해석될 수도 있겠습니다.

閔

자식들과 같이 앉아 TV를 보면서도 "담배 피워라." 할 수도 없고 자식들로서도 피울 수가 없지. 사회여건이 허락을 않는 거지. 우리가 수천 년 동안 어떤 의미구조에서 윤리를 지켜 왔나를 반성해 봐야 돼요. 서양에서는 어떻게 지내는가를 살펴봐서 현실적으로 적절한 것은 취해야 되지요. 그것을 우리 것에 가미해서 건전한 방식을 창조해 나가야 되겠지.

琴

본질은 이래서 안 되겠는데 하는 점은 없는지요?

閔

유교철학에서도 불교를 인정해야지. 呑虛 스님도 가끔 말씀을 하시지. "우리 일상생활에서는 유교적인 것이 아주 좋지요."라고. 유교라고 유교 것만 주장해서는 안 되거든.

琴

가정적 질서. 조화가 필요하다고 모든 사람이 말을 하고 있습니다. 그를 위해서는 이해, 존경, 신뢰가 앞서야 되는데 중요한 것은 자식·부모의 의식이 달라졌다는 것입니다. 자식으로서 부모의 판단을 옳다고 따르기 어려운 입장이 생기고 부모로서도 자식의 판단에 신뢰를 갖기 어려운 때가 있습니다. 이런 때 억압, 강요, 저항, 반발 등 부정적 감정이 발생하기 쉬운데 해방 이후 심화되고 있는 가족 안의 갈등요인을 해소할 방법이 없겠는지요?

閔

철학적으로 규명하지 않는다 해도 인간이란 모든 것을 허심탄회하게 보고서 행동을 해야겠지. 종교의 벽을 떠나 眼界를 넓혀야지. 나는 유교인이라면서 기독교를 배척하는 태도는 옳지 않지. "아! 이 점은 좋구나." 하며 남이 지키는 것도 존경할 줄 알아야지요. 배척감정을 해소해야 사회민족이 건전히 나아갈 수 있는 거지.

琴

우리에게 '孝'의 풍속이 정립되지 못한 것은 자녀들이 공손치 못한 점도 있고 부모들이 이끌어 나가는 데도 문제점이 있는 게 아닌가 생각됩니다. 牧民心書에 "관료들의 부정부패는 家法이 안 서 있어서 그렇다."는 말이 있는데 家法이 제대로 서 있으면 물질적 유혹에 쉽게 넘어가지 않을 것으로 여겨집니다. 가정의 법도를 세우는 데 있어 '孝'가 가정적 질서라고 한다면 '하라'고 강요하는 것보다도 부모의 태도가 중요하다고 보겠습니다. 정부의 수직윤리 강요가 비난받는 이유 중의 하나는 정부가 순종을 이용했기 때문이라고 생각됩니다.

閔

부형 하면 첫째 부형으로서 책임감을 가져야 해요. 예전만 해도 부모들이 책임을 많이 졌었지. 그러던 게 지금은 강요만 남고 책임은 안 지는 풍토가 돼 버렸거든.

琴

修身 齊家 治國이란 말도 있습니다만 아무튼 가정윤리는 사회질

서에 영향을 주게 마련인가 봅니다. 부모의 가르침이 자녀와 연결되지 못할 때 청소년 범죄 등 심각한 문제가 야기한다고 보겠습니다.

閔

그렇지요. 무슨 슬로건을 내걸 때도 책임을 안 지면 안 돼. 반드시 실천을 해야지. 윗자리에서 효도를 명령하는 것은 말도 안 돼. '忠', '孝'는 아랫사람들에게만 강요해서는 안 되지. 쌍무적인 것이지 일방적인 것이 아니거든.

琴

삼국사기에서는 부모가 자식에게 절개 지키라고 이름까지 죽죽이(竹竹)라고 지어줬다는 얘기도 있습니다만 요즘 부모들은 자녀들에게 무조건 경쟁에서 이기라고만 몰아붙이는 경향이 있는 것 같습니다.

閔

이겨라 이겨라 하는 데서 혼란이 커지고 있지. 건전한 사회윤리는 우선 부모도 지켜야 해. 나는 무슨 짓을 해도 좋고 너만 잘해야 된다는 것은 옛날 충효사상에도 없어. 내 얘기를 해서 부끄럽지만 큰댁이 옛날에 대부호였었어. 사촌들이 선생님을 모셔다 공부하는 데 나도 거기 끼여 공부를 했었지. 그런데 얼마 안 지나 아버님이 나를 다른 가난한 선생님 집에 맡기셨던 거야. 좋은 옷 입고 공부할 마음이 생기겠느냐는 우려 때문이었지. 나를 맡겨 놓고서 아버님이 우셨다는 걸 나중에야 알았지.

琴

嚴父慈母라고 아버지가 너무 엄해서 자녀가 비뚤어지는 일도 많았는데 요즘은 嚴母慈父가 되어 아버지의 교육적 역할이 크게 후퇴했다는 이야기도 있습니다. 아버지가 자녀의 길을 똑바로 세워주지 못하는 경향이 있다는 이야기입니다.

閔

그건 안 되지요. 자녀를 끌어주되 분명하고 과학적 근거 있는 방법으로 끌어줘야지. 흐리멍덩하게 끌어서 좇아올 이들도 없고 분명한 방법으로 끌어줘야 자식도 맹목적 순종이 아니고 정신적 일치감에 따라올 수 있는 거지.

琴

지금 대학가에서는 사회 각 부문의 개선을 요구하는 젊은이들의 목소리가 높아가고 있습니다. 선생님께서는 일제하, 해방 후 등 격변기에 죽 교단에 계셨는데 젊은 학생들을 가르치면서 학생들의 주장이 격하기도 하고 어긋나기도 한다는 경험을 하셨을 것 같습니다. 그러나 어떤 점에서는 학생들의 문제를 잘못 다루어 온 학교나 문교 당국의 문제점도 지적돼야 하지 않나 하는 생각도 듭니다. 교수들이 불신과 비판의 대상이 되고 있는 현실이 그를 잘 설명해 주고 있는 것 같습니다.

閔

대단히 중요한 지적인데 이끄는 쪽에서 항상 신중해야지. 한 가정에서도 그런 일이 생기면 어른이 밤잠을 못 자는데 하물며 국가 일인데 당국자로서 밤을 지새우고 신경을 써야 할 일이지. 부모가 자녀 이끄는 거나 스승이 제자 이끄는 거나 같은 거지. 아래쪽에서도 끝까지 책임질 수 있는 것만 행동해야 하고. 그러나 무엇보다도 선생들이 떳떳한 입장에 있어야 해. 그래야 학생들과의 대화도 가능하지. 선생이 학생 지도하는 데 어물어물해서는 기대할 게 없어. 지금 대한민국에서 떳떳하게 학생들과 대화할 수 있는 선생이 몇이나 되겠어(이 대목에서 노교수는 특이 억양을 높였다. 자신이 경험한 일이기 때문에 열변을 토한다는 설명까지 붙여가며).

琴

학생들의 주장이 혹 현실과 어긋나는 점이 있다고 해도 그들에게는 순수한 점이 있어요. 그들의 주장을 무리하게 꺾는다는 것은 곧 선비의 기상을 꺾어 버리는 것과 같지 않는가 생각이 듭니다. 그것은 국가의 장래를 위해서도 큰 손실로 여겨집니다.

閔

장소, 시기에 대한 분별과 행동에 완급이 있어야 해요. 책임 있게 행동해야 한다는 얘기야. 그리고 선생들은 학생들과 같이 울게 되면 울어야 돼. 그래야 진보가 있어.

琴

정의를 위한 주장은 예로부터 살아 있는 것 같습니다. 그런데 요즘의 부모들은 자녀가 학교에서 데모를 했을 때 "너의 주장이 뭐냐?"고는 묻지 않고 "다치는데 그만둬라."고 소극적으로만 보는 경향이 큽니다. 그런 부모의 태도는 자식의 기상을 약하게 만들고 이기적 실리적 의식을 불어넣는 그릇된 결과를 초래하게 되기 쉬운 것 같은데요.

閔

시기가 늦었어. 학생들에게는 선생님의 말씀도 부모의 말씀도 이미 안 들리거든. 처음부터 잘못됐어. 6·25 때(閔 교수의 서울大 재직 시) 미아리고개에서는 풋소리가 들리는데 학생들은 학교를 사수하겠다고 나섰으나 교수들은 모두 도망갔던 일이 생각나네. 그때 북아현동집 어머님에게 돌아가 보니 옆집에 살던 李起鵬 씨(당시 서울시장)는 노모를 집에 남겨 놓은 채 처자만 데리고 이미 피난을 떠났더군. 나중에 그 사람(李起鵬 씨) 잘못되는 것 보고 그때 일이 자꾸 생각나더구먼.

琴

요즘도 글을 쓰시는지요.

閔

쓰긴 쓰는데 건강이 많이 후퇴했어. 작년에 받은 腸수술이 아주 고약하더군. 그러나 노인이 되면 사생활도 달관해야지. 이거 죽으면 어떡하나 하는 생각 가져서야 안 되지.

琴

孟子 말씀대로 지금이 以身殉道할 때가 아닌가 생각됩니다. 선생님.

(閔 박사와 琴 교수 간의 훈훈한 대화에서 변모한, 그러나 건강한 長幼有序의 질서를 피부에 닿을 듯 느꼈다면 지나친 감수성일까.

제2대 젊은 제자의 건전한 윤리관을 믿음직스럽게 받아들이면서 변천하는 한국 사회질서 속에서 가정倫理의 健全性과 그것을 바탕으로 한 발전 변모해 나아갈 한국 가정의 건강에 대해서 힘 있게 낙관을 하는 閔 박사.

여기에서 한국사회의 병든 局面보다는 건강한 사회발전에서 폭넓은 世代 간의 複合的이고 多元的 교호기능이 이루어져 자라나는 새로운 세대들에 '孝'의 시대적 의미를 일깨워 줄 수 있는 가능성이 엿보이는 듯했다. 1980. 5. 10. 경향신문

性德道報記事

現代에 있어서 道義精神이 날로 頹廢하여 가는데 그 近因과 遠因을 다음과 같이 말하고 싶습니다. 近因은 사람들이 자체적으로 知性이나 德性을 鍊磨하고 涵養하려는 努力이 不足한 것이요, 遠因은 教育的인 面에서 道義精神 昂揚에 對한 國家의 施策이 缺如된 까닭이라고 봅니다. 이와 같은 國內的인 與件 이외에 또한 歐美의 華麗한 外來思潮가 急激히 侵襲하는 데도 그 影響이 크다고 하겠습니다.

이에 대한 救濟策으로는 現行하는 教育의 內容을 改良하여야 된다고 생각합니다. 그 具體的인 方案으로 初·中·高 乃至 大學에 이르기까지 生活을 통한 道義實踐에 留意하고 이를 知的으로 理解하여 確固한 信念을 가지도록 하여야 할 것입니다.

또한 國家에서는 社會환경의 淨化에 積極 努力하여 一般國民으로 하여금 煽情적인 頹廢한 思潮에 感染되지 아니하도록 特히 留意하여야 할 것입니다.

以上과 같은 일을 推進하는 데는 全的으로 道義昂揚을 擔當하여 指導的인 役割을 할 수 있는 特設機關이 있어서 不斷히 研究하여야 하며 이를 바탕으로 國家나 社會 또는 個人이 相互協助하여 一體가 됨으로써 비로소 道德光明의 前途가 열릴 줄로 생각하는 바입니다.

【7부】

강연 · 강의

儒學의 教育理念에 對하여

一. 教育의 基本理念

儒學에서 생각하는 人間의 位置는 항상 宇宙自然과 對等한 位置에 서게 된다. 自來로 人間은 自然인 天과 地와 並稱하여 天地人 三才라 하는 것도 이 까닭이다. 同時에 人間의 價値를 規定하는 데 이르러서도 人間이 廣義的으로는 自然 속의 한 存在에 不過한 것이지마는 人間은 永遠히 人間으로서의 秀拔한 精神力과 特異한 行動力을 保有한다. 이것이 곧 사람은 만물 가운데에서 가장 靈貴하다 - 萬物之中 惟人最貴 - 는 것이다. 이러한 精神力과 行動力이 渾然히 一體가 됨으로써 人間의 인간다운 活動을 可能케 한다.

이와 같은 活動은 사람의 行動에 있어서 이를 行爲의 動機, 過程, 結果의 세 段階로 分離하여 說明할 수 있으며 各其裏面에는 반드시 善과 惡의 動念이 끊임없이 交錯됨을 體認할 수 있다.

이 善·惡의 두 系列에서 儒學敎育의 取하는 태도는 - 一般的으로 다른 敎育에서도 그렇지마는 - 물론 善한 面을 啓發하는 것이니 이 善한 系列에 속하는 心性과 行動은 이를 積極 涵養持續하는 데 專力하는 것이며 이에 反하여 惡한 系列에 屬한 것은 이를 最後까지 排除하는 데 努力하는 것이다.

이와 같은 活動이 儒學敎育의 基本的인 理念이다. 自來로 聖哲들은 이 人間의 基本理念을 土臺로 함으로써 論學의 本旨로 삼는 것이니 人生問題 解決에 있어서도 向善除惡하는 것이 第一義的인 것은 論할 필요도 없는 것이다.

孔子는 仁은 사람을 사랑함이라고 하여 人間行爲의 基本理念으로 하였고 孟子는 仁과 義를 提唱하여 生活規範의 焦點으로 하였다. 이에서 仁과 義는 善心을 誘發하는 源泉이며 德性의 總體的인 槪念을 表示하는 것으로 人間生活의 全體를 對象으로 하는 儒學敎育은 또한 德性涵養과 아울러서 知性의 鍊磨, 感性의 調和, 意志의 鍛鍊도 均平하게 綜合的으로 考慮되는 것이라고 할 것이다.

論語 憲問에 보면 知者는 不惑하고 仁者는 不憂하고 勇者는 不懼한다고 하였는데 이것은 知仁勇의 세 가지 方面에서 德性의 效果를 明示한 바이며, 後儒가 이에 注解하기를 不惑은 審物明辯이며 不憂는 樂天知命이며 不懼는 定心致公이라고 한 것은 知·情·意의 意義를 實踐面에서 究明한 것이라 할 것이다.

이런 뜻에서 善의 槪念과 仁의 意義가 心性을 涵養함에 局限되는 것처럼 解釋함은 儒學敎育의 本意를 徹底히 理解하였다고 할 수 없을 것이며 仁이니 義니 하면 이 가운데는 知情意의 槪念

도 동시에 包括된 것이라고 함이 穩當하지 않을까 한다.

二. 教育의 方法

儒學에서 보는 人間은 宇宙自然 中에서도 最高의 位置에 있는 만큼 別로 絶對的인 信仰의 實體는 認定하지 아니한다. 다만 畏天命하며 敬鬼神而遠之할 뿐이요 絶對的인 存在는 오히려 人間自體이다. 그러나 人間의 活動舞臺는 宇宙이고 唯一한 伴侶者는 自然이며 自然과 調和하여 自然을 좋아하므로 곧 樂山·樂水하는 自然과 一體이다.

그렇기에 教育方法에 있어서도 人間 各者의 個性을 尊重한다. 以上에서도 말한 바와 같이 孔子思想의 主體가 되는 仁의 問題를 說明하는 데 있어서도 人間의 個性과 處地에 따라 教導의 方法을 달리한다.

孔門의 特出한 弟子인 顔子에 對하여서는 仁은 人間이 自己의 私慾을 克服하고 行爲의 規範인 禮의 精神에 歸一하며 調和하여야 한다고 答하였고 다른 門弟子인 樊遲에게는 仁은 사람을 사랑함이라고 教誨하였다.

이와 같이 人間性의 本質에 따라 教育의 方法을 講究한다. 이에 根據하여 教育의 平等論을 提唱한 것이니 - 有教無類 - 宋時代의 朱子는 이에 대하여 註釋하기를 사람은 누구든지 善한 境地에 復歸할 수 있다 - 人皆可以復於善 - 라고 하였다. 이와 같이 人間의 本質에 應하여 教育을 實施하는 것이며 그 方法이 또한 매우 啓發的인 것이다. 그러므로 被教育者의 立場을 無視하는 일은 될 수 있는 대로 이를 避하는 까닭에 强制的이거나 注入的인 指導方法이 아닌 것이다.

그렇기에 被敎育者의 自發的인 奮發이 아니면 孔子 自身도 이를 어찌할 수 없다고 할 것이니 – 子曰 不曰如之何 如之何者 吾末如之何也已矣 – 즉 人間本性에 따라 指導育成하는 責任은 敎育하는 사람에게 있지마는 自我를 發見하고 自我發展을 圖謀하는 努力은 人間 各者에 있다는 것이다.

이 外에도 指導方法으로서 朋友擇善과 處仁遷義하는 一種의 環境을 美化하고 純化함으로써 敎育의 效率을 間接的으로 向上시키는 것도 儒學의 敎育方法에서 看過할 수 없는 좋은 方案이 아닌가 한다.

三. 敎育의 目的

敍上한 理念과 方法으로써 이루어지는 敎育活動의 成果는 個人의 人格完成과 이 人格의 所有者가 基本要素가 되어 理想的인 社會 理想的인 國家를 形成하고 나아가서는 世界發展에 貢獻하는 것이다. 이에서 文化는 創造되며 歷史는 빛나는 것이다.

이 끝없는 敎育活動이 進展되는 가운데 人間社會의 發展에 支障이 되는 점을 發見할 때에는 從來의 活動은 止揚되어야 하고 새로운 方法과 目標로써 優秀한 文化創造에 邁進하는 것이니. – 日新 又日新 – 이에서 文化는 永遠히 發展한다. 이 理想이 儒學에서 생각하는 敎育의 目標이다.

儒學의 教育精神

一. 自然觀

儒教는 仁을 基本理念으로 하여 道德世界를 이룩하는 데 주안이 있지마는 동시에 인간이 처하고 있는 自然의 環境과도 무한히 접촉하며 渾然一體가 됨으로써 영구한 生의 育成發展을 끊임없이 營爲하는 가운데 活力을 얻는 것이다. 그러므로 사람은 自然 속에서 生活하며 無限한 喜悅을 스스로 느끼는 것이다.

四時가 運行하고 百物이 長養함을 보고는 季節이 循還함을 鑑賞하며 江河의 滔滔함과 山嶽의 巍巍함은 樂山樂水의 淸越한 雅趣를 도발하는 것이니 이 얼마나 浪漫的인가!

儒教는 高淡한 眞理나 繁瑣한 禮義만을 논하는 것으로 能事를 삼지는 아니한다. 守持堅確한 가운데도 萬物同樂하는 佳興을 즐길 줄 아는 것이다.

孔子가 川上에서 물의 흐름을 보고 "가는 것은 이와 같도다. 晝夜로 쉬지 아니함이여!" - 子在川上曰 逝者如斯夫 不舍晝夜(子罕) - 라고 말하였는데 程子는 이 뜻을 다시 설명하기를 "이는 道의 本體를 말함이니 天道의 運行은 그치지 아니하여 날이 가면 달이 오고 추위가 가면 더위가 오는 것이다. 물은 흘러 쉬지 아니하고 만물은 生하고 生하여 끊임이 없으니 모두 道를 本體로 하여 밤낮으로 돌아 일찍이 그침이 없는 것이다. 이러므로 군자는 그 자연의 법칙에 따라서 스스로 힘쓰나니 조금도 머무르지 아니하느니라." - 程子曰 此道體也 天運而不已 日往則月來 寒往則暑來 水

流而不息 物生而不窮 皆與道爲體 運乎晝夜 未嘗已也 是以 君子法之 自强不息(集註轉引) - 라고 하였고

孔子의 門弟子인 子路, 曾晳, 冉有, 公西華가 한자리에 있을 때에 孔子는 각각 그 所願하는 바를 물었다. 이 가운데 子路를 비롯하여 冉有와 公西華는 평소부터 생각한 출세에 대한 포부를 말하였지마는 최종으로 曾晳만은 조용히 다음에 보인 바와 같은 風雅한 뜻을 진술함으로써 공자의 許與함을 받은 바 있다. 즉 "늦은 봄에 봄옷이 다 마련되었거든 어른과 어린아이가 다 같이 모여서 沂水에서 목욕하고 舞雩에서 바람 쏘이다가 詩를 읊으며 돌아오겠다." - 暮春者 春服旣成 冠者五六人 童者六七人 浴乎沂風乎舞雩 詠而歸(先進) - 라고 하였다. 이에 대한 解意로는 "吾與點之志善其獨知時而 不求爲政也(正義)"라고 하여 공자가 曾晳을 칭찬한 뜻은 그 時勢의 不合함을 알고 政治에 뜻하지 아니한 데 있었다는 것이며 後日 程子의 演述한 것으로는 "공자의 뜻하는 바는 老者를 편안케 하고 朋友를 믿게 하며 少者를 사랑하여 萬物로 하여금 언제나 그 本性대로 이루어지게 하는 데 있다. 曾晳은 이 뜻을 잘 이해한 까닭에 孔子가 특히 許與하여 感歎한 것이다." - 孔子之志 在於老者安之 朋友信之 少者懷之 使萬物莫不遂其性(集註引) - 라고 하였다.

이로써 보면 正義와 程子의 해석은 그 趣意를 매우 달리하고 있다. 前者는 現實的이며 後者는 理想的이다.

孔子는 現實을 尊重히 하면서도 理想에 充實히 함을 가장 貴하게 여기는 것이니. 春秋當時에는 政權確保에만 汲汲하던 部類들이 橫行하였던 만큼 曾晳의 優遊自適한 餘裕 있는 氣象을 더욱 稱揚한 것이라고 할 것이다.

二. 生活教育

어느 民族이나 그 文化의 程度는 그들 자신이 運營하고 있는 教育의 內容이나 이에 따르는 實踐의 效果로서 잘 알 수 있는 것이다.

儒學에서는 教育의 뜻을 다만 學이니 혹은 教니 하는 用語로 이를 表現하였던 것이다. 經典에 보인 바로는 論語에 "배워서 때로 익히면 또한 기쁘지 아니한가." – 學而時習之 不亦說乎(學而) – 라고 하였으니 이는 學問에 從事하는 일이 人生에 있어서 얼마나 중대한 것임을 일깨운 말이라고 할 수 있고.

孟子에는 "가르침을 게을리 아니 함은 仁이라." – 教不倦仁也(公孫丑上) – 라고 하였으며 또한 "배우기를 싫어하지 아니함은 지혜로운 것이니라." – 學不厭智也(上同) – 라고 하였으니 이는 곧 教와 學은 人間의 道德的인 仁의 精神을 涵養하는 것과 明哲한 智를 啓發하는 것이 教育의 重要한 課題임을 보여준 것이라고 할 것이다.

禮記에 이른바 "가르침과 배움을 先務로 삼는다." – 教學爲先(學記) – 라는 말이 참으로 緊切한 것을 이에 더욱 알 수 있다.

教育에 關한 內容을 널리 經典에서 찾아보면 그 範圍가 얼마나 廣範한가를 잘 알 수 있다. 즉 教以化之(詩經) 教以人倫(孟子・滕文公上) 教民相愛(禮記) 教以孝 教以悌(孝經) 教之以孝弟睦友子愛, 教以慈睦 而民貴有親, 教之以敬長 而民貴用命, 教以婦德 婦言 婦容 婦功(禮記) 등은 個人의 修養으로부터 家族倫理와 社會道義에 關한 것이며, 또한 教之稼穡(周禮)나 教之樹畜(孟子盡心上)은 經濟의 方向을 提示하였고, 教之詩(周禮・春太師)나 教之鄉飮酒之禮(禮記・鄉飮酒)는 國家의 交聘이나 社會의 交歡을

奬勵한 것이며 敎之以政과 敎民不忘本(禮記) 및 敎民親愛(孝經)는 政治의 本源을 밝혀 준 것이라 할 수 있다.

敎之乘車射御驅侵과 敎之以軍旅(左傳)는 國防에 관한 敎育에 致力할 것을 警醒한 것이라 할 것이다. 이로써 古典에 보인 敎育과 人間文化의 關連性이 매우 중요한 것을 可히 알 수 있다.

三. 指導方針

敎育實踐으로서의 學의 意義를 考究하여 보면 "斅 覺悟也"(說文)라고 하여 깨달음의 뜻이다. 個人의 知性啓發과 無限한 努力의 代價로서 覺醒됨을 밝힌 것이며 또한 "學之爲言 覺也 以覺悟所未知也"(白虎通)라고 하였으니 사람이 알지 못한 것을 깨달아서 아는 데까지 이르게 하는 活動이다.

그런데 이 노력의 과정은 다만 個人의 獨自的인 活動에만 局限하는 것이 아니라 반드시 他力에 의한 指導를 절대로 요청하는 것이니 환언하면 自他의 힘을 結合함으로써 비로소 完美한 成果를 期할 수 있는 것이다.

敎育用語로 말하면 被敎育者와 敎育者의 힘이 渾然히 一致됨으로써 理想的인 敎育이 實現될 수 있는 것임을 말하는 것이니 이것이 곧 儒學에서 高調하는 敎育의 主旨인 바 人類生活의 重要한 指針이 되는 것이다.

그러므로 儒學에서 말하는 敎育은 理想과 實踐에 充實할 때 비로소 그 眞價가 發揮된다고 할 것이며 이에 의하여 人類의 文化는 더욱 深厚精博한 高度의 進展을 기하게 되는 것임을 明言할 수 있을 것이다.

이와 같이 豊裕하고 健實한 教育精神은 現代教育에 대하여서도 많은 기여가 될 것을 附言하고자 하는 바이다. 따라서 教育者가 被教育者의 努力하는 誠意를 더욱 격려하고 유도하는 方法으로 啓發하는 妙가 있으니, 즉 論語에 보인바

"공자께서 말씀하시기를 알려고 분발하지 않으면 깨우쳐 주지 않으며 표현하려고 애쓰지 않으면 일러주지 않으며 한 모퉁이를 가르쳐 세 모퉁이를 알아채지 못하면 더는 가르치지 아니하니라." - 子曰 不憤不啓 不悱不發 擧一隅 不以三隅反 則不復也(述而) - 라고 하였다. 이에 대하여 古注를 詳考하면 憤者는 心思其意나 未得之貌요 悱者는 口欲有所語나 而未能達(皇疏)이라 하였다.

이것은 어디까지나 被教育者의 自力으로 생각하는 마음과 말하고자 하는 精誠이 있어야 하는 것을 表示한 것이니 程子의 이른바 不待憤悱而發하면 則知之不能堅固하고 待其憤悱而後에 發하면 則沛然矣라(集註)라고 한 것과 같이 眞正한 教育活動은 먼저 被教育者의 努力이 先行되어야 하고 그 다음에 教育者의 指導와 勸奬이 뒤따라야 됨을 主張한 것이니 儒教經典의 親切 丁寧한 것을 새삼 경탄하지 아니할 수 없다.

이와 같이 人間의 自己努力을 통하여 德性涵養과 知性啓發과 實踐方案이 兼全한 教育方法은 永遠히 教育綱領으로 留意되어야 할 것은 물론이며 비단 儒學教育에서뿐만 아니라 各界에 널리 活用되어야 할 것이다.

儒教에서 본 生의 意義

儒學의 基本理念은 孔子 以前부터 이미 社會的으로 널리 實踐되었던 것이다. 다만, 孔子의 誕生을 契機로 하여 儒學思想은 人間의 正道를 밝혀주는 同時에 한 嚴正한 教理로서 發展하기에 이른 것이다.

孔子는 人間性의 本質이 "人間相互는 말할 것도 없거니와 萬物을 다 같이 사랑할 줄 안다."는 点에 特異한 關心을 가지게 된 것이며 이를 特히 '仁'으로써 表示한 것이다.

그러므로 人間을 單純한 生物的인 것만이 아니라 착하고 아름답고 슬기롭고 眞實한 일을 行할 줄 아는 尊貴하고 特異한 存在로 認定하는 데 이른 것이니 이에서 人間의 尊嚴性을 確立하고 社會의 諸般 矛盾을 匡正하며 人間社會의 大道를 闡明하는 데에 始終一貫한 것이다.

이러한 原理에 立脚하여 人類는 恒常 平等한 生의 즐거움을 享有할 수 있고 無窮한 發展을 期할 수 있는 特殊한 本性과 自由를 保持하고 있다는 것이다.

그리하여 孔子는 過去의 聖哲이 先王들의 相傳하는 中道를 尊重하며 孝友의 理念을 根本으로 삼은 것이다. 그리고 恒常 溫(和厚), 良(易直), 恭(莊敬), 儉(節制), 讓(謙遜)한 態度로써 修, 齊, 治, 平의 道를 論하고 萬民同調의 大同世界를 實現하려는 希望을 그 唯一한 目的으로 한 것이다.

孔子는 歷史가 있은 以後로 人類의 師表로서 尊崇을 받았고 教學의 方法을 啓示하였으며 人間生活의 細密한 곳과 社會造成

의 廣汎한 일까지도 專力하지 아니한 것이 없다. 이러한 뜻에서 儒學思想은 孔子를 기다려서 비로소 그 實을 거두게 된 것이라 할 수 있다.

孔子 以後에는 時代의 變遷을 따라서 儒學思想도 그 進展하는 樣相을 달리하였고 다른 思想과의 對峙에 있어서 取捨의 方法도 多少 變貌되었다 하겠으나, 그 淵源은 恒常 孔子의 中心 思想을 떠나서는 儒學의 本 모습을 維持하지 못하였던 것이다.

孔子의 儒學思想은 人間을 主로 하였고 人間에 對하여도 그에 賦與된 人間性의 本質을 究明하는 데에 置重한 것이니, 이 努力이 儒教哲學의 가장 中心되는 点이다.

그러기에 儒學思想을 全般的으로 論할 때에 그 源頭處에 疎忽히 하면 이는 다만, 그 形式的인 面만을 煩說하는 데 不過한 것이라 할 것이다.

孟子가 孔子의 思想을 理解함에 있어서도 다음에 보인 詩와 아울러 그에 對한 孔子의 贊辭를 引用하였고 이로써 孔子의 中心思想인 '仁'의 根據를 밝혀냈던 것이니, 그 詩와 讚辭는 이러하다.

"하늘은 여러 民衆들을 날 때부터 쓸모가 있게 하여 준 것이니, 美德을 지니고 또한 이를 즐기게 하였더라."

天生烝民 有物有則 民之秉彛 好是懿德(詩經 大雅 烝民)

－秉順也 彛常也－

"이 詩를 지은 사람은 참으로 道를 잘 안다고 할 것이다."

爲此詩者 其知道乎－孔子의 讚辭－(孟子, 告子上)

이와 같은 詩, 이와 같은 讚辭는 과연 무엇을 뜻하는 것일까? 이 点이 가장 注目되는 것이며 孔子의 人間性에 對한 觀察은 이 詩를 鑑賞하는 데서부터 그 眞意를 把握하게 되는 것이다.

宋의 朱子는 이에 다시 詳解하기를

"物事也 則法也 …… 懿美也 有物必有法 如有耳目 必有聰明之德 有父子 則有慈孝之心 是所秉執之常性也 故人之情 無不好此懿德者 以此觀之 則人性之善可見"(集註)

이라 하여 詩의 本旨를 밝혔다. 이 集註를 다시 쉬운 말로 풀어보면,

"人體의 聽覺(耳)과 視覺(目)에 보고 들을 수 있는 能力(德)이 賦與되어 있는 것과 같이 父子의 關係(道理)에 있어서는 慈愛와 孝誠의 情感이 本能力으로 交流되는 것이니."

이 같은 自然 發生的인 善美한 意識과 智慧로운 性情이 基本理法이 되어 仁의 本質을 形成하고 諸般 美德의 核心을 이룬다는 것이다. 그러기에 論語에 明示되기를

"仁은 과연 사람에게서 멀리 떨어져 있는 것일까? 人間自身이 仁을 하고자 하면, 이 仁이 곧 이르느니라."

仁遠乎哉 我欲仁 斯仁至矣(述而)라 하였고, 後日에 이를 다시 註解하여

"仁道는 먼 것이 아니니 사람이 善한 方向으로 생각할 수도 있고 또한 善한 데로 實踐할 수 있다는 것은 그 原動力이 自我에 內在한 까닭이니 어찌 나와 멀다고 할 것인가?" 하였으며, 古註에 依하면

"此章 言仁道不遠 行之卽是 卽斯仁至矣 是不遠也"(注疏)라 하였다.

그리고 孟子의 仁說에 依하면

"仁이 곧 사람이다."

仁也者人也(盡心下)라 하였으니, 이 註에 더욱 緊切한 表現으로

"仁이란 것은 사람이 사람 된 까닭의 理니라."

仁者 人之所以爲人之理也(集註)라 한 바와 같이 이는 곧 사람은 理性인 仁이 없으면 人間이 될 수 없음을 强調한 것이다.

그러므로 仁이 具顯되는 心理的 過程을 살펴보면

"仁은 사람의 마음(心)으로부터 나타나는 全德(智, 情, 意)이니 外來的인 刺戟과 衝動보다는 內在的인 靈感과 省察에서 얻은 힘이 重要한 것이다. 즉 自我에 內在한 仁의 作用을 活發하게 할 수 있는 故로 멀다고 아니 하는 것이다."

仁者心之德 非在外也 放而不求 故有以爲遠者 反而求之 則卽此而在矣 夫豈遠哉(集註)라고 論한 것이다.

以上과 같이 註疏는 實踐倫理를 究明하는 데 充實한 것이라 하면 集註의 主張은 學問的인 理論을 體系的으로 理論化하는 데 더욱 精彩를 發揮하였다 할 것이니, 前者는 質實剛健한 人性의 本源을 밝힌 것이며, 後者는 流麗暢達한 論理的 正統을 樹立하는 데 大功이 있다 할 것이다.

勿論, 前後 兩者의 論旨는 그 表現하는 方法에 있어서의 差異는 있다고 할 것이나, 人性의 仁한 面을 闡明한 点에 이르러서는 同一하다고 아니 할 수 없다.

人性은 人生哲學의 本源이 되며 多樣的인 問題解決의 始發点이 되는 만큼 聖賢들이 이의 規定에 對하여 論議한 바가 가장 많다.

孔子는 그 人性論에 있어서 다시 明言하기를

"性相近也 習相遠也"(論語, 陽貨)라 하여 人性의 本質은 普遍的으로 매우 類似한 것이나, 衝動的인 外來的 感染으로 因하여 本然의 樣相과 멀어지게 된다 하였으며, 또한 人性의 特出한 点

만을 더욱 確徵하는 뜻으로

"人之生也 直"(論語, 雍也)이라 하여 사람은 날 때부터 이 直한 本性을 지녔다고 한 것이다.

이 '直'字는 단 한 글자로써 人性의 本質을 매우 簡明하게 表現한 것인지라, 淸儒, 劉宗周는 本文의 뜻을 演述하여 말하기를

"擧人性 而歸之直 此夫子之道性善也"(徐英 編 論語會箋 p.83)라 하여 人間은 生할 때부터 直한 것이라는 뜻이니, 이는 곧 夫子의 性善說을 明白히 한 證左라고 한 것이다.

그러므로 上記한 '好是懿德'이나 '我欲仁 斯仁至矣'나 '性相近也'나 또는 '人之生也 直'을 綜合的으로 推理 檢討하여 보면 聖人의 人性에 對한 徹底한 論理의 切實 明確함에 敬畏하지 아니할 수 없는 것이다. 1977. 5. 20 忠南大學校 開校25周年紀念招請講演會

近代哲學의 時代的 特色

一. 時代概觀

近代哲學의 發展을 考究하려 하매 그 思想傾向으로 보면 儒・道・佛 三敎의 轉換期인 同時에 이 三敎가 互相 影響함으로써 儒學의 새로운 發展을 加하게 된 것이다. 즉 儒學은 哲學的으로 考察하여 理論的인 體系를 樹立함에 있어서 表面上 儒, 道 兩敎에 對抗하는 듯하였으나 隱然中 佛敎와 道敎 영향을 받으며 新興儒學의 活氣를 보이고 從來 思想이 많이 人倫道德을 基本으로 하는 實踐哲學이었음에 對하여 理論的인 傾向이 많았고 體系化하려는 努力이 컸다 할 것이다. 이것이 近代哲學의 特色이며 宋明理氣之學이라 稱하여지는 所以이다.

그런데 近代思潮의 發展段階史上 區分으로 보면 또한 다음의 三期로 나눌 수가 있다.

北宋→宋太祖의 天下統一로부터 徽宗, 欽宗이 金에 人質이 되었을 때까지 百四十八年間.

南宋……高宗의 江南臨安(浙江省)에 南渡하였을 때로부터 恭帝가 元에 잡혔을 때까지 百三十八年間.

元・明兩朝 三百八十年間.

이 세 時代에 있어서 北宋은 唐代에 盛行하던 道佛 二敎에 對抗할 만한 哲學的 思索期라 하면 南宋은 그 完成期라 할 것이며 元・明은 그 衰退期라 할 것이다.

韓愈가 極力斥佛한 以來 儒學派에 있어서는 佛敎와 對抗하는

程度가 甚하여졌음에 不拘하고 그 結果에 있어서는 佛教派의 思索方法을 取하게 되었고 特히 當時 佛教宗派를 代表하던 禪學의 流風을 折衷한 바 적지 아니하였다.

그리하여 儒學으로 하여금 그 研究的 精神을 刺戟한 것이 따라서 그 內容이 더욱 豐富하여졌고 더 思辨的이었으며 從來의 儒學에 恒常 日常生活에 있어서의 實踐道德에 注力한 데 對하여 理論方面에도 매우 發展하게 된 것이 宋代 儒學의 特色이었다 할 것이다.

또 그 위에 道教流派의 主要한 問題까지도 攝取研究하여서 儒學中心의 宋代哲學이 形成된 것이며 唐代로부터 提唱實踐되어 온 三教合一이 이에 이르러서 비로소 交流混合되었다 할 것이다.

儒教를 中心으로 한 佛, 道 兩者와의 交流된 實例로서 첫째로 宋代 倫理思想의 基本이 되는 復性說의 由來를 考察하여 보면 以上에서도 이미 말한 바와 같이 儒佛의 合流인데 이 復性說은 特히 禪宗의 影響을 받은 바 큰 것이다. 즉 禪學의 要諦를 說明할 때같이 사람의(聖人의) 心理狀態를 明鏡에 比喩하여 心體(性)의 虛明遍照를 提示하였고(明眞見性) 六祖壇經 中에 보인 神秀의 喝을 보면 "몸(身)은 菩提樹, 心은 明鏡臺와 같으니 時時로 拂拭을 힘써서 塵埃를 일으키게 하지 마라."

또 慧能의 喝에는 "菩提가 원래 나무(樹)가 아니며 明鏡이 또한 臺가 아니니 本來 一物도 없는 것이니 어찌 塵埃인들 씻어 버릴 겨를이 있으랴."

神秀題壁說: "身是菩提樹, 心如明鏡臺, 時時勤拂拭, 莫使惹塵埃!" 慧能聞之, 亦作一偈說: "菩提本無樹, 明鏡亦非臺, 本來無一物, 何處惹塵埃?"……(中哲通論三一三頁)

拂塵者, 卽彼本偈云: "時時須拂拭, 莫遣有塵埃" 是也. 意云: "衆生本有覺性, 如鏡有明性, 煩惱覆之, 如鏡之塵. 息滅妄念, 念盡卽本性圓明, 如磨拂塵盡鏡明, 卽物無不極."(圓覺經大疏鈔卷三之下, 續藏經第一輯第一編第一四套 第二冊頁二百零四) 馮氏中哲史 七八一－七八二

註(一) 禪宗中所傳述之禪宗歷史, 以爲此宗直受釋迦佛之心傳, "以心傳心, 不立文字."(相傳達磨答慧可語) 傳至菩提達磨乃至中國. 達於梁武帝時至中國, 爲中國禪宗之開創者, 爲中國禪宗之初祖. 達磨傳慧可爲二祖, 慧可傳僧璨爲三祖, 僧璨傳道信爲四祖, 道信傳弘忍爲五祖. 五祖後禪宗分爲南北二宗, 北宗以神秀(宋高僧傳云: "姓李氏, 今東京尉氏人也.……以神龍二年'西歷七○六年'卒)爲六祖, 南宗以慧能爲六祖, 此外旁出分歧者, 派別甚多"

註(二) 壇經云: "善知識, 何名坐禪 此法門中, 無障無礙, 外於一切善惡境界. 心念不起, 名爲坐, 內見相性不動, 名爲禪, 善知識, 何名禪定. 外離相爲禪, 內不亂爲定, 外若著相, 內心卽亂, 外若離相, 心卽不亂, 本性自淨自定, 只爲見境思境卽亂. 若見諸境心不亂者, 是眞定也. 善知識, 外離相卽禪, 內不亂卽定, 是爲禪定."(大藏經卷四八頁三五三)

이와 같이 實例로써 禪宗의 說心說性하는 方法이 宋明 儒學에 影響된 바는 可히 證明될 것이다(僧肇以明鏡喩修養成就之人之心理狀態. 莊子亦言 "聖人之用心若鏡" 以後宋明道學家, 常用此喩. 僧肇維摩經注云: "夫以道爲道, 非道爲非道者, 則愛惡並起, 垢累滋彰. 何能通心妙旨, 達平等之道乎 若能不以道爲道, 不以非道爲非道者, 則是非絕於心, 遇物斯可乘矣. 所以處是無是是之情, 乘非無非非之意. 故能美惡齊觀, 履逆常順. 和光塵勞, 愈晦愈明. 斯

可謂通達無礙，平等佛道也."(卷七) 南北朝時，以老莊之學，解釋佛學者，多就同有無，合動靜，一人我，諸題發揮. 而對於莊子之‘彌貫是非’之義，則少有談及者. 僧肇此段，實就莊子齊物論齊是非之義發揮，以解釋佛經. －馮友蘭中哲史下六八五頁 宋明道學家謂聖人之心，寂然不動，感而遂通，卽用此等意思. 不過僧肇此等講法)－仝上六八四頁

이로써 儒佛의 關聯된 것을 알 수 있으며 復性說의 由來와 宋明道學家의 淵源된 바도 더욱 밝힐 수 있는 것이며

다음으로는 儒學과 道敎와의 相互關係를 보면

『咸山雲臥記談』에 朱子가 張橫浦 道謙二禪師에 參禪하였다는 것. 朱子는 三十五六才까지 佛敎를 硏究하였다는 것.

陸象山도 道謙에 나아가서 參禪한 事實이 朱子門人 陳北溪의 『性理字義』에 보임.

道敎의 大成者인 莊子는 聖人의 用心이 거울과 같다(聖人之所心若鏡) 하였으니 이것이 禪宗에서 말하는 心性의 解釋과 同調임은 勿論이려니와 馮氏도 이 点을 認定하였고 禮記 樂記에 사람이 나면서부터 靜한 것은 天의 性이라(人生而靜，天之性也) 하였는데 王弼이 이에 注解하기를 ‘靜’은 ‘天地의 心’이며 또한 ‘性’이라 하였고 王弼은 또한 이에 根據하여 易의 復卦를 解說하였다. 老莊의 敎理를 中心으로 儒學經典을 解釋한 王氏의 ‘性’에 對한 說明이 이와 같았고 李翺의 復性書三篇은 中庸의 解釋이 그 主體이나 그 復性說은 도로 王氏의 系流에 屬한 것이며 老子의 所謂 ‘嬰兒復歸’나 ‘無極에 復歸한다’는 思想을 攝取하였다 볼 것이다. 더욱이 程子가 復性，定性，復初說을 提唱한 것이나 朱子에 이르러서는 以上의 諸說을 大成한 것이다.

이 여러 傳統을 綜合하여 볼 때 宋代哲學은 儒學이 중심이 되어 佛·道 兩教를 攝取하여 展開되었다는 所以이다.

宋代儒學이 道佛兩教와 不知不識間에 混和됨으로써 從來의 儒學思想이 恒常 '日常生活에 根據를 두고' 實踐的이며 常識的이었음에 반하여 思辨的이며 理論方面에 매우 致力한 傾向이 많았었다. 이 結果로 超現實的인 問題를 研究의 對象으로 取扱함을 主眼으로 한 것이다. '日常生活을 基本으로 하는 社會問題와 같은 것은' 卽 宇宙의 生成, 實在의 本質, 心性의 內容, 知識과 行爲와의 關係 等 모든 形而上的이며 內觀的인 問題解決에 充實한 것이 宋代哲學思想의 特色이라 할 것이다.

二 儒學의 獎勵와 新思想의 成長

漢唐 以後로 治世에는 大概 儒學思想을 政治, 社會, 文化 各組織의 基本理念으로 하고 實踐에 옮긴 形跡이 많았으며 亂世에는 道佛思想을 中心으로 하여 人心의 依歸할 바를 찾고 國家社會의 秩序를 維支한 事實이 적지 아니하다.

宋初에 들어와서도 歷代의 創業帝王들의 前例에 따라서 太祖는 먼저 儒學을 獎勵하고 武治보단 文治를 崇尙하여 文官은 반드시 儒臣으로 하여금 그 任을 맡게 하고 武官들까지도 반드시 讀書修道한 뒤에 國政에 臨하게 하였다.

祠宇를 修築하여 先聖先賢의 畵像을 奉安하며 敬慕의 뜻을 두터이 하고 一般으로 하여금 崇儒의 風을 더하게 하였으며 太宗은 『太平御覽』 一千卷을 編修하게 하고 眞宗은 孔子를 崇慕하여

'至聖文宣王'의 諡을 加하는 데 이르렀다.

崇儒의 風이 이와 같이 敦篤함에 따라 儒學의 基本이 되는 經典의 解釋도 매우 面目을 달리한 바 있었다. 즉 漢唐에 있어서는 經學은 늘 訓詁와 註解에 注重한 것이며 文字解釋의 精微함은 極致에 達하였고 唐代에서 編輯된 五經正義는 可謂 訓詁學의 大成이라 할 것이다.

그러나 儒學의 發展은 訓詁로서만은 學問의 完成이 될 수는 없는 것이었다. 이를 根據로 하여 思想의 綜合的 表現과 體系的 樹立을 要請하게 됨은 必然의 勢라 아니 할 수 없는 것이니, 즉 思想的으로 躍進하려는 土臺가 確立된 것이며 또한 一方으로는 五經正義가 經學의 敎本이 된 뒤로 人材登庸의 標準과 知識을 試驗하는 基案이 이 正義에 局限된지라 學人의 識見이 매우 固陋할 뿐아니라. 記誦의 學에 對하여서도 厭惡의 感이 濃厚하여졌다. 이와 같은 學界의 貧困과 社會의 情勢가 다 宋代新儒學思想의 成長을 促進하였다 할 것이다.

唐의 天寶 以後에 이어 李鼎祚는 當時 儒學經典 註解에 弊習이 있음을 審察한지라 從來 經典에 對하여 批判的 解釋을 하여 子夏 孟喜 以下 三十五家의 說을 綜合하여 王弼注에 依한 欽定正義를 反對하고 康成의 古注를 取하여(周易集解自序에 輔嗣의 野文을 버리고 康成의 逸象을 補함) 『周易集解』를 編輯하고 啖助와 같은 이는 春秋三傳의 長短을 比較하여 公羊, 穀梁 二家는 그 口傳임을 理由로 하여 誤錯이 있음을 말하고 左傳春秋를 排除하여 『春秋集傳』과 『統例』를 纂述하였다(散佚되었음). 成伯璵의 毛詩指說이나 趙匡, 陸淳의 春秋說도 다 같이 經書解釋에 對한 새로운 見解이었다.

즉 毛詩指說은 興述, 解說, 傳授, 文體의 四項에 分하였고 其中 毛詩의 序를 分析하여 처음 一句를 子夏의 作이라 이르고 그 나머지를 毛萇이 續成한 것이라 斷定한 것은 宋의 蘇轍이 詩序를 一人의 作이 아니라고 疑心한 것과 鄭樵와 朱子가 詩序를 버리고 詩를 解釋하려는 先驅가 된 것이며 毛傳을 嚴守한 欽定經義를 取하지 아니한 證據이라 할 것이며(武內의 支那思想史二三七－二三八頁參考)

陸淳의 春秋集例纂例十卷과 春秋微旨三卷, 春秋辨疑十卷은 主로 左傳이 左丘明의 作이 아님을 主張하고 또 公羊, 穀梁二傳은 口傳을 記錄한 것이 錯誤였음을 論하였으며 傳을 通하지 아니하고 經意를 探求하려 한 것이니 이것도 左傳을 尊重히 여긴 欽定正義에 反旗를 든 것이며 宋의 孫覺에 依據한 本源이 되었다 할 것이다(仝上二三八).

中唐 以後로 이미 以上과 같은 經典에 對하여 欽定正義에 不服하는 傾向이 있었는지라 宋에 들어오며 歐陽修가 易의 繫辭傳을 排除하고 蘇軾, 蘇轍은 歐陽修와 같이 周禮를 詆毁하였으며 李覯, 司馬光은 孟子를 疑心하고 蘇軾은 古文尙書를 또는 晁說之는 詩序를 不信하게 된 것이 다 一朝의 偶然한 일이 아니며 訓詁에만 注力하던 舊習을 버리고 批判的 硏究方法을 取하게 된 것이며 儒學思想의 한 新轉換을 보인 것이니 王安石의 功利主義나 宋代의 義理思想이 모두 經學의 解說의 見解가 一新함으로써 받은 影響이 많다 할 것이다.

中國學術史上에서 본 哲學의 意義

人類는 '生'의 發展을 爲하여 努力하며 活動한다. 世界歷史는 이 努力과 活動의 자취 아닌 것이 없다.

이 努力과 活動으로 因하여 文化가 生成되는 것이니 眞正한 文化人이라 함은 그 文化를 創造하는 方法이 매우 健實하고 그 指向하는 바 標的이 또한 明確한 人間을 말하는 것이다.

그럼으로 이와 같은 活動을 繼續한 民族의 文化는 健全하였고 發展性이 豐富하였다. 이런 民族들은 곧 生命을 愛護할 줄 알았던 民族이며 文化의 向上을 爲하여 合理的으로 생각(思考)할 줄 알았던 民族이며 또한 다른 民族들보다 優秀한 生活能力을 保有할 수 있었던 民族이라고 아니 할 수 없는 것이다.

이와 같은 民族의 文化史에 남겨 놓은 業績을 考察함에 있어서 그 發展한 過程과 結果를 表面上으로 記述하는 것이 學究上 重要한 일인 同時에 文化의 源泉인 思想의 根本을 內面的으로 探求하여 보는 것이 더욱 必要한 일이 됨은 말할 것도 없다.

그런데 이 思想을 究明함에는 반드시 體系를 밝히고 論理的 敍述方法을 使用할 것이니 이것이 現代的 學問에서 要請되는 바 哲學의 重要한 사명이라 할 것이다.

希臘의 哲學家들은 哲學의 內容을 말할 때에 大略 다음에 보인 대로 三部門으로 分類하였다.

一. 物理學(Physics)

二. 倫理學(Ethics)

三. 論理學(Logic)

그런데 學問이 發展함을 따라서 哲學이라는 말에 內包된 意義가 매우 變遷되었고 現代에 이르러서는 그 內容이 더욱 廣義的이며 精密하여졌다고 할 것이다.

그러면 以後 使用되어 온 哲學述語의 內容은 어떻게 分類되었는가 다음에 列擧한 바

一. 宇宙論(A Theory of World) – 世界에 關한 理論

二. 人生論(A Theory of Life) – 人生에 關한 理論

三. 知識論(A Theory of Knowledge) – 知識에 關한 理論

이 三大部門도 哲學의 內容을 表示한 点으로 볼 때 前者에서 보인바 三大部門과 文字가 서로 다를 뿐이지 그 內容에 이르러서는 大差가 있었던 것은 아니며 Platon 以後로 中世紀까지도 이 方法이 널리 使用되었던 것이다. 다만 現代로 내려오며 달라진 것이 있다 하면 그것은 오히려 이 三代部門의 內容에 對한 說明에 있다 할 것이다. 즉 各其部類에 따라서 밝혀 보면

① 宇宙論에 있어서는 '存在'의 本體와 要素를 硏究하는 本體論과 世界의 發生과 歷史 또는 그 歸結되는 問題를 硏究하는 宇宙論으로 兩分되며

② 人生論에 있어서는 사람은 究竟 어떠한 것인가를 硏究하는 心理學과 人類의 美感에 對한 硏究를 하는 美學과 또한 人生은 어떻게 살 것인가 하는 問題를 연구하는 倫理學으로 大分할 수 있고 政治社會哲學에 對한 硏究도 이 部門에 屬하는 것이다.

③ 知識論에 이르러서는 첫째 知識의 性質을 硏究하는 知識論과 知識의 規範을 硏究하는 論理學으로 兩分하는 것이다.(馮友蘭 中國哲學史二頁 – 三頁引用)

이상에 說明한 바를 따로 要約하여 如下한 圖式으로 表示할 때

哲學에 對한 槪念이 더욱 明白하다.

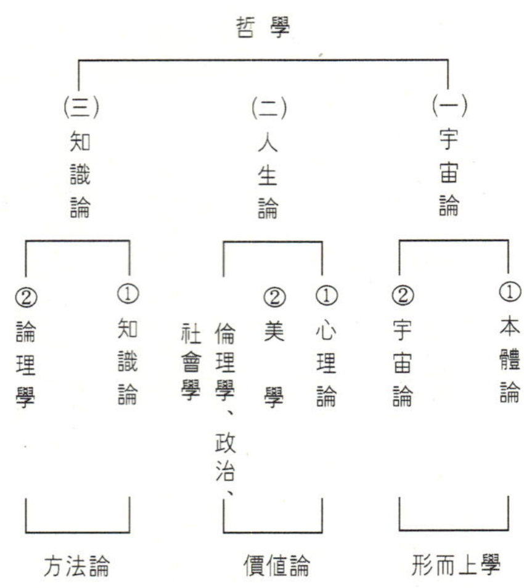

그런데 自來로 中國의 學術用語도 哲學이라는 述語가 使用된 것은 보지 못하였고 이 部類에 屬하는 學的 內容을 單的으로 表現할 만한 用語가 없었다고도 할 것이다. 다만 哲學이라는 말과 類似한 學術用語를 引用한다면 '經'이니 或은 '經學'이라는 말을 들 수가 있다. 儒家의 學說을 비롯하여 道家, 墨家, 法家의 學說이 收藏된 文籍(十三經, 道經, 墨經, 法經)에 '經' 字를 附記한 것이 그 實例이며 近代로 내려오며 道學이니 理學이니 或은 性理學, 理氣學이니 稱한 것도 그 當時의 重要한 學說을 代表하는 意味로써 보면 '經學'에 內包된바 學的 意義를 表明하였다 할 것이다(全祖望의 顧氏碑에 理學 卽 經學).

'經'字는 字學上으로 볼 때 '徑'字와 通用되는 字이니 '徑'은, 즉 '길'이라는 뜻이라(劉熙의 釋名) 이에 學의 意義를 附加함으로써 人間이 대개 個人生活이나 社會國家生活을 營爲하는 사이에 當然히 實踐하여야 될 大道, 즉 行爲의 規範을 明示하는 것이며 한 걸음 더 나아가서는 宇宙의 原理나 또는 現象에 對한 本體(實在)를 探索하며 究明하는 學問의 擦體라 하여도 無妨할 것이다.

이와 같이 經學의 定義를 規定하여 볼 때 上述한 바 '哲學'의 定義內容과 꼭 同一하다고 斷言함은 어려울지 모르나 위에서 이른바 '現象에 對한 本體를 探索'한다고 함은 形而上的 境地를 論한다 할 수 있을 것이며 行爲의 規範을 明示한다고 이른 点은 價値論의 一端을 暗示하였다고도 할 것이다. 다만 知識論에 이르러서는 東洋의 經學과 西洋의 哲學의 學的 內容을 檢討하여 볼 때 前者가 後者에 遜色되는 바 많다 아니 할 수 없다(東洋哲學에서도 '名學'이라고 하는 論理學과 類似한 部門이 있었지마는 別로 發展한 것은 없었다).

清朝末葉의 碩學인 梁啓超가 말하기를 우리나라(中國)에 있어서의 文化發展의 徑路는 世界의 如何한 部分과도 그 趨向한 바를 달리하고 있다. 그러므로 헤부류人(Hevrew)이나 印度人이 가지고 있는 超現世的인 熱烈한 宗教觀念은 우리나라 사람은 갖고 있지 아니하다. 또 그레시아(Greece)人이나 게루마니아(Germnia)人이 갖고 있는 瞑想的 形而上學은 多少는 있다고 할 것이지마는 盛旺하다고는 할 수 없다. 더구나 近代의 歐米人들에 依하여 發展한 純客觀的인 科學에 이르러서는 微微한 것인 만큼 말할 것도 없다.(先秦政治思想史 序論第一章)

梁氏는 또 그 다음에 이어서

우리 中國의 學術은 人類의 現世生活의 理法을 研究하는 것으로써 中心을 삼고 古今의 思想家들은 다 그 精力을 이 方面의

各種問題 또는 現今에 말하는 人生哲學 或은 政治哲學에 包含한 모든 問題에 集中하였다.(仝上)

이 梁氏의 中國文化나 學術內容을 說明한 論調로 보아도 槪括的으로 中國學이 價値論的 問題, 즉 實踐學에 關한 問題解決에 集中되었다는 것을 明示한 것이다.

그러면 中國學術의 一種인 '經學'도 形而上的 問題나 또는 知識論的 立場에서 問題를 提示하며 解決하려고 努力한 바 없지 아니하지마는 언제나 現實生活에서 體得하고 經驗한 바를 核心으로 하여 實踐學의 基本을 삼은 바 많은 것이다. 그러므로 이 点이 純然한 推象的 理論學으로써만은 中國學術의 槪念을 說明하기 어려운 것이며 그中에서도 '經學'은 上述한 바 現代哲學에서 말하는 一般的인 內容을 完全히 包攝하기는 不能한 所以이다.

Philosophy의 本意는 希臘古語에서 '知慧를 사랑한다'는 뜻으로 알려지고 있는데 哲字의 中國古訓이 또한 '哲爲智니 馬融 鄭玄이 皆訓哲爲智라-書註及詩箋' 智字로 解釋된 것을 볼 때 希臘古語의 本義에는 適合한 意譯이라고 아니 할 수 없다. 그러나 中國學의 本來 面目이 實踐學을 注重하는 데 있다고 하면 智識을 愛重한다는 '哲字'를 그대로 引用하여 中國哲學이라고 汎稱하는 것은 嚴密한 學的 內容을 表現하는 方法에서 볼 때 踈漏한 感이 없지 아니하다.

英國의 現代哲學家 Russel이 中國哲學의 特色을 다음과 같이 論評하였다.

"中國哲學은 人生問題를 主로 하여 發展한 것이니 足히 西洋哲學으로서 不及되는 点을 補充하였다."(陸懋德中國哲學史 中에서 轉引) 이 論評이 中國哲學의 正鵠을 適中하였다고 말하는 것보다는 中國學의 特質이 實踐倫理學에 內包된 点을 잘 理解하였다고 아니 할 수 없다.

中國學은 元來 首尾一貫한 理論을 展開함으로써 學的 根據와 그 系統을 밝혔다고 하는 것보다는 언제나 短片的이며 直感的인 것이 많다고 아니 할 수 없다.

陸懋德의 말에 依하면(註: 陸氏는 山東省 歷城縣人 西紀一八八四年生, 米國游學, 淸華學校와 北京大學에서 史學을 講義하였음) 中國哲學이 學으로서 成立되기 어렵다고 하였다. 즉 究學하는 方法과 組織이 簡略하다는 点을 指摘하였다(周秦哲學史).

이와 같이 中國哲學은 實踐을 前提로 한 實踐學인 데 對하여 西洋哲學은 嚴密한 理論을 貴히 여긴다.

그러므로 中國哲學徒로서 留意하여야 될 것은 中國哲學이 그 方法과 組織이 너무 簡易하였다는 点을 잊어서는 아니 될 것이며 論理上 疎忽하였다는 것이 東洋學의 發展에 支障이 되었을 뿐 아니라 따라서 모든 文化가 西洋에 比하면 遲延되었었다는 것을 反省하여야 될 것이다.

陸氏는 또 論하기를 "中國哲學의 참精神은 簡易한 데 있고 哲學의 微意와 大義는 頓悟에 있는 것이다. ……文字라는 것은 다만 '道'를 記載하는 데 不過한 것이며 '道'는 文字의 밖에 存在한 것이니 組織을 論할 겨를이 어디 있으며 方法을 論할 겨를이 어디 있는가."(周秦哲學史)

馮友蘭은 如上한 論旨에 抗辯하기를 "勿論 中國哲學에 있어서 頓悟를 重要視 아니 하는 바는 아니나 다만 頓悟라는 것은 經驗의 一種은 되나 이것은 學問도 아니며 哲學도 아니다. 哲學은 반드시 言語와 文字로써 表現된 理論이 아니면 아니 된다. '道'는

或 言語와 文字로써 表現할 수 없는, 즉 語言文字 以外에 있을지 모르나 哲學은 반드시 言語文字 中에 있는 것이다."(馮氏中國哲學史)

馮氏가 다시 附言한 바를 보면 中國哲學의 形式的인 系統에 對한 組織과 方法이 歐美의 그것에 不及함을 認定하는 同時에 一便 中國哲學이 그 實質的 系統에 있어서는 歐美보다 못지않다는 点을 들어서 밝히었으며 또한 哲學史를 講하는 重要한 意義의 하나는 形式上系統이 없는 哲學中에서 事實的系統을 밝히는 데 있다고 한 것이다(仝上).

우리는 從來의 中國哲學에서 한 特色으로 알려진 人生問題를 主로 한 實踐哲學의 本意를 把握하여 實質的 內容을 理論化시키도록 留意하는 것이 現代科學的 方法에 副合되는 것이며 人間으로서 '生'을 爲하여 活動하는 中에 實地經驗을 通하여 얻은 바 知識을 綜合하여 이에서 普遍的 原理를 探究하고 이 知識을 現實化함으로써 生活의 內容을 豐富히 하도록 指向함이 中國哲學 研究의 進路이며 文化를 健全하게 發展시키는 要訣이 될 것이다.

韓國 現代社會와 主體思想

1. 東洋文化의 優秀性

대저 人類의 文化는 그 民族과 環境에 따라서 發展하는 樣相을 달리하고 있다. 그러므로 優秀한 민족은 훌륭한 環境을 造成하며 새로운 역사를 창조하는 것이니 이에는 반드시 과거의 傳統을 발판으로 하고 未來의 進路를 開拓하여 나아가는데 永遠한 希望을 지니며 特異한 成果를 期待할 수 있는 것이다.

이에서 世界文化의 系譜를 列擧하기는 어려우나 다만 그 文化의 本質을 간단히 類別하여 보면 兩大 潮流가 있는 것을 發見할 수 있다.

그 하나는 人間의 純美한 德性을 基盤으로 한 것이며 다른 하나는 明哲한 知性에 置重한 것이다. 前者는 道義的 精神을 暢達함으로써 悠久한 平和를 追求하는데 정성을 기울였고 後者는 功利的 實利를 獲得하여 生活의 合理化를 圖謀하기에 熱意를 다한 것이다.

前後 兩者의 系列에 屬하는 雄偉한 先哲들이 宏大한 業績을 남김으로써 東西文化의 獨特한 性格을 誇示하여 왔던 것이다. 그러나 아직까지 이 兩者는 圓滿한 調和를 보지 못한 채 昏迷한 중에서 苦悶하고 있는 것이니 이 點이 現代人이 解決하여야 할 重大한 임무가 아닐 수 없다. 그렇기에 二十世紀에 들어오면서부터 機械文明의 發達로 因하여 人類의 往來는 더욱 頻繁하여진 것이며 文化의 交流도 不絶히 進行되고 있는 것은 當然한 趨勢라 할

것이다.

그러면 과연 兩大 潮流는 어떠한 狀態로 合流되고 있는가. 물론 이에 대하여는 有志한 人士로서 항상 많은 研究를 하여 왔고 現在 어느 程度의 實效를 거두고 있는 것도 事實이지마는 그 前途는 아직 遙遠하다할 것이다.

이탈리아의 선교사 마테오리치(1552~1610)는 明朝 萬曆 年間에 中國에 와서 儒敎의 經典인 論語 大學 中庸을 그의 國語로 번역하여 이를 西歐에 소개하는 동시에 科學文明의 씨를 東洋에 옮겨 준 것이며, 十八世紀의 西歐學者인 볼테르는 中國思想의 核心을 把握함으로써 西歐思想의 새로운 要素를 삼으려고 한 것이니 이에서 中國의 制度와 文物을 參考로 하여 中世紀 封建制度의 宿弊를 是正하여 마침내 美國의 獨立과 佛蘭西의 革命을 鼓吹하는 起因이 되게 하였다는 것이며 最近에 이르러서 더욱이 世人의 注目을 끌게 된 것은 東洋의 文化가 創造力이 豊富함으로써 世界에서 獨立的 地位를 保持하고 따라서 그 傳統哲學은 東洋思想의 中樞가 되었으며 世界史에 있어서도 驚天動地할만한 큰 業跡을 남기는데 이르렀다는 것이다.

美國의 前任 副統領이었던 윌러스氏(1888~?)는 1943年 雙十節에 放送을 通하여 말하기를 「中國의 哲學과 그 國民들이 생각하고 있는 것은 主로 民本的인 경향이 많았고 이로써 歐美의 政治哲學에 대하여서도 至大한 경향을 끼쳐 주었으며 美國이 建國할 時期에 있어서도 그 當時의 優秀한 政治家들이 革命을 劃策하고 憲政을 마련하는데 그 主要한 理念과 實踐方法에 있어서 直接으로는 西歐에 모방한 것이며 間接으로는 中國에서 取하여 온 것이 매우 많았었다.

中國의 文化는 西歐의 民主的 政治理念을 啓發하는 源泉이 된 것은 물론이요 西歐의 民主的 政治를 創造하는 一大 原動力이 된 것이다」라고 高調하였다.

以上에 列記된 歐美 人士들의 主張한 바 諸問題에 關하여는 이미 內外 學者들에 依하여 많이 論究된 바이라 이에서 그 眞價를 究明하기 前에 먼저 兩大 文化가 오랫동안 相互 接觸하여 온 것만은 否認할 수 없는 明白한 事實이며 또 이와 같은 異質的인 文化가 接近하고 있는 동안에 各其 戀情媾合된 것도 상상하기에 어렵지 아니하다.

그렇기에 最近 英國의 토인비 博士가 東西 文化交涉의 經路에 對하여 다음과 같이 公言하기를

「十九世紀 初期에는 英國의 政府에서도 貪官과 汚吏가 많았었다. 그리하여 人事에 公正을 잃었으매 十九世紀 中葉으로부터 文官考試制度를 實行하여 처음으로 積弊를 씻었으며 이로써 奉公守法할 줄 아는 精神을 漸次로 養成하게 된 것이니 英·美의 文官制度는 實際로 中國考試制度의 영향을 받은 것이며 참으로 中國의 文化는 歐美의 民主政治를 引導하는데 重大한 貢獻을 한 것이다.」라고 하였다. (東西文化 9.4 參照)

그러면 우리가 從來로 들어보기 어려웠던 上記한 實談을 吟味하여 볼 때 누구나 옷깃을 여미고 그 말에 귀를 기울이지 아니할 수 없다.

과연 그네들은 論語와 中庸과 大學에서 무엇을 배웠으며 어떠한 곳에서 民主의 理念을 探求하는데 이르렀고 奉公守法의 眞價를 깨달은 것인가 또는 考試制度가 人材 登庸에 唯一한 方法임을 알게 되었는가 이에 대하여 深究하여 볼 일이 아닐 수 없다.

우리에게는 數千年동안 努力하지 아니하고 값싸게 물려받은 傳統이며 遺産이다. 그러므로 본래부터 받은 文化를 冷眼視하거나 그렇지 아니하면 西歐의 새로운 科學文明의 形體만을 欽慕하는 나머지에 그 餘塵까지도 모조리 받아들이고 있는 反面에 歐美의 有志들은 功利와 享樂에 지친지라 도리어 東洋의 古典思想을 着實히 연구하며 元來 知性啓發에 充實한 사람인만큼 東洋의 文化도 實利的으로 받아들이는 것이 新文化 樹立에 새로운 方向이 아닌가 한다.

中國과 同一한 類型의 文化傳統을 지녀온 우리는 人生行路를 닦아 나가는데 知性的인 面보다도 德性的인 面을 探求하는데 誠熱을 기울인 것이다. 功利的인 것보다는 道義를 實利的인 것 보다는 理想을 鬪爭的이 아니라 平和를 渴求한 것이니 그렇기에 歷史의 趨移에 따라서 多少의 起伏과 盛衰의 差異는 있었지만은 恒常 道義를 人間의 中樞理念으로 確定한 것이다.

그렇기에 天意를 敬畏하고 性情을 純化하였으며 政治를 論하면 民爲邦本(書傳)이라 하여 民本의 基礎를 튼튼히 하였고 敎育을 提唱하는데는 「有敎無類」(論語)라 하여 敎育의 均等을 徹底히 한 것이며 經濟를 說함에는 「生之者衆 食之者寡 爲之疾 用之者舒 則財恆足矣」(大學)라 한 것과 「不患寡而 患不均」(論語)이라 高調함으로써 勤勞의 要訣과 分配의 平均化까지도 親切히 提示하여 준 것이며 「老吾老 以及人之老 幼吾幼 以及人之幼」(禮記)와 같이 社會制度의 公正性을 丁寧히 보여준 바도 있었다.

과연 그러하다. 이와 같은 名案이 어디에서부터 出發된 것이라 할까, 그 豊麗하고 純美한 思想의 터전은 人爲的으로 設定된 道德律도 아니며 實利主義의 核心인 經驗主義나 功利主義에 比할 것도 아니다. 다만 森羅한 萬象중에 人間만이 홀로 所有하고 있는 尊貴한 天賦의 本性이다.

가 本性은 곧 사람이 서로 사랑할 줄 아는 德性이니 各其 發露되는 狀況에 따라서 五常(仁義禮智信)으로 分類하였으며 實社會에서 活用되고 있는 狀況은 항상 가운데로부터 先後의 秩序를 차리게 되는 故로 父子의 關係가 序列上으로 볼 때 가장 먼저 되는 것이며 다음으로 國家組織은 人類生活을 健全히 營爲하게 하는 必須的 條件인지라 民衆을 代表하는 君과 臣에의 統治를 받는 民의 關係를 무엇보다도 重視하지 아니할 수 없었다. 이에 道義의 綱領으로 規定할때 子가 父에 對한 道理는 「孝」라 하고 民이 君에 對한 道理는 「忠」이라 이른 것이니 이에서 倫理的인 理論을 展開하는것 보다는 實質的으로 現代人들의 이에 대한 關心이 어떠한가 以上에서도 言及한 바와 같이 歐美의 사람들은 그 表現하는 方法이 다르다고는 하지만은 東洋의 固有한 思想을 內容的으로 善用하고 있는데 對해 우리의 社會에서는 도리어 疎外 當하고 있는 現實情이다. 물론 世界風潮에 따르는 變貌와 革新도 그 必要함을 認定하지 아니할 수 없다. 그러나 本來부터 지켜오던 主體的 精神까지도 否定하여 버린다면 우리의 向하는 곳은 과연 어디인가 참으로 憂慮되는 바 크다고 아니할 수 없다. 우리는 將來의 새로운 世界를 創造하려는 만큼 「孝」와 「忠」을 舊態依然하게 固守하려는 것은 물론 아니다.

古典에 의하면 「孝」와 「弟」는 仁을 實賤하는 것이 根本이 된다는 것이며(孝弟也者其爲仁之本與(論語) 「忠」은 자기의 정성을 극진히 한다는 것이다. (盡己之謂忠 → 朱子集註)이 槪念에서 볼 때 忠孝는 現實的으로 容納이 될 수 없는 不可能한 倫理도 아니다. 더욱이 忠의 古意에 있어서 「윗사람으로서 民衆을 이롭게 하는 것이 忠이니라」고(上思利民爲忠 → 春秋左傳)하였다. 이와 같은 理念에서 볼 때 忠은 참으로 民主主義를 最高의 理念으로 여기는 現代人에게는 더할 수 없는 適切한 道德的 本源이 아닐 수 없는 것이니 이를 基本理念으로 삼고 諸般 經營에 主導的인 役割을 하게 한다면 現代化 하는데 훌륭한 指針이 될 뿐 아니라 우리의 文化向上에도 크게 寄與되는 바 있을 것을 確信하는 바이다.

2. 한민족문화의 主體性

過去의 歷史的 事實과 文化의 傳統에 對하여는 항상 嚴正한 反省과 客觀的인 批判이 隨伴되어야 한다. 그렇지 아니하면 盲目的인 追從과 主觀的인 判斷이 恣行되기 때문이다.

西歐에 있어서 그리스와 로마의 文明이 찬란하였다 하여도 르네상스의 新文化 運動이 絶對로 必要하였던 것이며 東洋에 있어서도 中國의 歷史가 오래 持續되는 중에서도 그 時代에 適應되는 變遷과 革新이 없었으면 歷史는 衰退一路를 免하지 못하였을 것이다.

우리의 文化나 歷史도 西歐와 中國의 例와 같이 自體的인 要請이나 外來的인 風潮에 따라서 또한 어느 정도의 變革은 항상 있었던 것이다.

이와 같이 모든 文化는 變移하는 중에 進步하고 發展하는 것을 알 수 있다. 이 原理에 따라서 創造가 있고 새로운 局面이 不絶히 展開되는 것이다. 그러나 이러한 중에서도 變更할 수 있는 分

野와 絶對로 變更할 수 없는 原理가 있는 것을 區別하지 아니하면 아니 된다. 이처럼 變更하는 중에서도 變更하지 못할 原理를 깨달아서 이를 固守하는 것이 現在 부르짖고 있는 主體意識의 基本精神이다. 그렇기에 主體性이 缺如된 民族에서는 健全한 發展을 期待하기 어려운 것이다.

그렇다면 主體性을 찾을 수 있는 基本的인 核心은 무엇인가. 神에 呼訴하는 敦篤한 信仰에서 얻을 수도 있을 것이며 人間의 靈明한 知性을 發揮함으로써 主體意識을 더욱 鞏固히 할 수도 있을 것이다. 물론 完美한 人格과 全人的인 道德心을 昂揚함에 있어서 信仰이나 知性發揮의 役活이 重要함은 再論할 餘地도 없겠으나 이보다도 더 高次的인 問題는 人間의 本質, 즉 本性에 대한 探求를 正確히 하는 것이 主體性을 說明하는 基本的인 方法이 아닌가 한다. 超越的인 神의 存在를 알고자 하기 前에 먼저 人間이 얼마나 尊貴한 存在인가를 알게 될 때 비로소 人間의 眞正한 價値를 論하게될 것이며 참다운 主體性을 云謂하는 데 이를 것이다.

그렇다면 主體性의 核心을 이루는 人性의 本質은 果然 어떠한 것인가.

從來로 이 點에 對하여서는 東洋의 聖哲들이 매우 많이 論及한 바이지만 西歐의 學者들도 그처럼 鈍感하지는 아니하였다. 물론 例外的인 見解도 없지는 아니하였으나 人間의 本性을 沒覺한 것은 아니었다.

西歐文化의 中心이라 할 수 있는 로마 傳統思想의 片貌를 살펴볼 때 有數한 政治家의 한 사람인 시세로(Marcus Jullius Cicero. 106～43, B.C)는 다음과 같이 主張한 바 있다.

'教育은 自然으로부터 주어진 性의 完成에 不過한 것이나 사람은 自然界에 있어서 最高의 地位를 保存하는 것이다. 그러므로 사람은 自然으로부터 知와 情을 兼한 性을 받고 태어났다. 그러므로 이 性을 바르게 發展시킨다는 일은 사람에 있어서 가장 重大한 問題라고 아니할 수 없는 것이니 여기에 참으로 敎育의 必要한 理由가 存在한 것이다. 人間에 갖추어진 善의 싹(萌芽)을 育成하여 罪惡의 根源이라고도 할 수 있는 享樂心을 抑制하고 高尙한 思想의 發達을 促進시키는 것은 敎育을 놓고서는 不可能한 일이다'라고 한 것이다(三浦藤作 著 西洋敎育史 p.68 參考)

이에 사람은 自然界에 있어서 最高의 地位를 保存한다 하였고 그 理由로는 分明히 말하기를 '人間에 갖추어진 善의 萌芽를 育成한다'라고 말한 事實이다. 아무리 西歐의 文化가 物質로부터 物質을 위한 努力의 結果라 할지라도 人間社會의 倫理道德에 關한 問題를 提起하게 되면 반드시 人性의 根源을 探求하는 데서 비롯한 것은 東洋의 哲人들과 同一한 것이다.

이에 人性 解釋에 關한 實證을 主로 東洋의 古典에서 찾아보면, '天生烝民……民之秉彝好是懿德(詩大雅烝民): 하늘이 여러 백성들을 날제……백성의 常性은 아름다운 일을 하기 좋아 하느니라'고 이른 말이다.

사람은 利害와 得失과 榮辱에 따라서 自己의 進路를 取한다. 물론 意欲的인 活動을 하기 위하여서는 善意의 領域을 넘어서 非義의 過誤를 犯하는 일도 없지는 아니하다. 그러나 이것은 非正常的이며 元來 善性에서 發源한 行動은 아닌 것이다. 個人이나 社會나 國家는 古今이나 東西를 물을 것 없이 物質的인 面에 더욱 置重하고 이 方向으로 항상 疾走하고 있다. 그리하여 個人은 不

安과 焦燥에 寧日이 없고 社會와 國家 乃至는 世界의 混亂과 爭鬪에 허덕인다. 이에서 人間은 本來의 人性인 善의 意志를 喪失하여 相互 敗亡하는 데까지 이른다. 孔子는 위에 引用된 詩句를 論評하여, '爲此詩者 其知道乎(孟子 告子上): 이 詩를 지은 사람은 참으로 바른 道理를 아는구나'라고 稱歎하였다는 것이다. 사람은 事物을 接함에 있어서 항상 참됨과 착함과 아름다운 마음으로 대하려한다. 그렇기에 相對方의 持心함이 참스럽고 착하고 그 行儀가 아름다울 때에는 누구나 이에 그대로 融合하여 渾然一體의 狀態를 形成하게 되는 것이니 孔子의 이른바 「知道」라 함은 上記한 眞 善 美의 極致를 明示한 뜻이며 萬事萬理의 一貫處를 分明히 摘出하였다고 할 것이다.

이러므로 孔子는 이 仁性을 主體로 하여 人道를 說하였으며 行爲의 本源으로 삼는다. 따라서, '人之生也直(論語 雍也)'라 하여 사람은 나면서부터 直하니라 하였고, '仁遠乎哉 我欲仁 斯仁至矣(論語 述而)' 仁은 과연 먼 데 있는 것인가 내 仁을 하고자 하면 이에 仁이 이르느니라하여 仁性이 곧 人性임을 强調한 바이며, '性相近也 習相遠也(論語 陽貨)'라 하여 性은 서로 가깝지만 習慣으로 因하여 서로 멀게 되느니라 하였다.

이 얼마나 明哲한 觀察인가. 사람의 本性은 서로 가까우나 習性으로부터 이루어지는 所謂 第二의 天性으로 因하여 惡과 假와 醜한 結果가 쉴 새 없이 일게 되며 終局에는 昏迷한 社會를 이룬다는 것이다.

孔子는 이와 같은 險亂한 世情을 具體的으로 斷言하지는 아니하였지마는 그 當時(註) 齊의 陳恒(成子)이 簡公(壬)을 弑害하였을 때에 孔子는 이 광경을 보고 義憤에 견디지 못하여 三日間 沐浴

하고 朝廷에 建議하여 惡한 陳恒을 除去할 것을 力說하였다.

陳成子弑簡公 孔子沐浴而朝 告於哀公曰 陳恒弑其君 請討之(論語憲問)

孔子는 人性의 本源을 仁에 두었으며 仁은 精深博大한 사랑(愛)으로 解釋되고 있다. 그러나 이 「사랑」이라 함은 一般的으로 理解하기 쉬운 所謂博愛라 하여 善惡과 是非의 判別이 없는 無制限한 사랑도 아니며 親疏와 遠近을 等外視하는 所謂 等殺觀念을 無視하는 內容의 泛博한 愛情도 아니다.

이에 孔子와 或者와의 對話한 一面을 그대로 引證하여 孔子의 이른바 仁의 本質이 順平하면서도 얼마나 嚴格한 것인가를 살펴보고자 한다.

或者가 말하기를,

'德으로써 怨를 갚는 것이 어떠한가요?'

(以德報怨何如 – 論語 憲問)

孔子 答하기를

'원수를 德으로 갚으면 정작 德있는 사람은 무엇으로 갚을 것이냐'

(子曰 何以報德 – 同上)

반드시

'直한 것으로써 원수를 갚아야 되고 德으로써 德은 갚아야 되느니라'

(以直報怨 以德報德 – 同上)[6]

이 對話에서 다시 注意하여야 할 것은 怨讎라고 하여 반드시 報復하라는 意味는 아니니 聖者의 心事를 論함이 매우 緻密함을 또한 銘心하지 아니할 수 없다.[7]

---

6) 老子 道德經 恩始章曰 大小多少 報怨以德(朱註轉引).

한 사람이라도 마음가짐이 至公無私하면 그 個人이 바르게 되고 個人 各自가 公正함으로써 平和한 社會를 이룩할 수 있으며 이것이 中心이 되어서 國家가 健全하고 따라서 世界도 相互間에 愛情을 나눌 수 있을 것이니 이것이 곧 「天下歸仁」(論語 顔淵): 天下 사람이 다 같이 仁의 世界로 歸一되느니라를 目標로 한 理想 世界이며 大同의 歡樂境을 實現하는 데 이른다는 것이다.

以上에 보인 바와 같이 日常生活에서 用心處事함이 德은 德으로써 갚고 怨은 怨으로써 對하되 愛憎과 取捨에 있어서 私意를 排除하고 鑑空衡平을 期할 수 있는 心的 姿勢로 돌아가는 것은 單純히 愛情만을 主體로 하는 仁의 發現일 뿐 아니라 이때는 이미 靈明한 智의 活動이 同時에 作用한 狀態이라, 庶物의 私正과 是非를 判別하여 自我를 擁護하기 위한 斥邪衛正의 意志 또한 鞏固하고 따라서 遠近親疏에 中正한 秩序와 規律을 세움으로써 圓滿한 人間社會를 建設하는 것이다.

孟子는 戰國時代의 人物로써 孔子보다 約 百年이 늦었으나 社會的 變遷은 隔世之感이 없다고 아니할 수 없다.

小國家間의 對立鬪爭은 참으로 激烈하였을 뿐 아니라 그 術法에 있어서도 仁의 精神을 根幹으로 한 王道에 對하여는 外面할 뿐 아니라 人心도 極度로 惡化가 되고 可謂 弱肉强食의 窮地에 빠졌던 것이다.

孟子는 이 現實을 直接 經驗한지라 모든 思考方式이 매우 積極的이며 또한 效率的이었다. 그의 人性論에 있어서는 心的 作用의 方向에 따라서 五個의 屬性으로 類別하였다. 卽 사람의 마음이 先天的인 靈覺과 外來的인 與件에 따라서 同情하는 마음(惻

7) 新安陳氏曰讎仇也 怨有不必報者 不以仇待之(同上 小註).

隱: 仁愛), 부끄러이 여길 줄 아는 마음(義理: 正道), 謙讓할 줄 아는 마음(節制: 儀禮), 不當한 일을 당하였을 때에는 自己의 權利를 主張하여 暴力에 굽히지 아니하고 是非를 바르게 하는 智性 곧 判斷意志의 모든 精神을 內容으로 하는 意識 構造야말로 現在 우리가 直面하고 있는 主體性 發揚에 있어서 無上의 哲理가 아닐 수 없다. 그렇기에 孟子는 斷言하기를, '萬物皆備於我矣(孟子 盡心上)라 하여 萬物이 다 나에게 갖추어져 있느니라'라고 이른 것은 人間性의 最貴함을 論하었고 萬物의 靈長임을 誇示하였고 할 것이다.

栗谷이 人間 敎育의 素質을 밝힘에 있어서 '萬善備我 不待他求(學校模範)'라 하여 萬善이 나에게 갖추어져 있으니 다른 데서 求할것이 없느니라 한 것은 孟子의 主張한 바를 演論한 것이라고도 할 것이여 또한 '志之立 知之明 行之篤皆在我耳(擊蒙要訣 序文)'라 하여 志立과 知明과 行篤이 다 나에게 있느니라고 强調한 것은 어디까지나 人性의 優秀함과 人間이 自立할 수 있는 主體的인 根據를 提示하여 주었다 할 것이다. 이 얼마나 高貴한 眞理이며 언제 어디서나 變할 수 없는 原理임을 明示하여 주었던 것인가.

우리의 歷史에 있어서 弘益人間의 啓示가 일찍부터 있었고 民族과 國家를 形成하는 唯一한 主體的인 性格을 갖추고 있었는데도 不拘하고 때로는 中國 文化에 陶醉한 나머지에 이를 疎忽히 하거나 그렇지 아니하면 外來風潮에 휩쓸려서 終乃는 自己의 固有한 傳統文化를 等閑히 한 感이 없지도 아니하다.

두말할 것도 없이 弘益人間의 精神은 그 用語 自體에 仁愛의 思想이 內包되었고 이에서 人間이라는 槪念은 한 局限된 民族이나 國家만을 意味하는 것이 아니라 自己의 民族과 國家로부터 다른 民族과 國家, 卽 世界의 人類와 同時에 宇宙 萬象에 이르기까지 그 愛情이 充滿함을 基本 理念으로 한 것일진대 우리 歷史上에 보인 主流로서 또는 民族의 指導 理念으로서 世界萬邦에 자랑스러운 傳統的 遺産이며 世界文化 發展을 위한 永久不滅의 貢獻이 아닐 수 없다. 中國의 古典에 보인 聖哲의 敎訓이나 西歐의 先人들이 繼承하여온 博愛主義에 比할 때 弘益大道의 純厚豊滿한 大意야말로 世界人類의 精神的인 指導理念이 되고도 남음이 있지 아니할까 한다.

그뿐 아니라 新羅時代에 創造된 五戒의 嚴切한 垂訓은 그대로 主體性을 鼓吹할 수 있는 藥石이었으며 이 精神을 支柱로 한 郎徒들은 그 義와 行에 있어서 언제나 社會 國家의 믿음직한 先驅가 아닐 수 없었다.

崔致遠의 手記로 傳하여지는 이른바

나라에 玄妙한 道가 있으니 風流라 이른다. 設敎의 根源은 仙史에 갖추어 있는데 實로 三敎의 뜻이 고루 보여져 있으며 그 敎理는 實로 羣生들을 感化할 만하였느니라. 또한 孝家忠國하는 것은 孔子의 뜻이었고, 無爲중에서도 不言의 敎를 行하는 것은 老子의 가르침이요, 모든 惡한 일은 하지 말 것이며 善한 일만은 빼놓지 말고 行할 것이니 이것은 竺乾太子(佛家)의 敎化 方法이니라: '(國有玄妙之道 曰風流 設敎之源 備詳仙史 實乃包含三敎 接化羣生 且如入則孝於家 出則忠於國 魯司寇之旨也 處無爲之事 行不言之敎 周柱史之宗也 諸惡不作 諸善奉行 竺乾太子之化也)'(鸞郎碑序)

史傳을 通하여 엿볼 수 있는 事例는 매우 많다. 不幸히 外勢의 侵來를 받게 되었을 때에도 穩健한 威德으로 이에 臨하였거나 그렇지 아니하면 强盛한 鬪志로 이를 막아낸 實績은 매우 많았었다.

高句麗의 乙支文德은 嬰陽王 23年(612)에 隨의 水陸大軍을 平壤城 30里 밖까지 誘引하여 敵將 宇文述과 于仲文을 詩 한 篇으로 容易하게 달래고 그들의 戰意까지 喪失케 하였다. 我軍을 相對할 수 없음을 깨달은 敵은 급기야 回軍할 것을 決定하였으나 乙支 將軍은 이들을 몰아서 薩水(淸川江)에서 猛攻擊을 加하였다. 당초 30萬 5千名이나 되던 軍隊가 살아서 남은 것은 不過 2千 7百餘名 밖에 안 되었다하니 그때 隋軍의 慘狀도 可히 짐작하려니와 將軍의 智略과 勇猛이 얼마나 장하였던가를 感歎하지 아니할 수 없다.

姜邯贊[948(정종3)～1031(현종22)]은 高麗가 나은 文科 出身으로 1010년(현종1) 契丹의 聖宗이 侵入하였을 때 다른 朝臣들은 항복할 것을 주장하였으나 敢然히 이에 반대 河拱辰으로 하여금 이를 설득시켜 적을 물러가게 하였고 1018년(현종9)에 거란의 蕭排押이 다시 十萬大軍을 거느리고 侵攻하여 오자 이듬해 二十萬八千을 이끌고 興化鎭에서 敵을 무찔렀으며 1019년 回軍하려는 敵을 다시 龜州에서 大破하였다.

다음으로 國朝에 들어와서는 忠武公의 偉業이 宏大하여 後人의 景仰하는 바 클 뿐 아니라 지금도 우리의 산 教訓이 되고 있으며, 士林으로는 靜庵·退溪·栗谷·尤庵을 비롯하여 見危受命하는 儒風이 代를 이어 連綿하였고 乙巳의 條約 締結을 前後하여 愛國之士들은 義擧에 奔忙하였었다. 이 중에서도 華西 李恒老先生의 門下인 柳毅庵·崔勉庵 諸公의 行蹟이 後人에게 영향된 바 가장 크다고 할 것이다. 勉庵 先生의 遺疏 중 一節에 보인 '益固自主之謀 而永斷依賴之心……而克盡自修之方 招納英俊 撫養

軍民'에 依하면

1. 自主精神을 堅固히 한다.
2. 他力에 依存하는 것을 禁한다.
3. 實力을 培養한다.
4. 人材를 登用한다.
5. 軍事力을 튼튼히 하며 國防에 後慮가 없게 한다는 것이다.

疏章 全文에 보인 바 憂國忠情은 참으로 새로운 世代를 警發하고도 남음이 있으며 主體意識을 高調하는 이때 새로운 龜鑑이 될 것을 確言한다.

이와 같은 歷史的인 事實을 비롯하여 우리의 賢士 名將 중에는 報國安民에 盡力함으로써 民族의 얼을 保存하고 主體性을 發揮한 功을 우리의 胸中에 깊이 간직함으로써 先輩들의 남긴 偉業을 길이 빛낼 것이다.

現在 世界의 潮流는 機械文明의 餘毒과 物質萬能의 幣害로 人間의 價値는 喪失되고 道義精神은 忘却하는데 이른 것이니 어느 民族이나 이 現實을 그대로 默過할 수는 없을 것이다.

우리나라에서도 이에 걱정한 바 있어 主體意識을 强調하고 道義의 氣風을 振作시키려는 運動이 일고 있는 것은 바람직한 일이다. 그러나 이것이 一時的 口號에 그치지 말고 學校 教育에 具體的으로 反映되는 同時에 社會風化에 뚜렷한 指導理念이 됨으로써 弘益大道의 빛이 널리 또한 길이 밝아지기를 마음으로써 비는 바이다.

〖8부〗

論 文

先秦儒學의 特徵과 現代的 意義

一. 緖論

先秦時代의 儒學은 '先王의 道'로써 表現되는 三代 以前의 思想을 繼承하고 秦漢 以後 唐宋을 거쳐 明淸에 이르는 동안에 道佛 兩敎와 融合하며 新儒學을 展開하는 先河가 된 것이다.

儒學에 留意하는 우리 學徒로서는 時代의 遷移에 따르는 社會의 實情과 人心의 動態에 對하여도 綿密한 檢討를 試圖하는 것이 硏究方法의 重要한 部分이 되겠지마는 항상 人間本能의 性情을 基調로 하며 嚴正한 道義의 精神을 鼓舞振作하고 雄健流麗한 새로운 文化創造에 專心하여 後代에 길이 貢獻하는 것이다.

儒學經典의 基本이 되는 論語에 '儒'에 關聯되는 文章으로서는

"子謂子夏曰……女爲君子儒, 無爲小人儒."<雍也>

라고 보인 바 있고 後儒의 이에 對한 解釋에 依하면

"君子爲儒, 將以明道."<論語集解>라 하여 儒의 本質은 道를 밝히는 데 있음을 말하였다.

이에 다시 演述하기를

"言人博學先王之道, 以潤其身者, 皆謂之儒."<註疏>라고 한 것은 儒者의 本分을 더욱 具體的으로 說明한 것이다. 즉 先王의 道를 널리 學習함으로써 知識을 啓發하고 意志를 敦篤히 하여 人格을 完成하는 데 到達함이니 이로써 君子儒의 大義를 밝힌 것이라 할 것이다.

以上에서 解說한 '儒'의 意義는 대개 個人에 關한 問題를 提起하는 데 그친 것이지마는 人間으로서 重要한 問題는 自我가 主가 되어 他人과의 關係를 어떻게 圓滿하게 處理하여야 할 것인가 하는 것이 또한 輕忽히 할 수 없는 點일 뿐 아니라 儒學에서는 이 面에도 特히 힘을 傾注하는 것이니 現代的인 意義도 이에서 찾을 수 있는 것이며 現代人의 腦裏에서 멀어져 가고 있는 儒學에 새로운 光明한 빛을 더하여 주는 것도 또한 여기에 있는 것이 아닌가 한다.

周禮에 "儒, 以道得民."이라고 보였는데 이 注解에는

"儒有六藝, 以敎民者."라고 이른 것이다. 이에서 '潤其身.'은 人間自我에 關한 것을 激勵하는 뜻이며 '敎其民'은 他人에 對한 關係를 밝혀 주는 것이니 곧 修己와 治人의 要領을 明示한 것이며 禮記에 이른바 "儒之言, 優也, 和也, 言能安人, 能服人."<儒行>이라 함은 上述한 意義를 總括的으로 表現함이라 할 것이다.

歷代로 '儒學'의 定義를 말한 사람이 많지마는 栗谷의 보인바

"所謂學問者, 亦非異常別件物事也……皆於日用動靜之間, 隨事各得其當而已."<擊蒙要訣序>에서 '日用動靜'이라 함은 人類

生活의 全貌를 말함이며 '隨事各得其當'은 人間의 本能으로 體得具顯하는데 當爲의 妥當性, 즉 正道에 따를 것을 强調한 教訓이라고 할 것이니 이 곧 儒教의 眞意를 더욱 平易하게 說破함이라 할 것이며 그 다음으로 西歐의 風潮에 接한 以後의 儒學에 對한 우리의 關心과 內外의 動向은 또한 어떠하였는지 最近世史의 一面을 多彩롭게 하여 준 孫中山의 講說한 바에 依하면

"中國有一個道統, 堯舜禹湯文武周公孔子相繼不絶, 我的思想基礎, 就是這個道統: 我的革命, 就是繼承這個正統思想來發展光大."<三民主義思想體系之認識 p.26>라고 한 것은 孫中山의 儒學觀으로서 儒學의 本面目을 보여준 것이며 近日에 이르러서

"孫中山先生 所理想的 世界主義, 仍然是從孔子的世界思想上發展的."<孔子學說新論 p.117>이라 함은 中山의 思想이 孔子의 世界思想을 繼承發展한 것을 擧論한 것이다.

儒學思想이 上記한 바와 같은 精深博大한 學的 價値와 人生哲學의 眞義를 內包하고 있음에도 不拘하고 이에 對한 理解가 淺薄하며 敬遠되고 있는 것은 매우 遺憾된 일이라 아니 할 수 없다.

이때에 儒學의 正統的인 思想을 審察考究하여 새로운 意義를 發見하고 現代人의 關心을 더욱 두텁게 하며 永久한 發展을 企圖하는 것이 우리에게 賦課된 緊切한 問題가 아닌가 한다.

二. 先秦時代의 槪況(B. C. 753－483)

1. 情勢의 變遷

周室의 威權이 衰微하여진 것은 春秋 以前의 일이지마는 諸侯의 橫暴가 極甚하기는 東遷한 以後의 일이다. 幽厲의 虐政이 民心을 어지럽게 하고 北狄의 侵攻이 날로 더하여짐에 王威는 땅에 떨어진 것이며 封建諸侯들은 이 틈을 타서 覇權을 다투기에 餘念이 없었던 것이다.

顧東高의 春秋大事表에는 華夷의 衝突한 回數 중에서도 北狄과의 對抗한 것이 69次에 이르렀다 하였고 胡適은 春秋 240年 동안에 弑君한 事件이 36次에 達한고 하였다.

中原에 있던 諸侯들은 四夷의 威勢에 밀리고 새로 秦 楚 吳越이 西南方面에 割據하였으며 齊晋은 따로 强大한 位置에 있으면서 特히 周末의 殘命을 保支한 것이니 이것이 覇者로 認定된 所以이며 孔子도 當時 齊의 桓公을 補佐하여 霸業을 이루게 한 管仲의 大義를 매우 稱揚한 것이다. 後日에 宋의 朱子도 先聖의 뜻을 받아서 “尊周室 攘夷狄”[1]이라고 밝힌 것이며 이 義理는 後世에 이르기까지 많은 영향을 남긴 것이다.

그러나 어찌 뜻하였으랴 覇者들도 그 覇權을 守護하는 데 바빴던 것이라 항상 尊周하는 데는 疏忽하였고 列强과의 抗爭에는 더욱 힘을 기울였으며 따라서 周室은 君主의 尊嚴을 喪失하는 데 이르렀고 覇者의 자리는 더욱 鞏固하여 君王의 威權에 대신하는 데 이르렀으며 强者는 弑君과 簒位를 恣行하였던 것이다.

---

1) 管仲 相桓公 覇諸侯 一匡天下 民到于今受其錫.〈論語 憲問〉

이와 같은 險亂한 世態에 直面한 孔子는 매우 慨歎히 여긴 바 있어 陳成子(恒)[2]가 簡公을 弑害하였을 때에는 魯의 哀公에게 告하여 討伐할 것을 請한 바 있었고 孟子[3] 또한 春秋當時의 昏迷하였던 狀況을 痛切히 貶斥한 바 있다.

覇政이 支續되는 동안 社會的으로도 無限한 矛盾과 混亂이 거듭되었다. 强大한 勢力은 不知中에 貴族階級을 形成하였고 이에 反한 部類들은 微賤한 平民으로 轉落되었던 것이다. 그때 社會的階級으로 因하여 오는 不合理한 一面을 보면 소위 君子와 庶人과의 對立, 大夫와 士庶人과의 地位에 따르는 差別은 이루 形言하기 어려운 것이었다. 그 한 例로는

"禮不下庶人, 刑不上大夫."(禮記 曲禮)의 뜻을 歪曲하여 이른 것으로 미루어 보면 禮遇하는 節次는 士의 階級以上만을 위하여 特定된 것이며 庶人을 위하여서는 禮의 制度도 마련되지 아니하였던 것이고 刑罰에 있어서도 庶人만은 법으로 다스리고 大夫는 治外로 刑을 免하는 結果가 되는 것이라고 주장하였다. 이와 같은 不均衡한 制度는 敎育에 있어서도 그러하였고 社會 모든 面에 不滿한 要素는 充溢하였었다.

封建時代를 지나 覇權專橫의 末期에 이르러서는 政權이 天子로부터 諸侯에 옮긴 것이며 또한 諸侯로부터 大夫 다시 大夫로부터 陪臣(家臣)에게 옮긴 것이니 五伯를 비롯한 魯의 三桓이나 晋의 六卿이나 또한 齊의 田氏는 다 政權을 掌握하고 威勢를 天下에 날리던 特權層이었다. 그동안에 民間에서도 貴族에 對한 怨恨이 增大하였고 政權에도 動搖가 있었던 것이다.

---

2) 陳成子 弑簡公, 孔子沐浴而朝, 告於哀公曰 "陳恒弑其君, 請討之."〈論語 憲問〉齊陳恒 弑其君壬,〈簡公〉孔丘三日齊, 而請伐齊.〈左傳 襄公十四年〉

3) 世衰道微, 邪說暴行有作, 臣弑其君者有之, 子弑其父者有之.〈孟子 滕文公下〉

2. 人知의 啓發

清末의 碩學 梁啓超는 當時의 狀況을 다음과 같이 記述하였다. "貴族政治가 完全히 消滅된 것은 春秋 以後에 있었으며 이를 促進시킨 原動力은 孔子와 墨子의 哲學이 매우 有力하였었다[4]고 하였고 다시 貴族衰退의 經路를 다음과 같이 敍述한 바 있다.

(가) "宗法社會에 있어서 小宗이 五世마다 옮기게 되는데 옮긴 뒤에는 平民과 同等하게 되므로 平民 中에는 公族의 血統에 屬하는 者 날마다 加多하게 됨"(小宗五世, 則遷, 遷後, 便與平民等, 故平民中含有公族血統者, 日益加多.)(中國先秦政治思想史 p.45.)

(나) "當時의 貴族과 平民이 서로 通婚함으로써 실제로는 두 계급의 限界를 嚴密히 分辨하기 어려움"(當時, 貴族平民, 互相通婚, 故實際上, 兩階級界限, 頗難嚴辨.)

(다) "各國이 政變의 結果로 因하여 貴族이 降等하여 平民이 된 者 많다."(各國因政變之結果, 貴族降爲平民者, 甚多.)

(라) "外國으로부터의 移住民에는 貴族의 後裔가 많았던 것이니 例하면 孔子의 祖 孔父가 宋에 있을 때에는 貴族이요 孔子가 魯에 있어서는 平民階級으로 옮기게 되었으니 이와 같은 새로운 平民은 數量에 있어서 그 增加하는 速率이 貴族에 比하면 매우 많았을 뿐 아니라 그 知識이 또한 貴族에 뒤지지 아니한 것이니 이것이 곧 貴族政治가 能히 永久히 유지못 한 最大의 原因이 된 것이다."(外國移住民, 多貴族之裔, 例如孔子之祖孔父, 在宋爲貴族, 而孔子在魯爲平民, 此等新平民, 其數量加增之速率, 遠過於貴族, 而其知識亦不在貴族之下, 此貴族政治不能永久維持之最大原因也.)

梁氏의 敍述한 것을 綜合하여 보면 貴族階級의 權力이 減退되

---

4) 貴族政治之完全消滅在春秋以後其促成之者 孔墨諸哲學說與有力焉.〈先秦政治思想史 p.45.〉

고 平民이 一般的으로 覺醒하는 데 이르게 된 것은 孔墨의 哲學이나 宗法制度의 革新이나 貴族과 平民 사이의 通婚이나 또는 貴族의 降等에 따르는 民衆의 移動 모든 것이 다 要因이 된 것이지마는 이 外에도 다시 究明하여 둘 몇 가지의 事實이 있는 것을 忘却하여서는 아니 된다. 즉 哲學上의 問題로서 天人關係에 對한 觀念이 變遷된 것이니 대개 古代의 社會에서 繼起되고 있는 雜多한 事象을 經驗할 때에 그 根源을 모두 '帝'나 '天'에 두려 하였고 人間의 幸福을 卜筮에 依하여 求하려 하던 信念에 動搖가 일어난 것이었다.

이와 같은 '帝' '天' 本源의 信仰이나 卜筮 信憑의 因習이 漸次로 稀薄하여진 것이니 所謂 天道의 神秘力에만 依存하려던 慣習을 버리고 人間自身에 賦與된 慧智를 깨닫게 되며 이 慧智로써 事物을 觀察하고 問題解決에 臨하고자 한 것이다.

春秋의 鄭나라에 있던 事例로서 大夫 裨竈는 天文과 占候에 밝은 사람이었다. 일찍이 鄭나라 火災의 變이 있을 것을 豫言하였던 것인데 다른 사람들도 大夫의 말대로 豫備하여 變을 免할 것을 建議한 바 있었고 子大叔도 이에 呼應하여 그 말대로 實行하는 것이 保民하는 道理이며 救國하는 方法임을 强調하였으나 特히 當時의 大夫인 子産만은 이에 反對하여 "天道는 먼 것이어서 理解하기가 어렵고 人道는 가까우며 도리어 깨닫기 쉽다."[5]고 한 것이다.

오직 依天과 占術로써 萬事의 吉凶을 決定하고 사람의 幸福을 推求하려는 迷信과 盲從과는 매우 距離가 멀어졌다 할 것이며 子

---

5) 裨竈曰不用吾言 鄭又將火 鄭人請用之 子産不可 子大叔曰 實以保民也 若有火 國幾亡 可以救亡 子何愛焉 子産曰 天道遠 人道邇 非所及也 何以知之 竈焉知天道(左傳昭公十八年)

產과 같은 사람 以外에도 晋伯宗의 이른바

"民反德爲亂, 亂則妖災生."<左傳 宣公 十五年>이라 하여 民衆이 道德에 違背함으로써 亂의 原因이 되고 이 亂이 곧 妖災를 生한다고 말한 것은 참으로 人知의 發達된 情態를 잘 表現하여 준 훌륭한 證左의 하나라 할 것이니<陳啓天 政治哲學概論 p.48 參照>

從來부터 盛行하여 오던 依天思想에 比하면 當時로서는 確實히 새로운 傾向이며 進步된 人間中心의 闡明이라고 아니 할 수 없다.

春秋古典에서 卜筮無用의 例를 보면[6] 晋의 智伯이 伐齊할 제 大夫 長武子가 請卜하였지마는 智伯은 이에 反對하여 "말로써 伐罪하면 足한 것이지 어찌 반드시 '卜筮'를 信憑할 必要가 어데 있느냐"고 말한 것이다. 이와 같은 論辨은 더욱 많게 된 것이니 楚廉의 이른바

"卜以決疑, 不疑何卜."<左傳桓公十一年>이라 한 것도 또한 人事解決의 妙理를 人知에서 찾으려고 한 實證이라 할 것이다.

다음은 教育方法[7]에서 起因된 社會的 變革이니 先秦 以前의 制度로서는 教育을 받을 對象이 大部分 貴族階級에 偏在되었을 뿐 아니라 當時의 國家教育機關인 學官에서 教育을 管掌하였으므로 官府 以外에서는 教育을 받을 만한 곳이 없었고 따라서 學問研究의 自由와 人知啓發의 機會가 賦與되지 못하였던 것이다. 이에 孔子는 貴賤의 種類가 없고 階級의 差等이 없는 "有教無類"[8]<論語衛靈公>의 새로운 教育理念을 倡導하고 私設講學의

6) 智伯曰 "吾又何卜焉……以辭伐罪足矣 何必卜."〈左, 哀, 二十三年〉
7) 則自天子之元子衆子 以至公卿大夫 元士之適子與凡民之俊秀皆入大學〈大學章句序〉
8) 正義曰……類謂種類 言人所在見教 無有貴賤種類也〈論語註疏〉

學風을 振作시킴으로써 均平하게 知識을 修得할 수 있는 權利를 얻게 한 것이니 이로써 文化發展의 速率이 增加하는 데 이른 것이다. 梁氏의 이른바 孔墨의 哲學이 先秦時代에 있어서 새로운 方向으로 躍進할 수 있는 原動力이 된 것이라 함도 一面 이와 같은 現況을 指稱하는 意義가 아닌가 한다.

이와 같은 思想이 漸次로 展開됨을 따라서 各國에서는 人材를 內外에 求하고 國威를 四方에 宣揚하는 데 이른 것이다. 이에 貴族과 平民의 差別意識이 減殺되고 다만 個人의 知能과 力量에 準하여 出世登庸의 道를 講求하고 利用厚生의 實을 거두는 데 留意하였던 것이다. 이로써 儒家의 思想體系가 確立되었고 諸子百家의 思潮가 自由로이 橫溢한 것은 다만 春秋時代의 다양한 文化를 形成하였을 뿐만 아니라 永久히 學問自由의 紀元이 되었다고도 할 것이다.

三. 思想의 特徵

1. 倫理의 本質

A. '仁'의 槪念……同類意識과 相人偶

先秦儒學의 特徵은 敍上한 바 社會的 變遷과 人知의 啓發에서 起因한 바 많다고 할 것이다.

周末의 激動期에 際하여 覇者의 抗爭이 날로 甚하였고 道義가 蔑如함에 따라서 人間의 本性을 省察할 겨를이 없었다. 이에 孔子는 特히 社會的인 貴賤의 矛盾을 匡正하고 和衷協愛한 '仁'의

精神을 發揚하여 人本主義的인 理念을 高調하고 修齊 治平의 大道를 闡明하려고 한 것이니 이는 곧 三代 以來의 傳統思想을 <先王의 道와 孝友의 觀念을 擴大한 것> 祖述하여 汚染된 社會의 弊習을 革新하려는 創造的 思想이라 할 것이다.

上記한 理念과 大義는 한 國家 한 社會를 建設하는 데 局限되는 것이 아니며 또한 그 偉大한 敎訓은 一時的으로 光彩를 남기는 것이 아니라 後世에 이르기까지 계속된 것이며 自後로도 길이 계속될 것이다. 이와 같은 宏遠한 思想을 '仁'으로써 表現한 것이며 이 理想을 具體化한 것을 大同世界라 이르는 것이다. 이 理念에서 보면 '仁'은 人類社會에 있어서 普遍妥當한 倫理의 本質이며 混濁한 社會의 뚜렷한 指標라 할 것이다.

儒學을 硏究하는 基本的인 文獻은 經書를 비롯하여 史傳이 많지마는 第一로 論語를 들 것이며 論語 中에서도 '仁'에 對한 論述이 첫째로 重要한 것이다.

論語 全篇에 '仁'을 論한 곳이 五十八章에 이른다<淸, 阮元論仁>고 한다. 물론 '仁'에 言及한 것이 아니라 하더라도 '仁'의 精神으로써 一貫된 古典이며 儒學의 總集結體인 만큼 儒學의 硏究는 반드시 이 經傳으로부터 비롯되어야 할 것이다.

論語에 보이기를 '仁'은 과연 먼 것인가 내가 '仁'을 하고자 하면 이 '仁'이 곧 이르느니라 하였고

"仁遠乎哉 我欲仁 斯仁至矣"<述而> 이에 註解한 것을 살펴보면

正義曰: "此章言仁道不遠, 行之卽是, 故曰: 仁道豈遠乎哉, 我欲行仁, 卽斯仁至矣, 是不遠也."라 한 것이니<註疏>

이 '註疏'의 뜻은 곧 '行人'하는 事實을 말함으로써 '仁'을 實

踐하는 面을 强調하여 준 것이며 다음으로

"仁者, 心之德, 非在外也, 放而不求, 故有以爲遠者, 反而求之, 則卽此而在矣, 夫豈遠哉." <集註>라 하였는데

이 集註는 '仁'이 곧 倫理의 本體임을 闡明하는 데 더욱 充實하였다 할 것이다.

이와 같이 具體的인 '仁'의 事實과 抽象的인 '仁'의 本體를 各其 分離並論함으로써 더욱 倫理的인 動機와 結果에 偏重됨이 없는 中正한 道理를 提示한 것이며 倫理의 核心은 '仁'인 것이라 '仁'에 缺如된 人間은 眞正한 價値가 認定될 수 없는 證左라 할 것이다.

그렇기에 儒學에서 말하는 '仁'은 다만 人間이 義務的으로 强行하여야 되는 一個 德目만을 羅列하는 것이 아니라 人間에 先驗的으로 賦與된 愛情, 즉 德性을 源泉으로 하여 이것이 言語로 行動으로 또는 人間의 모든 生活로 表現되는 것이다.

이와 같이 崇高한 仁性이 基本이 됨으로써 具現되는 事實은 經典에 많이 記錄되어 있으며 時代를 따라서 表現되는 樣相도 매우 多彩로운 것이다.

詩經에 "天生烝民有物有則, 民之秉彛 好是懿德."<詩大雅烝民>이라고 보였는데 孔子는 이 詩를 引用하여 讚揚하기를 "爲此詩者, 其知道乎."<孟子告子上>라 하였으며 後儒들이 이에 다시 註解하기를

"……物事也, 則法也, ……懿美也, 有物必有法, 如有耳目, 則有聰明之德, 有父子, 則有慈孝之心, 是民所秉執之常性也, 故人之情無不好此懿德者, 以此觀之, 則人性之善可見."<集註>이라 함으로써 耳目이 있는 곳에 聰明한 德이 있고 父子가 있는 곳에

慈孝의 마음이 先行됨이니 이것은 사람이 自然스럽게 얻게 된 善意이며 叡智인 常性이라 그러므로 人間의 本性은 美德을 좋아한다는 것이니 이에서 人性의 善함을 確言할 수 있다 함이다.

性善, 즉 人性의 '仁'함을 傍證할 만한 經典으로서

"性相近也, 習相遠也."<論語 陽貨>라 함은 人間의 天性이 本善하고 原質이 本美한 것이 正道에 가까운 것이나 다만 習俗에 感染됨으로써 本然의 正道와 멀어진다는 뜻이며

"人之生也, 直."<雍也>에 對하여 淸儒 劉宗周가 演述하기를

"擧人生, 而歸之直, 此夫子之道性善也."<徐英編論語會箋 p.83 轉引>라 하여 人生의 直한 것으로써 性善을 說明한 것이라 論結한 것이고

劉康公의 말한 바에 依하면

"사람은 天地의 中正한 것을 받고 生하였느니라"[9]고 보였는데

다시 이에 註解하기를 "中은 至正大中한 理를 뜻하는 것이니 대저 사람은 다 같이 天地의 大中한 理를 받고서 낳다."고 이르는 것이며

孟子의 이른바 "惻隱之心仁也, 羞惡之心義也, 恭敬之心禮也, 是非之心智也, 仁義禮智非由外鑠我也, 我固有之也, 弗思耳矣." <告子上>라고 主張한 것은 分明히 人性의 善美한 面을 强調하되 그 善美하고 中正한 것이 사람의 本質에서 發源된 것이며 어디까지나 "非由外鑠我也, 我固有之也, 弗思耳矣."라는 말로써 仁義 禮 智와 같은 가장 眞 善 美한 德性이 사람의 經驗이나 또는 敎育의 힘으로 얻기 前에 人間自我에 潛在的으로 賦與된 것임을

9) 劉子曰: 吾聞之 民受天地之中 以生(左傳 成公十三年 林註曰: 中者至正大中之理 凡民皆受天地大中之理以生).

强烈히 主張한 것이니 이 點이 性善論者로서 千古에 빛을 남긴 까닭이라 할 것이다.

以上으로써 대개 人性의 本質을 說明한 것이며 이에 이어서 人性이 어떻게 活用되며 또한 어떠한 形態로 具顯되는가 하는 問題에 對하여 다시 考究하여 보려는 것이다.

孔子의 思想을 直接 繼承하고 儒教發展의 中樞的인 存在로 알려져 있는 子思는 中庸에서 孔子와 魯哀公과의 對話 중에서 '仁者, 人也.'라는 文句를 引用한 바 있고 漢儒인 鄭玄은 이에 註解하기를 "仁, 相人偶."<禮記鄭註>라 한 것이다. 이에 依하면 仁은 元來 人人相互가 相對한다는 뜻이니 이는 곧 個人各自가 基本이 되어 社會構成을 可能하게 할 수 있다는 意義로 解釋되는 것이다.

淸儒 阮元은 이 '相人偶'의 廣義的인 論述을 다음과 같이 試圖하였다.

"春秋時代에 孔門에서 稱述한 '仁'의 槪念은 人間이 서로 敬愛하고 忠恕의 道를 다할 것임을 말함이니 行動으로 表現되는 具體的인 事實이 없는 空疎한 理論만으로는 오히려 '仁'의 眞正한 價値를 說明하는 方法은 아니니 道德的 基礎理念인 '仁愛'의 精神이 實踐的으로 充分히 發揚됨으로써 비로소 仁을 完成하였다 할 것이며 만일 愛情으로 和衷되는 人人相對<偶>의 關係를 버리고 個人이 獨自的으로 문을 닫고 瞑目靜坐하는 境地만 固守한다고 하면 個人의 德性은 어느 정도 體得되었다 하여도 聖門에서 이르는바 참다운 '仁'의 實效를 거둔 것은 아니니라."<硏經室集論仁論取意>고 한 것이다.

以上의 諸論은 儒教의 中心理念인 '仁'의 解釋과 그 實踐方法

에 대한 素朴한 說明이라 할 것이며 이에 다시 哲學的인 分析을 試圖한 것은 宋代 以後의 일이라 할 것이다.

淸儒 方東樹의 '相人偶'에 對하여 論한 것으로는

"생각하건대 相人偶로써 仁의 用을 論한 것이라 하면 可하지마는 '相人偶'로써 '仁'의 體를 論하였다 함은 不可하니……聖門에서 '仁'을 論함에는 반드시 '體 · 用' 兩義가 兼備되어야 할 것이며 體 · 用 어느 편에나 偏重하면 '仁'의 本意를 究明하는 데 完美하였다고는 못 할 것이니라."[10)]

이는 鄭玄의 '相人偶'에 對한 分析的인 論評이니 朱子의 이른바 '仁心之德 · 愛之理'에 있어서의 情은 用이며 性은 體라고 論破한 點을 더욱 明晳히 하였다 할 것이다.

以上에 收錄한 鄭玄의 相人偶와 阮元의 見解는 다 先秦 以前부터 생각하여 내려온 '仁'의 古意가 한 行動으로서 具現된 倫理的 結果論에 注重하였다고 하면 宋 以後 諸儒들은 오히려 新儒學의 境地에서 哲學的 意義로서의 本體的인 倫理的 動機論에 着眼한 것이라 할 것이며 方氏는 前後 두 傾向에 對한 綜合的인 論定을 한 것이라고 할 것이다.

B. '仁'의 實現……道德世界와 自然觀

叙上한 바로써 '仁'의 槪念은 同類愛임을 밝혔고 또 '仁'의 體用論에도 言及하였다. 다음으로 '仁'의 實現方法과 用意는 어떠할 것인가? 이를 좀 더 具體的으로 살펴보고자 한다.

孔子가 일찍이 "吾道, 一以貫之."<論語 里仁>라 이른바 있고 曾子는 一貫의 道를 '忠, 恕'로써 解意하였으며[11)] '正義'에서 다

---

10) 愚謂以人偶 論仁之用 則可 以人偶論仁之體不可 : 聖門論仁 此兩義必兼備 倚于一偏 則不盡(漢學商兌卷 中之上 45)

시 註解하기를

“貫統也: 孔子語曾子, 言我所行之道, 唯用一理以統天下萬事之理也. ……忠謂盡中心也 恕謂忖己度物也, 言夫子之道唯以忠恕一理 以統天下萬事之理, 更無他法.”<註疏>이라 하였다.

上記한 것을 要約하면 一貫의 道는 忠恕로 忠恕는 곧 ‘盡中心’과 ‘忖己’ ‘度物’로써 解釋되는 것이며 後日에 程子는 “以己及物. 仁也.”<集註本轉引>라 하였고 忠恕의 具體的인 註釋을 加하여 다시 ‘仁’을 論證한 것이다.

대개 ‘忠恕’를 兩字가 連接하여 合成된 熟語로 規定하여 보면 단순히 他人에게 미쳐가는 親切叮寧한 美德이라 할 수 있지마는 ‘仁’을 實踐하는 過程에 있어서는 忠恕의[12] 概念이 이미 다르고 先後와 本末 및 體用이 다른 것이다. ‘忠’은 사람의 本心이 誠實하여 <盡己之謂忠> 天地自然秩序의 至誠無息함에 譬할 수 있고 ‘恕’는 誠實한 마음이 作用하여 그대로 옮겨 가는 한 心理의 現狀 ‘推己之謂恕’이니, 즉 同類意識에서 發源된 同情하는 마음이라 할 수 있다. 人間이 內心에 潛在한 ‘忠’하는 힘이 아니면 他人을 同情하는 것은 거의 不可能한 일이며 ‘忠’의 連長이 곧 ‘恕’의 實現임을 省察하여야 할 것이다.

孔子가 顔子의 問仁에 答하기를

“子曰: 克己復禮爲仁, 一日克己復禮, 天下歸仁焉, 爲仁由己, 而由人乎哉.”<論語 顔淵>라 하였고 顔子 이에 다시 ‘克己’하는 節目을 물으니

---

11) 忠恕一以貫之, 忠者天道, 恕者人道, 忠者無妄, 恕者所以行乎忠也, 忠者體, 恕者用(集註).

12) 盡己之謂忠, 推己之謂恕, ……夫子之一理渾然, 而泛應曲當, 譬則天地之至誠無息, 而萬物各得其所也, ……蓋至誠無息者, 道之體也, 萬殊之所以一本也, 萬物各得其所者, 道之用也, 一本之所以萬殊也, 由此觀之, 一以貫之之實, 可見矣(集註).

"非禮勿視, 非禮勿聽, 非禮勿言, 非禮勿動."<同上>이라고 하였다.

以上의 文에 對하여 古注에서는

"克約也, 己身也, 復反也, 言能約身反禮, 則爲仁矣. …… 人君若能一日 行克己復禮 則天下皆歸此仁德之君也, 一日猶見歸 況終身行仁乎."<疏正義>

이에서 보인 '克己復禮'의 뜻은 그 目標가 매우 分明하다. 나라를 다스리는 君主 먼저 自身의 私利와 貪欲을 克服하여 在上한 職責을 完遂함으로써 天下사람들이 다 歸服하게 된다는 것이며 이것이 克己復禮의 實을 거두게 된다는 것이다. 매우 平易한 解釋이며 現實的인 說法이라고 할 것이다.

그러나 宋代 以後 새로운 解意[13]에 따르면 禮는 天地自然秩序의 運行함과 같이 人間의 行動에 있어서도 當爲的인 規律과 尺度가 있는 것이니 이 尺度는 사람의 無節制한 欲求에 對하여 自我反省을 促求하고 適切한 規制와 調和를 圖謀할 줄 아는 人間만이 지닐 수 있는 最高의 矜持이다. 이에 다시 行動의 結果로 나타난 것은 冷嚴히 批判하여 是非邪正과 善惡美醜를 分明히 取捨選擇하여 行爲의 完璧을 期하는 것이니 이로써 克己가 可能하게 되는 것이며 忠 恕의 道를 充實히 함으로써 '仁'의 世界를 實現하는 데 到達하는 것이다.

이것이 修己治人하는 要諦이며 人間의 行動規範인 禮를 貴重히 여기는 儒學思想의 極致이다.

이와 아울러 생각할 것은 聖門에서 이르는 바 '仁'은 忠恕의 實踐으로써 道德世界를 形成함은 물론이요 항상 自然의 至誠無息

13) "禮者 天理之節文 人事之儀則"(學而편의 有子曰: 禮之用和爲貴→集註轉引)

하는 秩序와 並行하여 '生'을 營爲하고 久遠한 來日에 希望을 지니며 無限한 成長과 發展을 하는 것이다. 孔子는 季節의 變移에 따라서 發育되는 萬象을 讚美하였고[14] 川流不息하는 現狀을 보고 道體의 妙理와 天運의 無窮함을 觀察하며 自强不息하는 大道를 體得하는 것이 아니었던가 한다.

이와 같이 自然과 人間이 渾然一體가 되는 境地를 直觀하며 歡喜하며 그리고 健實한 眞理를 探求하는 것이니 이에서 '忠恕'의 正道를 밝히며 圓滿濶達한 '仁'의 實現을 可能하게 하는 것이다.

孔子의 門弟子인 子路 曾晳 冉有 公西華가 다 한자리에 모였을 때 孔子는 各自의 포부에 對하여 물은 바 있었다. 子路, 冉有, 公西華는 平素부터 생각하여 오던 出世의 欲望을 말하였다. 그러나 曾晳 한 사람만이 다른 사람들과 매우 趣意를 달리하고 있었다.

"暮春者, 春服旣成, 冠者五六人, 童子六七人, 浴乎沂, 風乎舞雩, 詠而歸."<論語先進>라 하여 매우 風雅하고 浪漫的인 答辯을 한 것이다. 즉 "봄 늦게 봄옷이 이루어졌을 때 어른 아이 다 같이 모여서 沂水에 목욕하고 舞雩에서 소풍한 뒤 읊으며 돌아오겠다."는 것이었다.

孔子는 특히 이에 넘치는 同感의 뜻을 보인 것이니 漢代 以後 이에 對하여 註解한 것으로는

"夫子喟然歎曰: 吾與點之志, 善其獨知時而不求爲政也."<疏·正義>라 한 것이며 孔子는 曾點의 뜻을 理解하고 특히 그 時勢

14) ㄱ "天何言哉 四時行焉 百物生焉 天何言哉."(論語陽貨)
ㄴ "四時行百物生 莫非天理發見流行之實不待言而可見."(集註)
ㄷ "子在川上曰: 逝者如斯夫, 不舍晝夜"(子罕) "程子曰: 此道體也 天運而不已 日往則月來 寒往則署來 水流而不息, 物生而不窮 皆與道爲體 運乎晝夜 未嘗已也, 是以君子法之 自强不息, 及其至也 純亦不已焉"(集註轉引)

의 不可한 것을 미리부터 豫知하였다는 것이다.

물론 그 當時는 政權을 左右하던 部類들이 발호한 때인 만큼 曾晳의 高蹈優雅한 識見과 放達物外한 趣意를 愛賞함이니 이것이 곧 嚴正한 道德社會에서도 優游達觀하는 一種의 樂天的인 世界觀을 表示하여 준 것이라 할 것이다.

이로써 儒敎의 人生觀은 더욱 人間性의 偉大함을 禮讚하며 健實한 信念을 지니고 無窮하게 勇進하는 것이다.

2. 敎育의 理念

A. 自由意志와 民衆化

敎育에 該當되는 用語를 先秦時代에 溯及하여 살펴보면 '問學'이나 단 '學'이라는 말로 表現할 수 있을까 한다.

이 學으로 因하여 人間에 關한 重要한 일을 論議할 수 있고 來學을 指導育成하는 것이다.

論語의 首篇이 '學而'로써 비롯되었고 "學而時習之 · 不亦說乎."<學而>라 보여준 것은 學問하는 일이 매우 기쁜 일이 될 뿐 아니라 또한 우리 人生에 있어서 얼마나 重要한 것인가를 强調한 것이다.

종래 解說되어 온 '學'의 意義를 考察하여 보면 說文에는
"斅, 覺悟也, 學, 篆文斅省"이라 하였고 白虎通에는
"學之爲言, 覺也, 以覺悟未知也."<辟雍篇>라고 보여 있다.

이 說文과 白虎通에 보인 '學'의 正義를 보면 '學'은 '깨달음' 또는 '알지 못하는 것을 깨닫게' 하는 活動이라 할 수 있다. 그러면 '學'의 槪念은 다시 두 가지의 分野로 大別할 수 있는 것이니,

그 하나는 自然人으로서 賦與된 本能에 基因한 自發的인 活動이며 다른 하나는 환경으로 因하여 얻게 되는 他力에 依한 영향이다.

教育은 元來 이 自發的인 力量과 他力에서 오는 영향력이 渾然히 結合融和되는 데 따라서 完美한 成果를 期할 수 있는 것이다.

이 理論은 教育에 있어서 한 普遍妥當한 原理가 되는 것이며 儒學에서 主張하는 바 教育理念도 이 點에 많이 留意하여 온 것이다.

論語에 보이기를 "學而不思 則罔, 思而不學 則殆."<爲政>라고 이른 바 있다.

이에서 이른바 '思'라[15] 함은 主로 被教育者가 自力에 依하여 思累하는 活動을 뜻하는 것이며 '學'이라 함은 물론 自我의 本質을 實現시키는 同時에 '從師', 즉 教育者의 指導力에 依存하거나 또는 書籍을 爲始한 教育의 手段으로서의 모든 器具와 施設을 通하여 習得할 수 있는 教育方法을 뜻하는 것이라 할 것이니 上記한 學而에서 말한 바 있는 '學'의 概念을 抱括的으로 說明한 것이라고도 할 수 있다. 이로써 儒學에서 뜻하는 바 '學'의 概念은 반드시 自我實現과 他力誘發의 兩面活動의 綜合的 結果임을 明言할 수 있다.

이에 進一步하여 教育活動의 結果가 學的 理論에만 그치지 아니하고 반드시 이 理論에 隨伴하여 實踐이 並行되는 것을 儒學에서는 主眼으로 한다.

---

15) 子曰, 學而不思 : (爲政)
正義曰 : 此章言教學法也, 學而不思則罔者 言爲學之法旣從師學則自思其餘蘊 若雖從師學, 而不尋思其義, 則罔然無所得也 思而不學 則殆者 言但自尋思而不往從師學 終卒不得其義 則徒使人精神疲勞倦殆(疏正義)

"不求諸心, 故昏而無得"<集註>이라 함은 自我의 憤發하는 能力이 미치지 못하는 것을 深戒한 말이며 이에 다시

"不習其事, 故危而不安"<同上>이라 함은 다만 自他力의 活動으로 因하여 얻는 理論的 教育에 滿足하는 것이 아니라 이 理論을 實踐具現하는 데 教育의 眞正한 價値를 發見할 수 있음을 强調한 것이다.

이와 같이 생각하여 온 點이 儒學에서 論하는바 '學'의 宗旨가 實踐學에 있었음을 말할 수 있는 것이다.

清儒 王引之의 이른바 "據思而不學, 則事無徵驗, 疑而不能定也."<經義述聞>라 한 것은 實地로 事物에 接하여 經驗하는 것이 아니면 懷疑한 나머지에 安定感이 없다고 提唱한 것이니 이는 歐美의 經驗論者나 科學徒들의 一面을 彷佛하게도 하였다 할 것이다.

이와 같이 學問하는 目的이 思索하는 그 自體만으로도 貴重한 것이지마는 經驗을 通하여 理論을 具體化하는 그 作業이 儒學經典에 依하여 알 수 있다는 것은 참으로 先哲의 宏大한 慧知와 識見에 敬服하지 아니할 수 없는 것이다.

春秋 以前에도 民本的인 理想은 매우 高調되었었지마는 春秋初期에 이르기까지에도 社會的 階級이 懸隔하였으며 이에 따르는 制度의 不均衡과 教育의 差別은 極甚하였던 것이다.

이에 關하여서는 이미 言及하였거니와 人間의 尊貴함을 認知하는 데 이미 이르렀고 教育의 必要함을 깨닫게 된 것이다. 後儒들이 이 點에 對하여 積極發明하기를 "人間은 善하지마는 善惡의 다른 것은 오로지 氣習의 感染이 그 由因이 된 것이라 教育의 힘으로써 사람은 다시 善한 狀態로 復歸되는 것이니. 그러므로 사람

의 階級的인 類別은 말할 것이 아니라고 論定하였다."[16]

이것은 참으로 "有教無類"<重出>의 本旨를 平易하게 註解하였다 할 것이며 先秦의 社會制度를 檢討하기에 앞서 人類本然의 性情을 밝힘으로써 教育의 眞意를 究明한 것이라 할 것이니 儒教發展에 至大한 貢獻이라 아니 할 수 없다.

B. 啓發的 指導

論語에 보인 바 "不憤不啓, 不悱不發, 擧一隅, 不以三隅反, 則不復也."[17]<述而>라 함은 儒學의 教育方法에 있어서 劃期的인 名論이 될 뿐 아니라 人間의 本性 啓發을 爲한 새로운 發見이라 할 것이며 만일 이와 같은 聖哲의 訓誨한 바가 없었다 하면 教育方法의 正道를 찾기 어려웠을 것이다.

上記한 本文의 뜻을 다시 演述하면 實地로 教育活動을 企圖함에 있어서 教育者의 誠意 있고 積極的인 指導에 對하여 被教育者로서 어떠한 態度로 應하느냐 하는 重大하고 切實한 問題가 되는 것이다. 즉 한 事理를 研究의 對象으로 할 제 教育者가 그 事理의 問題되는 한 點을 提起하면 被教育者는 그 問題의 全盤을 詳細히 觀察證驗하고 反覆思索하여 問題解決의 方向을 探究審定하여야 한다. 이것이 教育者의 보람 있는 指導力量이며 被教育者의 當然한 態度라 할 것이다.

이와 같은 愚論이 經義解說의 正鵠을 期함인지 스스로 不安한 感이 없지 아니하나 다만 現代人으로서 古經을 研鑽함에 臨하여

16) 人性皆善, 而其類有善惡之殊者, 氣習之染也, 故君子有教則人皆可以復於善, 而不當復論其類之惡矣(論語有教無類句下註).

17) 憤者, 心求通而未得之意, 悱者, 口欲言而未能之貌, 啓謂開其意, 發謂達其辭, 物之有四隅者, 擧一, 可知其三, 反者, 還以相證之義, 復再告也(述而本文集註).

는 새로운 感覺에 接近하는 方途를 講求하는 것도 溫故知新의 一道가 아닌가 한다.

敍上한 方法에 類似한 聖門高弟와의 對話를 論語에서 찾아보면

子貢이 일찍이 孔子께 敬虔하게 묻기를

"貧而無諂, 富而無驕, 何如."<學而>라 하여 自身의 貨殖術의 能한 것을 誇示한 것이니, 즉 貧한 者이면서도 아첨하지 아니하고 富한 者이면서도 驕慢하지 아니하는 것을 자랑스럽게 말한 것이었다.

孔子는 子貢의 才氣發越한 素質을 잘 아는지라 一段 그 長한 것을 肯定하고 아직 未及한 것은 勸奬하는 뜻에서

"子曰: 可也·未若貧而樂, 富而好禮者也."<同上>라 하며 "貧하면서도 樂하며 富하면서도 好禮하는 것만은 못 하니라."한 것이다.

이에 다시 子貢으로 하여금 스스로 생각할 수 있는 時間的인 여유를 준 것이니 곧 敎育方法에 있어서 被敎育者에 對한 誘發的인 手法이라 할 것이다. 과연 子貢은 釋然히 깨달은 바가 있었다. 말을 계속하며

"詩云如切如磋, 如琢如磨, 其斯之謂與."[18]<衛風 淇奧>라는 詩의 一節을 風詠하여 自身의 未達한 것을 率直하게 告白하고 더욱 前進할 用意를 보인 것이니 참으로 '三隅反'하는 誠實한 敎育過程을 履行하였다 할 것이다.

孔子는 이에 비로소 親切한 語法으로

"賜－子貢의 名－는 처음으로 詩를 말할 수 있도다. 지난일을 말하니 오는 일까지도 잘 이해를 함이로다."[19]

---

18) 治骨角者, 旣切之, 而復磋之, 治玉石者旣琢之, 而復磨之(論語學而本文集註).

19) 賜也, 始可與言詩已矣, 告諸往而知來者(學而).

하여 子貢을 지극히 稱譽한 것이니 充分히 誘發的인 教育的 價値를 發揮하였다 할 것이다.

이에서 聖門師弟 間에 流露되는 薰化와 敎育의 眞意를 評價할 수 있는 것이니 참으로 사람의 力量은 事理를 探求할수록 妙義가 있고 努力할수록 進展이 있음을 더욱 깨닫게 되는 바이다.

이와 같이 教育者와 被教育者 間에 理會融合되는 人格의 感化力과 教育의 效率은 現代人으로서 그 以上의 方案을 講求하기 어려운 것이며 이 方法이 教育史에 길이 빛날 것을 確信하는 바이다.

3. 政經의 理論과 實際

A. 民本的인 理念

先秦時代의 倫理觀과 教育理想이 이미 人間의 本性을 啓發善導하여 人格의 完美함을 期하는 데 있다고 하였거니와 政經의 目的은 上記한 바와 같은 人間을 中心으로 하여 理想的 社會를 構成하고 堅實한 國家를 建設하여 富强한 人間의 生을 營爲하고 雄勁華麗한 文化를 創造하는 데 있는 것이다.

그렇기에 儒學에서 政經을 爲하여 實踐하는 일은 觀念的[20]이 아니라 現實的이며 神秘的이 아니라 經驗的이다.

鬼神을 말하기 前에 人事를 바로잡기에 急하고[21] 死의 問題는 사람이 어찌 알 것이랴. 이보다 '生'의 問題를 더욱 貴重히 여긴다. 永久한 理想은 推究할지언정 空虛한 妄念은 驚戒한다.

---

20) 子貢曰. 夫子之文章可得而聞也, 夫子之言性與天道 不可得而聞也(論語 公冶長)
21) 季路問事鬼神, 子曰……未能事人, 焉能事鬼 曰敢問死, 曰未知生 焉知死(先進十二).

古代社會에서는 民知가 發達하지 못하였으며 神權을 信仰하고 天道에 依存하려는 것은 文化發展上 一般的인 通例이기도 하지마는 眞正한 儒學思想을 云謂하게 된 以後로는 항상 人間을 爲하여 至誠을 다하였으며 明哲한 知慧는 民衆으로부터 發源된 것이었다.

儒學經典에서 볼 수 있는 몇 가지의 實證을 들면 人間이 얼마나 尊貴한 存在이었던가를 알 수 있다.

"民惟邦本."<書>은 民衆이 나라의 根本이라는 뜻이며

"民者 君之本也."<穀, 桓十四, 僖二十六>는 人民이 君主의 근본이라 함이오.

"民, 神之主也."<左, 僖十九 3>는 民衆은 '神'의 主體라 함이며

"民爲貴, 社稷次之, 君爲輕"<孟, 盡心下 14>은 人民이 尊貴하고 社稷(領土)이 그 다음이고 君主가 가장 가벼운 位置에 놓여 있다는 뜻이라.

이 외에도 '民'의 貴重함과 民權에 對한 論議는 古典에 매우 많이 記述되어 있다. 政治는 참으로 人民을 爲하는 것이며[22] 人民으로부터 비롯하는 것이고 人民의 것이며 民衆을 對象으로 아니하는 일이 없다. 그러므로 民衆에 對하여 特權이 있을 수 없고 絶對的인 存在를 認定할 수도 없는 것이다. "大道之行也, 天下爲公."<禮記 禮運>이라 함은 上述한 뜻을 總括的으로 表現한 말이며 人間에 賦與된 平等한 價値와 威權을 公認한다는 뜻이니 政治와 經濟上에 있어서도 모든 資格이나 權利가 누구에게나 다 같이 均平하게 주어져 있다는 것이다.

그러기에 實地로 政治를 하는데도 어느 統率者 한 사람에 權限

---

22) 選賢與能 講信修睦(禮記 禮運)

을 一任하는 일은 絶對로 있을 수 없다는 뜻이다.

執政者로서는 民衆의 輿論을 尊重하여야 되고 優秀하고 賢能한 人材를 選拔登庸하여야 되며 무슨 일을 결정하려 할 때에는 한 사람의 主觀과 偏見에 左右되는 것이 아니라 客觀的인 公正한 立場에서 처리되어야 하며 不遇한 처지에 있는 사람을 잘 살펴주고 同情할 것이며 特히 經濟的으로 困窮한 사람에게는 救濟[23]의 길을 마련하여 주라는 것이다.

이와 같이 平易하고도 民本的인 政策이 가장 오래된 儒學經傳에서 볼 수 있는 것은 참으로 珍貴한 일이 아닐 수 없다. 清朝에 이르러 古典에 對한 懷疑가 多少 있다 하여도 모든 經典에 傳하여 내려온 人間의 本質問題를 비롯한 社會國家政策의 基本理念이 仁愛의 精神을 土臺로 하였고 自由와 平和 그리고 普遍的인 眞理를 最高의 理想으로 아니 한 것이 없다.

梁啓超도 "儒家에서 말한 바 人間의 道理나 政治가 仁에서 비롯하지 아니한 것이 없다."[24]고 말한 것이다.

그렇기에 儒學에서 主張하는 民本理念은 被治者에 對한 治者의 義務가 무엇보다도 큰 것이다.

孔子는 季康子의 問政에 對하여 政治는 바르게 하는 것이니[25] 그대가 솔선하여 바르게 하면 누가 敢히 不正을 하리요 하였고 季康子가 다시 魯나라에 盜賊이 많은 것을 걱정하여 孔子께 물으니 孔子 또한 答하기를 그대 <康子>가 참으로 貪欲만 없으면 비록 賞을 주면서 도적질하라 하여도 아니 할 것이니라[26] 하여 極甚한

23) 嘉言罔攸伏, 野無遺賢, 萬邦咸寧, 稽於衆, 舍己從人, 不虐無告, 不廢困窮(書經 大禹謨).
24) 儒家言道言政皆植本於仁(先秦政治思想史).
25) 季康子問政於孔子孔子對曰政者正也子帥以正孰敢不正(顏淵).
26) 季康子患盜問於孔子孔子對曰苟子之不欲, 雖賞之不竊(顏淵).

衝擊을 준 것이다. 그러면 그 理由는 무엇일까? 季氏는 魯의 上卿의 位에 있으면서 항상 公正한 政治를 하는 데는 게으르고 貪欲하기에만 부지런한지라 民衆의 怨府가 되었던 까닭이다. 民本的인 儒學의 政治理念은 참으로 民衆을 爲하는 데 큰 價値를 認定하는 것이며 (上思利民忠)(左, 桓, 六年)이라는 소위 윗사람으로서는 더욱이 利民盡忠하는 至誠을 다하여야 한다는 것이니 이러므로 上位에 서는 사람은 特히 愼重을 期하여 民意에 副合되도록 選定되어야 하는 것이다. 孔子와 子貢과의 問答에서 子貢이 묻기를

"어는 사람의 人格을 評定하는 데 鄕人이 다 같이 말하기를 좋은 사람이라고 하면 어떠합니까?"

孔子 이에 答하기를 "不可하니라." 子貢이 다시 묻기를 "그러면 鄕人이 다 같이 미워하는 사람이면 어떠한가요?" 孔子 또한 이에 答하기를 "그것도 역시 不可하니라. 반드시 鄕人 中에서도 善良한 사람이 좋다고 말하는 그 사람이거나 그렇지 아니하면 不善한 사람(鄕人)들이 밉다고 指摘하는 그 사람이 도리어 좋은 사람이라."[27]고 論破한 것이다.

現行되고 있는 選擧法의 通例는 대개 多數決에 依하여 그 當落을 決定한다. 이때에 選擧에 臨하는 사람들의 人格이나 力量이나는 全然 考慮되고 있지 아니하다. 다만 民主主義라는 美名 아래에서 選擧人이 決定하는 數의 多寡에 따라서 被選者의 當落이 決定된다.

그러면 참으로 좋은 部類가 모여서 選擧한 사람이라면 그 被選

---

27) 子貢問曰鄕人皆好之何如 子曰未可也, 鄕人皆惡之何如 子曰未可也 不如鄕人之善者好之 其不善者惡之(子路).

者는 當然히 좋은 사람이 되는 것이 틀림없겠지마는 不美한 部類가 모여서 選擧한 者는 十中八九는 좋은 사람이 被選되기는 어려울 것이다. 이것은 그 사람들(選擧人) 자신의 생각하는 것이 옳지 못하며 行動이 不善하고 따라서 그 生活方法이 不美한 까닭이라 할 것이다.

과연 前記한 孔子와 子貢과의 問答한 內容이 그대로 實現될 수 있는가의 與否는 이에서 論함을 割愛하여 두고 다만 그 選擧人 自體의 質的인 規定까지도 着想하기에 이른 것은 참으로 現代民主主義原則에 依한 選擧方式으로는 不及한 高次的인 理想이라고 아니 할 수 없다.

政治의 理念이 이와 같이 公平無私하고 精密한 곳으로부터 비롯하며 "老吾老, 以及人之老, 幼吾幼, 以及人之幼, 壯有所用, 幼有所長, 男有分, 女有歸"<禮運>하는 이른바 平和的인 國家事業과 福祉的 社會建設이 必然的으로 達成하게 되는 것이다.

B. 均平一貫

다음으로 經濟的 理念인데 이 또한 上述한 모든 人間關係의 重要한 事件을 處理하며 結實하는 데 中樞的인 役活을 하여야 하는 것이다.

孔子 適衛時에 冉有가 隨行하였다.[28] 冉有에게 人民이 衆多하면 그 다음으로는 經濟的으로 富裕할 것을 主張한 바 있고 子貢의 問政에도 '足食'이라[29] 함은 역시 政治에 있어서는 主로 經濟의 必要함을 論한 것이다.

大學에서는 生財의 大道를 말하기를 "生産하는 사람은 많아야

28) 子適衛 冉有僕 子曰庶矣哉 冉有曰旣庶矣 又何加焉 曰富之(子路).
29) 子貢問政, 子曰, 足食足兵民信之矣(顔淵).

할 것과 無爲徒食하는 사람은 적어야 할 것이고 農民에게는 農繁期에 다른 일에 從事하지 말게 할 것이며, 量入爲出하는 經營에 밝으면 財用에 餘裕가 있을 것"[30]을 明示한 바 있고

孟子에는 더욱이 "農穀 水產 山林이 養民에 切實한 것과 養生喪死에 無憾함이 王道의 처음이며 黎民이 不飢不寒하면 王天下 못 하는 일이 없다."[31]고까지 提唱하여 經濟와 政治의 分離할 수 없음을 말하였고 이로써 "恒產이 있는 者는 恒心이 있거니와 恒產이 없으면 恒心도 없다."[32]고 말한 것은 다만 그 時代에 있어서 切實한 問題가 될 뿐만 아니라 참으로 千古에 빛나는 教訓이 아닐 수 없다.

이로써 人類發展에 經濟가 寄與할 수 있는 몇 가지 문제를 列擧한 것이며 다음으로 儒教經典에서 찾아볼 수 있는 것은 個人의 能力에 適應한 活動分野와 分配方法에 對한 論議가 있다. 즉

人間社會의 發展을 爲하여 財源이 될 만한 것은 반드시 이를 硏究摸索하여 利用할 것이며[33] 物質이 그러한 것과 같이 人力에 있어서도 그 力量이나 才藝를 闡揚活用함으로써 부질없이 山野에 隱蔽하여 一生을 無意味하게 보내게 되는 일이 없게 하며 互惠의 美風을 振作하고 무엇이나 生產收得한 것은 널리 均等分配하여 社會的 不合理로 因한 不和를 招來하는 일이 없도록 하라는 意義이다.

---

30) 生財有大道, 生之者衆, 食之者寡, 爲之疾, 用之者舒, 則財恒足矣(大學).

31) 不違農時穀不可勝食也 數罟不入汚池魚鼈不可勝食也 斧斤以時入山林材木不可勝用也 穀與魚鼈不可勝食材木不可勝用 是使民養生喪死無憾也 養生喪死無憾王道之始也(孟子 梁惠王上).

32) 民之爲道也 有恒產者有恒心 無恒產者無恒心 苟無恒心 放辟邪侈 無不爲己 及陷乎罪然後從而刑之 是罔民也 焉有仁人在位罔民而可爲也(孟子 滕文公章句上).

33) 貨惡其棄於地也 不必藏諸己 力惡其不出於身也 不必爲己(禮記 禮運)
丘也聞有國有家者 不患寡而患不均, 不患貧而患不安, 蓋均無貧, 和無寡, 安無傾, 夫如是, 故遠人不服, 則修文德以來之 旣來之 則安之(論語 季氏).

四. 儒教發展의 現代的 意義

儒敎는 그 歷史가 오래되었고 人類文化에 끼친 영향도 크다. 그러나 이에 比하면 現在 一般的으로 認識되고 있는 분야는 매우 좁은 것 같다.

東洋에서는 오랫동안 學問的으로 硏究하고 人間生活에 있어서도 많이 實踐되어 왔지마는 先秦時代, 즉 儒學의 根源인 孔子의 理想하는바 순수한 本然의 모습을 지니지 못한 것이다.

秦 漢 以後 여러 思想과 混合되어 正常的인 傳統을 유지 못 하였다는 것이 現代로서 反省이 促求되는 중요한 點이 아닌가 한다.

道敎時代는 道敎의 영향을 받거나 佛敎가 성하면 어느 사이에 佛敎와 迎合한다. 물론 우리의 思想과 文化는 새로운 局面에 接하면 相互間에 영향이 없을 수도 없고 또한 이 영향이 있으므로 새로운 發展을 期할 수도 있는 것이다. 그러나 儒敎의 경우로는 그 自體가 原來부터 人間의 本質에 依하여 剛健中正하게 精進하며 努力하는 것이다. 이에 人間의 바른 길을 더욱 밝히고 個人을 完美하게 育成하며 이 個人이 基本이 되고 土臺가 되어서 修齊治平의 實을 거두고 質實華麗한 文化를 創造한다. 참으로

"仁者不憂, 知者不惑, 勇者不懼."<憲問>하는 確固한 信念을 받들고 永久히 發展하는 것이다.

이로써 倫理의 基本이 서고 敎育의 理念이 實現되어 民主的인 政治와 均平한 經濟, 和平한 社會建設에 貢獻하는 것이다.

儒敎는 이와 같이 現實에 充實한 反面에 觀念的인 構想에서 來世觀에 對하여는 오히려 敬遠하는 感이 없지 아니한 것이라 때로는 瞑想的인 世界를 憧憬하며 未來의 僥幸을 渴求하는 凡常한

우리 大衆으로서는 險難한 現實에 直面할 때 或은 憂鬱하며 悲觀하며 無常한 現世에 直面하면 絶望하기 쉽다.

이와 같은 환경에서 不憂하며 不惑하며 不懼하는 새로운 信念이 우리 人間의 精神을 鼓舞도 하고 끊임없는 理想에의 喜悅도 느끼게 하지마는 世人이 기대하는 無限한 欲望을 그대로 다 充足시키지는 못한다. 아니 欲望을 節制하며 嚴正한 中庸의 道를 밝히며 固守하는 것이 儒敎의 唯一한 特色이다.

그 다음으로 東洋에 있어서 政治의 理念이나 制度는 대부분 儒敎經典의 보인 바에 依하지 아니한 時代가 거의 없었다고도 하겠지마는 중요한 問題는 執政한 사람들이 얼마나 儒敎理念과 그 實踐에 充實하였느냐 하는 것이다. 以上에서도 言及한 바와 같이 政治는 上位에 있는 사람이 먼저 自身을 바르게 하는 데 따라서 治亂과 興亡이 決定되는 것이다. 栗谷의 이른바

"政治를 하는 데 성과를 보는 方法이 두 가지가 있으니[34] 하나는 仁義의 道를 몸소 행하여 여러 사람들을 同情할 줄 아는 政治 <不忍人之政>를 베풀 것이니 항상 天理인 普遍妥當한 眞理에 따를 줄 알며 이를 잘 實踐하는 것을 王道라 이르고 이에 反하여 仁과 義의 이름을 가장하고 權謀의 政策을 强行하며 功利에 汲汲하여 私慾을 恣行하는 것을 소위 覇道라 이르는 것이다."

이와 같이 王覇의 道를 簡明하게 解說한 것은 儒學의 眞意를 提示하여 준 것이라 할 것이며 이에 또한 栗谷의 論證한 바에 따라서 王覇의 道를 行한 자취를 살펴보면

"옛일로는 五帝 三王이 聰睿한 資質로써……王道를 行하였고

34) 所治二, 而其所以治之之道有二, 行仁義之道, 以施不忍人之政, 極夫天理之正者, 王道也 假借仁義之名, 以施權謀之政, 濟夫功利之私者, 覇道也(栗谷全書, 東湖問答).

商의 太甲과 周의 成王이 各其 伊尹과 周公의 補弼로써 王道를 行한 바 있었으며 다음으로 晋의 文公과 悼公, 漢의 高祖와 文帝 唐의 太宗, 宋의 太祖는 다 才智가 出衆하여 霸業을 이루었다."[35]고 이른 것이다.

이로써 經傳에 보인 王覇의 道에 對하여 어느 정도 理解할 수 있는 것이며 王道가 더욱이 儒教政治의 最高 理念이 되는 것도 밝혀진 것이다.

그러나 이와 같은 王道가 實現된 時代는 거의 없었고 도리어 仁義를 假裝한 覇道만이 盛行된 것은 그 原因이 어디 있었을까? 이는 오로지 王道 그 自體에 있다고 하는 것보다는 王道를 憑藉한 執政者들의 巧妙한 手法에 있었다는 것을 다시 한 번 밝혀 둔다. 清初의 名儒 黃黎洲의 論한 바에 依하면

"後日의 君王들은 天下利害의 威權을 獨點하여[36] 天下에서 利될 만한 것은 自己의 것으로 하고 害될 만한 것은 다른 사람(民衆)에게 미룬다. 그리하여 天下 사람들은 自私自利할 權利를 조금도 認定하지 아니하곤 도리어 自己(君主)의 大私를 天下의 公利처럼 假飾한다. 처음에는 조금 부끄러이 생각하던 것이 오래되면 그리하는 것이 當然하게 생각할 뿐 아니라 天下를 한 큰 獨占私有物처럼 생각하며 이를 子孫에게까지 傳하고 無窮한 享樂을 바라는 것이라."고 痛斥한 것은 다만 歷代 君王의 橫暴한 것을 非謗하는 데 그친 것이 아니라 소위 假裝化된 儒教에 對한 一大貶

35) 昔者五帝三王, 以聰明睿智之資 受天命而爲君師……此所謂才智出類, 而行王道者也……太甲能任伊尹, 成王能任周公此所謂能任賢者而行王道者也, ……晋文公……晋悼公……漢高祖……唐太宗……宋太祖……此所謂才智出類而行霸道者也(同上).

36) 後之爲人君者不然, 以爲天下利害之權皆出于我, 我以天下之利盡歸于己, 以天下之害盡歸于人, 亦無不可, 使天下之人, 不敢自私, 不敢自利, 以我之大私, 爲天下之公, 始而慙焉, 久而安焉, 視天下爲莫大之産業, 傳之子孫受享無窮(明夷待訪錄, 原君).

論이라고 아니 할 수 없다.

이에 우리는 先秦 以前의 純粹한 儒敎의 眞意를 探討하여 볼 겨를도 없이 오로지 形式化된 儒敎의 形骸를 따르기에 바빴을 뿐 아니라 이와 같은 頹廢的인 因習을 거듭하는 동안에 儒敎는 正常的인 發展을 보지 못한 것이며 社會國家도 또한 萎縮一路의 悲運을 免치 못하였던 것이다.

다만 우리가 希望에 넘치는 喜悅을 느끼는 것은 眞理는 언제나 우리 人間에서 떠나지 아니하는 것이다.

儒敎의 眞理는 終始 人間 本然의 嚴正한 大道에 順應함이며 創造的 精神을 發揮하는 데 있는 것이다. 누구나 이에 讚同하는 것이 當然한 일임을 잘 認識하고 있는지라 儒敎에 對한 理解와 共感이 世界的으로 廣布되어 가고 있는 事實은 참으로 기쁜 일이 아닐 수 없다. 特히 새롭게 생각되는 것은 1580년<明, 萬曆 14년>에 西歐의 宣敎師 matteo Ricci(利瑪竇)가 中國에 온 것이다. 그 뒤로 東洋에 오는 西歐人의 數가 더욱 늘고 1689년(淸, 康熙 28년)에는 儒敎經典 중에서도 가장 基本的인 論語 및 大學 中庸을 라틴語로 飜譯하여 파리에서 이를 出版한 것은 東西文化의 交流史上 特記할 만한 일이 아닐 수 없으며 經書 外에도 中國의 歷史와 地理 및 制度 文化에 關한 解釋으로는 프랑스의 宣敎師 Du Halde(杜赫檢)의 所著인 『中國全誌』인데 이것 역시 1735년(淸, 雍正 13년) 파리에서 出版되어 西方學者 間에 好評이었고 뒤를 이어 英 獨 俄 諸國語의 번역을 보게 된 것이다. 이로써 中國의 文化가 西方에 널리 알리게 되었으며 儒敎의 理論과 그 人間道義로서의 實踐方法에 對하여도 西歐사람들로 하여금 매우 敬服하게 하였던 것이다. 18世紀中葉, 즉 美 佛 兩國의 革命 直前에는 中

國에 對한 興趣가 可謂 全 歐洲를 風靡하기에 이르렀다고 하며 西歐人으로서 東洋學에 精通한 Voltaire(服爾德 1694 - 1778)은 儒敎의 大義를 闡揚하는 데 先驅의 役活을 하였고 이로써 西歐思想에 한 新生命을 얻게 하였다는 것이니. 中世紀 以後의 封建社會와 貴族政治를 물리치는 一大 武器로 삼았을 뿐 아니라 이로 因하여 思潮는 많이 變하였고 마침내 掀天動地하는 美 佛 革命의 要因이 되게 하였다는 것이다<東西文化 p.4 參照>.

이 외에도 "帝政中國의 憲法은 實로 世界에서 最上의 것일 뿐 아니라 唯一한 것이다. 이에 依하면 한 省의 知事가 그 地位를 떠날 적에도 人民들의 頌德과 讚辭를 받지 못하면 罰을 받는다는……四千年 前 옛날 西歐에서는 아직 문자를 읽을 줄도 모르는 때 벌써 저들(中國人)은 오늘 우리가 자랑스럽게 여기며 本質的으로 有用하게 생각하고 있는 모든 것에 對하여 무엇이든지 잘 알고 있었다."는 것이다(孔子, H. G. Gleel 著 田島道治譯, p.386).

"政者正也"<顔淵>라는 말은 儒敎政治哲學의 核心이 되었고 "己所不欲 勿施於人"<顔淵>은 持心主敬하고 推己及人하는 聖學의 極處이라 할 것이다. 佛蘭西革命當時에 大思想家였던 'Condorce - 孔道西'가 政治的 道義를 論함에 있어서 "第一도 公正이요 第二도 公正이며 第三도 또한 公正"이라고 主張한 것이라든지 1795년에 公布된 佛蘭西의 憲法 중 人民의 權利와 義務에 關한 條文 가운데서 "자기가 하고자 아니 하는 것은 다른 사람에게도 베풀지 말며 다른 사람으로 하여금 나에게 베푸는 것이 있게 하려면 자기가 먼저 그 사람에게 베풂이 있어야 한다."는 것이다.

以上과 같은 兩論에 對하여 最近 中國의 張基昀 氏는 試論하기를 佛蘭西의 思想家나 그 憲法에서 主張하는 것도 그 根源은 儒敎

의 영향을 받은 明證이라고까지 確言하고 있다(孔子硏究集 p.495).

물론 中國의 儒學思想이 宣敎師를 通하여 西歐에 紹介된 바 있고 年代的으로도 1689년 論語를 비롯한 다른 儒敎經典이 라틴語로 이미 번역을 한 以後의 일임에 張氏의 試論도 매우 意義 있는 解釋이라고 하겠지마는 一段 張氏의 論評을 떠나서 中國의 영향을 받지 아니하고 歐美의 固有한 思想에서 發源하였다 하여도 美 佛의 兩大革命 初期에 있어서 그 當時 思想大家의 構想하던 趣意가 儒敎의 本來面目과 이처럼 一致되고 있다는 것은 참으로 儒敎思想이 그 位置와 價値에 있어서 現代民主主義에 先驅的인 역할을 한 明證이라고 아니 할 수 없다.

이렇기에 英國이 낳은 現存한 史學家인 'A. Toynbee'는 東洋의 文化가 歐美의 民主政治에 많은 공헌이 있음을 告白하였고 中國의 孫中山은 그의 學說이나 또한 演說에서 주장하기를 自己의 一生事業인 三民主義의 根本理念은 儒學의 仁道思想에서 由來되었음을 明言한 바 있다.

더욱이 孔子의 思想을 敬仰하는

美國의 R. W. Emerson[37]이나 1943년 中國雙十節 慶祝式에 參與하였던 美國의 副統領 H. A. Wallace 氏[38]가 講演한 一部의 內容은 儒敎徒에 새로운 資料를 주는 驚異할 만한 事實이라 아

37) 一百年來美國艾黙生(R. W. Emerson) 曾稱孔子在人類思想上主要貢獻有五點……有"知之爲知之不知爲不知"的虛心 其二艾氏謂耶蘇所倡之金律, 前五百年的孔子早已創立, 是即所謂"絜矩之道"其三中庸之道, 孔子言之極精……其四孔子 注重反省自責(東西文化 p.2).

38) 美國前任副總華萊士(H. A. Wallace－1888－) 在一九四三年……曾說 中國哲學和國民心習之趨向民治, 對於西洋政治哲學有重大的影響, 美國建國時期, 賢哲之士倡導革命, 奠定憲政, 其信仰與作風, 直接得之於歐洲, 間接取之於中國
又謂 "中國文化爲啓發西洋民主政治的一個源泉, 亦可謂創造西洋民主政治的一個動力"(東西文化 p.4).

니 할 수 없다.

THE FEATURE OF ANCIENT CONFUCIANISM AND ITS MODERN SIGNIFICANCE

1) The main charecteristics of Confucius thought lies in its departure from the legitimate thought to one adaptabe to the changing society, giving considerations to the interrelationship between the "Self" and "Themself"(Ruled and Ruler)

2) The society Confucius had in mind was as following:

   A) The establishment of moral society, based on "Humanity(仁)"

   B) The popularization of education as an element of enhancing democratic society

   C) The policy based on justice and fair, and egalitarian economic system.

3) The chronological origin of its introduction into the West began with the Latin translation by missionaries dated on 1689. Henceforth, its democratic idea and thought had givena great contributions to its western version of democratic ideals and civilizations as examplified by in French and American revolution(Toynbee conceded it).

斥邪衛正

-華西 李恒老 先生을 中心으로-

一. 斥衛思想은 仁의 理念으로부터

儒學에서 이르는 바 正統思想이라 하면 물론 孔子의 思想을 이르게 되고 이 思想의 核心은 仁에 있으며, 이를 어떠한 方法으로 實踐에 옮기느냐 하는 것이 重要한 課題로 여기는 것이다. 孔子는 仁의 性格을 다음에 보인 바와 같이 說明한 바 있다.

"仁은 과연 먼데 있다고 할 것인가, 내가 仁을 하고자 하면 이 仁이 이를 것이니라." 仁遠乎哉 我欲仁 斯仁至矣(論語 述而)고 이른 것이니, 이로써 미루어 보면 人間 自體가 先天的으로 仁을 行할 수 있는 素質이 賦與되어 있음을 肯定的으로 明言한 바이며 또한,

"사람은 나면서부터 곧은(直) 것이니라." 人之生也直(論語, 雍也)

이른 것은 人間의 質直하고도 善美한 本質을 明確히 한 말이라 할 것이다. 그러나 孔子는 무슨 일에 있어서나 極端的으로 斷言하는 일이 적은지라 사람의 本性을 말함에 있어서도 다만,

"性은 서로 가까우나 익힘에 있어서 서로 멀어지는 것이니라." 性相近也 習相遠也(論語, 陽貨)한 것이니,

이 몇 가지의 命題만으로도 人間의 存在價値와 그 本質이 嚴正하고도 眞率한 方向으로 發展할 수 있는 可能性을 提示한 것으로 理解된다. 그러나 人性 自體가 곧 '善'하다거나 '直'이니 '性相近'이니 하는 表現만으로는 性善이라고 斷定하기까지에는 너무

나 理論的으로 飛躍된 感이 없지도 아니하다. 이렇기에 孟子는 明白히 人間에 天賦한 性은 善한 것일 뿐 아니라 性이 本來 善한 것임으로 外誘의 衝動을 받지 아니하는 限 心的作用에 의하여 中正한 元狀 그대로 發露되고 純美로운 情緖가 變함없이 곧 行動으로 具顯된다는 것이다. 이와 같은 心理現狀과 進行過程을 孟子는 다음에 보인 바 實證으로써 說明한 바 있다. 즉

> "이제 孺子가 우물가에서 놀다가 우물로 떨어져 들어가는 光景을 보면 누구나 놀라지 아니할 사람이 없나니, 그 놀라는 心的인 狀況을 살펴보면 반드시 怵惕하여 惻隱히 여기는 마음이 있는 것을 經驗하게 되는 것이라. 이때 그 사람의 心中은 孺子의 父母에게 交際를 請하려는 野望에서 나온 것도 아니며, 또한 鄕黨의 朋友들로부터 稱頌의 말을 들으려는 것도 아니며 또는 그 비난하는 소리가 듣기 싫어서 그러한 것도 아니니라." 今人乍見孺子 將入於井 必有怵惕惻隱之心 非所以納交於孺子之父母也 非所以要譽於鄕黨朋友也 非惡其聲而然也(孟子 公孫丑上)

고 이른 것이다.

이 事例는 孟子의 論證한 바가 아니라도 누구나가 다 같이 經驗할 수 있는 일이며, 그 對處하는 方法도 正常的인 精神의 所持者라면 누구나 一般이 同一한 것이다. 물론 危險에 對한 恐怖를 느낄 줄 모르는 幼兒인지라 成人으로서 이 光景에 直面하였을 때 關慮되는 바 클 것은 當然한 일이며, 비록 그 幼兒와 近親關係가 없는 사람이라 하더라도 그 生命을 救하려는 熱意는 조금도 인색함이 없을 것이다. 만일 이와 같은 同情心을 偶發的인 衝動으로 因하여 이루어진 一時的인 行動이라고 斷定한다면 이는 너무나도 人間性의 尊嚴한 價値를 忘却한 思考方式이라고 아니 할 수 없

는 것이며, 孟子는 다시 人性의 本質的인 面을 다음에 보인 5가지의 屬性으로 類別하고 固有한 善性의 發露임을 强調한 바 있다. 즉

> "仁義禮智는 밖으로부터 얻은 것이 아니라 人間 自身의 固有한 것이니라." 한 것이다.
> 仁義禮智 非由外鑠我也 我固有之也 – 鑠以火銷金之名 自外以至內也 –(孟子, 告子上)

心理作用에 있어서 惻隱한 마음으로서의 仁(愛), 羞惡할 줄 아는 마음으로서의 義(正道), 辭讓할 줄 아는 마음으로서의 禮(節制), 是非를 가릴 줄 아는 마음으로서의 智(判斷)와 같은 性情의 發現은, 後天的인 敎育의 힘으로 因하여 이루어지는 것도 많지마는, 主로 天賦한 本性이 基盤이 되는 것임에, 孟子는 이 本源處를 體察闡明하는 工夫를 主로 力說하였던 것이니, 다시 말하면 人間生活의 經驗的인 面보다도 性命의 本源的 存在性을 探求하고 그 審美 質直한 價値를 尊重히 여기는 데 더욱 周到한 用意를 하였던 것이며, 이에 切實한 努力으로서 '求放心'을 들었던 것이다. 本文대로 옮겨 보면,

> "學問의 道는 無他라 그 放心하는 것을 求할 것이니라." 學問之道無他 求其放心而已矣(孟子, 告子上) 하였고, 또한
> "그 마음을 다하는 者 그 性을 알 것이며, 그 性을 알게 되면 天까지 알게 되느니라." 盡其心者 知其性也 知其性 則知天矣(孟子 盡心上) 하였으며,
> 心者人之神明 所以具衆理而應萬事者也 性則心之所具之理 而天又理之所從以出者也(朱註)

"그 마음을 지켜서 本性대로 따르는 것이 하늘의 뜻에 맞게 함이니라." 存其心 養其性 所以事天也(仝上)
存謂操而不舍 養謂順而不害 事則奉承而不違也(朱註)

學問의 道理로서 '求放心'을 들었고, 다음으로 存心 養性이 곧 事天임을 밝혔으니 이는 人間의 道理가 天道와 一貫되는 境地를 人類에 提示하여 준 것이다. 그러므로 '天'은 絶對者로서의 空漠한 '天'이 아니라, 天人合一의 境地를 이에서 體察할 수 있는 것이다.

다만 이에서 一言하고자 하는 바는 性善의 本來面目을 제대로 完全히 持續 發展시키는 것은 絶對로 容易한 일은 아니다. 왜냐하면 內省하고 警發하는 功程에 間斷함이 있거나 또한 制禦할 수 없는 物欲에 誘惑되어 本來 性靈의 發揚을 거의 不可能하게 하는 까닭이다. 그러므로 本性에서 發源한 善의 意識보다는 貪欲에 昏迷되는 편이 優勢한 때가 많은 것이니, 이와 같은 經驗이 反覆되는 동안에 사람의 生活에는 缺陷을 招來하게 되고 社會의 風習도 이에 따르게 되는 것이며, 窮極에 이르러서는 天意에 違背되는 것이다. 그러나 雲霧에 가려졌던 日月의 光明과도 같이 人間의 性靈은 本來의 모습을 露呈 再現한다. 즉 內省審察할 줄 아는 良知와 良能이 爀爀한 빛을 發揮한다. 惡은 자취를 감추고 善한 狀態로 還元되는 것이다.

儒學은 以上에서 說明한 바와 같이 人性의 尊貴함을 基盤으로 하여 發達된 教理인지라 그 樣相이 매우 平和的이며 미치는 바 영향도 크다. 大學에 이른바 格致誠正으로부터 修齊 治平에 이르기까지의 嚴正한 條理와 秩序 위에서 展開되는 모든 設施와 機

構는 쉴 새 없이 發展하는 새로운 時代에 適應되도록 意識의 機能이 마련되어 있음을 確言할 수 있는 것이다.

그렇기에 小單位의 社會로서 家庭을 造成, 父慈子孝와 兄友弟恭의 親親之道가 發生하였고, 政治를 論함에는 爲民第一主義로 백성 사랑하기를 '如保赤子'라 하여, 民衆의 疾苦를 살핌에 至極하였던 것이다. '忠'의 槪念도 一般에 誤認되고 있는 것과 같은 所謂 在下者로서 在上者에 絶對 服從하라는 屈辱的인 酷使가 아니라, 도리어 在上者로서 在下者를 擁護하며 善導하라는 이른바 '上思利民'(左, 桓, 六)의 哲理를 明示하였고, 經濟를 說함에는 '生之者衆'(大學)과 '有恒産'(孟子)의 原理를 論함으로써 大衆 各自의 力量대로 勤勉治産하여 各食其力하는 方法을 主張한 것이며, 分配問題에 이르러서도 '不患寡而患不均'(論語)으로서 均配의 妙法을 考案한 것이며, '仁民而愛物'(孟, 盡心上)로서 民衆을 愛重히 여기는 마음으로 大宇宙 안에 棲息 成長하고 있는 動植物과 山野와 河海에 이르기까지도 그 愛情이 充滿치 아니하는 곳이 없는 것이다.

이와 같은 精神을 主眼으로 여기는 理想的인 社會인지라 어찌 憎惡와 抗爭이 있으리오마는, 다만 不仁과 不義와 無禮와 無智는 容納이 되지 못한다. 孟子의 이른바 不仁 不智와 無禮 無義는 사람에게 부리는 奴役과 같다고[39] 酷評한 바도 있다. 人間의 心事와 行動은 寸時라도 疎忽히 하여서는 아니 될 것을 嚴戒한 말이다. 그러므로 終食할 사이라도 '仁'에서 떠날 수는 없는 것이니 造

39) 物謂禽獸草木, 愛謂取之有時, 用之有節, 程子曰 仁推己及人 如老吾老 以及人之老 於民則可 於物則不可, 統而言之, 則皆仁, 分而言之, 則有序, 楊氏曰 其分不同, 故所施不能無差等, 所謂理一而分殊者也, 尹氏曰 何以有是差等, 一本故也 無僞也(朱註).
不仁不智 無禮無義人役也(孟, 公上).

次之間이라도 仁이어야 하며 顚沛之間이라도 仁이어야 한다[40]고 이른 聖訓이 있으며 더욱이 殷末의 微子, 箕子, 比干의 忠義를 稱道하기를 殷有三仁이라 이른 바 있었으니[41] 仁의 槪念이 얼마나 廣大無邊한가를 알 수 있다.

二. 斥衛思想의 嚴正性

저와 같이 仁한 일에 대하여는 無限한 價値를 認定하면서도 그 反面에 不義와 不仁한 일에는 絶對로 妥協하는 바 없다. 實例를 들면 孔子 當時 齊의 陳恒(成子)이 簡公(壬)을 弑害하였을 때 孔子는 三日間 沐浴하고 朝廷에 建議하기를

"陳恒은 마땅히 討伐하여야 한다."[42]는 것이었다.

仁愛하는 것이 人間性의 根本이 됨에는 틀림이 없지마는 同時에 不義와 不正이 容納되지 못하는 것도 또한 重要한 原理인지라 結局에는 簡公을 弑害한 陳恒을 討伐하지 아니할 수 없었던 것이었다.

그렇기에 民意를 살펴서 政治에 反映시키는 것을 王道라 하였고 이에 反하는 것을 覇道라 이른 것이니 孟子는 이를 實證하여,

> "桀紂가 天下를 잃은 것은 그 民衆을 잃은 것이며 그 民衆을 잃었다 함은 그 民衆의 마음을 잃었다 함이라, 天下를 얻는 데 道가 있으니 그 民衆을 얻는 것이 天下를 얻음이라 그 民衆을 얻

---

40) 無終食之間違仁 造次必於是 顚沛必於是(論, 里仁).
41) 微子去之 箕子爲之奴 比干諫而死 孔子曰 殷有三仁焉(論, 微子).
42) 陳成子弑簡公 孔子沐浴而朝 告於哀公曰 "陳恒弑其君 請討之"(論, 憲問)
甲午 齊陳恒弑其君壬于舒州(壬 簡公) 孔丘三日齊而請伐齊三(左, 哀一四).

음에는 道가 있나니 그 마음을 얻는 것이니라. 그 마음을 얻음에 道가 있으니 民衆들의 所欲은 더불어 같이하게 하고 그 所惡는 억지로 시키지 아니할 것이니 民衆이 '仁'에 歸一됨은 물이 아래로 흘러내리는 것과도 같으니라."고 이른 것이다.
桀紂之失天下也 失其民也 失其民者 失其心也 得天下有道 得其民 斯得天下矣 得其民有道 得其心 斯得其民矣 得其心有道 所欲 與之聚之 所惡 勿施爾也 民之歸仁也 猶水之就下也(孟, 離婁上)

天下를 安定시키는 方法이 民衆이 서로 뜻을 같이하는 데서 비롯되어야 하며 그 뜻은 다름 아닌 最大의 公約數 役割을 할 수 있는 天賦의 仁性에 符合이 되도록 힘쓰는 것이니 매우 平易하고도 原則的인 眞理이다. 이는 물론 어느 한 民衆에만 局限되는 法則이 아니라 萬人에 共通되는 原理임은 當然한 일이 아닐 수 없다.

그러나 仁의 本意는 普遍妥當하고도 廣漠無涯한 愛情의 表現이지마는 一般的으로 宗教界에서 이르는 바 博愛의 뜻과는 매우 다른 것을 말하지 아니할 수 없다. 前者는 原則的으로 包括的인 愛情을 主로 하되 언제나 是非와 善惡에 對하여는 嚴正히 區別을 하며 또한 自近而及遠하는 所謂 等殺的인 面이 있고, 後者는 사랑을 받는 愛情의 對象에 대하여 全然 差別意識이 없는 泛博한 사랑을 뜻하는 경우가 많다.[43)]

儒教의 本原地인 中國의 歷史를 通觀하여 보면 異民族에 대한 寬容과 懷誘도 있었지마는 攻伐과 抗爭도 또한 적지 아니하였다. 齊의 管仲(西元前645 卒)이 齊候에게 말하기를

43) 1. 以直報怨 以德報德(論, 憲問).
2. 親親而仁民, 仁民而愛物(孟, 盡上).
3. 以至仁 伐至不仁(孟, 盡心下).
4. 親親之殺 尊賢之等 禮所生也(禮記, 中庸).

"臣은 듣건대 諸侯 중에서 離反하는 者가 있으면 禮로써 다스리고, 遠方에 떨어져 있는 者는 德으로써 接할 것이니, 德과 禮가 바뀌지 아니하면 누구나 懷誘 못 할 사람은 없나이다."
管仲言於齊侯曰 臣聞之 招攜以禮 懷遠以德 德禮不易 無人不懷(左, 禧 七)

管仲은 儒家에서 覇者라 指稱하지마는 그가 禮와 德에 대하여 저와 같이 重要視한 것을 살펴볼 때 東洋 特히 中國에서는 自來로 不仁과 不義, 無禮와 無智에 대하여 얼마나 嚴密히 區別하였던 것을 알 수 있다.

古經에 보인 바로서 詩經의 例를 들면 中國의 北方族屬들을 討伐하던 狀況을 읊은 詩가 있다. 즉

"떠날 때는 고사리꽃도 피었더니
돌아올 제는 해도 저믈이로다
어여쁜 아가씨 버려두고
집을 떠나면 괴로운 심정 어데다 하소연할고
미웁도다 도적의 무리여
원수로다 北方의 오랑캐여"
采薇采薇 薇亦作止 曰歸曰歸 歲亦暮止 靡室靡家 玁狁之故 不遑啓居 玁狁之故(詩經, 小雅 鹿鳴, 采薇)

"王이 南仲에 命하여
北方에 城을 싸라 하시도다
수레(車)의 모습도 장하거니와
깃발도 선명(鮮明)하도다
天子가 나에게 命하기를
北方에 城 싸라 하시었네
씩씩한 南仲이어
오랑캐 물리치리로다."

王命南仲 往城于方 出車彭彭 旂旐央央 天子命我 城彼朔方 赫赫南仲 玁狁于襄(同上, 出車)

中國의 原族으로 自處하던 所謂 漢民族은 自來로 邊方에 居住하는 民族들을 가까이 하지 아니한다. 그리하여 이를 南蠻 北狄 東夷 西戎이라 하였으며, 强 柔 兩面으로 이들을 征伐 或은 防禦하였던 것이다. 이 外에도 思想的으로 背馳되거나 民衆에 公害가 될 만한 經濟的 侵透를 當할 때에는 항상 이에 抗拒하였고 鬪爭을 함으로써 闢邪衛正의 實을 거두게 하였던 것이다. 그 實例로서,

"聖王이 나지 아니하고 諸侯 放恣하며 處士 橫議하여 楊朱 墨翟의 말이 天下에 차고 天下의 言論이 楊에게 돌아가지 아니하면 墨에게 돌아간지라 楊氏는 爲我하니 이는 個人主義라 無君이며 墨氏는 兼愛하니 이는 博愛主義라 無父이니 無父와 無君은 禽獸와 무엇이 다르랴."[44]

"세상이 衰하고 道가 微微하여 邪說과 暴行이 일어나고 臣이 그 君을 弑하며 子가 그 父를 弑하니 孔子가 두려워하며 春秋를 지으니라."[45]

"聖人의 道가 衰하여 暴君이 代作하며 宮室을 헐어서 汚池를 만드니 民은 安息할 곳이 없으며 田地를 버리고 園囿를 만들매 民은 衣食을 얻지 못하니라……紂에 미쳐 天下가 大亂하니 周公이 武王을 도와 紂를 베이니라."[46]

그렇기에 "孔子가 春秋를 지으매 亂臣과 賊子가 두려워하였다(滕文公下)."[47]라는 말이 萬古의 敎訓으로 남게 된 것이며, 또한

44) 聖王不作 諸侯放恣 處士橫議 楊朱墨翟之言 盈於天下 天下之言 不歸楊 則歸墨 楊氏爲我 是無君也 墨氏兼愛 是無父也 無父無君 是禽獸也(孟, 滕文公下).

45) 世衰道微 邪說暴行有作 臣弑其君者有之 子弑其父者有之 孔子懼 作春秋(同上).

46) 聖人之道衰 暴君代作 壞宮室 以爲汚池 民無所安息 棄田以爲園囿 使民不得衣食……及紂之身天下又大亂 周公相武王誅紂(同上).

“聖人이 春秋를 지을 적에 그 事實을 그대로 곧게 쓴 것이라 이에서 善惡은 제대로 나타난 것이니 春秋의 精神이 얼마나 正邪를 辨別하고 名分을 尊重히 여기는 데 充實하였던가를 說破한 名言이라고 아니 할 수 없다.

참으로 以上에 보인 바와 같은 見解는 中國은 물론이요 特히 韓國에서는 儒家의 處事行義에 있어서 一貫된 鐵則이기도 하였다.

三. 韓國의 對外抗爭과 斥衛의 意義

韓國은 地域上으로 北에는 中國大陸과 接하고 南으로는 海國인 日本과 對하여 有史 以來 거의 寧日이 없었다. 三國 以前의 邃古한 時代는 莫論하고라도 高句麗를 비롯한 羅濟의 對外關係는 항상 不安과 騷擾한 중에 지나게 된 것이었다.

高句麗의 嬰陽王은 英傑한 君王으로 對隋政策에 周到하여 항상 警戒와 防禦를 疎忽히 하지 아니하였고 同王 九年(西 五九八)에는 王이 親히 靺鞨의 部族 萬餘騎를 거느리고 遼西를 征伐하였다.[48](韓國史 古代篇 四六五～四六六頁 參照)

이에 隋文帝는 漢王諒과 王世積으로 行軍元帥를 삼아 水陸軍 30萬을 거느리고 高句麗를 치게 되었으나 隋의 陸上部隊는 遼河로 向하는 途中에 洪水를 만날 뿐 아니라 軍糧의 補給이 繼續되지 못하고 軍士들은 饑餓와 疾病에 困憊함을 免치 못하였다. 一便 海軍도 지금의 山東半島에서 바다를 건너 高句麗의 首都 平

47) 孔子作春秋 而亂臣賊子懼(滕文公下).
48) 嬰陽王 率靺鞨之衆萬餘騎 寇遼西(隋書東夷傳 高麗條).

壤城으로 行하던 途中 暴風으로 因하여 莫甚한 損害를 당한 채 目的한 바를 이루지 못하고 헛되이 돌아가니 때는 高句麗 嬰陽王 九年(隋文帝開皇一八年 西 五九八) 9月이라 이에서도 高句麗族의 雄健豪强함을 짐작할 수 있고 不義에 不屈하였음도 넉넉히 알 수 있다.

隋의 文帝를 대신하여 그의 아들 煬帝 또한 領土擴張에 奔忙한 人物이며 드디어 大業 八年(高句麗 嬰陽二十三年 西 六一二) 正月에 國內民衆의 反戰論이 있음에도 不拘하고 水陸軍을 動員 親征하기를 決心하였다. 陸軍의 總數 百十三萬三千餘名에 達하였고 그 外에도 軍糧을 運搬하는 軍人의 數가 꽤 많았었다. 別途로 海軍의 數 또한 不知其數였다고 한다. 이해 三月에 煬帝의 親率한 部隊는 國境인 遼河에 到着하였다. 高句麗에서는 이미 이에 對應하여 一時는 거짓 敗走하는 듯하였다가 敵을 平壤城까지 誘導한 뒤에 미리부터 潛伏시켜 두었던 精兵을 풀어 이를 成功的으로 反擊하니 隋의 水陸兩軍은 거의 慘敗를 當한 것이며, 이때 마침 高句麗에서는 乙支文德과 같은 勇將이 있어 敵을 誘導하여 薩水(淸川江)에까지 이르게 한 뒤에 이를 猛攻 거의 潰滅狀態에 이르게 하였다. 그러나 煬帝는 反省自責하는 바 없이 도리어 軍兵을 募集 再侵을 꿈꾸었으나 高句麗는 前日보다도 더욱 周到한 計劃으로 이에 對備 敵軍의 蠻勇을 꺾은 것이었다. 隋의 滅亡에 따라서 일어난 唐의 太宗 역시 高句麗 侵略의 功을 이루지 못하고 헛되이 失敗한 것이었다.

이에 우리의 過去 戰爭史를 溯求하는 것은 역시 不正과 不義를 물리치고 '以直報怨'하는 儒者의 大道를 찾아보려는 데 그 뜻이 있는 것이다.

高麗 末 恭愍王 때(西 一三五九) 毛居敬을 중심으로 結冰된 鴨綠江을 건너 侵入한 것을 비롯하여 一三六一年에는 大擧 再侵하였으나 李太祖와 鄭世雲은 一擧에 敵兵 十萬을 擊退하여 後患을 남기지 아니한 것이었다.

항상 外侵을 防禦하기에 바빴고 우리 民族이 먼저 남의 나라를 侵害하거나 他民族들을 괴롭히게 한 일은 없었다. 弱肉强食을 人類發展의 最高理想으로 여기는 편에서 보면 廉退抑損하는 것이 後進의 悲哀를 招來하는 原因이 되었는지 모르나 仁順謙讓의 美德으로 永久한 平和를 愛好하는 善良한 民族으로 規定될 때 萬世餘慶의 기쁨이 없으리라고 斷案할 수는 없을 것이다.

四. 斥衛思想의 時代的 特徵

儒學古典의 하나인 詩經의 總評으로서 "詩三百 一言以蔽之 曰思無邪"(論, 爲政)라고 이른 語句는 純粹한 詩想만을 說明한 表現일 뿐 아니라 참으로 人間倫理의 本源이며 生活哲學의 樞要인 것이다. 사람은 諸般 事爲에 있어서 正道가 아닌 邪曲한 動機에서 出發된 것은 철저히 斥去하는 것이 常理인지라 上記한 바 '以直報怨'의 眞意 또한 이에 있는 것이니, 다시 말하면 外部로부터 받는 精神的인 壓力이나 政治的인 威脅이나 物質的인 權益에 대한 侵害를 當할 憂慮가 있거나 또는 直接的인 屈辱이 미처 올 때에는 반드시 이에 대한 防備와 反擊이 있어야 하며 마침내는 그 禍根을 掃蕩 斥去하는 데까지 이르지 아니하면 아니 되는 것이다.

高麗 以上의 外侵에 대한 錯處는 이미 대강 言及한 바이나, 國

朝에 이르러서는 對外事情이 從前에 比하면 더욱 復雜하여졌고, 이에 對處하는 方法도 多樣하였다. 그러나 特히 義理를 基盤으로 한 斥衛思想이 時代를 代表하였고 그 영향도 가장 컸었다. 그리하여 先覺들은 항상 內政에 대한 配慮도 깊었거니와, 外賊을 警戒하는 데 이르러서도 可謂 寧日이 없었던 것이다. 國初 以來의 賢哲 중에서 國家安保에 대한 關心이 많았던 분으로 우선 趙靜庵을 말할 수 있다. 그 備邊策의 一端을 살펴보면,

> "王者로서 夷狄을 대하는 法은 마땅히 國境警備를 튼튼히 함으로써 民衆들로 하여금 安心하고 살게 하여 不意의 事變이 일지 아니하게 하고, 만일 夷狄들이 우리의 國境을 擾亂스럽게 할 때에는 不得已 이에 對處하여 徐徐히 問罪의 軍師를 動員케 하는 것이 事理에 마땅한 것이라."
> 王者之待夷狄 當實邊鄙 緩民力 使不生事 而彼若先擾我邊 不得已而應之 徐興問罪之師 固當於理也(靜庵集 卷四 復拜 副提學時啓二, 頁二).

하였다. 靜庵 先生은 麗末國初 以後에 傳來된 特히 義理學에 있어서 鄭夢周를 비롯한 金宗直 金宏弼 諸賢의 系統을 받은 분으로 忠節이 過人하였다. 비록 軍事에 對한 專門家는 아니었으나 그 識見의 宏遠함을 알 수 있으며 退溪 先生은 一生 동안 오로지 學問과 踐履에 專精한 儒宗이었지만 그의 나라에 올린 御倭一節에 關한 疏文을 살펴보면,

> "夷狄으로써 夷狄을 待하면 夷가 그 分에 편안하는지라 故로 王者는 夷狄을 다스리지 아니하나니……獵狁이 內侵하여 京邑에 逼近한 것은 反逆됨이 이미 컸지마는 그 장수를 命하여 치는데 境地에서 나가게만 할 뿐이오 逆順을 따져서 永絶한 일은 없었

습니다. 往者에 島夷가 明宗 때 蛇梁에서 反逆한 일도 있었으나 이는 개나 쥐새끼의 도적에 不過한지라 이미 賊徒를 죽여서 물리쳤고 東萊에서 舘에 머물러 있던 者들을 쫓았으나 國威는 이미 떨쳐진 것이요 王의 法度 역시 바르게 된 것입니다."

以夷狄待夷狄 則夷安其分 故 王者不治夷狄……玁狁內侵 逼近京邑 逆已大矣 及其命將薄伐 逐出境而已 未聞較逆順而永絶之也 往者島夷蛇梁之變 不過狗鼠之偸耳 旣殺賊徒而却之 又掃留舘而逐之 國威旣震 王法亦正(退溪集, 疏, 甲辰乞勿絶倭使疏).

儒家의 王道的인 方法으로는 賊을 討伐하기에 앞서서 이를 國威에 感化하도록 努力하는 것이다. 그러나 이 德義的인 面이 本源은 될지라도 外敵이 强暴하게 侵來할 경우에는 언제든지 强力한 힘으로써 退治할 수 있는 威權이 必要한 것이니 漫然히 大體만을 論하다가 敵의 野望을 豫防치 못할 뿐 아니라 오히려 우리의 權益까지 全體的으로 喪失하게 된 것은 참으로 非一非再한 事例이었다. 이는 '以直報怨'하는 本意에도 背馳됨은 물론이려니와 優勝劣敗의 常理에도 背馳되는 것이며 過去의 實例를 回顧하며 現代의 새로운 歷史를 創造할 때 愼重한 考慮를 必要로 할 것은 물론이다.

다음으로 栗谷 先生께서도 일찍이 十萬養兵說을 經筵에서 提論함으로써 將來의 國防을 考慮한 바 있고 機會 있을 때마다 國家에 建議한 일도 있었다. 그의 兵判在職 時에 올린 六條啓(癸未)에 論述한 것을 보면,

"우리나라는 태평한 지 이미 오래되어 매사에 태만함이 날로 심하여지고 안과 밖이 다 비었으며 군사와 식량이 다 궁핍한지라, 조그만 敵이라도 변경을 침범하면 온 나라가 놀라니, 만일에 큰

도적이 몰려오면 아무리 지혜가 투철한 사람이라도 이를 막아낼 방법이 없을 것입니다. 옛말에 '적이 나를 이기지 못하도록 먼저 준비하여 내가 적을 이길 수 있는 기회를 기다리라.'고 하였사온데 오늘날 나라의 정사는 하나도 믿을 만한 것이 없사오니 적이 닥쳐오면 반드시 패하고 말 것이옵니다. 생각이 이에 미치고 보니 한심하여 가슴이 터질듯 하옵니다. 하물며 지금 경원(慶源)의 오랑캐는 한두 해에 평정될 것이 아니온즉 만일 군사의 위력을 한 번 떨쳐 그들의 소굴을 소탕하지 않는다면 육진(六鎭)은 끝내 편안할 때가 없을 것이요 이제 급히 다스림을 도모하여 힘을 기름으로써 후계(後計)로 삼지 않고 다만 고식책(姑息策)으로 미봉(彌縫)하기만 하면 어찌 변경 한구석에 있는 작은 외적의 걱정에 그치겠사오리까. 말할 수 없는 의외의 환난이 있을까 두렵사옵니다."

我朝昇平已久 恬嬉日甚 內外空虛 兵食俱乏 小醜犯邊 擧國驚動 儻有大寇 則雖智者無以爲計 古語有之 先爲不可勝 以待敵之可勝 今之國事 無一可恃 敵至必敗 言念及此 心寒膽破 況今慶源之寇 非一二年可定 若不一振兵威 蕩覆捷穴 則六鎭終無寧靖之期 今不汲汲圖治蓄力 以爲後計 而因循牽補 則豈特一隅之賊爲可虞哉 竊恐意外之患 有不可勝言者(栗谷集, 六條啓 癸未).

栗谷은 民族과 國家의 危難한 때를 當하여 그 深憂遠慮함이 千古에 드문 人物이며 後世에 警戒됨이 참으로 큰 바 있다. 그의 引用한 바 "先爲不可勝 以待敵之可勝"은 오로지 實力을 積蓄하였다가 敵이 來侵할 때에 이에 應酬하여 受侮하는 바 없게 함이니 이 平易하고도 當然한 教訓이 그대로만 지켜 내려왔더라면 어찌 壬辰의 倭亂이 있었을 것이며 丙子의 屈辱이 있었을 것인가. 더욱이 庚戌의 國恥도 미리 防備하지 못하였으리라고 뉘 敢히 抗辯하였으랴. 西厓 柳公의 이른바 '文成眞聖人'之歎을 지금에도 다시 한 번 發하지 아니할 수 없다.

栗谷은 또한 國家의 內實을 圖謀하는 것이 外敵을 防禦하는

先行 課題임을 明察하여 具體的인 項目을 提示하였다. 즉 一曰任賢能 二曰養軍民 三曰足財用 四曰固藩屛 五曰備戰馬 六曰明敎化이니 이 六個條의 節次는 다만 當時의 救急之策에만 그칠 뿐 아니라 治政治民하는 基本要領이라고도 할 수 있다. 國家民族의 健全한 發展을 위하여 賢能한 人材를 登庸하며 養民과 養兵을 兼全하게 함으로써 生活의 豊富함을 期하고 經濟組織을 圓闊히 하여 人間社會의 가장 根本이 되는 敎化에 致力한다는 이 六條啓야말로 時宜에 適切한 建議일 뿐 아니라 참으로 萬代의 公論이라고도 아니 할 수 없다. 더욱이 그 國家의 干城인 軍兵을 養成하는 問題에 이르러서는 古人의 國防을 위한 憂國之念이 얼마나 徹底하였던가를 지금에도 다시 한 번 吟味하지 아니할 수 없다. 아래에 그 大意를 옮겨보면,

"이른바 군사와 백성을 기른다는 것에 대하여 말하면, 養兵은 養民을 근본으로 삼는 것이기 때문에 養民을 하지 않고 양병만을 한다는 것은 고금을 통하여 들어본 일이 없는 것이라……지금 백성의 氣力은 이미 다하여 四方이 위축되었으니 이제 大賊이 나타난다면……어찌할 도리가 없는 것이니 그 까닭은 다름이 아니라 軍兵을 훈련시키려 하여도 軍兵이 없고, 먹을 軍糧조차 없으며……그 뒤에 各種 軍役의 輕重이 不公平하여 責任이 좀 輕한 것은 그대로 견딜 수도 있겠지마는 그렇지 아니하고 견디기 어려운 책임은 이를 모면하기 위하여 軍役에 해당하는 자들이 다 도망하고 말게 되고, 일단 逃避하게 되면 그 一家族이 共同으로 책임을 지게 되며 일반은 이 禍를 두려워하여 다 도망하니 종장에는 一村이 텅 비게 되는 결과가 되고 마는 것이라. 이와 같은 혼란을 면하려면 賢能한 責任者로 하여금 軍役을 專擔케 하고 그 局을 따로 設置하여 軍籍을 分明히 하여 軍役의 輕重을 査定함으로써 公正한 조처를 하면 도망하는 폐단도 없게 될 것이며 軍

籍에서 없어진 軍兵은 농사일이 없는 다른 間丁으로 充員시킴으로써 언제나 一定한 軍士를 確保하여 不意之變을 미리 막게 될 것이니 어찌 一族이 도망하는 폐단이 있을 것이며 도리어 一般民衆은 안심하고 業에 충실할 것이요 軍兵들도 또한 後顧之慮가 없을 것이며 軍士를 훈련하는 방법 또한 指揮責任者의 創意에 맡겨 養兵 養民이 遺漏됨이 없게 될 것이라."(六條啓 參照)

壬辰의 大亂을 十年 앞에 두고 栗谷의 先見之明이 그대로만 實現되었더라면 國利民福이 어찌 그 當時에만 局限되었으랴. 우리는 能히 外敵을 未然에 防止할 수도 있었으며 歷史의 發展도 매우 바람직하였을 것이 分明하다. 그러나 그 宏遠한 理想은 實現되지 못한 채 사라지고 士禍와 黨爭이 그칠 사이가 없이 계속되었다. 따라서 國力과 民生은 極度로 衰盡한 뒤이라 어찌 이 危難을 克服할 수 있었으랴. 더구나 丙子의 胡亂에는 孝宗의 雄圖와 宋尤庵 先生의 補弼이 時宜에 適切한 바가 있었지마는 이 또한 實現되지 못하고 餘恨을 남긴 채 歷史는 風波와 悲運 속에 變遷되었던 것이다.

五. 西勢東漸

1. 宗敎의 傳來

西歐의 文物과 敎學이 東洋을 向하여 轉移하기 始作한 것은 매우 오래전 일이다. 史傳에 依하면 唐太宗貞觀 九年(西, 六三五)에 이미 景敎가 中國에 輸入되었다는 것이다.[49)]

49) 1. 大秦國有上德曰阿羅本 貞觀九祀至於長安 帝使宰臣房玄齡 賓迎入內 翻經書殿 問

이처럼 中國에 들어오기는 하였으나 儒教를 비롯한 固有한 教理와 學風이 嚴然히 君臨하고 있었으며 傳教에 難關이 많았던 것은 像想하기에 어렵지 아니하다. 그 教風이 特히 知識階層에 容易하게 納得되지 못할 뿐 아니라 儀式에도 많은 不條理가 있기 때문이었다.[50)]

意大利人(伊太利) Ricci Matteo(利瑪竇) 멀리 雲海九萬里를 건너 廣州의 香山澳에 이르니 때는 明萬歷十一年(西, 一五八三)이라, 同 二十九年에 京師에 머물며 布教에 專力하다가 三十八年(西 一六一〇) 四月에 卒하였다. 利氏 元來 朝野의 優遇를 받게 된 것은 人品이 聰明特達할 뿐 아니라 그 目的하는 바도 傳教하는 데 있을 뿐이요 祿利를 求하지 아니하였다 하며 著書 또한 華人이 아직 말하지 아니한 것을 說道하여 大衆의 歡心을 얻게 되며 一時나마 好奇心으로 숭상하는 사람이 많게 되었다는 것이며 士大夫 중 徐光啓 李之藻 輩가 가장 向念이 많았고 더욱이 文詞에 대하여는 潤色을 加한 까닭에 教勢가 갑자기 興盛하게 되었다는 것이다(明史外國傳取意).

그의 著書 중에는 天主實義를 비롯한 萬國輿地圖 等 名著가 있었으며 布教에 앞서서 中國의 傳統思想과 文物制度에 대하여서도 많은 硏究를 하였었다. 그가 明朝에 드린 疏狀을 보면,

"臣(利瑪竇)은 本國이 極遠하여 從來로 貢獻할 길이 없었고 멀

道禁闈 深知正眞 特令傳授(大秦景教流行中國碑 中國文化史下西教東來條 十一頁).
2. ……天主教 始入中國 自唐迄今 其教遍天下矣(同上 金石錄補).
3. 萬歷間 長安民鋤地 得唐建中二年景教碑 士大夫習西學者 相矜謂有唐之世 其教己流行中國(同上 錢大昕 景教考).

50) 其教在中國無大關擊……得一部之信徒耳 景教經文傳入中國 雖有譯本亦未傳播(柳詒徵編著 中國文化史下 一四頁).

리서 天朝에 聲敎와 文物을 듣고 한 번 그 恩惠를 받아서 終身토록 백성이 되는 영광을 얻으면 산 보람이 있을까 하여 本國을 떠나서 바다를 건너온 것이니 그동안 歲月은 三年이나 걸렸고 路程은 八萬餘里나 지났습니다. 처음에 廣東에 이르니 말이 通하지 못하여 말 못 하는 벙어리와 같았고 아쉬운 대로 말을 익혔으며 肇慶과 韶州 二府에서 지난 것이 十五年, 그동안에 中國의 옛 聖人의 學을 배웠으며 많은 經籍에 대하여서도 그 뜻을 理解하는 데 이른 것입니다."

臣(利瑪竇) 本國極遠 從來貢獻所不通 逖聞天朝聲敎文物 竊欲霑被其餘 終身爲氓 庶不虛生 用是辭離本國 航海而來 時歷三年 路經八萬餘里 始達廣東 始音譯未通 有同暗啞 僦居學習語言文字淹留肇慶韶州二府十五年 頗知中國古先聖人之學 於凡經籍亦略誦記 粗得其旨(上明神宗疏).

文字로 表現된 것을 살펴볼 때 詞旨가 매우 巽順할 뿐 아니라 "中國의 古聖人의 學을 알았다."는 것은 孔孟의 學을 말함이며, 더욱이 그의 生活態度가 中國의 習俗에 많이 익숙하여진 것은 매우 感銘되는 바도 적지 아니하다. "華語를 익히고 華服을 입고 儒家의 書를 읽으며 儒敎에 順從하니"[51] 中國人이 어찌 이를 冷忽히 여길 것인가.

以上에 引用된 文獻으로서 西歐의 宣敎師들이 그들의 信奉하는 바 敎理를 廣布하기 위하여 無限한 勞力을 傾注하였으며, 特

---

51) 1. 敎士之入中國也 習華言 易華服 讀儒書 從儒敎 以博中國人之信用 其敎始能推行(柳詒徵 中國文化史 下, 一九頁).

2. 大西利子奉天主眞敎 航海東來 其言多與孔孟合(大西利先生行蹟, 同上 轉引).

3. 當時之宣敎師 除直接反背敎旨 違逆聖訓外 務爲保全支那人固有之信仰習慣 其信徒亦能得崇拜祖先之許可 然當未許可以前 幾經躊躇 幾經學者士人上下議論 卒以支那人之拜孔子 在尊仰其人格非因祈福祐聰明利祿而然 祭祀祖先 則出於親愛之範孝思之念 所謂報本反始之禮而非以求福祐 謂立祖先牌 非謂祖先之魂在上 不過子孫追遠 稍抒如在之懷 至於郊天之典禮 非祀蒼蒼有形之天 乃敬天地萬物之原 此孔子所謂郊祀之禮 以祀上帝也 因此宣敎師等知支那人之祖先崇拜 無論如何形式 亦非迷信之敎義 故豫以許可也(稻葉君山, 淸朝全史, 仝上 二十頁).

히 孔子의 教가 漠然한 信仰만을 主로 하는 宗教가 아니라 사람이 서로 親愛할 줄 아는 本性(仁)을 基盤으로 하여 展開되는 克忠克孝의 理念임을 體得하였고 終當에는 天地 萬物을 敬畏할 줄 아는 深奧한 原理까지도 探討하여 純儒教的인 大道 밑에서 自己들의 宗教를 儒教化 乃至 昇化한 것이니 汎愛衆을 崇尙하는 東洋人으로서 이를 歡迎은 할지언정 排擊하거나 邪教로 規彈할 理由는 조금도 없었던 것이다.

그러나 時間의 遷移와 執政者의 見解와 社會의 情況에 따라서 紆餘曲折이 많았던 것도 事實이라 徐如珂 沈漼 晏文輝 等은 西教가 邪說惑衆이라 하여 急히 驅逐할 것을 疏請한 바도 있었다.[52]

徐光啓 같은 사람은 天主教의 教理가 儒教의 그것과 매우 相合되는 點을 들어서 西教를 積極 辯護한 것이니[53] 東洋文化의 淵源이 매우 深遠하였던 만큼 西教傳播의 過程에 있어서 多少의 起伏과 出入도 없을 수 없었던 것이었다.

一便 羅馬의 教皇은 基督教徒들로 하여금 祖先崇拜의 儀式을 行하지 못하도록 禁令을 내리게 되며, 中國에서 이에 對應 그들의 禮教와 背馳되는 것을 理由로 清廷에서 禁止令을 내리기도 하였다.[54]

마데오리치가 中國澳門에 上陸한 것은 上記한 바와 같이 明 神

52) 禮部中郎徐如珂惡之 與待郎沈漼 給事中晏文輝等合疏 斥其邪說惑衆 乞急行驅逐(明史外國傳意大里亞).

53) 萬曆 44年 7月 徐光啓奏 彼國教人 皆務修身 以事天主 聞中國聖賢之教 亦皆修身事天 理相符合……欲使人人爲善 以稱上天愛人之意 其說以昭事上帝爲宗本 以保救身靈爲切要 以忠孝慈愛爲工夫 以遷善改惡爲入門 以懺悔滌除爲進修……諸陪臣之言與儒家相合與老釋相左……仍令儒學之臣共論定之(黃伯祿正教奉褒).

54) 西, 1717(康熙 56年) 依廣東碣石鎭總兵陳昂之奏 禁止一切外人留住内地 違者決不得歸本國云 此後百數十年間 清廷政府對於基督教徒之態度 非無寬嚴之別 然卒未撤回其禁止之命令也(清朝全史).

宗萬曆八年(西, 1580)이며 우리나라 宣祖 十三年의 일이었다. 當時 國朝에서는 名儒 李晬光(明宗 18年－仁祖 6年 1563～1628)이 이미 利瑪竇에 대한 論述이 있는 것을 보면 그 영향된 바 매우 빨랐던 것을 잘 알 수 있다. 또한 天主實義에 대하여 다음에 보인 바와 같은 記述이 남아 있다.

"所著 天主實義는 처음에 天主가 天地를 創制하여 安養의 道를 主宰한 것과 다음에는 人魂이 不滅하니 크게 禽獸와 다른 것을 論하였고 그 다음에 輪廻六道의 그릇됨과 天堂地獄善惡의 報를 辯論하였으며, 끝으로는 人生은 本善하되 삼가 天主의 뜻을 받들어야 하느니라. 그 풍속이 君은 敎化皇이라 하고 婚娶하는 일도 없으며 그렇기에 襲嗣도 없고 賢者를 擇하여 세우며 그 風俗이 友誼를 重히 여기고 私蓄은 아니한다. 重友論을 저술하니라."[55)]

아무리 利氏가 孔孟의 道에 接近하기를 힘썼다 하여도 그 趣意와 表現이 東邦 聖哲의 論한 바와는 距離가 많다. '人性本善'이니 '擇賢而立之'니 '重友誼'니 하는 單言 隻句만으로는 아직 儒敎의 門庭에 들어오기 어려울 것이며 더욱이 '不婚娶 無襲嗣'라는 主張은 '孝嗣'를 倫理의 要諦로 여기는 儒敎에서는 許容되기 어려운 것이었다.

다음으로 星湖 李瀷 先生(肅宗 8年～英宗 39年 西, 1682～1763)은 利氏의 宗敎와 學問에 대하여 論하기를,

"利氏가 中國에 와서 著書가 數十種 되는데 그 仰觀俯察하고 推數授時한 妙는 中國에는 아직 없었던 것이다. 그러나 그 竺乾

55) 所著天主實義 首論天主 始制天地主宰安養之道 次論人鬼不滅 大異禽獸 次辨輪廻六道之謬 天堂地獄善惡之報 末論人性本善而敬奉天主之意 其俗謂君曰敎化皇 不婚娶無襲嗣 擇賢而立之 又其俗重友誼 不爲私蓄 著重友論.

의 教를 排斥한 것은 지극하나 畢境 幻妄한데 同歸한 것은 깨닫지 못하였다. ……대개 中國에서는 實跡을 말로 表現하고 實跡이 없어지면 愚民들도 믿지 아니하는데 西國에서는 幻跡(神秘)을 말하다가 그 幻跡이 어두워져서 보이지 아니하여도 迷惑한 者 더욱 迷惑하게 되니 그 추세가 자연히 그렇게 될 뿐이다."[56]

星湖의 論한 바로서 當時 儒者들의 天主教에 대한 解釋을 어떻게 하였는가를 대강 알 수 있다.

安順庵의 天學考를 비롯하여 丁茶山의 上疏文(丁巳 6月)에도 天主教에 대한 批判을 加함으로써 그 荒虛함을 指摘하였다. 信教의 自由가 容許되지 아니한 때이라 民衆 自身이 歸依하는 教理 以外에는 언제나 異端視하여 이를 背斥하였었다. 現代的으로 보면 매우 陜隘한 感도 없지는 아니하다. 上疏文의 一節을 移錄하여 參考에 부치고자 한다.

"그 글 중에는 傷倫悖理의 說이 참으로 많고 임금께 아뢰기도 황송합니다. 더욱이 廢祭說에 이르러서는 臣이 본 글 중에서는 보지 못하였습니다. ……前日에 일찍 欣慕하였던 것은 돌이켜 생각하면 하나도 荒虛怪妄치 아니한 것이 없습니다."[57]

2. 政治的 侵來

外勢의 侵食은 항상 內政의 腐敗에서 비롯되는 것이니, 清朝의 強盛함도 終末을 告하는 데 이르렀다. 四川 湖北을 中心으로 일

---

56) "利氏至中國 著書數十種 其仰觀俯察 推數授時之妙 中國未始有也 然其所以斥竺乾之教者至矣猶未覺 畢境同歸於幻妄也……盖中國言其實跡 跡泯而愚者不信 西國言其幻跡 迹眩而迷者愈惑其勢然也"(李星湖天主實義跋 闢衛編 轉引)

57) "其書中 傷倫悖理之說 固不可更僕數之 亦不敢汚穢天聽 而至於廢祭之說 臣之舊所見書亦所未見……前日之所嘗欣慕者 反而思之 無一非荒虛恠妄"(上疏文, 闢衛編 卷四, 261頁)

어난 白蓮教徒들의 暴動, 閩 奧를 起點으로 한 海賊의 亂動, 特히 道光 20年(西, 1840)의 阿片戰爭은 清朝敗亡의 直接的인 原因이 될 뿐 아니라 東洋諸國에 對한 一大 威脅이었던 것이다. 道光 21年(1841) 以來 韓國과 中國 및 印度가 外國에 侵害된 狀況의 一部를 略圖로 보면 다음과 같다.

(1) 中國 印度(韓國史 參考)

時 期	狀 況	相對國
道光 21年 1841	香港 割讓	英國人
1842年 4月	乍浦 攻陷	英軍
1842年 5月	寶山, 上海 攻陷	英軍
1842年 6月	鎭江 攻陷	英軍
1842年 8月	南京條約 締結	英軍
1842年 8月	福州等 五港開放 香港 割讓	英國
咸豊 8년 1858	天津條約	英・佛
咸豊 8년 1858	印度 直轄	英國
咸豊 8년 1858	愛琿條約 締結 天津, 北京條約	러시아

(2) 韓國(韓國史 參照)

時期	狀況	相對國
哲宗 10年 1859	5月 英國船 東萊, 龍塘浦에 漂到	英國
哲宗 10年 1859	12月 英國船 2雙 東萊, 新草梁에 來到	英國
哲宗 11年 1860	英船 東萊漂到, 4日 英船 全羅道 秋子島에 漂到 破碎됨.	英國
高宗 元年 1864	通商을 求함	露國人
高宗 2年 1865	11月에 慶興府에 來함	露國人
高宗 3年 1866	5月 義國船 서프라이즈號 鐵山府에 漂到	美國
高宗 3年 1866	美國船 제네랄쉬멘號 平壤軍民에게 燒却됨	美國
高宗 3年 1866	8月 斥邪綸音을 頒下	
高宗 3年 丙寅	佛軍艦 來侵 楊花津에 이름. 9月 再侵 江華 占領	佛國
高宗 3年 丙寅	10月 梁憲洙 佛軍 擊破(丙寅洋擾)	佛軍
高宗 4年 1867	日本이 提議한 我國과 佛・美와의 調停意向을 斥退함	日, 佛, 美
高宗 6年 1869	慶興府에 漂到함	露國人
高宗 7年 1870	5月 軍艦 헐라號 釜山에 來航함	日本駐在 獨逸公使 브란트
高宗 8年 1871	正月 淸國漁船 平安 黃海 兩道를 荒掠함	淸國
高宗 8年 1871	美兵 江華를 攻擊 廣城鎭을 占領 中軍 魚在淵 等 戰死(辛未洋擾)	美兵
高宗 8年 1871	普國船 1雙 白翎鎭에 漂到함	普國
高宗 12年 1875	10月 日本海軍 釜山에서 示威함	日本
高宗 13年 1876	正月 日本軍艦 7雙 京畿海岸에 到泊함. 2月 韓日修好條規調印(丙子條約, 江華條約)	日本

六. 士林의 蹶起

士林은 원래 時勢의 變遷함을 따라서 自身의 操守함을 輕忽히 하지는 아니한다. 다만 外侵으로 因하여 國家와 民族의 危難이 到來하였을 때에는 이에 對應하여 積極 抗拒하거나 그렇지 아니하면 山野에 隱居하여 讀書 自靖하면서 後學을 指導하고 窮年토록 著書로써 그 壯嚴한 趣意를 永遠히 傳하는 것이다.

國朝末期의 儒林들은 역시 舊規를 固守하면서 그 志操를 지킨 분도 있었고 清朝實學의 風潮와 國內實情의 要請에 符應하기 위하여 實事求是의 學을 高調하기도 하였으며, 外勢의 侵害가 露骨化됨에 敢然히 그 그릇됨을 꾸짖고 義兵을 일으켜 抗爭하다가 終局에는 以身殉國한 節義之士도 있었다.

그 風度에 있어서 或은 實踐으로 或은 理論으로 實現되는 姿勢에는 多少의 差異가 있었다 하여도 愛民 衛國하는 精神은 조금도 다름이 없는 것이었다.

이 중에서도 義理에 敦篤하고 그 思想이 直接 行動으로 具顯됨으로써 斥邪衛正의 實을 거두게 되는 것이며 그 學風과 行節이 千秋에 빛을 내는 것이었다.

以上에서도 論及한 바와 같이 斥衛의 精神은 儒學의 中樞理念으로 健全하게 守護되었던 것이다. 中國에서도 그리하였고 韓國에서는 더욱이 그러하였다. 十九世紀 中葉 以後 外勢의 强風이 甚하여지며 有志한 士林들은 우선 疏章을 通하여 君王께 國運의 危急함을 報하였던 것이니 이에 그 主導的인 役割을 한 士林들이 매우 많았었다.

儒門의 正宗으로서 華西 李恒老는 正祖十六年(西, 一七九二)에 生, 高宗五年(西, 一八六八)에 卒하니 有史 以來 우리나라의 內外情勢가 가장 急迫하였던 때이라 一生 동안 斥衛의 行蹟과 後進에게 끼친 영향이 매우 컸었다. 그의 學問의 傾向을 살펴보면 儒學의 主宗인 孔孟의 思想을 根本으로 삼았고 程朱의 學을 標的으로 하였다. 이에서 人間의 存在價値를 確立하였으며 性理를 本原으로 하여 人倫의 大道를 闡明하는 데 精緊하였고 忠義의 大節이 立身護國의 關頭處임을 後人에게 嚴切히 指導하였던 것

이니 그의 性情을 體와 用으로 分開하여 說明함에 있어서는,

"本體의 位置에서 보면 다만 一理渾然이지마는 達用의 側面에서 볼 때에는 仁(愛)과 禮(恭) 義(宜)와 智(知)의 四端으로 分別하여 說明하고, 따라서 義 禮 智가 缺如된 仁도 없으며 仁 義 禮와 隔離된 智도 없는 것이어서 天理는 原來 이러한 것이니라."[58]

하였다. 이에 다시 具體的인 正心 養性의 方道로

"莊敬 持養하여 此心의 體를 立하며 講學明理하여 此心의 用을 達케 한다."[59]

이와 같이 어디까지나 人間 自身이 特立獨行할 수 있는 基本으로서 또는 雜多한 환경에 能히 對應 調和할 수 있는 能力으로서의 原理를 闡明하고, 이에 따라서 道義思想이 生活의 基本이 될 때 處事行義 비로소 正統儒學의 範疇를 떠나지 아니할 것과, 그의 國家施策에 이르러서는 內治를 堅固히 함으로써 外禦는 따라서 可能하게 될 것임을 여러 번 力說한 바 있었다. 君主께 奏議한 바를 보면,

"殿下께서 지금부터라도 부지런히 하사 君臣이 맹세코 安逸하게 지나는 것을 경계하며 勤儉한 實德을 숭상하고 私意는 마음속에서 조금도 싹트게 말며 虛飾은 政事에서 멀리하면 上下가 一心

58) 只是一理渾然之中 由其愛底謂之仁 由其恭底謂之禮 由其宜底謂之義 由其知底 謂之智 仁無義禮智不得 智無仁義禮不得 理本自如此耳(華西集 卷四 答白無耻堂弘鎭書 辛卯).
59) 莊敬持養 以立此心之體 講學明理 以達此心之用(華西集 熙政堂奏箚, 丙寅 九月十四日).

이 되어 무슨 일이나 이루지 못할 것이 없습니다."[60]

라는 爲政의 宗旨를 筆頭로 하여 언제든지 懷利忘義하는 謀利의 群兇을 멀리할 것과 秕政에 대하여는 항상 面折廷爭하는 忠義之士를 登庸할 것을 主張하였으며 當時 民生의 困苦를 救하는 方法으로 新規의 土木事業을 停止할 것, 民衆을 너무 착취하지 말 것, 사치하는 風習을 버리게 할 것, 나라 宮室의 華奢함을 경계할 것, 衣服과 飮食을 검소하게 하여 民事에 盡力할 것 等을 陳達한 것이다.[61] 이러므로써 民力도 여유가 있게 되며 物情도 매우 洽足하여질 것이고 洋賊도 물리치게 되며 國家도 安保의 位置를 持續하게 된다는 것이다.

물론 儒門의 修學篤行하는 선비로서 外夷强侵의 銳鋒을 막을 妙方을 按出하는 것은 어려운 일이다. 그러나 그 所謂 洋賊이라는 稱號에 따르는 論述을 보면, 이제 洋賊을 對治하는 國論이 兩分되어 있는데 그 하나는 洋賊을 攻伐할 수 있다는 主戰派의 持論이며 또 하나는 和議로 對하자는 主和派의 主張이다. 前者인 경우에는 禮義東方의 現狀은 維持되려니와 後者에 따르게 되면 禽獸의 社會와도 다름없는 奴隷의 悽慘한 領域을 벗어나지 못할 것이라[62]는 論旨이다.

그러나 先生은 當時 洋賊의 强勢함을 경계하면서도 主戰할 것을 正道로 하여 "싸움으로써 지키는 것이 常經이라 – 愚以爲戰守

60) 殿下自今伊始 夙興夜寐 君臣相警 戒宴安之鴆毒 致勤儉之實德 私意不萌於心術之微 文具不設於政事之著 則群臣百姓莫不精白其心 丕應徯志 何事之不可濟哉(華西集卷三 辭同副承旨兼陳所懷疏 丙寅 九月十三日).

61) 停土木之役 禁歛民之政 去侈大之習 卑宮室 菲飮食 惡衣服而盡力於民事……民力大紓 物情翕然……洋賊可逐 國家可保(同上).

62) 今國論兩說 交戰謂洋賊可攻者 國邊人之說也 謂洋賊可和者 賊邊人之說也 由此 則邦內保衣裳之舊 由彼 則人類陷禽獸之域(丙寅 九月 十三日).

常經也 -(同上)"고 主論하면서 그 經緯와 展望을 다음과 같이 觀測하였던 것이다. 즉

> "殿下께서 戰守之說에 聖志를 굳게 지켜 萬人이 다소 방해하는 일이 있더라도 조금도 動搖하지 아니하면 귀머거리나 장님이나 절름발이까지라도 百倍의 勇氣를 다할 것이니 하물며 代代로 나라의 祿을 먹은 世臣들이나 草野에 있는 忠義之士들이 어찌 民衆들과 더불어 國家를 위하여 몸을 바치지 아니하겠습니까."[63]

하였고, 君主께 다시 사뢰기를,

> "널리 言路를 열어서 衆論을 들을 것과 將材를 選任하여 武備를 다스릴 것과 八道 內에 人望이 있는 사람을 擇하여 號召使라는 稱號를 加하는 同時에 威權으로써 臨하게 하고, 또한 가까이 하여 爵祿之榮으로 副官들을 褒賞하며 忠義와 氣節에 長한 사람들로 義旅를 삼아서 官軍과 더불어 서로 互應하게 하고 賊이 오거든 折衛禦侮 王室을 護衛케 하며 賊이 물러가거든 倫理를 밝혀서 邪敎를 막는 것이 轉禍爲福의 계기가 될 것이며,[64] 또한 兵農이 合一하여 軍糧을 豊足히 하고 外來品은 絶對로 쓰지 말 것이며 人材를 登庸함에 公道를 널리 펴고 不公平한 私道는 용납지 못하게 할 것과 안으로는 誠實을 다하여 虛飾을 버리게 하고 賞罰을 맞게 하여 紀綱을 確立할 것 等이 當面한 急務"[65]

임을 여러 번 强調한 것이다.

---

63) 殿下若於戰守之說 堅守聖志 雖萬夫沮撓 不動毫髮 則暗聾跛躄 且增百倍之氣矣 況簪纓世臣之族 草野忠義之人孰不願激勸小民爲殿下效死哉(同上).

64) 廣開言路 選將繕武 極用人望 八道之内 又各擇本道人望所歸者一人爲號召使 假之以威權 示之以尊寵 爵祿之榮及於副貳 使之收拾忠義氣節之人 以爲義旅 與官軍相爲應援 賊來 則折衛禦侮以衛王室 賊去 則修明彜倫以息邪教 則其轉禍爲福之幾 又得之於此矣(同上).

65) 兵農合一 以足軍食 禁絕珍玩 以息國本 恢張公道 以絕私徑 内積誠實 以祛文具 外協賞罰 以立紀綱 此皆當今之急務也(辭職告歸兼陳所懷疏 初九日).

韓末에 있어서 華門의 淵源을 따른 名節之士가 많았으니 特히 重庵 金平默과 毅庵 柳麟錫은 學問에 있어서 卓越하였을 뿐 아니라 國情이 매우 危難하였을 때에도 毅然히 特立獨行 斥衛의 活動이 남다른 바 있었고, 毅庵은 國內에서 그 뜻을 다 펴지 못하자 멀리 遼野에 亡命하여 國內에 있는 志士들과 內通하면서 救國運動에 心血을 傾注한 바도 있었다. 사람이 사는 곳에 構禍相殘하는 것이 어찌 君子의 本意리오마는 倭勢의 凌辱侵奪함이 限이 없고 民族이 魚肉이 되는 慘狀은 默過할 수 없었던 것이다. 그렇기에 武器를 들어 狡猾無雙한 敵을 討伐코자 한 것이었다. 그러면서도 毅菴은 人類本然의 立場에서 寬容하는 論旨를 다음에 보인 바와 같이 편 바도 있었다. 즉

"朝鮮이 日本에 대하여 하늘을 같이하기 어려운 원한도 있지마는……時勢를 생각하여 兩國 間에 友好를 지키고 서로 責勉할 것이며…… 從後로는 彼此 間에 彼의 利로써 我의 利를 삼으며 彼의 得으로써 我의 得을 삼으며 彼의 盛함으로써 我의 盛함을 삼고 彼의 强함으로써 我의 强함을 삼아서 다시는 前日의 殘虐하던 일은 反復하지 말라."[66]

고 한 見解는 매우 새로운 進步的인 門路를 열어 주었다 할 것이며 進一步하여는 西洋에 대하여서도 同一한 뜻을 表한 바 있었다.

"西洋으로 말하더라도 이미 富强함이 더할 수 없이 盛하였고 土地를 넓힌 것으로도 무엇이 不足하기에 이처럼 相殘하며 큰 전

---

66) 朝鮮 雖於日本有難共天之怨……顧時勢須與之好 而仍相責勉……從此彼此之間 必以彼利爲我利 必以彼得爲我得 必以彼勝爲我勝 必以彼强爲我强 勿復爲前日之相殘虐(毅菴集卷五十一, 宇宙問答五〇八).

쟁까지 일으키려 하는가."[67]

斥洋과 斥倭를 主眼으로 하는 斥衛學派에 屬하면서 이처럼 寬弘한 大義를 提示하는 餘裕는 과연 무엇을 뜻하는 것인가. 이것이 곧 人類를 사랑할 줄 아는 仁愛精神의 大道이며 衛正斥邪의 面目임을 審察할 수 있는 것이다. 다시 말하면 思想的으로나 政治的으로나 또는 暴惡한 野望으로 外侵과 行惡이 恣行될 때 大義의 旗幟를 높일 뿐이요 他를 排擊하고 自我獨全함을 圖謀하는 것만이 斥衛의 本旨가 아님을 明示하여 준 것이다.

華門의 巨匠이며 韓末 斥衛의 儒宗으로서 勉菴 崔益鉉 先生을 들 수 있다. 다만 本論考에서는 別科로 紹介되기에 이에서는 割愛한다.

亡國之秋를 當하여 悲憤慷慨之士와 殉義成仁之人이 何限이리오마는 이에 번거로이 列記함을 삼간다.

67) 以西洋言之 旣自富强莫盛 土地占廣 何所未足 而有此相殘之爲大戰爭之事(同上).

理論과 實踐이 竝行하는 教育의 價値

一. 教育의 意義

人類는 本來부터 타고난 生에 대하여 充實한 發展과 完美한 終結을 얻기 위하여 끊임없는 活動을 한다.

다만 種族과 地域과 時代를 따라서 思考하는 方式이 다르고 또한 그 表現되는 樣相에 多少의 差異는 發見할 수 있지마는, 어디까지나 人間은 다른 一般動物과는 달라서 理想이 高邁하고 實踐力이 强大한 것이다.

그러므로 正常的인 人間社會라고 하면 반드시 이 理想과 實踐이 合一되는 狀況을 말하는 것이며 이에서 비로소 健全하고 華麗한 文化의 成果를 맺게 되는 것이니, 人類의 참다운 歷史는 이와 같은 過程을 誠實히 記述한 業績이라 할 것이다.

人類라는 視點에서 생각하면 色의 有無나 地域의 遠近이나 또는 時代의 古今을 물을 것 없이 宇宙 間의 萬人은 그 本然의 性格에 있어서는 概括的으로 同等하다고 認定될 수 있지마는, 이 중에서도 各自가 保持하고 있는 歷史가 얼마나 健實히 發展되었는가 또는 어느 程度의 豊富한 內容을 지니고 있었던 것인가에 따라서, 그 地域의 文化는 區別되는 것이며 國家와 社會를 形成할 수 있는 能力의 優劣까지도 判異한 것이다. 世界史에 있어서 그 實證을 枚擧하기 前에 먼저 明確한 原因을 살펴보면 그 나라 사람들의 教育에 대한 熱意와 아울러 끈덕진 努力의 代價 아님이 없는 事實을 看過하여서는 아니 된다.

우리의 歷史에서는 古來로부터 '孝家忠國'(家族社會에서는 父母의 愛情에 대하여 첫째로 感謝할 줄 알며 이를 行動으로 實踐하는 것이니, 이 理念이 基本이 되어서 發展的으로 構成된 國家社會에 대해서도 誠意를 다하여 奉仕한다.) 하는 일이 敎育의 重要한 部門이 되었으며 同時에 個人生活이나 社會活動의 全體이기도 하였다. 누구나 잘 알고 있는 新羅 世俗五戒의 全體的인 理念이 '事親以孝'이며 '事君以忠'(君은 國家의 상징이며 君이라 하면 곧 國家를 말함이라)이오, 社會道義로 '朋友有信'을 들고 있다. 이 위에 添加하여 '臨戰無退'와 '殺生有擇'을 넣은 것은 勇氣와 사랑을 明示하여 준 것이니, 勇氣가 없으면 비단 敵을 相對로 하는 戰爭에만 不利할 뿐 아니라 모든 일에 進取의 功을 거두기가 어렵고, 사람으로서 사랑할 줄 아는 마음이 缺如될 때에는 人間事에 있어서만 차질을 招來할 뿐 아니라 天地自然에 適應하는 方法에 있어서도 無限한 不條理를 免하지 못할 것이다. 高麗太祖가 나라를 創建할 當時에 그 '訓要'十條 중에서 '君得民心'(君王은 民衆의 환심을 얻어야 한다.)이라고 이른 말이라든가, '博觀經史'(널리 聖賢의 글과 역사를 본다.)라고 보인 뜻은 主로 儒學의 敎育理念에 起因된 것이며, 八關燃燈은 佛敎의 風習에 依한 것이라 할 것이다. 麗朝의 詩人이며 學者인 李仁老(1146－1214)의 말한 바에 依하면

> "鷄林舊習 擇男子美風姿者……取其頴脫不羣者 爵之朝……我太祖龍興 以爲古國遺風 尙不替矣 冬月 設八關盛會 選良家子四人 被霓裳羽衣 列舞于庭<破閑集卷下>→신라의 옛 풍속에, 男子 중에서도 모양이 아름답게 생긴 사람을 뽑되……훨씬 뛰어난 남자를 고른다. 그리고 벼슬까지 주게 되었더니……우리 太祖

께서 임금자리에 오르시매 고국의 유풍이니 버릴 수 없다 하여, 겨울이면 八關盛會를 열고 良家子 四人을 선택하여 霓裳羽衣(춤출 적에 갖추는 음악의 곡조)에 맞추어 왕이 보시는 뜰에서 춤을 추게 하였다."

라고 記述되었으니, 이와 같은 절차는 다만 君王의 歡樂을 돕기 위한 것뿐만이 아니라 나라의 靑年들을 善導하여 國家에 봉사할 줄 알게 하며, 民風을 純化하여 社會의 基本秩序를 確立하는 敎育的인 意義가 더욱 컸었다고 생각되는 것이다. 李氏王朝는 全的으로 儒敎에서 온 義理思想을 崇奉한 것이며, 後代에 이르러서는 形式을 偏重하는 나머지 末蔽의 餘禍가 없지도 않았으나 國家가 外勢의 侵來로 因하여 危難하게 되었을 때나 또는 不正의 風이 社會의 構造를 破壞하려는 징조가 보일 때에는 반드시 先頭에 서서 毅然히 몸을 희생하면서까지 이 傳統을 固守하였던 것이니, 이 어찌 敎育의 餘德이라고 아니 할 것이랴. 우리의 隣邦인 中國이나 日本에서도 이와 類似한 實例를 얼마든지 볼 수 있지마는, 그 理念이나 方案을 조금 달리하고 있는 歐美에서 行하여 온 敎育의 一端을 살펴볼 때 또한 無限한 興趣가 있는 것이다.

歐美에 있어서의 敎育이 발전한 過程은 역시 地域과 風俗을 따라서 매우 다른 바가 있지마는, 古代의 自然民族時代에 未開한 상태로서도 한 團體의 永續的인 發展을 追求한 事例는 一種 敎育的 意識의 萌芽라고 할 것이며, 이 意欲이 基盤이 되어서 實際生活에 必要한 것을 探索하였던 것이고 古代社會에서 實踐된 좋은 例로는 狩獵에 必須되었던 器具를 製作하여 낸 것이니, 當時로서 人間의 生을 充實히 발전시키는 唯一한 敎育의 처음이었다고 볼 수 있겠다.

希臘의 敎育은 現世에서 가장 有爲한 人間을 育成하는 일로 비롯하였던 것이다. 希臘 사람은 自主獨立性이 强하였고 여러 小國으로 列立되어 있는 관계로 서로 경쟁하는 風習이 많았던 것이며, 그들이 生活하던 곳은 대부분 氣候가 溫和한 半島에 있기 때문에 自然의 惠澤에 接하는 일이 많았었고, 따라서 生活도 餘裕가 있었으며 自由스러웠던 것이다. 이와 같은 生活은 곧 그들의 思想에 反映되었고 그 結實로 얻게 된 民族的 思想의 總和는 現實主義 自然主義 樂觀主義的인 傾向이 많았던 것이다. 이와 同時에 特히 歐美思想의 發展된 過程을 一瞥하여 볼 때 希臘의 그것과는 全然 相對的인 面이 있는 것을 알 수 있으니, 그것은 곧 헤부라이系의 思想인 것이다. 즉 前者에 反하여 來世主義的이며 超自然主義的이고 또한 厭世主義的인 것이니, 以上에서 보인 兩大潮流는 항상 敎育活動에 있어서 直接的인 영향을 미치게 되었던 것이며, 東西와 古今을 莫論하고 民族敎育의 裏面을 考察하려 할 때, 먼저 그 民族이 받들어 내려온 基本的인 思想을 硏究하는 것은 必須的 要件이라고 아니 할 수 없다.

二. 儒學思想과 敎育

儒家의 敎育을 論하려면 먼저 그 思想의 由來를 살피지 아니할 수 없다. 따라서 思想이 胚胎된 地域的인 환경과 아울러 그중에서 自然히 蓄積된 習俗까지도 言及치 아니할 수 없는 것이다. 그러나 本論文에서는 敎育的인 問題에 關하여서만 알아보려고 한다.

儒學思想의 本據地는 中國의 西北 地方에서 發源하여 東南으

로 延亘한 平原地帶에 屬한다. 明媚한 海嶼의 風景이나 感賞的인 幽情을 敍暢할 만한 환경조차 드물고, 다만 위로는 悠悠한 蒼天을 바라보며 浩浩한 一片의 大地로 집을 삼아 이 속에서 棲息하며 자라 온 單調平淡한 民族들이다. 이 가운데서 成長한 文化 또한 去華就實을 旗幟로 하며 禮樂을 謳歌하면서도 玉帛의 華美함이나 鐘鼓의 繁雜함을 숭상치 아니하였고, 大宇宙의 自然을 즐기는 方法도 滾滾히 흐르는 물가에서 人間의 特立不屈하는 浩然한 高趣만을 感賞하려 하였으며, 春色의 和暢한 氣像을 詠歎함에도 浴沂風雩에 滿足하였던 것이다. 그러므로 儒敎硏究에 유의하는 學究로서 이에 銘念할 것은, 人間은 그 自體에 純正한 天性이(自然환경 속에서 生滅하는 動物과 달리) 本然的으로 賦與되어 있음을 認定한다. 즉 人間이라는 그 槪念의 內容이 저 歐美學者들이 傳誦하여 온 人間의 價値를 所謂 安易한 自然主義(Naturalism) 또는 印度와 히브라이系의 超自然主義(Supernaturalism)의 性格과는 判異하여서 다만 이 두 槪念 속에 包括함을 嫌惡하고 徹頭徹尾 '人本'的인 思想으로 一貫한 것이다. 그러기에 儒敎에서 學이라고 稱할 때에는 반드시 人間學을 主體로 한 然後에 비로소 子學이니 經學이니 理學이니 또는 玄學, 心學, 實學 等을 云爲할 수 있다. 즉 人間問題를 分離하여서 獨自的인 순수한 學問만을 成立시키려고는 아니 하였던 것이다. 이 點이 現代 科學이라는 槪念에서 볼 때 一種 特殊한 規定이라 하겠으나, 儒敎에서 볼 때 當然한 解釋임에 過히 착오가 없다 할 것이다. 그러므로 儒敎에서 말하는 敎育의 意義도 第一義的으로 人間에게만이 賦與된 天然의 本性을 啓發하여 善美質直한 人格을 陶冶하고, 이 人格의 綜合體가 곧 國家民族을 形成하며 社會의 秩序와 國家 間의 平和를 達成

하는 데 이르는 것이다.

以上에서 말한 바를 儒教經典에 依하여 具體的인 論證을 求하여 보면 論語에

"子謂子夏曰……女爲君子儒 無爲小人儒<雍也>→네가 君子의 儒는 되어도 小人의 儒는 되지 마라."

고 보였는데 後儒들이 이에 對하여 演述한 것을 보면

(1) "言 人博學先王之道 以潤其身者 皆謂之儒<註疏>→사람이 멀리 先王의 道를 배워서 자기의 몸을 윤택하게 하는 것을 다 儒라고 이르느니라."
(2) "君子爲儒 將以明道<集註>→君子가 儒가 되려는 것은 장차 道를 밝히려 함이니라."

前者(1)는 儒에 到達하는 過程을 說破함으로써 그 本質的인 面을 强調하였고 後者(2)는 特히 儒가 되는 目的의 方向을 指示한 것이다. 참으로 이에 나타난 '先王之道'의 道와 '將以明道'의 '道'는 곧 人間學의 眞髓이자 人生의 最高 目標이다. 그러면 道의 概念은 어떠한 것인가. 물론 儒家에서 뜻하는 것 外에 老莊系에서는 萬物의 本體인 意義로 解釋된다. 그러나 儒家에서는 主로 人間生命의 本源이며 行爲의 規範인 常道를 廣義的으로 稱道하는 用語라고 할 것이다. 中庸에서 이미

"道也者 不可須臾離也 可離非道也→道라는 것은 잠깐 동안이라도 떠나지 못할 것이니, 떠날 수 있다면 道라고 할 수 없느니라."

하여 道의 重要함을 보였고 이에 다시 朱子가 註解하기를

> "道者 日用事物當行之理(道之用) 皆性之德 而具於心(道之體) 無物不有(言道之大 橫說) 無時不然(言道之久 直說) 所以不可須臾離也 若其可離則爲外物而非道矣 豈率性之謂哉<集註>→道는 日用事物에 있어서 當爲의 理를 말함이며 이 理는 곧 性의 德이오 그대로 마음에 있는 것이니라. 그리하여 어디에나 다 있으며 어느 때나 그렇지 아니함이 없는 것이니 그렇기에 사람에서는 잠시도 떠날 수 없다는 것이다. 만일 떠날 수 있는 성질의 것이라고 하면 이는 外物이요, 道는 아닌 것이니 어찌 率性이라고 말할 수 있을 것이랴."

이로써 道의 槪念이 明確히 表現되었다 할 것이니 이에는 宇宙秩序의 整然함과 人事變遷의 深妙한 理法을 包括的으로 命題한 것이라 할 것이며, 그러므로 中庸卷頭에

> "天命之謂性 率性之謂道 修道之謂敎→人性은 人間의 根源인 天에서 받은 것이며 이 性에 따르는 것이 곧 道라 命名하고 이 바른 道를 닦는 것이 敎이니라."

이른 것이니 儒敎에서 말하는 敎育의 眞意는 이에서 그 說明의 正鵠을 얻었다 할 것이다.

三. 敎育의 內容과 그 方法

儒敎의 敎育內容은 항상 修己와 安人을 主眼으로 한다. 以上에서도 潤身과 明道를 말하였고 周禮에는

"儒 以道得民→儒는 道로써 民을 얻느니라."

한, 아래에 다시 註解로써 밝히기를

"儒有六藝 以敎民者→儒는 六藝로써 敎民하느니라."

하였다. 이를 綜合하면 個人과 社會의 相關關係를 緊切히 說明한 것이며 이를 더욱 體系的으로 論述한 것이 곧 大學一篇이다. 大學 第一章에

"大學之道 在明明德 在親民 在止於至善→大學의 道는 明德을 밝히는 데 있고 親(新)民하는 데 있으며 무엇이나 至善하는 데까지 힘쓰는 데 있느니라."

이에서는 明德과 親民은 다 自我와 他我와의 密接不可離함을 보이면서도 努力의 對像은 嚴然히 區別할 것을 强調한 것이다. 곧 上記한 '道 日用事物當行之理'에 歸結되는 뜻이며, 栗谷의 이른바

"所謂學問者 亦非異常別件物事也……皆於日用動靜之間 臨事各得其當而已<擊蒙要訣序>→이른바 학문은 또한 異常한 별다른 物事가 아니라, 다 日用 動靜 사이에 일어나고 있는 일을 그 일에 따라서 正當한 理法에 어긋남이 없게 하는 것이니라."

는 것도 敎育의 內容을 매우 平易하게 다루었다 할 것이다. 大學은 敎人之法(朱子語)이라고 이미 明示한 것이며 너무도 當然한 敎育의 理論的 根據이며 이를 다시 引用·說明하지 아니할 수

없다.

大學은 教育의 系譜로서 三綱領으로 大分하고 實踐要領으로서 이를 八條目으로 細分한다. 그 綱領과 條目을 列記하면, 三綱領은 明明德 親民 止於至善이며 八條目은 格物 致知 誠意 正心 修身 齊家 治國 平天下이니 系統에 따라 一目瞭然하게 圖表로 보이면 다음과 같다.

大學系統圖

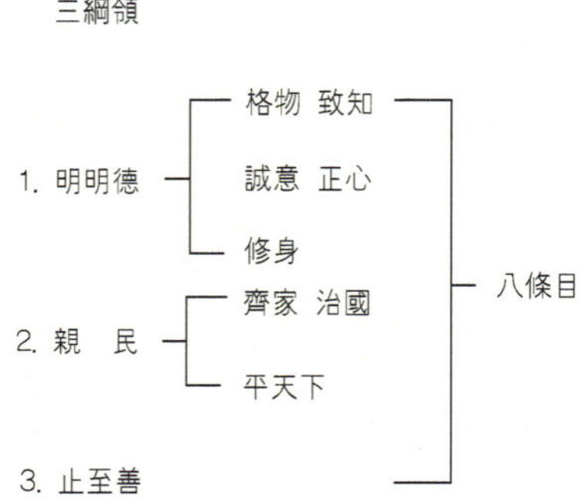

三綱領의 統序에 대하여는 위에서 약간 言及한 바이고 이에서는 八條目의 意義만을 順次에 따라 밝히려 한다. 첫째 格物 致知에 대한 論說은 朱, 陸의 異見이 있었던 以後로 그 餘波는 學問의 領域을 떠나서 一種의 派閥을 造成하였으며 本來 聖訓의 親切함을 忘却하는 데까지 이른 感이 없지 아니하다. 원래 사람에게는 上記한 바와 같이 天性 自體에 素在한 靈覺과 慧智가 있고 事物 그 自體에도 本末 先後의 完美한 秩序와 條理가 있는 것이니, 사람은 自身의 靈覺과 慧智의 힘으로 事物에 接하여 그 秩序와 條理를 摸索하여 이에 대한 眞假 美醜 善惡을 判別하는 作業

을 不絶히 繼續하고 瞬間이라도 停滯하지 아니한다. 主體로서의 人間의 慧智 靈覺과, 客體로서의 事物은 變化無雙한 중에서도 서로 照應妙合의 作用이 活發히 運行되며 正常的인 精神狀態(心體)가 維持되며 事物自體의 眞狀을 眞率하게 顯現하는 것이니, 이와 같은 心理的인 過程을 살펴볼 때 主體的인 靈覺 慧智의 尊嚴함이 없으면 客體인 事物의 正當性을 把握할 수 없고 또한 客體를 疏外한 靈覺은 空虛한 데서 방황할 뿐이다. 그러므로 主와 客은 반드시 相互調和(去私就正)되는 데서 萬事萬理가 正道(義理)를 잃지 아니할 것이며, 이 心的 作用이 不斷히 계속되는 境遇 그 意欲的인 活動을 誠意라 하고, 이 努力이 安定된 狀態에 이를 때 비로소 正心이라 이른다. 그러므로 항상 基本的인 工程이 疏忽히 될 때에는 以後로 修得하려는 修 齊 治 平의 所望은 虛構이며 空想인 것이니, 換言하면 人心의 裁制로 얻은 바 正當한 義理가 確立되지 못하고 다만 遇然히 取得한 功利的인 結果는 이를 貴히 여기지 못하게 되는 것이다. 이와 같이 內面的인 省察工夫가 儒敎에서 가장 重視되는 것이며 敎育에 있어서 基本的인 役活이 되는 것이니 經典에 보인 敎育의 根據로서

> "天生烝民有物有則<詩, 大雅烝民>→하늘은 여러 백성을 날 적에 物이 있으면 則이 있도록 마련한 것이니라."

는 詩篇을 비롯하여 春秋에는

> "劉子曰 吾聞之 民受天地之中以生<左 成十三>→劉子의 말에 내 들이니 民은 天地의 大中至正한 理를 받고서 이 세상에 낳느니라."

하였고 孟子는

"萬物皆備於我矣<盡心上>→만물이 다 나에게 갖추어 있느니라."

하여 人間의 優秀性을 論한 것이며, 李栗谷은

"萬善備我不待他求<學校模範>→萬善이 나에게 갖추어 있으니 다른 데서 求할 것을 기다리지 아니한다."

라 하여 孟子의 뜻한 바를 演論한 것이며, 또한 教育 目標의 啓發的인 說明으로서

"衆人之性 有警則發 無啓則昧 吾欲警發衆人 使之不昧耳<栗谷全書 護松說>→衆人의 天性은 일깨워 주면 그대로 잘 발휘하게 되고, 받은 천성을 밝게 열어 주지 아니하면 점점 어두워지는 것이라. 그러기에 나는 衆人들을 警發하여서 그 사람들로 하여금 어둡지 아니하게 하려는 것이라."

하였다. 以上에 引用된 儒教의 古典을 상고하여 보면, 그 教育活動의 出發이 外的인 物質에 대한 知識探究에 앞서 항상 內的인 省察을 主로 함으로써 本性으로부터 發露되는 知覺을 適切히 應用自在하게 하는 데 妙法이 있는 것이다. 그러기에 이 點에 있어서는 現代的 教育이, 被教育者에 대한 注入的인 方法을 止揚하고 個性을 바탕으로 하는 自由로운 指導方法을 渴求하는 것은, 儒家에서 이미 오래前부터 發明한 最善의 公案이었던 것이다. 이에 具體的인 例를 들면 聖門十哲의 한 사람인 子貢이 孔子께 묻기를

"貧而無諂 富而無驕 何如<學而>→가난하면서도 아첨함이 없고 부자이면서도 교만함이 없으면 어떠합니까?"

하였다. 孔子께서는 子貢의 이 設問을 매우 뜻 깊게 생각하시었다. 또한 子貢의 才質이 本來부터 過人한 데다가 경제적인 사정도 다른 사람들보다는 豊裕한 처지였다. 그러기에 子貢에 대하여서도 教育 面에서 볼 때 가장 適切한 答을 주신 것이니

"子曰 可也 未若貧而樂 富而好禮者也→孔子의 말씀에, 그대의 생각하는 것이 一理가 없는 것은 아니지마는 그러나 貧한 사람은 過誤를 범하기 쉬운 것인데 그렇지 아니하고 도리어 그 어려운 것을 참으며 困境을 잘 打開하여 나아갈 줄 알고, 경제적 사정이 넉넉한 사람 역시 지나친 행동을 하기 쉬운 것인데 항상 조심성 있게 하여 正道에 어긋남이 없게 하는 것만은 못 하니라."

하였다.

孔子의 이와 같은 感化的인 教育方法에 子貢은 매우 느낀 바가 많았다. 當初 自己의 長處를 誇示하려던 마음보다는 더욱 精進하려는 奮發心이 앞섰다. 다음에 보인 詩句를 引用함으로써 더욱 그의 뜻을 明白히 한 것이니, 즉

"詩云如切如磋 如琢如磨 其斯之謂與<衛風淇奧>→詩에 이르기를, 뼈를 끊는 듯 가는 듯 玉을 쫓는 듯 가는 듯한다는 말이 있는데 사람의 공부하는 마음과 태도도 이러한 것과 같습니까?"

孔子는 이에 다시 子貢을 激贊하여 그 前進함이 無限함을 稱道하시는 말이

> "賜(子貢의 名)也 始可與言詩已矣 告諸往而知來者<學而>→賜는 비로서 詩를 말할 만하도다. 지난 일을 말하는데 오는 일까지도 아는구나."

하여 그 門徒를 啓發한 것은 孔子自身이지만 被敎育者에 대한 敎導的인 立場이라기보다는 純粹한 人間愛(仁)의 流露에서 오는 自然스러운 誠熱로써 子貢으로 하여금 感銘깊게 한 것이니, 敎育의 方法으로 보나 效率的인 面에서 考察하여 볼 때, 이에 지나는 最善의 길은 적지 아니한가 한다.

17世紀 後半 瑞西에서 난 페스타롯지(Johann Heirrich Pestalozzi 1746－1827)는 全 世界에서 敎育의 神으로 尊敬을 받고 있다. 그가 敎育의 基礎理念으로 提示하고 있는 이른바

> "萬人은 다같이 同一한 本性을 保有한다. 그리고 萬人의 性은 다 善한 것이다."

라고 그의 主張을 밝히고 이에 根據하여 그의 敎育目的을 밝힌 바 있다. 즉 <三浦藤 作著 西洋敎育史 二九九頁 參照>

> "敎育의 目的은 人間의 本性을 發展시키는 데 있으니, 消極的으로는 本性의 發展을 妨害하는 것은 다 除去하는 일이며 積極的으로는 本性의 發展을 助長하게 하는 일, 이것이 곧 敎育의 目的이니라."<同上>

筆者는 구차히 從來 儒敎에서 說明하여 온 敎育의 理念이나 目的이, 반드시 西歐의 그것과 類似한 것을 闡明하려는 데 汲汲하고자 하려는 것은 아니다. 오히려 儒敎에 關한 經典이 일찍부터

번역되어 西歐에 轉入 紹介된 時代는 十七世紀 以前이었으니, 當時의 超邁한 力量이 있었던 學者들은 儒敎의 敎育精神에 感染된 바 컸으리라고 생각할 수도 있는 것이 아닌가 하는 것이며, 더욱이 우리가 西歐의 學風을 戀慕하는 나머지 自己의 固有한 文物이나 思想까지도 忘却하여 가면서 彼方에 追從하려는 心情이나 態度를 警戒하는 바이다.

儒敎의 敎育方法은 內省的 誘發에 置重할 뿐 아니라 外形的인 檢束과 環境에서 敎育의 實을 거두려 한 것도 또한 特色이라고 할 것이다. 그 한 例로서 論語에

> "君子有九思 視思明 聽思聰 色思溫 貌思恭 言思忠 事思敬 疑思問 忿思難 見得思義<季氏>→君子는 九가지로 생각하는 바 있으니, 밝게 보고 귀 밝게 듣고 얼굴모양은 평화하게 하고 몸모양은 공손이 하여 말을 믿음직하게 하며 일은 조심성 있게 하고 의문이 있으면 묻고 분한 일에는 그 결과가 난처할 것까지 생각하며 무엇이든 다른 사람에게서 받게 될 경우에는 옳은 것인가를 생각하라."

한 것은 平易한 말이면서도 生活道德에서 중요히 여겨야 할 바이며, 禮記에 이른바 九容은 더욱 具體的이다.

> "足容重 手容恭 目容端 口容止 聲容靜 頭容直 氣容肅 立容德 色容莊"<玉藻>

은 行動에 있어서 너무 自由를 拘束한 餘蔽도 없지 아니하지마는, 自由를 放慢으로 誤認하고 禮貌를 虛飾으로 착각하는 現社會의 風潮로는 愼重히 再吟味할 餘地도 없지 아니하다. 栗谷이 나

라에 製進한 學校模範에서 "非禮勿視 非禮勿聽 非禮勿言 非禮勿動"<論語>의 四句를 引用하며

> "所謂 非禮 稍違天理 則便是非禮(二曰檢身)→이른바 非禮라는 것은 조금이라도 天理에 어긋난 것은 곧 非禮니라."

그 다음으로 이 天理에 어긋나는 事例를 具體的으로 列記하였는데, 즉

> "如以粗處言之 則倡優不正之色 俗樂淫靡之聲 鄙褻傲慢之戲 流連荒亂之宴 尤宜禁絶<同上>→알기 쉬운 예를 들어 말하자면, 창녀나 배우들이 이상한 모양을 차리는 것이나 俗樂의 음란한 소리나 더럽고 보기 싫은 희극이나 또한 며칠씩 그칠 줄 모르는 酒宴 같은 것은, 참으로 精神을 마취시키는 頹廢한 風潮이니 절대로 금해야 한다."

는 것이다. 이와 같이 天理의 價値基準은 玄妙한 形而上的인 面에서 省察推求하는 데만 있는 것이 아니라, 항상 平易한 日用動靜之間에서 實事求是的으로 接應하는 同時에 內外合一되는 자리를 體得實踐하는 것이 儒教에서 講磨하는 所謂 求放心의 要諦이며 教育의 始初이자 終局일 것이요 이 곧 格致誠正의 眞髓이다.

四. 結語

現在 우리가 살고 있는 世界는 前에 보지 못하였던 狀況 속에서 轉變하고 있다. 東西를 물을 것 없이 사람들의 생각하는 것과 行

動하는 모습은 참으로 驚異할 만한 活劇을 演出하고 있는 것이다.

16世紀 以前에는 西歐에서도 物質보다는 人間이 主가 되었고 人間을 위하여 學問도 存在하였으며 文化도 發展되었었다. 그러나 自後로는 科學이 旭日의 氣勢로 發達되는 同時에 人間의 尊嚴性은 第二次的 位置로 轉落되어 가고 物質至上主義만이 世界를 風靡하는 데 이른 것이다.

社會構成에 있어서는 正道를 尊貴히 여길 줄 아는 所謂

> "老有所終 壯有所用 幼有所長 男有分 女有歸<禮記禮運語>→ 노인은 餘年을 보내기에 유감됨이 없고 장년은 자기 소장대로 쓰일 곳이 있으며 幼年은 제대로 잘 자라고 男性은 男性의 직책이 있고 女性은 가정에 있어서의 직분을 다한다."

하는 秩序가 아니라, 어디까지나 個人을 核心으로 하는 絶對的인 功利主義 個人主義 乃至는 快樂主義를 憧憬하며 經濟組織은 또한

> "貨惡其棄於地也, 不必藏諸己 力惡其不出於身也 不必爲己→ 貨源을 될 수 있는 대로 開發하여 利用할 것이지마는, 어느 個人이 獨占한 까닭에 다른 사람에게 被害가 되어서는 아니 되며 사람은 各其 個性에 따르는 長處가 있는 것이며 그 長處를 발전시켜야 하지마는 그렇다고 해서 그 目的이 自己個人만을 위하는 일이 되어서는 아니 된다."

와는 달리 均平한 公正을 떠나서 偏重과 歪曲으로 甚至於 弱肉强食이라는 極限의 用語까지 當然한 것처럼 橫行되고 있다. 이에 대하여 東西의 學者나 識者들은 物質萬能이니 人間喪失이니

이 凄絶한 死的 狀態에서 更生의 길을 찾으려고 無限한 努力을 傾注하고 있다. 그러나 아직은 큰 成果를 보지 못하고 있는 形便이나 儒敎의 敎育은 그 目的과 方法에 있어서 現代의 缺陷을 補完하는 데 큰 役割을 할 수 있다. 그러나 이에 대한 認識은 아직 遙遠한 感이 없지 아니하며 이에 留意하는 學徒로서 儒敎經典에 含蓄된 深奧한 眞理를 새로운 方法으로 再闡明하고 新世代의 先導的인 活動을 아끼지 아니할 때, 文化發展에 큰 貢獻이 될 것을 確信하는 바이다.

清初 義理學派인 孫·李의 學風에 對한 小考

一. 清初 義理學派의 學的 傾向

明朝가 鼎革하고 清朝로 改變됨에 따라 明朝의 遺臣들 중에는 效忠報國하려는 傾向이 매우 많았고, 特히 儒學者로서 憂國理念에 透徹한 碩學이 亡國의 悲歎함을 감추지 못하였던 것이다.

孫奇逢, 黃宗羲, 顧炎武, 李顒, 王夫之는 그 가장 代表的인 人物이었고 그들의 學問에 對한 傾向도 多少 달랐던 것이다.

顧炎武, 李顒, 王夫之는 尊宋排明하는 趣意가 濃厚하였으며 黃宗羲는 明學의 遺緖는 받았으나 그 餘弊인 空疎放縱한 陋習을 是正하려고 努力하여 讀書와 研究에 致力한 것이 當時 所謂明學派와 달랐던 것이니 一種의 宋, 明 折衷이라고도 稱할 수 있을 것이다.

그러나 顧炎武, 黃宗羲는 宋, 明을 兼採하는 學派로서 그 存在가 偉大하다는 것보다는 乾, 嘉 以後에 蔚興하였던 考證學派의 鼻祖로서 學界의 機運을 새롭게 한 功이 더욱 意義 있는 일이라 할 것이다.

이에서는 다만 朱, 陸兼採에 屬하는 孫奇逢과 李顒의 學風에 對하여 考察함으로써 考證學 一色이었던 清代 義理學派의 片貌를 紹介하려는 것이다.

二. 孫奇逢의 人物과 學風

孫奇逢의 字는 啓泰, 號는 夏峯, 直隷容城人이니 明, 神宗 萬曆 十二年(西, 一五八四)에 生하였고 淸, 聖祖 康熙 十四年(西, 一六七五)에 卒하였다.

夏峯은 淸初의 諸儒들 중에서도 가장 先輩이었고 明末에 있어서도 名望이 높았었다. 淸에 들어와 聖祖가 여러 번 불러서 登庸하려고 하였으나 이에 應하지 아니하였다. 夏峯은 自來로 哲人과 宏儒가 많이 살던 곳이니 邵康節과 許魯齋가 다 이에서 講學하며 逍遙하던 곳이니 孫夏峯도 古風을 따라서 일찍부터 隱居하였던 것이다.

著書는 理學宗傳 二十六卷(理學傳心纂要), 夏峯先生文集 六十卷, 이 중에서도 理學宗傳은 漢代 以下 哲人들의 傳記를 主로 記載하였고, 特히 宋·明 兩代 諸儒들의 行蹟과 遺文을 收錄하였다. (周茂叔, 張橫渠, 程明道, 程伊川, 邵康節, 朱晦菴, 陸象山, 薛敬軒, 王陽明, 羅洪先 顧憲成) 이에 다시 隋·唐·宋·元·明의 名儒를 添加한 것이니 이로써 보아도 夏峯이 얼마나 宋·明 折衷에 努力하였던가를 알 수 있다.

論學의 要旨는 實踐倫理를 主로 하여 日用 間에 있어서는 반드시 '天理'를 體得하여 實社會에 具現하는 것을 理想으로 하는 것이다.

그러면 이에서 '天理'는 어떻게 體得하여 이에 順應할 수 있게 되는 것인가? 대저 人間의 人格은 먼저 個人行動의 表現과 同時에 그의 實績으로서 評定되는 것이니 이에서 行動이라 하면 또한 行動 自體의 動機와 結果까지도 綜合 審察되어야 하며 이로써 그 活動의 影響이 一個人에만 局限되는 것인가, 그렇지 아니하고 社會나 國家的으로도 어떠한 影響을 미치게 하는가에 따라서 自然히 이 行動은 便宜上 이를 個人的 行爲와 社會的 行爲로 分類하여 論할 수 있다.

첫째, 個人的 行爲는 다른 사람이 알 수 없는 個人 性情의 本體(喜, 怒, 哀, 樂)의 情感이 아직 表面化되기 前의 狀態, 즉 靜的 狀態를 根源으로 하여 사람이 누구나 알 수 있는 感官의 動作(喜, 怒, 哀, 樂이 이미 視, 聽, 言, 動의 感官을 通하여 行動으로 表現되는 瞬間이나 過程 또는 그 結果를 이름이니, 즉 動的 狀態)으로 因하여 表現되는 行爲에 對한 綜合的 判定이며 다음으로 社會的 行爲라 함은 個人行爲의 結果가 그 個人 自身에만 限定되지 아니하고 나아가서는 社會的으로 어떠한 影響을 남기게 되는가 또는 一時的인 것이 아니라 時間的으로 얼마나 永續性을 지니고 있는 것인가에 따라서, 즉 歷史的으로 어떠한 意義를 남길 수 있는 것인가, 이러한 모든 點을 周到綿密히 考察한 나머지에 얻는 行爲에 對한 評價를 우리는 보람 있는 社會的 行爲라고 稱하게 되는 것이다.

이와 같은 個性의 修練과 社會的 意義를 必須的 條件으로 하여 活動하는 곳에 最高의 理想을 發見할 수 있고 이 理想을 恒常 새롭게 더 높은 方向으로 提高하는 것이 곧 '天理'에 順應하는 最高의 道理이며 이런 道理를 不絶히 體察實踐하는 存在를 聖賢이라고 이르는 것이다.

그런데 이 聖賢의 存在는 時空을 超越한 絶對者가 아니라 어디나 있고 어느 때나 볼 수 있는 存在이다. 즉 人間은 누구나 聖賢이 될 수 있는 素質이 賦與된 存在이니 이 素質은 곧 人間 各

自가 지니고 있는 本心(本然之性에 따라 모든 情感을 統率 調和할 수 있는 能力)이다. 그러므로 大衆의 本心은 곧 聖賢의 本心이며 聖賢의 本心이 곧 天理를 具顯할 수 있는 것이며 人間의 本心도 '天理'와 다름없이 相互 流通되는 것이니, 이것이 陸·王이 主張하는 바 '心卽理'의 境地이며 根本原理가 되는 것이다.

夏峯의 말한 바대로 옮겨 보면

① "人者, 天地之心也(天理) 人失其爲人, 天地何以淸寧? 故爲天地立心, 生民立命者, 聖賢之事也"(夏峯語錄)
② "聖賢爲天地而立心, 爲生民而立命, 其心及今 尙爲存在"(同上)

이에서 "人者, 天地之心也"라 함은 人間의 本心이 '天心', 즉 '天理'와 和衷合一할 수 있는 同位的인 性格임을 말함이며 "天地立心, 生民立命"은 聖賢의 本心內容을 說明한 것이라고 할 것이며 "其心及今尙爲存在"라 함은 聖賢의 本心, 즉 '天理'의 永久不滅한 것을 意味하고 人間精神의 永續性을 主張한 것이라 할 수 있다.

夏峯의 理想하는 바를 具顯하는 方法으로는 愼獨工夫를 主로 하는 데 있는 것이니 그의 著인 四書近指(二十卷)와 書經近指(六卷)에 評論되어 있고 經文을 註釋하는 데 注重하기보다는 '主敬存心'의 立場에서 解釋한 것이 더욱 많다고 할 것이다.

그러나 '心卽理'라는 一面에만 偏重하면 陸, 王 主流의 弊害인 空疎放縱한 데 치우칠 것을 警戒하여 往古聖賢의 實踐經驗한 것을 收錄한 經書를 標準으로 하여 自我個性의 不及한 點을 匡正하는 데 主力한 것이니 이것은 程 朱의 長한 點을 取하여서 陸·

王末流의 弊를 救하는 데 貢獻이 있다 할 것이다.

夏峯의 學的 目標는 個人의 立心에만 滿足치 아니하고 生民을 爲하여 立命한 社會的인 活動에 留意한 것은 淸初의 時代的인 要請으로서 보나 後學을 바르게 引導하는 正道에서 볼 때 當然한 趣向이라고 아니 할 수 없다.

三. 李顒의 治學方法

李顒의 字는 中孚, 號는 二曲, 西安人이다. 明, 喜宗 天啓 六年(西, 一六二六)에 生하였고 淸, 聖祖 康熙 四四年(西, 一七○五)에 卒하였다.

일찍부터 學에 從事하여 經史百家와 二氏의 書에 이르기까지 徧觀치 아니한 바 없었고, 그 後에는 도리어 學問을 버리고 '靜坐觀心'에 從事하여 所得이 많았고 일찍이 江南에 講學하던 중에 門徒가 대단히 늘었다. 淸廷에서 累徵하였으나 應하지 아니하였고 晩年에는 虛名이 世上에 알려짐을 避하여 接人하기를 꺼리었으며 다만 顧炎武가 오면 款待할 뿐이었다. 當時 南方의 黃宗羲와 北方의 孫奇逢과 並稱하여 三大儒라고 하였다 한다.

二曲의 著書에는 全書 二十六卷(四書 反身錄 八卷이 包含되었음)으로서 特히 反身錄은 가장 理論이 精深하다고 이른다.

學風은 孫奇逢과 같이 程·朱와 陸·王을 折衷하여 一方에만 偏重치 아니하였다. 門人이 提起한 '朱·陸異同'說에 答한 바에 依하면 그 學術思想의 傾向을 알 수 있다. 즉 그 一例를 들면 "陸의 敎人하는 方法은 支離하고 錮蔽한 陋習을 씻게 한 것이 가장 徹切한 바 있으니 사람으로 하여금 豁然히 覺醒케 하는 바 있으며, 朱의 敎人하는 方法은 循循히 次序가 있고 洙泗의 家法을 恪守하여 中正平實한 點이 初學에 매우 適切한 것이다. 要컨대 二先生은 다같이 世敎와 人心에 大功이 있다 할 것이며 輕忽히 低昻할 바 아니니 다만 先入된 말에 끌려서 左右되는 것은 善學하는 方道가 아니니라." - 陸氏敎人一洗支離錮蔽之陋, 在儒敎中, 最爲徹切, 使人言下爽暢醒豁, 以自有所得, 朱之敎人也, 循循有序, 恪守洙泗家法, 中正平實極便初學, 要之, 二先生, 均於世敎人心有大功, 不可輕爲低昻也, 中於先入之言, 抑彼取此, 亦未可謂善學也. - (全集 卷四)

이로써 二曲의 敎育思想이 程·朱의 縝密精深한 面과 陸·王의 疏通廣達한 點을 兼用하여 어느 편이나 派閥意識을 떠나서 客觀的 立場을 밝히려고 努力한 것이 二曲의 沼學하는 公正한 態度라 할 것이다.

以上에서 보인 바 二曲의 思想이 朱·陸兼並에만 急하였던 것만은 물론 아니다. 批判的이며 條理 있게 朱·陸의 長한 點을 探究 發明하려는 데 主眼이 있었던 것이니, 첫째로 二曲이 朱子의 學風에 對한 見解를 살펴보면 다음과 같이 論한 바 있다. 즉

"孔子는 博文約禮로써 위로는 堯·舜의 唯精唯一한 傳統을 이었고 아래로는 千載之後에 淵源이 相承하여 確守不變한 것이니 朱子가 그 正宗을 얻음으로써 平生에 自勵勵人한 것이며 居敬과 窮理를 治學의 要諦로 삼은 것이다. 이에서 窮理는 곧 孔門의 博文이며 居敬은 곧 孔門의 約禮이라. 內外와 本末이 圓滿一致하는 데 이른 것이니 이것이 곧 正學이라. 그러므로 尊朱는 곧 尊孔이다."라 한 것이다.

－孔子以博文約禮之訓，上接虞廷精一之傳，千歲之下，淵源相承，確乎不變，惟朱子爲得其宗，生平自勵勵人，一以居敬窮理爲主，窮理卽孔門之博文，居敬卽孔門之約禮，內外本末，一齊俱到，此正學也，故尊朱卽所以尊孔也－(中國哲學通論 轉引 頁四○八)

이 文面을 通하여 보면 二曲의 治學하는 態度와 根本思想의 就向하는 바를 더욱 明確하게 할 수 있다. 卽 堯·舜·禹 相傳의 心法이라고 稱하여 오는 '惟精惟一'과 孔子가 門徒들에게 敎誨한 '博文約禮'의 精神과 朱子의 '窮理居敬'하는 論學의 方法이 一貫相通한 境地를 闡明하였다 할 것이니 즉 惟精·博文·窮理를 同一한 系譜로써 並列한 것이며 惟一·約禮·居敬을 또한 같은 槪念으로 統一規定한 것이 아닌가 한다.

대저 人間의 心理狀態의 變貌하는 現況을 精密하게 考察하면 恒常 動靜이 無常하다. 心理의 活動이 停止되었을 瞬間, 즉 靜的狀態에 이르렀을 때에는 無念無想한 境地를 體驗할 수 있지마는 一旦 이 靜的 狀態를 떠나서 動的 狀態로 忽變하게 될 때에는 이 現狀이 매우 多樣的이며 또한 複雜하게 轉移하고 있는 過程을 體察할 수 있는 것이다. 그리하여 正常的인 人間이라면 이 多樣的이며 複雜한 現狀을 그대로 放任하려고 하지 아니하고 恒常 統一調和하려는 方向으로 努力하고 있다. 즉 거짓인 것에서 참된 것으로, 惡한 것을 버리고 착한 것으로, 추한 것을 떠나서 아름다운 데로 가까이하려는 趨向이며 努力이다. 顔子의 "三月不違仁"(雍也)과 "不遷怒, 不貳過"(雍也)하는 境地는 다 人間의 向善去惡할 수 있는 秀埈한 本然의 性을 發源으로 하여 實質的으로 知, 情, 意의 相互調和되는 結果임을 省察할 수 있는 것이다. 이 活潑한 現狀이 瞬時도 停滯됨이 없이 繼續的으로 明滅, 反復하는 중에 人間의 最高理念을 構想할 수 있고 또한 實踐의 指針이 마련되는 것이다.

이 工程의 힘으로 因하여 宇宙自然의 法理와 渾然一體가 되는 것이니 이로써 聖學에서 가장 重要하게 취급되어 온 '誠'의 妙理를 體得할 수 있으며 人間 修養의 極致에 到達할 수 있는 것이다. 이에 萬一 心理의 中樞的 基本活動에 異狀이 있어서 內的 省察과 外的 修斂에 動搖를 招來하고 知, 情, 意의 相互調和에 平衡을 잃었을 때에는 반드시 心理上으로 混亂이 惹起되며 百般事爲에 反影이 되고 人間의 精神狀態는 말할 것도 없으며 社會의 秩序도 이에 따라서 壞亂되는 것이니 人間은 곧 放縱과 過激, 不滿과 固滯로 轉落됨을 免하지 못하는 것이다. 그러므로 '知力'이 아니면 '情과 意'의 方向을 밝힐 수 없고 '情의 힘'이 아니면 '知力과 意志'의 調和를 持續할 수 없으며 意志力이 아니면 精神의 統一性을 求得할 수 없는 것이다. 즉 知, 情, 意는 暫時라도 平衡과 調和를 잃을 수 없는 것이다.

朱子는 '誠'하는 過程을 다음과 같이 說明한 바 있다.

"眞實하게 하여 그릇됨이 없게 하려는 意欲이니 人事의 當然한 것이니라." – 欲其眞實無妄之謂, 人事之當然也 – (中庸 第二十章 註引)

朱子는 '誠'을 人間道義의 中樞的 理念으로 規定한 것이며 眞實無妄하려는 意欲이라 함은 곧 知, 情, 意의 方向과 調和 및 統一을 어디까지나 眞實하게 體察勘案하여 克念克敬의 實을 다함으로써 人間 行爲의 完璧을 期하고 이로써 人間性 本然의 姿態를 그대로 지킴이라 할 것이 아닌가 한다.

그러므로 朱子의 '誠'을 實現하는 惟一한 方法이라 할 '居敬'

과 '窮理'의 問題에 이르러서는 또한 知, 情, 意 三方面의 作用이 繼續的으로 進行하게 됨이니 이에서 審問, 愼思, 明辨의 工程도 그 實效를 얻게 되는 것이다. 이로써 庶物의 眞象을 밝힐 수 있는 主體的 役割도 可能하며 人間의 生生發展하는 原理를 探求할 수도 있고 德性을 涵養함으로써 人格의 完成을 期하고 참다운 幸福도 追求하게 되는 것이다.

다만 이에 다시 反省할 것은 人間에 있어서 가장 重要한 精神的 中樞가 되는 虛靈不昧한 實體를 떠나서 知, 情, 意의 現象이 個別的으로 存立될 수 없는 것과 같이 窮理의 工夫도 居敬의 努力없이 圓滿한 統一과 生生한 調和를 企圖할 수 없음을 明記하여 두는 바이다.

二曲의 이른바 "今人이 象山을 排斥하고 朱子를 尊敬하는 意圖를 살펴보면 朱子의 訓詁文義에 不過하고 朱子의 內外 本末의 兼詣와 主敬裞躬하는 뜻은 理解하지 못한다. - 今人亦知闢象山, 尊朱子, 及考其所謂尊, 則不過訓詁文義而已. 至於朱子內外本末之兼詣, 主敬裞躬, 實修之旨, 則缺如" - (全集 卷十五, 範壽康 中國哲學史通論引 頁四○八)라 함은 二曲의 朱子學에 對한 理解가 매우 깊다고 할 것이다. 二曲의 朱學에서 取하려 하는 點은 다만 그 訓詁나 敎學에만 그치지 아니하고 그 內外 本末의 兼詣, 즉 居敬과 窮理로서 實踐 自修하는 誠의 實現을 人生의 最高 要諦로 함을 崇仰하는 데 있는 것이다.

다음으로 二曲이 象山의 學을 論함에 이르러서는 "象山의 治學에 있어서 稠密한 次序와 精細한 方法을 講求하려는 態度는 엿보기 어려우나 그러나 大志를 먼저 세우고 義理의 尊嚴性을 闡明한 特長은 象山에서 沒却할 수 없는 큰 功績이라 아니 할 수 없다. 즉 語言文字의 末技로서 朱學의 深奧한 境地를 理解할 수 없는 것은 勿論이려니와 象山이 訓詁와 文字에 疎忽히 하였다 하여서 그 大功을 掩廢하려고 하는 것은 더욱 輕忽한 態度라 아니 할 수 없다."고 主張한 것이다. -下學循序之功, 象山雖疏於朱子, 然其爲學也, 先立其大者, 峻義利之防, 亦自不可得而掩之也, 今日尊朱者能如是乎? 而徒以區區語言文字之末, 闢陸尊朱, 則多見其不知量也-(同上).

四. 結語

近日에 朱·陸의 다른 點을 다음과 같이 論擧한 바 있다.

"朱子는 知識을 重히 여김에 對하여 象山은 意志를 重히 여기고 朱子의 學說은 邃密한 데 對하여 象山의 主張은 直截簡明하며 朱子는 歸納的 硏究態度로서 客觀에서 主觀에로 歸源하는 데 대하여 象山은 演繹的 硏究態度로서 主觀으로부터 客觀을 調和한다. …… 朱子는 形而上學的임에 對하여 象山은 實踐的이다. 敎育에 이르러서도 朱子는 形式主義이고 象山은 自由主義的이다."(齊伯守 支那哲學史 頁二六三)

以上에 보인 바와 같이 朱·陸의 相異한 點을 紹介하는 데는 參考되는 바 적지 아니하다 할 것이다.

그러나 그 學問의 深奧한 內容과 治學의 精細한 方法과 過程 또는 學問의 目的에 이르러서는 그 眞髓를 闡明치 못한 感이 없지 아니하다.

대개 學問의 要諦를 論함에는 그 方法의 羅列도 重하지마는 그

基本的인 理念을 비롯하여 人生問題 解決에 미치는 影響力과 永遠히 남을 수 있는 歷史的인 意義까지도 반드시 考慮되어야 할 것이다.

明末淸初에 있어서 陸, 王 學風의 餘弊가 極度에 達하였고 '束書不觀'하는 思潮가 學界를 風靡하며 顧炎武로 하여금 '經學 則理學'이라는 旗幟를 내걸게 하였으며 한편으로는 考證學 發達의 機運을 釀成하는 데 이른 것이다.

夏峯과 二曲이 이때에 일어나서 明末의 空疎한 風調를 拂拭하는 데 支柱의 役割을 다할 뿐 아니라 朱學에 있어서는 內外 本末의 精細한 點을 闡明고 陸學에 이르러서는 그 大志를 先立한 功을 宣揚한 것이며 思想의 方向이 混微한 때에 學問의 公正한 發展을 期하였다 할 것이다.

陳豊及其治經方法

奇緣小識

이에 影印된 小著는 내가 前日(公元 一九二六) 京城大學支那哲學科를 卒業할 때의 論文이다. 當時의 指導敎授는 故 藤塚鄰博士이었고 審査에 關與한 人士로는 博士 外에 故 高橋亨 博士가 있었다.

지금으로부터 五〇年 前의 일일 뿐 아니라 光復 後 여러 번 世變이 거듭하였으며 這間의 일들은 거의 忘域에 붙였던 것이었다. 그러나 意外에도 一九七六年 夏에 藤塚 博士의 令胤 明直 氏가 小冊을 日本 東京으로부터 携來하여 나에게 信傳하여 준 일이다. 나로서는 夢外의 驚異할 만한 일이 아닐 수 없다. 생각건대 博士가 歸國할 때 그 巨秩의 藏書 속에 쌓여 모르는 사이에 移動된 것이 아닌가 한다. 그러나 그 藏書는 大戰 當時 書齋와 함께 原子爆彈에 灰燼되었다는 것이다. 그러면 이 小冊이 彈雨砲煙 속에서도 그 殘命을 維持하게 된 것은 참으로 奇蹟이라고 아니 할 수 없다. 明直 氏의 好意에 더욱 感謝하는 바이다.

同好 柳承國, 柳正東 兩 敎授를 爲始, 同僚諸益이 儒學硏究誌에 揭載하기를 勸하거늘 小著의 內實이 없음을 두려워하여 固謝한 나머지 다만 時移事遷에 따르는 奇緣을 알리고자 할 뿐이다.

一. 引說: 在淸朝經學趨向

竊惟學術者必須背景與人材然後可以興之矣雖有背景而無其人材其學術不長雖有人材而無其背景其學術不廣幷與其二者而能具有者吾得見於有淸二百年間矣.

當淸初聖祖康熙帝聰明睿知實爲英主, 八歲卽位承祖宗創業之後在位六十一年勵精圖治, 恭儉愛民, 能如一日, 奬勵學問, 招聘鴻儒.

二十三年戊寅上次曲阜已卯上詣先師廟入大成門行九叩禮, 至詩禮堂講易經, 上大成殿瞻先聖象, 觀禮器, 至聖蹟殿, 覽圖書, 至杏壇觀植檜, 入聖門汲孔井水嘗之, 顧問曾壁遺迹, 博士孔毓圻, 占對甚詳, 賜官助敎, 詣孔林墓前酬酒, 書萬世師表額, 留曲柄黃蓋, 賜衍聖公, 孔毓埏以次日講諸經各一, 免曲阜明年租賦.(聖祖本紀)

聖祖文德不單眞摯於尊聖述學, 其編纂事業亦不可沒焉, 槪擧其大業順其年次如下.

康熙二十二年	十三經注疏二十一志之刻板修正
同三十八年	春秋傳說彙纂三十八卷
同四十三年	佩文韻府四百四十三卷
同五十四年	御纂周易折中二十二卷
同五十五年	康熙字典四十二卷
同六十年	欽定詩經傳說彙纂二十二卷
	欽定書經傳說彙纂二十四卷

聖祖崩, 雍親王允禛立, 改元雍正, 四十五歲卽位, 是爲世宗卽位之初, 諸王驕傲結黨, 綱紀方紊, 帝明察英邁, 紹述先帝偉業, 先制諸王專橫, 嚴督內外官吏, 官紀自振.

二年庚子建孔子廟於歸化城, 八年己巳設孔廟執事官, 帝之文德功業, 似有遜於康熙乾隆, 而若無帝之守成之功, 雖使聖祖有開墾之業, 豈圖高宗成效乎.

乾隆帝承雍正, 以成厥業, 帝幼而聰敏, 祖父康熙寵愛殊深, 早圖治政, 扶滿制漢, 帝之制度治世已屬政事, 余不欲染筆, 願窺之其文化學術之一端, 帝之好學有先祖康熙之風, 尊對名臣, 優偶碩學, 張廷玉當機務之職, 輔帝崇學, 自此以往文德日高, 名儒叢集.

聖祖康熙之世古今圖書集成之功, 在前發聲, 當乾隆之時, 四庫全書竣功, 前後呼應, 兩兩致隆 噫偉業大功, 豈獨爲二帝光也, 實藝林之幸也, 魏有皇覽, 唐有藝文類聚, 北堂書鈔, 宋之太平御覽, 冊府元龜, 明之永樂大典, 此等諸書非不稀世之大著, 而其於四庫全書, 不可無遜一色, 全書旣成, 建四庫七閣藏之, 其七閣者, 北京之文淵閣, 圓明園之文源閣, 奉天之文溯閣, 熱河之文津閣, 江蘇揚州之文滙閣, 鎭江之文宗閣, 浙江抗州之文瀾閣, 是也. 其現存者, 文津文溯文淵三閣, 文瀾閣中多有散佚, 文源閣者, 北清事變時, 燒於英佛聯合軍, 文宗文滙二閣逸於太平之賊, 可惜也,

其外擧其大者, 從其成而臚列之則如下.

乾隆元年	大清通禮五十卷
同五年	重輯大清律令三十卷
	纂修大淸一統志三百五十六卷
	同二十九年重修爲五百卷
同十二年	皇朝文獻通考二百六十六卷
	續文獻通考二百五十卷
同十三年	周官義疏四十八卷
	儀禮義疏四十八卷
	禮記義疏八十二卷
同二十年	周易述義十卷

詩義折中二十卷
同二十三年　春秋直解十六卷
同三十一年　大淸會典一百卷
同三十二年　皇朝通典一百卷
續通典六百五十卷
續通志六百四十卷
同三十三年　御批歷代通鑑輯覽百十六卷
(以上森本民淸朝儒學史槪說引)

夫康熙雍正乾隆已造有淸二百年間學術發展之背景, 其編纂事業, 如彼其盛也, 若夫世之言支那學者, 知止於謳歌三帝之文德功業, 而不置重於當世在野之諸老先輩, 吾不知其可也.

當明末淸初王學極盛之後, 學者習於束書不觀游談無根, 顧炎武, 胡渭, 閻若璩, 乃起而矯之, 敎學者脫宋明儒羈絆, 反求之於古經, 如顏元李塨黃宗羲萬斯同王錫闡梅文鼎諸儒, 其趨向, 與顧閻諸老師爲異, 各有所長, 元塨謂學問固不當求諸瞑想, 亦不當求諸書冊, 惟當於日常行事中求之, 而劉獻廷略汲其餘流.

宗羲斯同以史學爲根據而以一代文獻自任, 實爲史學本源, 顧祖禹可幷擧焉, 全祖望, 章學誠, 從其後而承其遺風.

錫闡文鼎以天, 算爲其專業皆有傳於後.

其猶爲宋學堅守舊法者則有孫奇逢李中孚陸世儀當淸初作別派焉.

夫乾嘉之代表人物, 曰惠棟戴震段玉裁王念孫及其子引之也, 惠棟受學於其父士奇, 其弟子有江聲余蕭客而王鳴盛錢大昕汪中劉台拱江藩等皆汲其流, 大惠氏有禮說. 小惠氏有周易述, 易漢學, 明堂大道錄, 後漢書補注, 江聲著有尙書集注, 音疏, 余蕭客有古經解鉤沈, 王鳴盛有尙書後案, 又撰, 十七史商榷, 蛾術編等書, 錢大昕有二十一史考異, 漢書辨疑, 汪中有述學, 劉台拱有論語騈枝,江藩有國朝漢學師承記.

戴震受學於江永亦事惠棟以師友之禮, 戴震之在鄕里有金榜程瑤田凌廷堪三胡匡衷培翬春喬廣其學風, 其敎於京師, 有任大椿盧文弨孔廣森段玉裁王念孫及其子引之, 受其前業而有大著焉.

凡諸大師皆交相師, 更無派别可言, 惟以實事求是爲治學根本方法焉. 戴氏之孟子字義疏証, 考工記圖, 任大椿之弁服釋例, 深衣釋例, 金榜之禮箋, 程瑤田之通藝錄, 江永之律呂新論, 律呂闡微, 凌廷堪之燕樂考, 禮經釋例, 胡匡衷之儀禮釋官, 孔廣森之大戴禮記補註, 公羊通義, 胡培翬之儀禮正義, 盧文弨之儀禮註疏詳校, 廣雅注, 段玉裁之說文註, 大王氏之廣雅疏証讀書雜誌, 小王氏之經義述聞, 經典釋詞, 後世重之.

惠戴兩氏齊名當時學者承流向風, 各有建樹, 而若夫阮元王昶紀昀畢沅輩皆以在官之身又傾心從學, 其留跡於藝林者, 其功亦不可沒矣.

當乾嘉古文學盛行之時, 有莊存與治春秋公羊傳始開今文學之端, 而劉逢祿, 龔自珍, 最能傳其學, 自是以來今古文之爭起, 互相排軋, 各持所信, 而其爲一代大師, 今古文學派一也.(參考梁氏淸代學術槪論)

淸初三帝旣有鴻志, 明末遺臣, 又開學術之端, 乾嘉以還, 向學思潮, 益漲, 碩學鴻儒逐世輩出, 此曩吾所謂有相當背景人材者也.

對淸朝學術發展其背景之按排人材之輩出略論旣竟, 今當進於竿頭一步分以各期請尋求其所異, 仍分七派

其一曰經世致用派

其二曰宋學派

其三曰漢學派

其四曰楊州派

其五曰公羊派(常州派)

其六曰古學派

其七曰其他細派

梁启超學術概論分以四期

其一曰启蒙期

其二曰全盛期

其三曰蛻分期

其四曰衷落期

梁氏統論此四期云 "綜觀二百餘年之學史, 其影響及於全思想界者, 一言蔽之, 曰以復古爲解放, 第一步復宋之古, 對於王學而得解放, 第二步復漢唐之古, 對於程來而得解放, 第三步復西漢之古, 對於許鄭而得解放, 第四步復先秦之古, 對於一切傳注而得解放." (概論十三頁)余之所分, 比梁氏當如何, 試并擧以論之.

梁氏云 "清初之儒皆講致用, 所謂經世之務是也."(概論三十頁) 又引顧亭林之言(亭林與人書曰孔子刪述六經卽伊尹太公救民水火之心, 故……愚不揣有見於此. 凡文之不關於六經之指當世之務者, 一切不爲). 云 "亭林誠能踐其言, 其終身所撰書, 蓋不越此範圍." (概論二十二頁) 此可見經世致用之派, 在於淸初已成一學派而亭林爲其祖, 且梁氏以亭林爲其启蒙期之代表人物, 則經世致用之派屬論於此期者無疑矣.

梁氏又於启蒙期之條, 副論宋學派, 云 "其猶爲舊學(理學) 堅守殘壘, 効死勿去者, 則有孫奇逢李中孚陸世儀等而其學風已由明而漸返於宋."(概論八頁) 此梁氏以經世致用宋學兩派并論於其所謂启蒙期中者明也.

所謂漢學派者，稱惠戴段王之學，而梁氏擧全盛運動之代表人物，曰惠棟戴震段玉裁王念孫王引之，則所謂全盛期者，卽漢學派之全盛期也.

所謂楊州學派者，觀森本竹城氏，清朝儒學史概說，云“浙西吳派の別動隊と見るべきものに揚州學派と呼ばれるものがある”(概說二百五頁) 此所謂吳派者卽惠氏學，派之稱也，由是觀之，楊州派卽漢學派而且梁氏編論於其全盛期中，則余亦當屬論於漢學派而特立爲一派者，陳氏澧之源流，源於此派，故別之耳.

梁氏所論蛻分期，擧莊存與劉逢祿龔自珍等，云“公羊傳者，今文學也，東漢時本有今文古文之爭甚烈，詩之毛傳，春秋之左傳，及周官，皆晚出，稱古文，學者不信之，至漢末而古文學乃盛，自閻若璩攻僞古文尙書得勝，漸開學者疑經之風，於是劉逢祿大疑春秋左傳，魏源大疑詩毛氏傳.”(概論十頁) 此吾所謂公羊學派者可編入於蛻分期之明徵也

以吾所謂古學派者，直編入於衰落期者，吾恐其有率爾之誚，而觀其論衰落期之言，云“凡一學派當全盛之後，社會中希附末光者，日衆，陳陳相因，固已可厭，其時此派中精要之義，則先輩已濬發無餘，承其流者不過捃摭末節以弄詭辯，且支派分裂，排軋隨之，益自暴露其缺點，環境旣已變易，社會需要別轉一方向，而猶欲以全盛期之權威臨之，則稍有志者必不樂受，而豪傑之士欲翋新，必先推舊，遂以彼爲破壞之目標，於是入於第二思潮之啓蒙期，而此思潮遂告終焉. 此衰落期無可逃避之運命.”(概論五頁) 吾之所謂古學派者，晚淸以還，海禁旣開，外學輸入，社會需要轉一方向，抛舊如惡惡臭，赴新如貪甘味，且觀夫外人有東方博學會之設，以講求東方古今政敎俗尙語言文字，無不廣貯漢文之典籍，一意感其保國

之責任，研究古學，思所以衒其國寶於方外，於是古學派出焉，此梁氏所謂入於第二思潮之啓蒙期而……衰落期無可逃避之運命者也，余由是以古學派敢編當于衰落期者也，換言之，此所謂衰落期者，實古學復興之意也.

第七條之其他細派者，梁氏於其各期，分別屬論，故不須類及之.

今摠括各派略以圖示如下

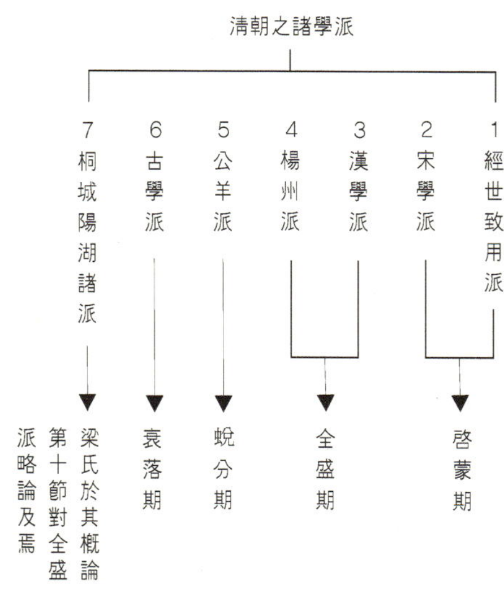

二. 前篇: 陳氏經學之源流

第一章 漢宋兩學之對峙及其合流

學派之分裂, 門戶之各立, 毛疵操戈, 互相水火者, 有淸二百年間, 罕見其休, 有經世致用, 漢學, 宋學, 楊州, 常州, 古學, 桐城, 陽湖諸派, 相持不遜, 而漢宋兩派, 實爲主流, 至於其外諸派枝葉而已, 其勢力不越乎一地方, 踢於一時期而休.

乾嘉之世, 惠戴崛起, 宋學派, 頗無顔色, 而粤自桐城之學風靡天下, 其流風餘韻, 徧及百年, 學者尋聲企景, 所在響應, 爭以宋學相尙, 痛詆漢學, 甘泉江鄭堂, 標揭漢幟, 著國朝漢學師承記, 扶植漢儒之挫折, 尊其家法, 陰抑宋學, 方氏東樹著漢學商兌, 抑漢扶宋, 不遺餘力, 愈爭愈劇 戰無休日, 豈不可惜乎.

鄧氏實嘗憫此兩派之不合, 述救之之方曰 "嗚呼乾嘉之間, 漢宋之爭, 亦烈矣, 以意見爲是非, 樹溝壘如大敵, 神州自古學術之爭, 未有甚于此者也, 夫學者何, 亦學孔子之學而已, 漢學宋學者何, 亦不外乎孔子之術, 六藝之科而已, 未聞其能於儒學六藝之外別有所學也, 夫旣不能越于儒學之道外, 則必同居于儒學之道中, 以道中之學而畛域橫分, 矛戟森立, 是亦不可以已乎, 吾謂漢學宋學, 其於孔子之道, 各有所得, 漢學好古而敏求, 宋學愼思而明辨, 漢學博學而篤志, 宋學切問而近思, 宋儒尊德性, 漢儒道問學, 其道不相爲非, 今欲尊漢而祧宋, 則是聖人之道有博而無約, 有文章而無性道, 有門廡而無堂奧矣, 今欲尊宋而祧漢, 則是聖人之道有約而無博, 有性道而無文章, 有堂奧而無門廡矣, 不亦愼乎"(國粹學報第一年上光緖三十一年.)

夫學術之發展, 致其極, 必變其向, 今漢宋兩派各有所至, 頑然不動, 不甘少退, 當此時也, 善察兩者之間者, 辨彼此之長短, 取長捨短, 思所以調和, 好古敏求者, 不但止於此而加之以愼思明辨, 博學篤志者, 不自滿於此而兼之以切問近思, 至於尊德性道問學, 不偏於一邊而能和兩端, 能約能博, 有文章而抱性道 有門廡而不廢堂奧者, 此學術發展趨向之所當經者而學者之素懷也, 吾求之有淸二百年間, 當此任者爲幾人矣, 吾不躕躇而擧番禺陳先生澧, 然脗合漢宋者, 非先生所獨創也. 先有淵源, 承其統而集成者也, 故欲知先生當先及其源流云爾.

劉氏光漢曰 "嶺南之士列阮氏門籍者, 雖有侯康, 曾釗, 林伯桐, 然以番禺陳澧爲最著."(國粹學報, 學篇, 南北學派不同論.)

鄧氏實述嶺學流源, 其一端, 曰 "嘉道之際, 儀徵阮元雲臺, 督粤, 創學海堂導學者以漢學, 一時侯康, 林伯桐, 陳澧, 皆以著書考據顯"(國粹學報 嶺學源流.)

由此觀之, 陳氏之受阮氏之影響爲大, 而取漢學者明矣.

且觀夫 汪孟慈, 上張石洲先生書, 其一節, 曰 "喜荀於前儒著作, 十不窺一, 惟平昔讀書, 持有定旨, 則以漢儒言學不廢義理, 宋儒論學不廢考據是也."(國粹學報 第一年下光緒三十一年撰錄.) 學報記者識此書之尾, 曰 "孟慈先生詩文, 咸載孤兒編中, 而此書融會漢宋, 已開陳蘭甫黃式三之先, 此可見陳氏漢宋兼采之志.

陳氏旣於漢宋無所偏主, 調節兩者, 勉取中正, 則其垂統之先輩不單在於漢派, 而亦在於漢宋, 兼采之派可知也.

楊州學派(漢學派) 之爲陳氏之源流吾旣述之矣, 至於漢宋兼采派之爲陳氏之源流, 更當論之於下矣.

顧亭林先生, 自有 "博學於文, 行已有耻"(兼採漢宋之志存焉) 之語，懲明儒之空疎無用，其讀書以大義爲先，惟求經世，不分漢宋，自玆以往，吸其流者，亦可得而述焉，如江永(胡培翬所述夏鑾先生墓志銘，曰 嘗與培翬論近儒學術，謂兼考據詞章者，惟朱竹垞，兼漢學宋學者，惟江愼修，江氏書無不讀，人知其邃於三禮，而不知其近思錄集注實擷宋學之精.) 潘德輿(魯一同所述潘先生行狀曰其說經不袒漢宋，而以近儒之破碎穿鑿爲漢學之糟粕，語錄之空虛元渺，爲宋儒之筌蹄儀徵阮相國爲漕運總督，招先生力辭不往) 王約(黃式三作王先生家傳，曰君生平讀書於漢儒酷信馬鄭，而不偏護鄭君之失，撫論馬，於宋儒酷嗜程朱，而不偏護朱子之失，無論程，此豈指摘古今儒說以自表襮哉．心祗求其是而已.) 等諸人是也．諸儒於顧亭林之追漢釆宋，表露經世致用之志，不無遜色，而顧氏之緖，不絶如流，歷代可尋，然特其直承顧氏之志，而百歲之下集其大成者，惟番禺陳氏乎.

陳氏旣受阮氏之影響，又承顧氏之遺風，欲求陳氏之源流，舍二氏，何以哉，當論顧阮兩氏，以立陳氏之源流.

第二章 顧亭林略歷

先生諱炎武初名絳號亭林，學主明體達用，經世濟人 年十一從其祖受資治通鑑 閱二年而卒業，由是貫通經史上下古今，以卓犖不羣之才，抱俯仰無窮之志，足跡半天下，所交皆賢豪有道之士而卒著書以老，使人追慕於簡策之間而不能置，夫先生之爲通儒人人能言之，而不知先生之所以道不在外，而在內，不在制度典禮，而在學問思辨也，是以平心察理，事事求實，凡所論述權度惟精，往往折衷於朱子(淸儒學案 卷三之崑山顧先生.)

康熙十七年聖祖親詔擧博學鴻儒, 又徵修明史, 並辭未赴, 不求顯達, 其恬淡名利如是.

亭林對於明末空疎之學, 首唱攻擊, 歸罪於王守仁, 其言曰今之君子略文, 一皆與之言心言性, 舍多學而識, 以求一貫之方, 置四海之困窮不言而終日講危微精一之說, 是必其道之高於夫子而其門弟子之賢於子貢. (亭林文集答友人論學書.)

亭林旣指斥陽明之罪力扶朱子, 辨所謂朱子晚年定論者曰 "宛平孫承澤謂 '陽明所編, 其意欲借朱子以攻朱子, 且吾夫子以天縱之聖, 不以生知自居, 而曰好古敏求 曰多聞多見, 曰博文約禮, 至老刪述不休, 猶欲假年學易, 朱子一生效法孔子, 進學必在致知, 涵養必在主敬, 德性在是, 問學在是, 如謬以朱子, 爲支離爲晩悔, 則是吾夫子所謂好古敏求, 多聞多見, 博文約禮, 皆早年之支離, 必如無言無知無能, 爲晩年自悔之定論也.' 以此觀之, 則晩年定論之刻, 眞爲陽明舞文之書矣. 蓋自宏治正德之際, 天下之士, 厭常喜新, 風氣之變, 已有所自來, 而文成, 以絶世之資, 倡其新說, 鼓動海內. 嘉靖以後, 從王氏, 而詆朱子者, 始接踵於人間, 而王尙書(原註世貞) 發策謂 '今之學者, 偶有所窺, 則欲盡發先儒之說, 而出其上, (楊氏曰盡發先儒之發當是廢字) 不學, 則借一貫之言, 以文其陋, 無行, 則逃之性命之鄕, 以使人不可詰', 此三言者, 盡當日之情下矣."(日知錄 卷之十八朱子晩年定論.)

今世之學者, 於書偶有所窺則欲盡廢先儒說而出其上, 於道不有所得, 則已力排先儒之詣而閏其統, 不學, 則借聖門之一 以文其陋 無行, 則逃之性命之鄕, 以便人不可詰.(弇州山人四部稿卷之一百十四, 文部, 山西第二問, 六經類)

有能繇宋子之言, 以達夫聖人下學之旨, 則此一編者, 其碩策之猶存也(下學指南序)

亭林先生有經世致用之志, 曾不得快然一行, 而使後起少年推以多聞博學, 其辱已甚, 且或不知抑王扶朱之功, 反攻以疑朱子, 是不得不辨也, 今觀其痛歎王學之空疎無用而力辯朱學之意, 因上所引文歷歷可知, 而方氏東樹於其所著漢學商兌, 貶論亭林曰 "顧氏於考證自優, 於義理甚魯莽滅裂"(商兌卷中之上第八頁.)

又, 曰 "明季心學縱恣, 異說紛歧, 誠爲惑亂顧氏憂而欲闢之其意甚善, 特自家學術粗, 見道未眞, 立義旣差, 故其辭亦絞繞不分明, 本欲除病, 而不悟已所立說其病更大亦由其不肯虛心服膺程朱故也."(同上.)

又曰 "黃東發黃太冲顧亭林, 立身大節, 學問根柢, 不愧通儒, 但皆不免以博溺心, 不肯細心窮理潛玩程朱, 所以議論多有差失, 其流皆足爲學術大害, 如東發亭林之禁言心……是也, 余故不得不辨"(同上第十頁.)

蓋觀其魯莽滅裂, 不肯虛心服膺程朱, 不肯細心窮理潛玩程朱等語, 歷詆顧氏之學, 而尤惡其疎遠程朱, 然靜以顧氏攻王扶朱之言玩味深察焉, 則其意之所在可想像矣, 且顧氏之禁言心者豈欲溯貶朱子, 而然耶, 是必欲掃斥時弊故也, 爲闢遠禪學故也, 爲攻擊王氏故也, 惡其空疎無用故也. 方氏之顯貶顧氏者尤可疑也.

江氏藩曰 "顧亭林黃太冲兩家之學, 皆深入宋儒之室"(據漢學商兌所引) 余未知江氏此言爲何而發之, 而江氏善譏宋儒, 專標漢幟者也, 顧氏漢學之原祖, 而江氏猶言顧氏深入宋儒之室, 顧氏之尊宋儒可知也.

性道之譚, 如風如影, 先生明之, 如昏得朗, 先生統之, 如示諸事(雕菰集卷六讀書三十頁孟子字義疏證).

且方氏嘗書焦循所云“宋儒言性言理如風如影”之下曰“按此亦剿顧氏之說而失之者，顧本以之斥明儒，今妄移以斥宋儒也……考顧與友人書曰‘百餘年以來之爲學者，往往言心言性，而茫然不得其解也’，夫明曰百餘年來，則非以譏宋儒可知，焦氏豈足以知宋儒言性之說哉.”(商兌卷中之上第十八頁.)

夫方氏旣許顧氏以明季心學縱恣 憂而欲闢之 其意甚善，又從以爲顧氏非以譏宋儒可知云云，而唯以顧氏之禁言心言性，爲罪顧鐵案，認爲排斥程朱，前後之說，自相矛盾何也. 先儒之說余不願恢疑抗爭，而亭林抑王扶朱之功，不可沒，故敢爲自辨云爾.

第三章 顧亭林學說

亭林先生之略歷及其持心之大義，上已幸得窺焉，今請聞其治學之方.

先生以明末遺臣常鬱鬱不得志，周遊四方，在旅使二馬二騾載書隨之鞍上手不釋經，北至大原，大同，西入關中，東度齊魯，南越會稽，所到其詳者，照之以舊籍，其未詳者，問野叟村老，叩其兩端，以求解惑，風露不困其身，瘴癘不挫其志，成書有天下郡國利病書，此其勞其筋骨之所產也，與顧祖禹讀史方輿紀要齊名焉.

晚益篤志六經，謂古今安得別有所謂理學者，經學卽理學也. 自有舍經學以言理學者而邪說以起，不知舍經學，則其所謂理學者禪學也，故其本朱子之說參之以慈谿黃東發日抄，所以歸咎於上蔡橫浦象山者，甚峻於同時諸公，雖以苦節推百泉二曲，以經世之學推黎洲而論學，則皆不合，其書曰下學指南，或疑其言太過，是固非吾輩所敢遽定，然其謂經學卽理學，則名言也(全祖望撰神道表).

又, 其所著日知錄 凡於經義, 史學, 方官, 吏治, 財賦, 典禮, 輿地, 藝文之類, 疏通其源流, 考正其誤謬, 矯禮教之衰退, 救風俗之頹廢, 可使懦夫頑夫讀之感發而興起焉, 所謂畢生精力盡在是矣者不虛語也. 其他如音學五書, 明古音, 尋音義, 其功旣多, 而尤不可沒者, 其在創設研究之方法乎.

其立論也常貴自創, 嘗言, 曰 "必古人之所未及就, 後世之所不可無爲之"(日知錄 十九著書之難.)

日知錄自序云 "愚自少讀書有所得, 輒記之, 其有不合時, 復改定, 或古人先我而有者, 則遂削之." 其自戒勦襲古人, 如是又最惡摹倣古人曰 "近代文章之病, 全在摹倣, 卽使逼肖古人已非極詣, 況遺其神理, 而得其皮毛者乎"(日知錄十九, 文人摹倣之病.) 日擧筆著書, 不尙孤証, 必以博爲備 四庫全書日知錄提要云 "炎武學有本原, 博贍而能上貫下通, 每一事必詳其始末, 參以證佐, 而後筆之於書, 故引據浩繁, 而牴悟者少, 非如楊愼, 焦竑諸人, 偶然涉獵, 得一義之異同, 知其一而不知其二者." 觀此知亭林要訣, 乾嘉學者, 盛言考據之學, 爭習輓近所謂科學的研究法者, 雖盛行於當時, 而其源流自亭林先生始, 懼當時晩明空虛之弊, 倡 "舍經學無理學" 之語, 爲扶倒救弊之正鵠, 表明其尊經之意. 以博學於文, 行己有耻, 爲研學持心之法門, 確立論學之志.

張蒿菴答亭林論學之書曰 "論學書, 粹然儒者之言, 特拈博學行己二事, 以爲學鵠, 確當不易, 眞足砭好古無實之病, 行己有耻一語, 更覺切至, 學之眞僞, 秪以行已爲斷, 行已果有耻也, 博學固以考辨得失, 卽言心言性亦非窕語, 行己未必果有耻也, 言心言性, 固恍惚無據, 卽博學亦未免玩物喪志之失, 此愚見所以於二語中, 更服此語之有裨世敎也."(據道學淵源錄 卷七十六 聖淸淵源錄 第六所引也.)

蓋亭林之，此語，與論語所謂博文約禮，中庸所謂尊德性而道問學諸語，同歸一轍，博文，道問學，約禮 尊德性之間原無此重彼輕之別，兩相待，渾然作一團，此先聖先賢之志也.

今張氏答顧氏也“尤服行己有耻”一語，似有輕重之分於博學行己之間，而張氏或恐其博學之害墜於煩碎，爲豫防來學之流弊歟，若爾則後學當取鑑矣，而若以張氏之意以爲輕視博學之功，余不可保其行己之害，未必入於空虛矣. 故學者當鑑空衡平于博學行己之間，以致其力於兩者，此非顧氏之志歟.

以時代分之，則博學，可屬於漢，行己，可屬於宋，亭林不分漢宋之志，亦從此出也夫.

四庫書目提要所謂“潘耒作是書(日知錄)序乃盛稱其經濟，而以考據精詳爲末務，殆非篤論矣”者，亦可謂善發明不分漢宋之旨者也. (潘氏日知錄序云“異日有整頓民物之責者，讀是書，而憬然覺悟採用其說 見諸施行，於世道人心，實非小補，如第以考據之精詳，文辭之博辨，歎服而稱述焉，則非先生所以著此書之意也.)

第四章 阮元

楊州學派，出自浙西之吳派，別爲一陣，汪中，寶應劉氏，及儀徵之劉，堀起爲此派之師匠，而其最著者，儀徵阮元其人也. 阮氏不止爲此派之大成宗長，實淸朝學術極盛完成之代表人物.

阮元字伯元，一字雲臺，江蘇儀徵人 乾隆五十一年丙午擧人五十四年己酉進士，由翰林院編修，擢少詹事，歷官戶，禮，兵工部侍郎 五十八年歷任山東浙江學政，浙江河南江西巡撫，兩湖兩廣雲貴總督.

嘉慶十五年庚午爲侍講兼國史館總裁，立儒林傳，得百四十六人.

道光十八年致仕歸鄕, 怡志林泉, 宣宗特加太子太保, 二十九年己酉阮元卒, 年八十有六 諡文達.

公, 身在高貴, 不以榮華爲尙, 生平持躬淸愼, 政本大體, 以興學風, 開來學爲急, 以學修好古, 實事求是爲入學要訣.

公, 正値惠戴堀起之餘, 簡易直截之風方退, 着實周到之習, 盛行, 然間有以制擧爲業, 喜赴權勢求其藏書萬卷, 淹通諸經注疏, 傍及史傳者幾稀矣, 故所至書院止以制藝試帖爲尙, 爭相論衡, 士子習經不以博約爲鵠, 而惟求其涉制藝者是務, 舊習日積, 牢不可破, 爲是之懼, 阮公在浙江, 則立詁經精舍(嘉慶六年辛酉, 聘王昶孫星衍迭主講席.) 在廣東則立學海堂(嘉慶二十五年庚辰. 崔弼所述新建粤秀山學海堂記云 "公之名堂, 取何休學海之意謂學之海也. 若楊雄所謂百川學于海, 非其指" 云云.) 導諸生務實學者, 承流景風, 翻然振作, 心之積中發外, 行與文, 并有可觀, 士習蒸蒸日上, 不致爲當時風氣所縛者, 學海詁經之賜也.

阮公嘗題汪客甫傳經圖記曰 "有陋儒之學, 有通儒之學, 何謂陋儒之學, 守一先生之言, 不能變通, 其下焉者, 則惟習詞章, 攻人比之是務, 此陋儒之學也. 何謂通儒之學, 篤信好古, 實事求是, 滙通前聖微言大義而涉其藩籬, 此通儒之學也."(國粹學報 第一年下光緖三十年撰錄引.)

此文所謂通儒者, 學海詁經之所道也. 陋儒者, 其所不取也. 公之所與交者不在於廟堂之上, 而在於所謂通儒之列 嘗曰 "元當弱冠後, 卽樂與當代經師遊, 若戴君東原 孔君巽軒, 孫君淵如, 皆有

王濬仲過黃公酒爐, 謂客曰, 吾與嵇叔夜阮嗣宗酬飮此爐, 自嵇阮亡後, 視此雖近邈若山河(世說傷逝).

與元爲忘年交，與元教學相長，因得略窺古經師家法，今諸君墓宿草矣，回想昔日談經之樂，不禁動黃爐之感"(汪中圖記傳經.)

公之論學宗旨，既在於實事求是，其交好又在於斯道宗師之中，今日追先生爲乾嘉間集成之大家，非偶然哉.

其所研究，自經史小學以及金石詩文，鉅細無所不包，而尤以發明大義爲主，所著性命古訓，論語孟子論仁論，曾子十篇注，推闡古聖賢訓世之意，務在切於日用使人人可以身體力行(劉毓崧作阮文達公傳.)

道光三年癸未揅經室集刻成，關於考古掌故者多.

經籍籑詁者，初公在國史館時，當總纂之任，與孫星衍，約集經籍訓詁，後轉赴浙江督學政，嚴杰等數十人纂集各經，嘉慶三年戊午告成，與十三經注疏挍勘記并爲學者所取資. 道光九年己丑皇淸經解成，督兩廣時，使門人嚴杰編輯國朝諸儒經解，後轉雲貴刊之凡一千四百卷，統爲七十餘家之說，百八十餘種，其所載之書關於經史者較多. 如顧亭林之左傳杜解補正三卷 音論一卷 易音三卷詩本音十卷，日知錄二卷 閻若璩之四書釋地一卷 四書釋地續一卷 四書釋地又續一卷 四書釋地三續一卷 孟子生年月考一卷 潛邱箚記二卷其一例也.

使君按越，諭乃諸生 訓詁之學，邃集大成 嘉惠學者，以牖羣經羣經之刻，譌缺不明，校以衆本，審詳獲精於說經者，饋以法程(雕菰集卷六經籍纂詁. 二經挍斟贊).

三. 中篇: 陳澧

第一章 事跡性行

陳澧字蘭甫廣東番禺人, 嘉慶十五年庚午生, 是歲卽阮元爲侍講兼國史館總裁, 立儒林傳之年, 洪亮吉淩廷堪卒後一年, 曾國藩生前一年. (蘭甫先生之卒年及當時年齡爲七十三於儒林傳及其自述之末小識明示, 而并不及於其生年, 然以其卒年卽光緒八年逆算之, 則當嘉慶十五年可知.旦其先考知縣府君之卒年在於嘉慶二十四年, 時蘭甫先生正十歲矣. 以此推之先生之生在嘉慶十五年者, 無疑矣.)

先生自幼聰慧, 九歲能爲詩文, 早孤不蒙庭訓, 年十五又喪其伯兄淸, 不得咨問家事, 惟其祖母沈宜人及親友是賴, 初其祖考布政司理問君爲江南上元人, 家貧遷廣東, 往來兩廣湖南, 寄食於鹽商, 家無一宿之糧, 無以養親, 自傷其貧, 乃棄擧業爲吏, 或棄吏爲商, 終無成, 然性廉靜寡欲好施與, 不累於貧賤, 視富貴如過空雲, 惡惡如寇讐, 見善益勸, 故人樂近之, 好讀書, 六藝諸史及百家書無不通曉, 著有雙字類箋二卷 焚餘詩草一卷, 錢卜一卷(概据陳君所撰其先祖考布政司理問君家傳.)

理問君有二子, 大經, 大綸, 大經爲先生之考知縣君, 君幼穎悟, 善讀書, 治事精敏, 事親純孝, 雖勞苦困乏, 而奉養豐腆不使父母知其貧 嘗負債數萬金, 歲除索者集於門, 府君引赴他所, 婉辭使解去, 漏三下乃歸, 拜堂上, 理問君及沈宜人不知也, 理問君性儉, 天寒, 府君進狐裘假言其値曰今年狐裘賤, 理問君服以過其友且告之,

---

先意承志之語見於禮記祭義

友熟視裘歎曰子孝則裘賤也, 理問君爲詩有云有兒能養亦忘貧, 府君先意承志之美, 見於此矣(蘭甫先生所記其先考知縣君事略.)

知縣君美談佳事不暇枚擧, 前有理問君, 起其家風, 後有知縣君承其垂意, 前後呼應, 繼志述事, 盛哉父慈子孝兄愛弟敬, 六經之義已現於行, 入其家可尋六經之風, 先生雖不能逮事親受其祖與父之誘掖奬勵之盛, 而生於其家養於其家者, 安得不有浴於其古來之家訓也哉. 是殊爲硏究先生者所感發而興起處也.

世之擘經者何限, 而其於章句訓詁名物度數音韻之學及經史大義, 有淩人之力, 於文名才華可以驚動一世者, 見其行身在家無聞焉, 則是不止自反於亭林行已有耻之本志, 實爲陳氏之罪人也, 余不堪容喙於此等議論, 而將於陳氏當以行一邊與學一邊幷爲考察故更加力說云爾.

先生年十七, 督學翁文端公(心存)考取縣學生,(自述) 時則安徽桐城人方氏東樹著漢學商兌公布天下, 擊漢扶宋之年也. “明年錄科第一, 同時諸名士皆出其下, 文端公命入粵秀書院肄業, 山長陳先生厚甫賞譽之, 與桂星垣文燿, 楊浦香榮緖爲友, 復問詩學於張南山維屛問經學於侯君謨康.”(自述) 其間皇淸經解告成(道光九年己丑先生年二十歲)

二十三歲(道光十二年壬辰) 中擧人是年王念孫卒, 阮元爲協辦大學士.

二十七歲(道光十六年丙申)母劉宜人卒, 六應會試不中, 選授河源縣學訓導, 兩月告病歸, 不願出仕, 三十一歲爲學海堂學長(道光二十年庚子)數十年, 至老爲菊坡精舍山長, 英偉之士, 多出其門焉. 生平多有著述, 今臚列于下.

水經注西南諸水攷,(道光二十七年二月陳澧序 先生三十八歲)

漢書地理志水道圖說(道光二十八年正月番禺陳澧撰 先生三十九歲)

漢儒通義(咸豐六年六月朔日謹序(陳澧自序) 先生四十七歲)

弧三角平視法(咸豐七年七月陳澧記 先生四十八歲)

聲律通考(咸豐八年十月番禺陳澧序 先生四十九歲, 康有爲生.)

三統術詳說(無序, 門人南海廖廷相繼先生之志以己意補之.)

切韻考外篇(序曰少日爲此, 迄今數十年, 舊稿叢雜, 爲我審定者門人廖澤羣編修通聲韻之學者也, 光緒五年八月陣澧序, 先生七十歲)

其餘有說文聲表十七卷 水經注提綱四十卷 琴律說一卷 今不得見.

以上所錄諸書, 其所序年月居多在道咸之間, 今以所序之年月斷定所述之歲, 則吾不敢焉者, 蓋以其有先述而後序者 或有自未得成稿而門人繼述者故也. 然今讀其六十有二歲時自述, 以爲少好爲詩, 及長棄去, 泛濫羣籍, 中年讀朱子書, 讀諸經注疏子史, 日百課程云云.

先生爲世風所驅, 早悅科擧之學, 至中年, 始有意於實學, 因其自述以可知, 且觀其著書所序之年月多在道咸之間, 則先生之著述在於中年以後至晩年之間者無疑矣.

晩年著有東塾讀書記, 下章更當詳述, 故姑闕焉,

其自述曰 "値賊亂, 夷亂, 家計不給晏如也." 先生素貧, 加之以禍亂, 孟子所謂天將降大任於是人也, 必先苦其心志, 勞其筋骨, 餓其體膚 空乏其身行 拂亂其所爲"(告子章句下) 者實爲先生準備語也.

有四子宗誼宗侃宗詢宗穎, 惟誼有聞焉, 而不幸短命早卒先生爲作墓碣, 其一節曰 "夷寇破省城, 宗誼隨, 余出城, 礮火叢集, 旣得出, 寓橫沙村遂吐血, 逾年漸瘳, 娶妻張氏, 逾年病復發, 歸城中故

居, 而死, 當大吐血時, 笑而言曰吾將吐盡濁氣耳, 其從兄子慶修問所苦, 答曰君子坦蕩蕩, 將死使人問余曰可死否, 嗚呼此子平日每事不自專, 必問可否, 至死猶然, 哀哉余入告之曰汝讀書明理, 有生必有死, 宜知之, 頷之而絶, 觀其垂死, 神明湛然, 不離學問, 不忘孝友, 豈易得也, 余老矣, 所學未成, 以望此子, 嘗告之曰我似汝年遠不及汝, 汝至我年, 我不知汝所至也, 豈知其短命若此哉."(東塾集卷六.)

孔子曰才不才亦各言其子也, 蓋人之於子其慈愛之情有不期然而然者也, 今陳氏之子誼宗篤信家法, 孝友兼至, 其言曰 "以勇爲第一義, 雖愚必明, 雖柔必强, 勇之效也."(同上.)

又曰 "爲人當從大道上行, 讀書亦然, 小街曲巷不成學問"(同上.)

其行與言常以學聖賢自期, 此蘭甫先生所最愛者而己之所未及者惟是子是賴, 己之所未成者, 惟是子是托者也, 人事固難信, 天事亦難諶, 先生旣不得見容於世, 賊夷所亂, 家無樂事, 窮廬讀書, 志無所敍, 惟以一子爲樂, 天何無心, 惟此一樂而奪之耶 先生其不幸也夫, 然閉門讀書, 不衒於世, 樂觀古君子之意趣, 通論古今儒學得失, 此志至老不衰, 事愈渝而志愈堅, 此先生學問之心得處而後學之尤敬慕者也.

其自述曰 "不欲爲文章, 然有爲先人而作者, 及爲親友碑傳事跡不可沒者, 故過而存之." 由此觀之先生不致意於外華而惟以篤實自守爲本, 文不關於經世實用之務, 則不道也.

雖至於治經亦然, 羞稱繁亂, 惟尋古人之意所在是務, 行與經并行而不悖, 見其行, 可以知其治經之方, 讀其書, 可以汲其行身之法, 所謂坐而言, 可起而行者也.

第二章 學說

第一節 對漢儒所見

漢繼暴秦之餘，文景好黃老，愛法家，至武帝始斥黃老申韓之說，尊崇儒學，置五經博士，尋究先哲之遺志，補守古來之殘經，釐正訓詁，敎授來學，其寫本皆用秦漢時通行篆書，謂之今文，逮西漢之末，則有所謂古文經傳出焉，此經傳者，皆以科斗文字，寫，故謂之古文.

兩漢經師多不信古文，惟劉歆屢求以立學官不得，王莽擅漢，歆挾莽力立之，光武復廢之，東京初葉，信者殊稀，至東漢末，大師服虔，馬融，鄭玄，皆尊習古文，古文學遂大昌，今文大家何休著左氏膏肓，穀梁廢疾，公羊墨守，表明今文之學 鄭玄，則著箴膏肓，起廢疾，發墨守以駁之，鄭氏旣典瞻賅博，不採一經專門，徧注羣經，終爲兩漢大宗師也. 范蔚宗所論 "鄭君括囊大典，網羅衆家，刪裁繁蕪，刊改漏失，自是學者略知所歸"，正謂此也. (皮氏錫瑞嘗引此文於其著經學歷史 經學中衰時代條下，曰蓋以漢時經有數家 家有數說，學者莫和所從，鄭君兼通今古文，溝合爲一. 於是經生皆從鄭氏，不必更求各家云云.)

因范氏與 皮氏所論觀之，則欲究漢儒治經之方者，雖不就各家一一叩詳，而直取鄭康成求之，恐無牴牾云爾.

世之論漢儒之學者重其補注明經之業，多其抱殘守缺之功，而沒其義理之邊，此擧其一，而不顧其二者也.

閻氏嘗序於臧氏所著經義雜記，余未讀其文.

宋儒居多識漢儒講訓詁而不及義理若夫以漢學爲幟者往往重漢儒訓詁之功，而不擧其義理之長者有焉. 如閻若璩所謂秦漢大儒專精讐校訓詁聲音，魏晉以來頗改師法云者(方氏東樹嘗引此文於其著漢學商兌曰此閻氏若璩序臧氏琳書語云云余未得見其本文.)

卽重在漢儒明經之功，而不及義理之一邊也.

劉氏光漢汪紱傳曰 “其論漢學曰 ‘漢儒說經，于義之本淺者，鑿之使深，最爲說經大病，漢儒說詩，說春秋往往如是’”(學報第二年上，光緖二年史篇.) 由此言之，汪氏不啻短漢儒不及義理，并與其說經之功而病之也.

劉氏又引阮雲台儒林傳序所謂 “孔子以王法作述，道與藝合兼備師儒”，伸之曰阮氏宗旨，大約謂周禮在魯，儒術爲盛，孔子之後，顔，曾所傳，以道兼藝，游夏之徒，以藝兼道，定哀之間，儒術極盛，無少差謬者此也. 荀卿以降，乖違興廢，儒術漸棼，其說誠發前儒所未發，予按(劉氏自稱) 孔子徵三代之禮，訂六經之文，徵文考獻，多識前言往行，凡六藝諸書皆儒之業也. 卽中庸所謂道問學. 孔子衍心性之傳，明道義之蘊 成一家之言，集中國哲學之大成(西儒稱孔子爲哲學家.) 凡論語孝經諸書皆師之業也，卽中庸所謂尊德性，蓋述而不作者爲儒之業，自成一書者爲師之業，曾子子思孟子皆自成一書者也，其後爲宋學之一派 子夏荀卿皆傳六經之學者也，其後爲漢學之一派(國粹學報第二年上，光緖三十二年，學篇，孔子眞論，國粹學報第一年下，光緖三十一年，叢談國學發徵.)

左傳昭公二年 韓宣子觀書於大史氏 見易象與魯春秋曰周禮盡在魯矣

通觀劉氏引伸之意，雖不明言漢儒之爲訓詁章句之家，而察其文義，其曰儒之業，曰徵三代之禮，訂六經之文，徵文考獻，多識前言往行，曰中庸所謂道問學，曰述而不作等語 總歸之於漢學派.

其曰師之業，曰衍心性之傳，明道義之蘊，成一家之言，曰中庸所謂尊德性，曰自成一書等語，專屬之於宋學派.

究竟以漢儒之學爲訓詁之學，以宋儒之學爲義理之學者明矣.

予按漢儒在暴秦之餘，書無具存，經無完文，當此之時，偏注經典，考究微言大義，抱殘守缺，以傳於後世，是儒者之所當行者也. 漢儒之爲漢儒者，其功亦在於此矣，然後儒若執此而譏漢儒講訓詁而不及義理，吾不知也.

顧亭林論兩漢風俗曰"漢自孝武表章六經之後，師儒雖盛，而大義未明，故新莽居攝，頌德獻符者偏于天下，光武有鑒于此，故尊崇節義敦勵名寔，所擧用者，莫非經明行修之人，而風俗爲之一變，至其末造，朝政昏濁，國事日非，而當錮之流，獨行之輩，依仁蹈義，舍命不渝，風雨如晦，鷄鳴不已，三代以下風俗之美，無尙于東京者，故范曄之論以爲桓靈之間，君道粃僻，朝綱日陵，國隙屢啓，自中智以下，靡不審其崩離而權强之臣，息其闚盜之謀，豪俊之夫，屈于鄙生之議，所以傾而未頹，決而未潰，皆仁人君子心力之爲(原註，左雄傳論日知錄集釋卷十三.)

今以亭林先生所論伸之，光武以前，六經旣章，師儒雖盛，而大義不明，則不須煩論，逮及光武以後，則節義名寔并擧不悖經明行修之人立朝秉權，在國家平庸之世，政令偏垂，百姓引領而望之，在國事艱難之時，留仁居義，有至於危身舍命而不去，其風俗之美，

後漢書卷九十一列傳第五十一有左雄傳

可以幷名三代豈不盛哉, 漢儒白首窮經, 現於義理如彼其盛, 後世之譏漢儒講訓詁而不及義理者抑何心哉.

陳先生澧旣讚誦漢儒訓詁之功而又恐夫沒其義理之一邊, 幷力辨漢儒義理之功, 著漢儒通義七卷, 采錄漢儒之諸書, 衆至三十五種, 且其所引之文, 自關於天地, 陰陽, 五行, 鬼神, 人物者, 涉於聖賢, 性命, 義利之說, 至於日用行事至微至細之道, 無不具載, 其尊崇往儒 闡明晦藏之功亦云大矣.

先生所撰通義序, 曰 "漢儒說經, 釋訓詁, 明義理, 無所偏尙, 宋儒譏漢儒, 謂訓詁而不及義理非也, 近儒尊崇漢學, 發明訓詁可謂盛矣, 澧以爲漢儒義理之說, 醇實精博, 蓋聖賢之微言大義往往而在, 不可忽也."

先生此意以爲宋儒譏漢儒不明義理之風, 已在所不取, 若夫在淸朝歷代諸儒之追崇漢儒, 發揮訓詁之學, 續絶學於千載之下, 其功非不大矣, 而至其沒漢儒義理之學, 每爲淸儒, 惜者也, 此漢儒通義之著, 不惟爲追防宋儒之失, 亦竊儆淸儒之未逮者歟.

其所著東塾讀書記卷十三設鄭學一科發明鄭氏家法, 溯求漢儒之源流, 且論鄭學非單無偏無弊也, 自禮學, 至於言心性之學, 無不兼該, 引伸前人之評鄭學, 以表明己意, 其發明漢儒義理之學可謂至矣.

第二節 對宋儒所見

方氏東樹題漢學商兌序例曰 "近世有爲漢學考證者, 著書以闢宋儒, 攻朱子爲本首, 以言心言性言理爲厲禁, 海內名卿鉅公高才碩學數十家, 遞相祖述, 膏脣拭舌, 造作飛條, 競欲咀嚼, 究其所以爲之罪者, 不過三端, 一則以其講學標榜門戶分爭爲害于家國, 一則以其言心言性言理墮于空虛，心學禪宗爲歧于聖道，一則以其高談性命，束書不觀空疎不學爲荒于經術(中略)，自是以來漢學大盛，新編林立，聲氣扇和，專與宋儒爲水火，而其人，類皆以鴻名博學爲士林所重，馳騁筆舌.” 云云

方氏生當漢學致隆之世，以孤蹤隻影，持己還衆，痛斥當時漢學之弊，力扶宋學之長，著漢學商兌四卷，說至滔滔數千言，余以初學不明於當時漢學之情狀，故不能深解方氏之意之所在，且不願輕輕容喙於其間，而蓋人之於世，逐衆附和，曲學阿世，以新持揭，蠅營狗苟，或以有爲無，以無爲有，唯以迎合人意爲治學之宗主，獨方氏不然其爲學者奮勵之功大矣乎.

今慨擧淸儒斥宋儒之言一二，并附方氏之論，以伸之如下.

茅星來近思錄後序曰 “自宋史道學儒林分傳而言程朱之學者，但求之身心性命之間，不復以通經學古爲事.”(據商兌卷上所．引再引．方氏曰茅氏此序後截語，甚有分寸，而漢學家，則專取此數語爲宗旨，以程朱爰書鐵案，不知空疎不學，乃末俗承流之敞，非程朱之敎之有失也，……朱子不廢漢魏諸儒訓詁名物，極推康成諄諄見于文集，可考而知，而於論語首篇第七章子夏論學，卽著吳才老之說，其所慮遠矣．又我非生而知章，著尹和靖說曰 “生而可知者義理爾，若夫禮樂名物古今事變，亦必待學而後，有以驗其實也.” 據此則漢

自宋史分道學儒林爲二而言程朱之學者，　但求之身心性命之間，不復以通經　學古爲辜，蓋嘗竊論之爲鄭賈孔之說經，譬則百貨之所聚也．程朱諸先生之說經譬則操權度以平百貨之輕重長短者也，微權度則貨之輕重長短不見，　而非百貨所聚則雖有權度，　亦無所用之，故欲求程朱之學者，其必自馬鄭諸傳疏始(茅氏近思錄後序，据四庫書總目引).

學人謂宋儒坐談空妙, 置名物不講, 並集註未始寓目, 但隨聲吠影耳, 伏讀四庫提要近思錄下曰 "朱子之學, 大旨主于格物窮理, 由博反約, 根株六經, 而參觀百氏, 原未媛媛姝姝守先生之言, 故其題辭曰 '窮鄉晩進, 有志於學者, 誠得此而玩心焉, 亦足以得其門而入矣, 然後求諸四君子之全書, 以致其博而反諸約焉, 庶乎有以盡得之, 若憚煩勞安簡便, 以爲取足于此而止, 則非纂集此書之意.' 然則四子之言且不以此十四卷爲限, 亦豈敎人株守是編而一切聖經賢傳東之高閣哉." 云云, 據此, 則凡漢學家所誣程朱之語……數百十條皆以荒經之罪坐之道學者, 擧未考程朱之敎之大全也.)

戴氏震曰以理爲學, 以道爲統, 以心爲宗, 探之茫茫, 索之冥冥不如反而求之六經(據商兌再引. 方氏曰漢學家皆以高談性命爲便于空疏, 無補經術, 爭爲實事求是之學, 衍爲篤論, 萬口一舌, 牢不可破, 以愚論之, 實事求是, 莫如程朱以其理信, 而足可推行, 不誤于民之興行, 然則雖虛理而乃實事矣, 漢學諸人言言有據, 字字有考, 只向紙上與古人爭訓詁形聲, 傳注駁雜, 援據羣籍, 證佐數百千條, 反之身已心行, 推之民人家國, 了無益處, 徒使人狂惑失守, 不得所用, 然則雖實事求是, 而乃虛之至者也.)

經術一壞于東西晉之淸談, 再壞于南北宋之道學, 義疏諸書東置高閣, 棄等弁髦, 視如糟粕, 蓋率履, 則有餘, 考鏡則不足.(江藩漢學師承記序. 據商兌再引.)

淸朝歷代諸儒之排斥宋儒, 不一而足, 不遑枚擧, 而考其所以爲

吳氏曰子夏之言, 其意善矣. 然詞氣之間, 抑揚大過, 其流之弊, 將惑至於廢學, 必若上章夫子之言然後爲無弊也.

子曰我非生而知之者, 好古敏以求之者也(述而第七)

之難者，類皆以宋儒之標榜門戶，言心言性，墮于空虛，高談道學性命，拋棄六經，束書不觀，爲害于國，誣惑後學也.

方氏東樹蓋激此而揚其銳兵，奮然與抗，極辨宋學者也. 梁氏啓超論此間之事曰 "方東樹之漢學商兌，卻爲清代一極有價之書，其書成於嘉慶間，正値正統派炙手可熱之時，奮然與抗，亦一種革命事業也，其書爲宋學辯護處，固多迂舊，其針砭漢學家處，卻多切中其病，就中指斥言漢易者之矯誣及言典章制度之莫衷一是，尤爲知言，後此治漢學者，頗欲調和漢宋，如阮元著性命古訓，陳澧著漢儒通義，謂漢儒亦言理學，其東塾讀書記中有朱子一卷，謂朱子亦言考證，蓋頗受此書之反響" 云云

讀此數行書， 梁氏可謂善說方氏者也. 且其伸明阮陳兩氏之處，尤有所適中者也.

陳氏後方氏數十年而生，獨辨漢儒亦言義理，幷及宋儒亦言考證，兼采漢宋，故陳氏之於方氏，有彼急而此緩，彼激而此平，彼剛而此柔之分，其間雖不無少差，其歸以扶宋爲志則一也. 且兩氏易時，則余難期其不如皆然也.

陳氏爲辨漢學者譏宋儒之病，於東塾讀書記，設朱子一卷，條擧而明論，其語調不似方氏之太烈，雅暢而易知也. 其論朱子治考證之學曰 "朱子答謝成之 書云 天文，地理，禮樂，制度，軍旅，刑法，皆是著實有用之事業，無非自已本分內事，古人六藝之敎所以游其心者正在於此" 與其玩意於空言，以校工掘於篇牘之間者，其損益相萬萬矣.

答孫季和書云 '讀書玩理外，考證又是一種功夫，所得無幾，而費力不少，向來偶自好之. 固是一病，然亦不可謂無助也.' 語類云

爲學須是先立大本, 其初甚約, 中間一節甚廣大, 到末梢又約, 孟子曰博學而詳說之, 將以反說約也, 故必先觀論孟大學, 中庸, 以考聖賢之意, 讀史以考存亡治亂之迹. 讀諸子百家以見其駁雜之病. 其節目自有次序. 近日學者多喜從約, 而不於博求之, 不知不求於博, 何以考驗其約, 如某人好約, 今只做得一僧, 了得一身, 又有專於博上求之, 而不反其約, 今日考一制度, 明日又考一制度, 空於用處作工夫, 其病又甚於約而不博者, 要之均是無益, (卷十一)朱子好考證之學, 而又極言考證之病, 其持論不偏如此, 蓋讀書玩理, 與考證自是兩種工夫, 朱子立大規模, 故能兼之, 學者不能兼, 則不若專意於其近者也."(東塾讀書記卷十五朱子, 其細註云朱子時 爲考證之學甚難, 今則諸儒考證之書略備, 幾於見成物事矣. 學者取見成之書, 而觀之, 不甚費力, 不至於困矣. 至專意於其近者則尤爲切要之學, 而近百年來爲考證之學者多專意於近者反少, 則風氣之偏也.)

觀陳氏不止論證朱子之好考證, 并貶言當時所謂治考證者墮於支離煩碎, 忘其近者大者, 陳氏之憂後學旣大, 而其治學要訣, 於此亦可見矣.

陳氏又論辨朱子所謂窮理 "曰甲寅行宮便殿奏箚 其二云 '爲學之道, 莫先於窮理, 窮理之要必在於讀書, 欲窮天下之理, 而不卽經訓史冊以求之, 則是正牆面而立爾, 此窮理所以必在乎讀書也. 又云此數語者, 皆愚臣平生爲學艱難辛苦已試之效, 竊意聖賢復生, 所以敎人不過如此', 此朱子自述之語, 黃勉齋, 李果齋述朱子之學, 言窮理而不言讀書, 當以朱子所自述者補之."(東塾讀書記卷十五朱子) 又曰語類云先生謂學者曰公看詩只看集傳, 全不看古注, 曰某意欲先看了先生集傳, 却看諸家解, 曰, 便是不如此, 無却看底道理. (卷十八.) 朱子自著詩集傳, 而教學者先看古注, 卽所謂因先儒之說通其文義也, 然則治經當先讀古注, 乃一定之理, 朱子之敎如此也. (讀書記卷十五朱子.) 又論朱子詳音韻之學曰朱子答楊元範書云 "字畫音韻, 是經中淺事, 故先儒得其大者, 多不留意, 然不知此等處不理會, 却枉費了無限辭說牽補, 而卒不得其本義, 亦甚害事也." (朱子大全卷五十)文集(朱子大全卷六十)有歐陽希遜問論語孟子比字舊音毗志反, 集注皆作必 二反, 朱子答書, 云 "記得比字是用賈昌朝羣經音辨改定", 朱子於音讀之學, 考據詳博如此, 又有與程可久書, 云切響二字不審義例如何, 幸望詳賜指喩. 與黃商伯書, 云向見楊伯起有切韻書只三, 四十板, 而聲形略備, 亦嘗傳得, 而爲人借失之, 敢煩爲借抄一本, 朱子講求反切之學又如此.(仝上)

又曰宋儒持論好高, 是其狂也, 立身多介, 是其狷也, 其過中失正而或陷於異端者有之矣, 未得聖人以裁之耳, 固無愧於聖門也, 近人詆宋儒者, 未之思也.(東塾讀書記卷三孟子頁十二.)

陳氏扶宋儒辯朱子之論, 不止於此而蓋其意之所在, 則可推察焉. 以若顧亭林之淹博猶不免方氏之誚, (漢學商兌序例曰若黃震萬斯同顧亭林輩, 自是目擊時敝, 意有所激, 創爲救病之論, 而析義未精, 言之失當. 云云) 若有以孤識殘見, 貶論宋儒之空疎無用, 舍繁逐簡,

---

其粲然之迹必然之效, 蓋莫不具於經訓史冊之中, 欲窮天下之理, 而不卽是以求, 則是牆面而立爾.

論語, 君子周而不比, 義之與比
孟子, 願比死者, 一洒之. 且比化者無使土親膚. 御者且羞與射者比. 以上舊音, 毗志反
集註, 作必二反將比今之諸侯而誅之. 集註曰比連也. 音去聲

喙隙奮筆，若加乎宋儒之上者，方氏之奮然與爭，不待煩論，若夫陳氏睥睨而不屑與立焉.

第三節 漢宋折衷說

陳先生澧既力辨漢儒亦明義理之學(陳氏與趙子韶書云宋元明儒者，自出已意以說經義，竟無人於漢儒傳注內尋求義理，孰知鄭君之注義理深醇如此耶，此絶學，宜其興之，又云百年來崇尙鄭學，然浮慕其名者多，眞識者甚少，僕近讀三禮注，確知經學必宗鄭氏，千古無匹，千古無弊，許叔重，何卲公尙不能及(東塾集卷四). 讀書記自述云讀鄭氏諸經注，以爲鄭學有宗主，復有不同，中正無弊，勝於許氏異義，何氏墨守之學，魏晉以後天下大亂，而聖人之道不絶惟鄭氏禮學是賴.)

又明宋儒之不輕蔑訓詁考據之學，(東塾讀書記自述曰讀朱子書，以爲國朝考据之學，源出朱子，不可反詆朱子，又以爲國朝考據之學盛矣，猶有未備者，宜補苴之.)

不分漢宋門戶，惟中正無弊是圖，以行己有耻博學於文二語 (菊坡精舍記曰講讀書之法，取顧亭林說，大書行已有耻博學於文，二語，揭於前軒，吾不自立說也. 因而申之曰博學於文，當先習一藝，韓詩外傳曰好一則博，多好，則雜也，非博也，又申之曰讀經史子集四部書皆學也，而當以經爲主尤以行已有耻爲先) (東塾集卷二.)

夫楊子有云多聞，則守之以約，多見則守之以卓，少聞則無約也，少見則無卓也. 此其語有所自來，不可以其出于子雲故廢之也. 世之君子苦博學明善之難而樂夫一超頓悟之易，滔滔者天下皆是也. 無人而不論學矣，能弗畔于道者誰乎(論友人論學書).

爲治學持心之正鵠，此數語可以想像陳氏治學之方矣.

凡自經史子集至於聲律訓詁，無不置重，獨以經爲主觀其治經之方他學亦推可知矣.

其論治經之方曰 "夫說經者，必根據先儒之說而後，不失於杜撰，必博考先儒之書而後，不失於固陋，又必辨析先儒之說之異同而擇其善而後，不失於駁雜"(東塾集卷二科場議二)

此論分段而觀之，可得與科學的研究法，相照而論之也.

其第一段所謂必根據於先儒之說者，卽凡對像，注意而觀察之，發現其對像之特徵，其間纔發見疑竇獲知暗合於己意，便從先入之見率爾輕下判斷，則易落於一時主觀，故注意觀察後，虛己而臨之，當提討於先儒之見者也.

其第二段所謂必博考先儒者，若止於第一段研究而不博究先儒，或偏於一儒，或止於一世之儒，其爲弊不啻固陋，難以得正，故廣集諸儒之說，以爲依据者也.

至於第三段所謂必辨析先儒之說之異同而擇其善者，若不精選而擇其善者，則恐有駁雜之弊，故經第一，第二段研究後，羅列客觀資料，忠實而求之，取其優者，捨其劣者，漸次以描之，終取最優者，是爲斷案，自茲以往因其斷案，可引而伸之，觸類而長之，所謂推論者此也.

王引之經傳釋詞自序云 "揆之本文而協，驗之他卷而通，雖舊說所無，可以心知其意……凡其散見於經傳者，皆可比例而知 觸類長之" 此言自是陳氏治經之方可并論而相發明者也.

引而伸之，觸類而長之 天下之能事畢矣(易繫辭上).

語類本文不止於此，而恐繁故不能一一入錄

陳氏旣立治經之方，以讀書爲治經之入門，嘗以爲“子夏言賢賢易色四事而云雖曰未學，吾必謂之學矣，此二學字，亦必以讀書解之乃通　猶云如此之人雖曰未讀書，吾必謂之讀書也．朱子又云書只貴讀，讀便是學，夫子說學而不思則罔，思而不學則殆，學便是讀，讀了又思，思了又讀．(語類卷十.) 此解學字爲讀字尤明白矣.” (讀書記卷二論語.)

旣知讀書之爲要，不可不知讀書之方，故其離經辨志齋記云“經學深矣博矣，史家，儒家，文章家之學，亦深矣博矣．自古以來罕有能兼之者也，不讀書者不足言，其號爲讀書者，則又涉獵零雜，今日讀詩，明日讀禮，其學必不成，今日讀此卷，明日讀他卷，其學亦必不成，非特不成而已，涉獵零雜，則性情浮躁，此學者之大弊也．夫救天下之弊，必以古法救之，自漢以來儒者必專治一書，專治一書，必始於章句，其時朝廷，每一經置博士，其私家傳習者，每一經亦必有師，今諸君子，各專治一書，以句讀爲始，合於古法，積之久，學業必成”(東塾集卷二.)

若以章句句讀爲讀書之始，當自何書爲始，此其讀書者所必至之疑問也．

其復王峻之書云“旣有志讀書，則當以讀論語爲先，僕之敎子亦只如此，足下之所知也．每日讀論語朱注一章，以聖賢之言爲，今日侍側親聞，肅然敬聽，句句字字，詳細思繹，引而入於身心，實而驗之今日之世事，如此數十日，見識自高，且人品亦因之而高，至一部論語讀畢，便非同常人矣．每章依次第讀之，不可凌亂，不可間斷，心有所得，記於書上，心有所疑，亦記於書上，將來相見，卽可以質問，此最切實，最簡易之功，且非僕所創設，僕從來不自立一說，此乃程朱之說，朱子言雖孔子復生，敎人亦只如此，但無人肯遵其法(東塾集卷四.)

陳氏每言經以讀書爲始而且其讀書以有次序爲先, 自細入微, 始終貫徹, 不肯自爲立說, 必根據於先儒, 此其脗合於上述第一段研究法也.

與王峻之書云 "所謂經學者, 非謂解先儒所不解也, 先儒所解, 我知其說, 先儒諸家所解不同, 我知其是非, 先儒諸家, 各有是, 各有非, 我擇一家爲主, 而輔以諸家, 此之謂經學, 若隨意涉獵, 隨手翻閱, 得一二輒自出其說, 以駁先儒, 假令先儒起而駁我, 我能勝之否耶, 卽勝之矣, 而先儒解全經, 我但解一二句, 其與先儒相去豈不遠哉. 僕讀書數十年, 謹守儒行一言曰博學以知服, 蓋惟博學, 乃知服古人, 不知服古人者, 學不博故也. 故學記曰學然後知不足, 奉勸足下, 收斂聰明, 低頭讀一部注疏, 勉爲讀書人, 若十三部注疏, 未讀一部, 輒欲置喙於其間, 此風, 斷不可長 戒之愼之." (東塾集卷四.) 此其博考先儒者也, 所謂第二段研究法也.

至於論 "辨析先儒之說之異同, 而擇其善者", 曰 "所謂經學者, 貴乎自始至未, 讀之思之, 整理之, 貫串之, 發明之, 不得已而後辨難之, 萬不得已而後排擊之, 惟求有益於身, 有用於世, 有功於古人, 有裨於後人, 此之謂經學也. 有益有用者, 不可不知, 其不甚有益有用者, 姑置之, 其不可知者闕之, 此之謂經學也." (東塾集卷四與王峻之書.) 此其所謂第三段研究法也.

陳氏之凡著書必應用此三段研究法, 陳氏平生以漢之康成 宋之晦庵, 清之亭林爲先儒事之, 必根據於此, 博考於此, 辨析異同於此

禮記儒行曰强毅以與人 博學以知服

者多矣, 而猶有所不滿者, 不取者, 此其所以應用三段硏究法者也, 今試臚列其不滿不取者如下.

其在鄭康成

其一 繫辭傳下 易之興也, 其當殷之末世 周之盛德耶, 當文王與紂之事耶, 左傳昭二年孔疏云鄭元云 據此言以易是文王所作斷可知矣. 澧謂孔子言易之興. 但揣度其世與事, 而未明言文王所作也. 孔子所未言, 後儒當闕疑而已. (東塾讀書記卷四易.)

其二 讀書序及鄭注又有可疑, 堯典序云 將遜于位, 讓于虞舜作堯典, 鄭注云舜之美事在於堯時(虞書題下孔疏引.) 舜典序云虞舜側微堯聞之聰明, 將使嗣位, 歷試諸難, 作舜典, 鄭注云入麓伐木(同上.) 澧案如鄭注之說, 則遏密八音 以前事在堯時, 其爲堯典無疑, 惟舜典序言歷試諸難, 似指愼徽五典 至烈風雷雨弗迷數事, 且鄭云入麓, 明是納于大麓, 然則愼徽五典以下似是舜典矣, 且鄭旣以事在堯時者爲堯典, 而入麓仍在堯時, 又不能無疑也. (東塾讀書記卷五尙書)

德之人難得, 故爲少也, 如注意則, 孔子此語爲問絶糧而譏發之. 澧案王肅說非是, 故皇疏不從之也. 夫子告子路, 言知德之人鮮, 猶言中庸之爲德其至矣乎, 民鮮能久矣. 彼言能者鮮, 此言知者鮮, 其意一也, 皇疏解知德者爲知德之人, 文義最明, 若如王肅說, 則者

子曰中庸之爲德也, 其至矣乎. 民鮮久矣(雍也)
史記孔子世家曰孔子知弟子有慍心, 乃召子路而問曰詩云匪兕匪虎率彼曠野, 吾道非耶, 吾何爲於此, 子路曰意者, 吾未仁耶, 人之不我信也, 意者, 吾未知耶, 人之不我行也. 孔子曰有是乎, 由譬使仁者而必信, 安有伯夷叔齊, 使智者而必行. 安有王子比干(詩小雅何草不黃篇.) 詳載

字何所指乎(朱注從王肅說, 蓋未見皇疏, 且云自第一章至此, 疑皆一時之言, 或問云史記以此連上章爲一時之語, 此朱子誤讀史記也, 讀書記卷二論語.)

其二 克己復禮, 朱子解爲勝私欲, 爲仁由己, 朱子解爲在我, 兩己字不同解, 戴東原孟子字義疏證駁之, 澧謂朱注實有未安, 不如馬注解克己爲約身也. (同上)

其三 孔子答諸賢之問, 朱注多以爲因其失而告之, 此未可悉信也. 昔人駁難者多矣. 澧謂非禮勿視四語, 若以告他人, 則亦可謂其人視聽言動多非禮 故夫子戒之矣, 夫子以此告顔子可見告諸賢者, 非必因其有失也. (同上)

其四 同一朱子之說, 而有選擇者, 如朱子大學章句云明德者人之所得乎天, 而虛靈不昧, 語類, 則云光明正大者, 謂之明德 (卷十四.) 澧謂此勝於虛靈不昧之說矣. (讀書記卷九禮記.)

此外讀書記中余之所見不取朱注者有五, 而(太)已繁, 故略之矣.

其在顧亭林

其一 亭林先生云自漢魏以上之書, 並無言韻者, 知此字必起於晉宋以下, 晉陸機文賦曰收百世之闕文采千載之遺韻, 文人言韻始見於此, 澧按尹文子云韻商而舍徵, 此韻字之見於先秦古書者, 亭林偶未考耳 (東塾集卷四跋音論.)

語類本文曰

大學首三句, 說一箇體統, 用力處, 却在致知格物, 天之賦於人物者謂之命. 人與物受之者謂之性. 主於一身者謂之心, 有得於天而光明正大者謂之明德.

縱觀此等諸論，陳氏實不依歸於鄭朱，且又不偏依於亭林，唯心空明，事期歸正，由博反約，是陳氏之志也. 若以時代强分而言之，則取漢之訓詁，兼宋之義理，卽漢宋折衷者也. 陳氏明示此意曰 "王西莊云，學者若能識得康成深處，方知程朱義理之學，漢儒已見及，程朱研精義理，仍卽漢儒意趣，兩家本一家如主伯亞旅宜通力以治田醯醢鹽梅必和劑以成味也. (十七史商權六十四.) 權澧謂昔之道學家，罕有知漢儒見及義理之學者，更罕有知程朱，卽漢儒意趣者，近時經學家，推尊康成，其識得康成深處如王西莊者亦不多也. (東塾讀書記卷十三鄭學.)

第三章 著書

陳蘭甫先生著書之名略擧於上，今請擇其至要者更詳及之如下

第一 東塾讀書記

先生著書多，而平生精力關注者，恐在此書，經世治用之志，說經之法，布載此書，先生著書孰不敢尊重，而最敬愛而讀者，其在東塾讀書記乎

韻商而舍徵之言，見于尹文子大道上(据子書百家雜家類)

學者若能識得康成深處，方知程伊川朱晦庵義理之學，漢儒已見及，因時未至，含蘊未發，程朱之時，訓詁失傳經無家法故輕漢儒而其研精義理仍卽漢儒意趣.(十七史商權卷六十四，　顧歡論道佛二家)

主伯亞旅: 詩周頌曰，侯主侯伯侯亞侯旅侯彊侯以.

注云主家長也，伯長子也，亞仲叔也，旅子弟也，强强力也，以用也.

鹽梅: 商書說命曰 若作和羹，爾惟鹽梅

注曰鹽鹹梅醋 羹須鹹醋以和之.

先生六十有二自述曰晩年所著書曰東塾讀書記，今未成云爾，則此書完成在於六十有二而後可知矣，先生嘗復劉叔俛書（東塾集卷四.）曰“掘著東塾類稿近年不復刷印者，中年以前治經每有疑義，則解之考之，其後幡然而改，以爲解之不可勝解，考之不可勝考，乃尋求微言大義，經學源流正變得失所在，而後，解之考之，論贊之，著爲學思錄一書，今改名曰東塾讀書記.”

由此觀之，則所謂學思錄者，卽謂東塾讀書記者，明矣，先生每於與人書，多及學思錄而與東塾讀書記易混，故今別之. 又曰(復劉叔俛書與前書同) “此書(東塾讀書記) 自經學外及於九流諸子，兩漢以後學術，至宋以後有宋元明學案之書，則皆略之，惟詳於朱子之學，大旨在不分漢宋門戶.”

又曰 “乃著學思錄通論古今學術，不分漢宋門戶，於鄭君朱子之學皆力爲發明，大約十年乃可成耳 (東塾集卷四與黎震伯書)

又曰 僕爲此書也(學思錄)以擬日知錄，足下所素知也，日知錄上帙經學，中帙治法，下帙博聞，僕之書但論學術而已. 僕之才萬不及亭林，且明人學問寡陋，故亭林振之以博聞，近儒則博聞者固已多矣. 至於治法，亦不敢妄談. 非無意於天下事也. 以爲政治由於人才，人才由於學術，吾之書，專明學術，幸而傳於世，庶幾讀書明理之人，多其出而從政者必有濟於天下，此其效在數十年之後者也(東塾集卷四與胡伯蘇書)

又與黃理厓書云讀書三十年，頗有所得，見時事之日非，感憤無聊，旣不能出，則將竭其愚才，以著一書，或可有益於世. 惟政治得失，未嘗身歷其事，不欲爲空論，至於學術衰壞關係人心風俗，則粗知之矣，筆之於書，名曰學思錄” (東塾集卷四.)

讀此等書，可以見先生作此書之志，且觀其不分漢宋門戶，其意己深廣而洞觀時弊事期公正, 至於論政治, 以人才爲急, 人才惟以學術爲本.

先生, 生當晩淸學術衰亂之世, 不偏於博學, 不騖於空虛, 持正以去, 鑒空衡平, 折衷漢宋, 惟實學是務, 亭林先生所謂博學於文, 行已有耻之言, 數百年之下, 可謂待先生而其庶幾繼承矣夫, 但時不用先生, 不得見行於世, 而空遺殘書, 可惜也耳.

此書目錄自卷一考經, 至卷二十五通論, 其間論語, 孟子, 易, 書, 詩, 周禮, 儀禮, 禮記, 春秋, 三傳, 小學, 諸子, 西漢, 東漢, 鄭學, 三國, 晉, 南北朝隋, 唐五代, 宋, 朱子, 遼金元, 明, 國 等題, 以其次第, 逐順各成一卷. 其中卷十三, 十四, 十七, 十八, 十九, 二十, 二十二, 二十三, 二十四, 及卷二十五單設其目錄, 故其本文, 現行本不得見.

第二 漢儒通義

漢儒通義收於番禺陳氏東塾叢書初函第一種而總七卷, 若詳記其目錄.

其卷一, 天地, 陰陽, 五行, 鬼神, 人物,

其卷二, 聖賢, 經典, 儒士, 傳述, 學問,

其卷三, 道, 理, 心, 性, 命, 情, 仁義禮智信, 善, 德, 中和, 誠實, 正直, 恭敬, 謹愼, 言語, 容貌, 身體, 魂魄精神, 氣, 欲,

其卷四, 君臣, 父子, 祖孫, 兄弟, 宗族, 夫婦, 婦人, 師弟, 朋友,

其卷五, 冠, 昏, 喪, 祭,

其卷六, 出處, 義利, 行事, 交游, 功過, 權變, 安危吉凶禍福, 生死,

其卷七, 治道, 政事, 任賢, 愛民, 財用, 學校, 禮樂, 法, 度, 教

化, 賞罰, 訟獄, 刑法, 軍旅, 救災, 防亂.

先生記其自序下曰咸豐六年, 卽先生四十七歲時可以想像中年之作, 而以識序之年仍作者書之年, 是固不能然今見與黎震伯書, 其言曰 "百餘年來說經者極盛然多解其文字而已, 其言曰不解文字, 何由得其義理, 然則解文字者, 欲人之得其義理也, 若不思其義理, 則又何必紛紛然解其文字乎, 僕之此書 (漢儒通義)冀有以藥此病耳, 旣成此書, 乃著學思錄."

此漢儒通義之出, 在於學思錄之先名矣, 而欲救時弊而作者顯於文表, 其出之先後不同, 而不泥於古, 不拘於今, 欲使後學黽勉執中之志, 則與東塾讀書記相須以表明陳氏之志者也.

通全書, 不立自說, 專以漢儒之語引伸己意, 其發明義理之功, 尤有大矣. 其復王倬甫書所謂 "有漢儒通義一書, 采兩漢經師義理之說, 分類排纂, 欲與漢學, 宋學兩家共讀之" 者此也.

此兩書外, 如聲律通考, 切韻考, 漢書地理志, 水道圖說等書, 不世出之大著也, 先生於其六十二年自述, 已言之詳悉矣, 陳氏與黎震伯書云 "訓詁, 聲音, 算術, 律歷, 地理之類, 皆儒者之事, 然必專門乃能精通 僕未能也, 故欲吾弟及諸友各專習其一, 若夫義理, 則人人皆必當知之, 非可以分而習之者(東塾集卷四)矣." 此自言聲律, 訓詁, 曆算, 地理學之爲大, 而其置重不若漢儒通義者亦可見矣. 是固陳氏之志矣夫.

東塾集卷四所載與賈葛民書詳說聲律通考所著之由來, 而難解故未能詳及.

四. 後篇: 陳氏之影響

余所見未廣, 其於陳氏之影響, 少能可述者, 今搜探東塾集, 自其與人書, 及爲親友所作碑傳序諸文與諸跋文中, 概得先生平日莫逆友與親炙之門人, 略窺先生交好往來之人焉, 請擧其姓名, 附其主旨於其下. 如

鄒特夫 (陳先生爲鄒氏作學計一得序及地圖序, 謂學計一得者, 吾友南海鄒君特夫所作也, 昔余未識特夫, 見所作戈戟考, 知其精通算術, 乃定交焉, 相見之初, 特夫告余以墨子書有算術, 且有西法發書, 共讀相對, 撫掌因歎, 昔人若有明其說者, 則西洋爲遼東豕也. ……特夫聰穎絶人非但精算術, 凡古書疑難譌脫千古不解者, 輒得其解.)

李恢垣 (著有漢西域圖考, 廣元遺山年譜, 陳氏爲之作序, 以爲廣元遺山年譜者, 吾友李友恢垣之所作也. 易爲謂之廣, 翁覃溪氏先爲此譜矣. 李君曰吾廣之云爾遜辭也. 李君又告余, 曰吾書異於翁氏書者, 詳考地理爾, 余謂此李君書所以善也. ……李君生於遺山五百餘年後, 而於遺山一生所作幾盡知其年月, 遺山有靈, 亦當爲之驚且喜矣, 翁氏於史學地理, 實非所長, 其書疏誤實多, 李君書實勝翁氏, 然雖駁正翁氏而不曰刊誤, 不曰糾繆而猶爲遜辭, 記曰博學以知服, 言不以己之博學, 陵跨前賢也, 余尤樂揭而出之, 以爲著書者法焉.

朱浮責彭寵書曰伯通自伐以爲功高天下, 往時遼東有豕, 生子白頭, 異而獻之, 行至河東, 見羣豕皆白, 懷慙而還.若以子之功, 論于朝廷, 則爲遼東豕也(伯通寵之字, 後漢書朱浮傳).

其外如桂星垣(名文燿)溫伊初, 楊榮緒(字浦香)譚瑩(字兆仁, 別字玉生, 陳氏爲作譚君墓碣銘, 題其尾曰君余同學優貢, 同爲學海堂學長, 交好數十年.) 其人也, 然其最相好者, 其唯侯康, 與其弟度乎. (康字君模, 有後漢書補注續一卷 三國志補注一卷. 度字子琴, 有述古軒家訓, 爲賊所焚, 其副本在番愚志書局, 爲夷寇所焚 遂無傳焉. 所著說經文刻於學海堂集.)

蘭甫先生傳二侯曰 "余與二君居址相近, 常相見, 在京師同居, 下第同歸, 情好最密, 計自弱冠得交君模, 始知治經, 是吾師也, (自述云問經學於侯君模先生.) 子琴則同志曰友者也, 嘗與君模戲言, 我後君死, 當傳君, 君模死, 余爲傳, 哭其殯而焚之, 子琴死乃爲合傳 嗚呼使二侯君, 今猶在, 年七十耳, 而墓木拱矣, 悲夫." (東塾集卷五. 續碑傳集卷七十七. 兩處見矣.) 讀此文 陳氏之於二侯君其友情可想矣.

若夫稱爲門人者如虞子馨, 趙子韶, 胡伯蓟, (胡氏與漢儒通義校讎之役且有書於此書之尾.) 王峻之(東塾讀書記卷二論語條下引其說等.)

陳氏之於子韶稱其學博而力銳, 尤好考究地理, 以遠夷亂中國益發憤, 於伯蓟, 爲作其墓碣銘云 "伯蓟性高邁而沈默寡言, 其意不可一世, 聚書數萬卷, 勤讀精校, 凡余所論說皆篤信之讀書有得則寄書商權十三經注疏皆盡讀之 毛詩三禮春秋左傳疏則反覆讀數過讀諸史尤熟於通鑑 所校通鑑通典皆精審(中略)嗚呼今世之士學力深博志行孤高 如伯蓟者 何可多得 余之門人 虞子馨早死 趙子韶中年悲鬱而死 伯蓟且不得其死 皆特出之士也 而伯蓟尤可痛矣

侯康有春秋古經說與穀梁禮證, 共載於皇清經解續編卷九百五十五~九百九十八

(東塾集卷六)　又題其銘曰志追古人豈不祥耶　下從靈均亦何傷耶何以至斯 殆吾之學之不昌耶.

蓋蘭甫先生 在子有宗誼 託望於他日而不幸短命而死 在門人有此數子 其才質學識可承其師之後 而亦不幸先其師而沒 其爲先生可不悲哉 先生之學不得廣布於世者 豈無故而然耶.

以上數子之外, 如廖廷相(編輯東塾文集, 及其切韻考外篇, 且補三統術詳說, 嘗書東塾集目錄之尾曰校讎者同門鄭君權, 梁君起, 楊君繼芬, 汪君兆銓云云.) 殷保康(寫刊聲律通考.) 等自片文隻篇, 略知其爲陳氏之門人, 而余不聞其名著於世, 且不得著書可考者, 故闕之.

唯桂子白文燦, 生於廣東南海, 其學風行儀, 早述學海之餘韻以陳門一人聞焉(揆以余之檢討,　於其本傳不言爲陳門弟子且於東塾諸書中曾未得見言及於桂氏者, 是所可疑者也.)

有大著顯於世, 同治元年獻所著經學叢書, 旋奉諭曰 "桂文燦所呈諸書考證箋注, 均尙詳明, 羣經補證一編, 於近儒

惠棟 戴震 段玉裁 王念孫 諸經說 多所糾正 薈萃衆家 確有依據 具見潛心研究之功. (儒林據續稗傳集卷七十五再引.) 此可以知其見重於當世者也.

本傳又論其學說曰嶺南自嘉道中儀徵阮元設學海堂　經學日興人才彬彬輩出 其後承學之士喜立門戶 尊朱者與鄭違 尊鄭者又與朱違甚惑以高談道學爲名而物與民胞之理不講　以訓詁詞章爲事而道經致用之道不知　有失本意文燦追述　阮元遺言謂周公尙文範之以禮 尼山論道教之以孝　苟博文而不能約禮 明辨而不能篤行 非聖人之學也 鄭君朱子皆大儒其行同 其學亦同 因著朱子述鄭錄推

張子厚西銘云天地之塞吾其體 天地之帥吾其性 民吾同胞 物吾與也

崇 朱子.” 此非獨繼述陳氏學問之正鵠, 釐正當時之弊, 其功大矣哉, 所著書不遑枚擧, 而其最著者朱子述鄭錄二卷外又有四書集注箋四卷, 論語皇疏考十卷, 經學博采錄十二卷潛心堂文集十二卷等.

與蘭甫先生, 生同一世, 其學問可幷述, 其趣向類似者, 有黃式三 (乾隆二十四年己卯生, 劉氏光漢云定海黃式三徧治羣經, 作論語後案, 其子以周亦作經訓比義,) 雖時雜宋儒之說然解釋義理, 多與載阮相符, 與陳澧稍別 (國粹學報第一年下光緒三十一年學篇, 南北考證學不同論條. 鄧氏實云晩近定海黃式三, 番禺陳澧皆調和漢宋者, 然摭合細微, 比類附會其學至無足觀, 夫古人之學, 各有所至豈能强同, 今必欲比而同之則失古人之眞, 故爭漢宋者非, 而調和漢宋者亦非也(國粹學報第一年上, 光緖三十一年, 國學今論條. 兩氏之說相異而當日以黃陳兩氏學說歸之類似無疑也.)

及其子以周 (繆荃孫所作墓志銘云所著經訓比義三卷列二十四目, 擧謂博文約禮, 聖門正訓, 學者欲求孔聖之微言大義必先通經, 經義難明, 必求諸訓詁聲音, 而後古人之語言文字乃憭然於心目, 不博文能治經乎, 旣治經矣, 當約之以禮云云; 續碑傳集卷七十五)林伯桐 (張維廉所作林氏小傳云 “生平於學無所不窺, 尤篤志經學硏經, 宗漢儒而踐履, 則服膺朱子” 云云; 同上) 兪樾 (繆荃孫作兪氏行狀云 “先生訓詁主漢學, 義理主宋學” 云云; 仝上)朱一新 (著有漢書管見四卷, 無邪堂答問, 五卷. 全氏武祥傳朱氏云 “字蓉生, 號鼎甫, 浙江義烏人其論經學, 深抑近時講西漢公羊之流弊, 謂其蔑古荒經, 其論學術謂學術與治術之分久矣, 學與行, 亦未嘗不分, 迨及近世則漢與宋分, 文與學分, 道與藝分, 豈知聖門設敎, 但有本末先後之殊, 初無文行與學術治術之別. 少嗜濂洛關閩之書, 中年以後涵養益粹. 嘗謂進德莫先於居敬, 修業莫先於窮理, 窮理必兼學問思辨・學問者格致之事, 思辨者由致知以幾於誠正之博而返約, 則居敬尤要; 續稗傳集卷十九) 諸儒.

余於諸儒不得親讀其學說, 摭拾先儒之所言, 仍以爲證, 歸之於陳氏之門庭, 恐難免牽强附會之誚, 而先儒亦豈欺我哉.

劉氏光漢曾有言表明陳氏之源流, 及同類與其餘風, 簡而得精, 今借錄之, 以代己意.

嶺南之士列阮氏門籍者, 雖有侯康, 曾釗, 林伯桐然以番禺陳澧爲最著 澧學鉤通漢宋, 以爲漢儒不廢義理, 宋儒兼精考證, 惟掇引類似之言, 曲加附合, 究其意旨, 仍與摭拾之學相同, 然抉擇至精, 便于學童, 若桂林龍翰臣(以韻學爲最精)朱琦, 南海朱次琦咸學兼漢宋與澧差同, 而陳澧, 朱次琦, 各以其學授鄉里, 弟子咸數十人, 至今未絶, 此嶺南學派之大略也(國粹學報第一年下光緒三十一年學篇, 南北考證學不同論.)

黃氏節云南海朱九江次琦先生於擧國爭著書之日, 乃獨棄官講學學修身讀書之要, 以告學者, 其言修身之要曰敦行孝弟 崇尙名節, 變化氣質, 檢攝威儀, 其言讀書之要曰, 經學, 史學, 掌故之學, 性理之學, 詞章之學, 其爲學不分漢宋. (國粹學報第四年上, 光, 三十四年, 社說嶺學源流.)

收言

回顧有淸二百年間學術之致隆 卓冠歷紀 且又門戶之爭 未有甚於此時者也 雖有乾嘉道咸之盛而間有漢宋學之爭 兼有今古文之分

惟國初漢學方萌芽 顧亭林先生崛起學以博爲宗行以耻爲歸兼采宋漢 亭林一歸 此聲漠然無聞焉幸得陳先生澧出於百有餘年之下復續絶音 可謂屢轉而返其初 噫後之視今猶今之視昔又有承其學而行於身者 能使學術與修行可廣而長 豈獨爲陳氏幸 抑斯文之幸也夫.

退溪의 晦庵書節要와 日本의 近代文教에 끼친 영향

〈退溪의 親筆 晦庵書節要 序文 親筆草稿本을 얻고서〉

一. 親筆本晦庵書節要序文

退溪年譜에 依하면 朝鮮 明宗 十一年 丙辰(1556 A. D.)은 先生이 五十六歲 되던 해라 이해에 『朱子書節要』의 編次가 完成되었다 하였고, 同年에 同節要의 序文도 이루어졌다는 것이다.

그러나 親筆草稿本에는 '晦庵書節要'라고 보였을 뿐 아니라 本序文末尾에는:

'嘉靖戊午夏四月日 謹序'라고 쓰여 있다.

이 戊午는 明宗十三年(1558)에 該當되는 것이니 이로써 보면 書名에 있어서는 朱子書節要가 아니라 晦庵書節要라고 明記되었고, 序文에 있어서도 年譜에 記載된 것보다 草稿本은 三年이나 뒤에 이루어진 것처럼 되어 있음을 알 수 있다.

그러면 과연 이 草稿本序文과 現行本에 실린 序文과의 관계는 어떠한 것인가?

이 兩本의 序文을 對照하여 보면 字句의 相異한 것은 十三處나 있으나 그 內容에 있어서는 別로 다른 것을 發見할 수 없고 다만 注目되는 點은 역시 '嘉靖戊午夏四月日 謹序'라고 보인 것이라 할 것이다. 즉 上記한 年譜所載 '先生五十六歲' 條下에 '序朱子書節要'라 보이고, 이 行의 上欄에 다시 表出特書하기를:

"謹按先生所著節要末段年月 序文之成在戊午夏四月"이라고 하여 現行本序文의 作成된 年月日보다 草稿本에 記載된 것이 더욱

信憑할 수 있음을 示唆하였으며, 또한 現行本序文末段에 奇大升이 付記하기를:

> "退溪 先生의 節要序文이 嘉靖戊午에 이루어진 것과 그때 先生의 年歲가 五十八이라는 것, 또 自筆로 淨寫하여 巾笥에 收藏하여 두고 다른 사람에게는 보이지 아니하였다는 것을 밝힌 것이니 先生이 이 節要를 世上에 公開하지 아니할 뜻을 보인 것이어늘: 이에 反하여 後學들은 先生이 纂述한 節要를 重히 여겼을 뿐 아니라, 반드시 刊行에 부칠 것까지 企圖하였고, 다음에 書名을 朱子書節要라고 變更하는 同時에 目錄과 註解도 아울러 刻하였으나 先生의 自筆草稿本인 序文만은 求하지 못하였다가 先生이 沒한 後에 비로소 門下 諸人이 그 手稿本을 얻어서 先生의 輯錄한 뜻을 바르게 傳한 것이며, 다시 謄刻하여 卷首에 옮기게 된 것이"[68]라는 것이다.

이로써 보면 節要序文의 完成은 明宗十一年이 아니라 同十三年이 옳은 것이며 '更名朱子書節要'라는 것으로 보면 先生 手稿本序文의 '晦庵書節要'가 先生이 纂述하던 當時에 名命한 書名인 것도 알 수 있고, 또한 現行『朱子書節要』의 附記에도 退溪李先生答李仲久書 중에 '晦庵書節要'라고 頭書된 것은 더욱이 上記한 事實을 明證하여 준 것이라고 할 것이다.

68) 先生此序成於嘉靖戊午, 是時 先生年五十八歲矣, 手自淨寫, 藏之巾笥, 未嘗出以示人, 蓋其微意, 不欲以纂述自居也, 後因學者 求觀節要, 則浸以流布, 至有入梓, 以廣其傳者乃更名朱子書節要, 併刻目錄及註解, 而序則終不出焉, 先生旣沒, 門下諸人始得見其手稿, 咸謂 先生輯錄活意不可使無傳, 遂謄刻之寘卷首云隆慶六年九月日後學高峯奇大升謹識.

二. 朱書節要를 纂述한 動機

다음으로 退溪 先生이 節要를 纂述하기에 이르는 동안 그의 生涯와 社會的 환경에 對하여 考察하여 보려는 것이다, 自來로 儒家의 生活은 簡素淸廉한 것을 本然의 姿勢로 하지마는 先生은 더욱이 眞率純厚한 品性이라 世情에 따라서 低仰하기를 항상 꺼리었다. 世波가 險하면 山野로 돌아가는 것을 그의 本分인 것처럼 생각하였고 옛 聖賢들의 남긴 書卷을 親히 하는 것이 가장 즐거운 일이었다.

中宗十四年(己卯) 先生 十九歲 때에 지은 '詠懷詩'로 알려진:

혼자서 林廬에 쌓인 萬卷書를 愛讀하니,
한결같은 마음은 十年 남아 될 터라.
獨愛林廬萬卷書
一般心事十年餘<年譜, 中宗十四年乙卯>

이 詩意로써 先生이 初年時代의 뜻한 바를 알 수 있고, 宦路에서 榮達하는 것보다는 林野에서 讀書하는 것이 또한 그의 本願이었던 것이다. 旨趣를 같이하는 同志들을 尊敬하였으며 오로지 學問에만 精進하였다.[69] 先生의 "送金厚之修撰乞暇歸覲詩"(中宗二十八年, 癸卯, 四十三歲)를 보면:

내가 옛날 泮宮(成均館)에서 배울 적엔

---

69) 時經己卯之禍, 士習渝薄, 見先生擧止 - 有法, 人多笑之, 所與相從者非, 金河西麟厚 - 人而已, 先生未幾還鄕. (年譜, 中宗十八年, 癸未先生二十三歲).
先生趣尙高潔, 常有急流勇退之志, 雖處榮宮非其所樂也. 〈年譜, 中宗三十七年, 壬寅, 先生四十二歲〉

한 말이라도 뜻이 合하면 기쁘게 서로 대하였느니라.
그대는 處世에 능함이 빈 배와도 같았었고
나는 변변치 못한 재주로 용열한 재목과도 같았었느니라.

富貴는 나에겐 뜻 구름이어라,
우연히 얻은들 나의 것이랴?
秋風은 쓸쓸하여 湧水 갓을 스치는데, 바다와 산 千里 길에
그대 먼저 가소서!
我昔與子遊泮宮. 一言道合欣相得. 君知處世如虛舟. 我信散材同樗櫟. 富貪於我等浮雲. 偶然得之非吾求. 秋風蕭蕭吹漢水. 海山千里君先去.

항상 謙虛로써 自處하고 富貴를 멀리할 뿐 아니라, 疾病이 잠시도 떠나지 아니한 先生은 갈수록 林泉을 그리워하였던 것이며, '自癸卯始決退休之志'라는 文句는 先生의 平生의 進路를 豫示한 것이라 할 것이다.[70)]

다음으로 先生이 鄕里에 들어가서 雲水와 煙霞 등을 즐기려 한 중요한 原因은 上記한 것과 같은 그의 稟性에도 있지마는 또한 險亂한 當時의 風情에 起因한 것이라고 아니 할 수 없다. 中宗癸卯를 前後하여 볼 때 二十五年 前에는 이미 己卯의 慘禍로 趙靜庵과 같은 名賢이 世上에서 용납되지 못하였고 三年 後인 乙巳, 즉 거듭되는 士禍로 因하여 士類들이 全滅을 當하게 되는 史上 最大의 悲劇을 보게 된 것이다. 물론 큰 事變이 始作되는 데는 반드시 그 釀成된 原因이 없지는 아니하다. 栗谷의 論한 바에 依하면:

70) 乞身避位, 拘負墳典, 而來投於故山之中, ……此某十年以來之志願, ……自癸卯至壬子凡三退歸而三召還……鄭惟一撰言行錄云先生本少宦情, 自癸卯始決退休之志, 自是以後, 雖累被 召還, 常不久於朝. 〈年譜, 中宗三十八年 癸卯, 先生四十三歲 與曹南溟書〉

"國初에 있어서 人材育成에 힘쓴 것이 前朝보다는 훨씬 나아졌다고 하겠지마는 燕山 때에 任士洪이 不測한 마음으로 士林들을 해롭게 한 것을 비롯하여 己卯에 이르러서는 士林이 몹시 被害를 당하였으나 그 명맥만은 지탱하여 오던 것이 乙巳의 禍에는 그조차 끊어 버렸다. 이로부터 善한 일을 하려는 것은 도리어 서로 경계하게 되고, 惡한 일만을 숭상하는 데 이르렀다. 만일에 한 선비가 頭角을 나타내서 바른말이나 하는 데 힘을 쓰면 첫째로 父兄에게 책망을 들었고 동시에 이웃사람들에게까지 버림을 받았다. 그러므로 누구나 適當한 態度로 아무것도 모르는 체하며 한 옆으로는 富貴만 탐할 뿐 좋은 생활이나 꿈꾸다가, 큰 자리에 앉아 보려고 엿본 것이다. 물론 모든 사람이 다 그러하였던 것은 아니다. 朝廷에 있는 大小의 신하들 가운데는 憂國 愛君하려는 마음이 없는 것도 아니다. 그러나 항상 두려워하는 것은 저 무서웠던 己卯나 乙巳와 같은 士禍나 당하지 아니할까 하는 생각에서 언제나 조심을 한다. 그리하여 正義에 가까운 말은 조금도 못하게 마련이다. 다만 이리할까, 저리할까 하며 사람들의 눈치만 살펴보다가 자기도 모르게 세상 사람의 비위만 맞추려고 노력한다."[71]

以上에 보인 것이 退溪가 나고, 생활하고, 또한 활동하던 社會의 時代狀이다.

社會의 風潮가 正道에는 어둡고 所謂 權門에 阿附하여 自己發身에만 汲汲하던 때이라 大人君子의 品位를 갖춘 退溪 先生으로는 到底히 용납될 수 없었던 것이다. 先生 自身이 直接 當한 事例를 들어 보면 當時의 情況이 얼마나 險難하였던가를 알 수 있다.

---

71) 所謂士氣摧挫之甚者何謂也, 國初育才之盛, 遠勝前朝, 燕山之世, 任士洪懷不測之心, 始將士林. 餘氣猶盛, 而殘僞于己卯, 尙有縣縣之息, 而斬絕于乙巳, 自是厥後. 爲善者相戒, 爲惡者相勸, 若有一士, 頭角稍異, 論議稍正, 則得責於父兄, 見擯於鄕類鄰, 惟是含糊鶻突 只貪富貴者, 乃能美食安坐, 以享祿位, 朝廷大小之臣, 非無憂國愛君之心, 而懍懍然以己卯乙巳覆轍爲戒, 莫敢出一聲, 以助正氣, 但狐疑首鼠, 反助流俊而己. 〈東湖問答, 右論當今之時勢〉

"乙巳士禍에 權奸들은 갖은 凶計를 꾸몄다. 士林을 죽이거나 귀양 보내는 일은 여반장이었다. 사람들이 무서워서 엉거주춤하고 있을 뿐이었다. 右相의 지위에 있던 李芑는 가장 凶險한 일을 한 것이다. 自己 하는 일에 同調하지 않은 사람은 모조리 除去한다. 물론 말 한마디도 마음대로 못 할 정도였다. 李芑는 임금에 아뢰기를 近日에 定罪한 것이 다 當然한데 아직도 여러 朝士 중에서는 罪를 받을 만한 사람이 더 있다 하여 李天啓를 비롯한 여러 사람의 削職을 決定하는 데 이른 것이니 不幸히 退溪도 이 毒牙에 걸리는 것을 免치 못하였다. 누구보다도 先生이 이와 같이 된 데 대하여서는 朝野가 다 같이 놀라지 아니할 수 없었던 것이다."72)

後日에 先生을 論하는 사람들이 그 窮迫하였던 事情을 살펴보지도 아니하고, 다만 그의 勇退하기에만 急하였던 것을 玉의 瑕疵처럼 愛惜하게 여기는 사람이 많았다. 물론 이와 같이 생각하는 것은 先生에 對한 希望이며 景仰하는 정성이다. 좀 더 勇進하여 當時의 小人輩에 君臨하였더라면 乙巳의 慘禍는 없지 않았을까? 賢明한 士類를 救할 길은 없었을까 하는 것이었다. 그렇기에 偉大한 人物은 그만큼 平人에 比하면 그 所任이 더 큰 것이니 이와 같은 것을 '責賢之任'이라고 이르는 것이다. 明宣兩朝에는 先生을 위한 禮遇가 매우 컸었고 宣祖大王은 特히 退溪에게 간곡히 부탁하기를:

"卿의 賢德을 들은 지 이미 오래이라 이와 같이 新政이 시작되는 때에 卿이 만일 벼슬하기를 꺼려하면 어찌 마음이 편안하겠는

---

72) 時, 權奸用事, 士禍大起, 誅竄相繼, 人皆重足以立, 右相李芑, 尤凶陰, 知士論不與, 欲蓋去異己, 以制衆罷, 詣闕獨啓, 近日定罪, 各適其當, 但朝士坐罷者, 有所未盡, 李天啓, 李滉……請並罷, 於是, 先生與丁公熿等數人, 同日免職, 朝野駭憤. 〈年譜, 仁宗元年, 乙巳, 先生四十五歲〉

가? 사양하지 말지어다."라고 命하였다.

上曰: 聞卿賢德久矣, 如此新政之時, 卿若不仕, 豈安於心乎, 宜勿辭. <栗谷全書, 經筵日記>

이렇듯 王의 愛賢함이 優渥하였고 栗谷도 退溪의 在朝할 것을 간곡히 勸勉하면서 兩賢의 對話가 매우 眞摯하여 後人으로 하여금 敬仰의 情을 더욱 깊게 하는 바 있다.

栗谷曰 "先生과 같은 분은 經席에 오르면 국가에 유익됨이 많을 것이니 벼슬하는 것은 다른 사람을 위하여 하는 것이지 어찌 자기만을 위하여 하는 것이리오?"

退溪曰 "그대의 말과 같이 벼슬은 참으로 다른 사람을 위하여 하는 것이지마는 만일 다른 사람에게도 利로운 것은 없고 도리어 걱정만 남게 되면 벼슬을 삼가는 것이 좋지 아니한가?"

栗谷曰 "先生이 在朝하면 가령 劃策하는 일은 없다 하여도 上(宣祖)께서 미덥게 여기시고 民衆의 마음은 흐뭇할 것이 아닌가요?"

若先生, 在經席之上, 則爲益甚大, 仕者爲人, 豈爲己乎, 滉曰仕者固是爲人, 若利不及人, 而患切於身, 則不可爲也, 珥曰先生在朝, 假使無所猷爲, 而上心倚重, 人情悅賴, 此亦利及於人也. <栗谷 經筵日記>

이와 같이 나라를 걱정하고 民生을 明君과 賢臣이 念慮하였지마는 士禍는 쉴 사이 없이 계속되었고 內憂와 外患은 國威를 땅에 떨어지게 한 것이 우리 民族의 不幸한 過去史이었다. 退溪 先生이 비록 衆惡을 물리치고 國基를 바로잡는 데는 不及함이 있었다 할지라도 人間의 道를 밝히는 데 眞積力久의 功을 다하였고,

溫讓謹嚴한 美德이 日用動靜의 指標가 되어 人格이 이에서 더욱 높았고 淑化의 힘이 千秋에 빛나고 있는 것은 우리 精神文化, 특히 道德生活의 本源이 아닐 수 없다. 政治上 功勞와 文化的 業績은 원래 兩分하여 別論할 것은 아니지마는 健全한 精神文化의 傳統이 없으면 表面에 나타나는 貢獻이 아무리 크다 하여도 이것은 곧 外飾이며 空疎한 것이니, 그렇기에 實效를 말하는 곳에는 반드시 明哲하고 鞏固한 意志力이 그 밑바탕이 되지 아니할 수 없다.

後學들이 왕왕히 過去의 歷史上 虛聲을 들을 때마다 儒家를 非難하게 되며 儒家의 代表로 退·栗을 輕忽하게 評하는 폐단이 있음은 다시 反省하여 보지 아니할 수 없다.

그러므로 『朱子書節要』는 그 序文에서도 明記된 바와 같이 退溪의 創論은 아니라 하더라도 退溪精神의 本源이라고 아니 할 수는 없다.

三. 手稿本序文의 概要

本 節要를 纂輯한 過程과 그 要旨를 手稿本序文에 依하여 살펴보면 먼저 序文의 緖頭에 보이기를

> "나는 病으로 벼슬을 버리고 곧 溪上(退溪)에 돌아왔다. 한가한 날이면 정신을 모아 朱子의 글 읽기에 여념이 없었다. 이때로부터 나는 그 내용을 살펴볼 때 말마다 취미가 있고, 그 뜻이 무궁한 것을 점점 깨닫게 된 것이며, 더욱이 朱書 中에서도 書札(편지)에 이르러서는 더욱 재미를 느끼게 된 것이다."

臣某……因病罷官, 載歸溪上, 得日閉門, 靜居而讀之, 自是漸覺其言之有味, 其義之無窮, 而於書札也, 尤有所感焉.

이로써 退溪가 京華의 官界를 멀리하고, 淸雅한 山谷에 隱居하면서 讀書에 專念한 것과 아울러 그 學統의 淵源이 되었던 朱子의 學問에 얼마나 心悅敬服하였던가를 살펴 알 수 있다. 더욱이 朱書의 眞髓로 생각하는 書札의 特徵을 다음과 같이 論評한 것은 非但 朱子의 指導方法과 治學의 深奧한 部分을 闡明하였을 뿐 아니라 이로써 朱學의 大意를 밝혔다 하여도 過言은 아닌가 한다.

첫째로 書札에서 보인 教育方法과 그 効果에 對하여 다음과 같이 論述한 바 있다. 즉

"언제나 人材의 高下와 學問의 深淺에 따라서 教育의 方法을 생각한 것이니, 먼저 그 個性의 不足한 點을 똑똑히 살펴볼 것을 말하였다. 人間을 指導 教養함에 있어서는 그 對象에 適應하도록 方法을 取함이 필요하나니, 이는 醫師가 患者를 治療하는 것이나 鎔工이 鐵材를 陶鑄하는 데 比할 수도 있는 것이다. 그렇기에 醫師는 患者의 病勢를 診察하지 아니할 수 없고, 鎔工은 鐵材의 剛度를 알아서 鑄造의 功을 다하지 아니할 수 없는 것이니 人間의 個性에 있어서도 그 品性이 여러 面에 있어서 지나친 사람은 抑制하기도 하고, 進取力이 不足하면 發揚하게 하기도 하며, 갈 方向을 잃은 사람은 바른길로 引導하여 주기도 하고, 性格이 弱하여 難境에서 苦悶하면 救援의 曙光도 보여주며 激勵하여 勇進하게도 하고, 怠慢한 사람은 冷嚴히 다루어서 警覺心을 發揮하게도 한다.

이렇기에 人間은 自己 혼자만이 생각하고 있는 곳에서도 惡한 일은 조금도 용납되지 못할 것이며, 義理의 至極한 곳에 이르러서는 가령 善惡에 對한 判斷이 不明了한 境遇라 할지라도 결국은 그 原因을 探索하여야 할 것이며 조금도 過誤가 없는 데까지

이르게 할 것이니, 이에서 人間問題에 對한 規模도 廣大하여질 것이며, 心法도 더욱 嚴密하여질 것이다. 그 言行은 언제나 깊은 물가에 간 듯도 하고, 엷은 얼음을 밟는 듯도 하여, 항상 조심하는 態度로써 조금도 소홀히 하는 일이 없을 것이며, 憤怒한 感情이나, 拙劣한 欲心이 發露될 때라도, 반드시 이를 寬抑하며, 遷善改過의 道理를 究明하기에 부지런히 할 것이라. 이로써 剛健篤實한 美德은 漸次로 빛을 내게 될 것이니, 이와 같은 끊임없는 努力은 他人과 自我와의 사이에 間隔이 있는 일이 아니며, 다른 사람에게 말할 때마다 그 사람들로 하여금 感激하게 할 것이며, 무슨 일에서나 意欲을 가지게 할 것이요, 自信을 지니게 할 수 있을 것이니, 이러므로 當時 朱門에서 배운 사람들은 물론이려니와 世代를 달리하는 百世 以後의 사람들까지도 上述한 原理에 잘 順應하면, 直接 그 門下에서 教導를 받는 것과 다름이 없을 것이라."

至於書札, 則各隨其人材稟之高下, 學問之淺深, 審證而用藥, 應物而施爐錘, 或抑或揚, 或導或救, 或激而進之, 或斥而警之, 心術隱微之間, 無所容其纖惡, 義理窮索之際, 獨先照於毫差, 規模廣大, 心法嚴密, 戰兢臨履, 無時或息, 懲窒遷改, 如恕不及, 剛健篤實, 輝光日新其德, 其所以勉之循之而不已者, 無間於人與己, 故其告人也, 能使人感發而興起焉, 不獨於當時及門之士爲然, 雖百世之遠, 苟得聞教者, 無異於提耳而面命也. <節要序文>

이 文面에 나타난 것과 같이 人間을 教導育成하는 方法은 人間의 個性에 留意하면서 그 本性을 啓發하는 데 더욱 努力할 것을 强調한 것이다.

現代 教育方法에서도 가장 중요한 것은 被教育者의 個性分析과 그 生活환경에 對하여 細密히 硏究하는 일이다. 特性을 發揮하고 意欲을 왕성하게 하며 警覺心을 誘發시킴으로써 知德을 增進하도록 하여 初步의 程度에서 高度의 境地에로, 素朴한 樣相에서 洗練된 位置로 提高向上한다. 이것이 '日新其德'의 進趣이며

'感發興起'의 提醒이다.

다음으로 本 序文에서 强調한 것과 같이 節要에 보인 朱門의 治學하는 要領에 있어서도 먼저 그 目的을 確言할 것과 그 動機를 鮮明히 할 것을 提示하여 주었다. 즉

> "대저 사람이 學問을 하는 것은 처음부터 理由가 分明하고 意欲이 왕성하여야 한다. 이로써 體系를 세우며 올바른 學的 進展을 期하는 것이다. 그렇기에 天下의 英才가 많지 아니한 것이 아니고, 聖賢의 글을 읽고 夫子의 說을 誦하기를 부지런히 하지 않는 것이 아니지마는, 마침내 이 學에 用力함이 없는 것은 다름이 아니라 그 시작이 분명치 못한 것이며, 따라서 意志가 굳게 서지 못함이라. 그러하니 어찌 夫子의 글을 여러 번 反復하며 깊이 연구하여 보지 아니할 것이랴? 一時의 師友 間에도 學의 本旨와 要訣을 講明하고, 工程에 對하여서도 서로 힘쓰도록 하는 것은 다 같이 사람의 意欲을 북돋우며 心地를 굳게 하여 주는 일이 아님이 없느니라."
>
> 夫人之爲學, 必有所發端興起之處, 乃可因是而進也且天下之英才不爲不多, 讀聖賢之書, 誦夫子之說, 不爲不勤, 而卒無有用力於此學者無他, 未有以發其端而作其心也, 盍嘗熟復深繹於夫子之書乎, 其一時師友之間講明旨訣責勉工程, 何莫非發人意而作人心也. <節要序文>

學問의 指針은 强大하고 廣遠한 意欲이 先行되어야 하며 이 意欲을 挑發하는 것은 항상 內的인 憤發과 外的인 督勵를 必要로 하는 것이니 이에는 聖賢의 書를 習讀하고 同志가 相磨하는 工을 疎忽히 할 수 없다는 것이다.

셋째로 本 序文에서 明示된 것은 以上에서 이미 個性의 發見과 意欲이 充溢하여야 할 것을 講論한 것이다. 最善으로 努力하

는 方向을 定하는 데 主觀에 기울어지지 아니할 것을 더욱이 親切丁寧하게 究明하여 준 것이다. 本文에 依하면:

"夫子의 말에 學者가 前進하지 못하는 것은 學問을 始作함에 頭緖가 없으므로 그 原理의 좋은 것을 깨달아 알지 못하는 것이며, 硏學하는 데 端緖를 찾지 못하는 것은 마음을 虛明히 하며 뜻을 겸손히 虛心遜志하지 못할 뿐 아니라 번거롭고 雜多한 것을 적게 하지 못하며, 또한 學問의 本意를 理解體得(耐煩理會)하기를 싫어하는 까닭이다. 지금 이 글[節要]을 읽는 者로 하여금 참으로 虛心遜志하고 耐煩理會하기를 夫子의 敎訓한 대로 하면 自然히 治國의 順序를 찾게 될 것이며, 이에 따라서 그 眞理의 좋은 點을 알게 되는 것이 마치 먹는 음식이 입에 맞는 데 比할 정도가 아닌 것이며, 이미 上述한 바 大規模와 嚴心法의 境地도 可히 이로써 能히 到達하게 될 것이다."
夫子之言曰, 學者之不進, 由無入處而不知其味之可嗜, 其無入處, 由不肯虛心遜志耐煩理會, 使今之讀是書者苟能虛心遜志耐煩理會如夫子之訓, 則自然知其入處, 得其入處然後, 知其味之可嗜不啻如芻豢之悅口而所謂大規模嚴心法者庶可以用力矣.
<節要序>

四. 節要本文의 本末, 體用論

本 序文의 槪要를 上記한 바와 같이 대강 叙述함으로써 節要本文의 大意도 어느 정도 밝혀진 것으로 믿으나 序文에 提起된 諸 問題를 論證하기 위하여 節要에 실린 本末 體用論의 一端을 아래에 取意 紹介한다.

"내가[朱子] 일찍이 이르기를 天下事는 本이 있고 이에 따르는

> 末이 있다는 것이니 그 本을 바르게 하는 것은 그 効果가, 느린 듯하나 實은 빠르고 末에서만 힘을 쓰는 사람은 그 행동이 매우 切實한 듯하다. 도리어 成果를 거두기는 어려운 것이다. 이러므로 論事할 줄 아는 사람은 깊이 事體의 本末을 밝혀서 그 本을 바르게 하는 것이니 本만 바르게 하면 末은 다스리지 아니하여도 걱정할 것은 아니니라."[73]

이와 같이 事體의 本末과 條理를 論理的으로 展開하는지라 이 理論은 空虛한 推想論에 그치지 아니하고 반드시 이 理論을 根據로 하는 具體的인 實踐方法이 隨伴된다. 그 一例로서 理想的인 國政을 論한 節目을 引用하면:

> "國政을 賢相에 맡기고 情實人事를 막는 것은 政治의 第一要件이며, 바른 官吏를 採用하고 稅金과 用役을 가벼이 하는 것은 民衆의 生活을 돕는 最善의 方法이며, 公正하게 將帥를 選任하되 不公平하게 親近한 者만 擢用하지 아니하는 것은 軍律을 바르게 하는 正道가 되느니라."[74]

이에서 賢相을 맡기는 것, 良吏를 採用하는 일, 公正하게 將帥를 고르는 것은 다 事體의 本이 되는 중요한 일이며, 立政, 養民, 治軍에 結果를 거두는 것은 末에 屬한다 할 것이니 이것이 곧 人間의 倫理意識이며 社會의 公道精神이다. 本末을 찾아서 正當한 判斷을 내릴 줄 아는 理性이 核心이 되므로 人間은 本然의 姿態를 지니며, 따라서 社會는 秩序와 調和를 圓滿하게 達成한다. 이

---

73) 〈熹〉嘗謂天下之事, 有本有末, 正其本者, 雖若迂緩, 而實易爲力, 捄其末者, 雖若切至, 而實難爲功, 是以昔之善論學者 必深明夫本末之所在, 而先正其本, 本正則末之不治, 非所憂矣.〈節要卷一時事出處, 與陳侍郎書〉

74) 任賢相杜私門, 則立政之要也, 擇良吏輕賦役, 則養民之要也, 公選將帥, 不由近習, 則治軍之要也.〈朱子書節要卷二十七〉

秩序와 調和가 항상 繼續되는 곳에 새로운 發展이 있고 偉大한 成果가 따르는 것이며, 不滅한 生命이 躍動하고 健全하고 嶄新한 文化가 이루어진다.

이 原理를 中樞로 하여 事體本末의 境地를 明確히 識別하고 '擇善固執'하는 實踐力을 養成하는 것이 儒學에서 一貫的으로 主張하는 嚴正한 論理이며 全人的 教育의 最高目標이다.

이와 같은 本源探求에 對한 信念이 薄弱할 뿐 아니라 때로는 이 原理를 忘却한다. 부질없이 末에 屬하는 華麗한 成果에만 汲汲하는 데서 矛盾을 招來하며 混亂을 惹起하는 것이니 이렇기에 '本正, 則末之不治, 非所憂矣'라고까지 朱子는 力說하는 데 이른 것이다.

이 本末論은 社會의 秩序와 人間의 倫理를 說明하는 데 引用한 바 있거니와 從來로 往往히 本은 重히 여기고 末은 輕한 것으로 論하여 온 일이 많다. 더욱이 '本正, 則末之不治, 非所憂矣.'라 하였음에도 後人은 本末의 眞意를 歪曲하여 治本도 하기 전에 治末에 대한 功에만 火急하였던 것이다. 즉 功利論的인 効率에만 熱中하고 義理的 判斷에 이루어지는 것을 傍觀한다는 말이다. 儒學經典에 보인 千言萬語가 다 이 點에 대하여 가장 많이 力說한 것이다. 大學의 篇首에:

> "物에는 本末에 있고, 事에는 終始가 있으니, 먼저 하고 뒤에 할 것을 알면 곧 道에 가까운 것이니라."[75]

朱子의 集註本에 依하면:

---

75) 物有本末, 事有終始, 知所先後, 則近道矣. 〈大學〉

"明德爲本, 新民爲末 知止爲始, 能得爲終."이라 하여 人間 本然의 性情에서 表現된 德이 基本이며 이 明德을 바탕으로 하고 이에 依하여 發揮되는 効果를 新民이라 할진대 明德과 新民의 關係는 輕重을 論하기보다 因果의 關聯性에 대한 過程의 叙述이라 할 것이며 知止와 能得의 關聯性도 本末의 意義와 同一하게 規定되는 것이니 本集註의 段下 小註에 보이기를:

> "知止와 能得의 關係를 비유하면 밭을 갈고 씨앗을 심고 김을 매고 그 다음에 곡식을 거두게 된다. 이와 같이 일[事]에는 먼저 하고 나중[首尾]에 하는 차서가 있는 것이며 明德을 論함에 이르러서도 自我를 正當하게 發揚하며 庶物을 冷嚴하게 理解할 줄 아는 本源이 곧 '明德'일진대 '新民'은 萬物을 統攝하며 活用하는 중에 衆民으로 하여금 安穩한 '生'을 享有하게 하는 作業이라 할 것이다. 이 眇然한 個我가 中樞가 되어 人間社會의 諸般事象을 整理하며 安定하게 하는 것이다. 이를 近道라 命名하는 것이며 이에 反하여 만일에 內外와 本末의 先後秩序가 轉倒되고 內心으로 省察하는 作用이 暫時라도 停滯되면 人間의 生態는 常道를 離脫하게 될 것이오. 本末先後의 秩序를 가리지 못하면 萬事는 矛盾으로 因하여 破滅하는 데 이를 것이니 어찌 正道라고 말할 것이랴."[76]

本文에 明示된 바와 같이 '耕 · 種 · 耘 · 斂'을 營農의 方法에 있어서 한 가지도 缺할 수 없는 必須的인 作業을 그 順次에 依하여 列記한 것이니 다시 말하면 耕 · 種 · 耘의 勞力이 없고서는 斂할 수 있는 功果를 期待할 수 없다는 것이다. 이와 같은 平易하고도 當然한 事理를 沒覺하고 世人들은 修本하는 努力을 加하기에

76) 知止能得如耕而種而耘而斂, 是事有箇首尾如此, 明德是理會己之一物, 新民是理會天下之萬物, 以己之一物對天下之萬物, 便有箇內外本末知所先後, 自然近道, 不知先後, 便倒了, 如何能近道. 〈大學集註, 物有本末下段〉

앞서 最終의 功果만을 거두기에 汲汲한다. 즉 耕·種·耘의 作業에는 等閑하다가 斂하는 利得에 熱中하는 것을 警戒하는 뜻으로 正本을 더욱더 主唱한 것이다.

그러므로 이와 같은 朱子의 論旨와 歷代의 俗儒들이 宋學을 非謗할 때마다 다만 空虛한 理論이라고 毁斥하는 態度와 比較하여 볼 때 天壤의 別이 있다고 아니 할 수 없다.

朱子는 事物에 對한 本末을 論함과 같이 體와 用에 대하여서도 同一한 主張을 한 바 있다. 그의 論한 바에 의하면:

> "다만 그때에 맞는 道理를 잘 살필 것이며 體用이 겸비하여 하나라도 빠지게 하는 일이 없게 하여야 비로소 完全하다고 할 것이니, 만일 '用'의 面에 있어서 疎忽한 것이 있다고 하면 이른바 體라는 것이, 곧 의미 없는 死物에 不過할 것이니 어찌 참다운 體가 된다고 할 것이랴?"[77]

이에서 뜻하는 體는 人性의 本體로서 本性에서 發源하는 理性的인 面을 말하는 것이며, 用은 이 本體를 主로 하여 實現되는 事態 또는 그 方向을 提示하는 一種의 述語이다. 主體的 理性에만 執着하여 現實的으로 活用되는 面을 顧慮하지 아니하면 空虛한 忘想에 陷入하기 쉽고 自律과 秩序가 없는 雜多한 現實에만 熱中하면 統緖가 缺如된 混亂에서 彷徨하게 된다. 이렇기에 朱子는 '體用兼擧·無所偏廢'를 極力 强調하여 '中正之道'를 鼓吹한 것이니, 이 境地가 곧 中庸의 道이며, 人道의 基本處를 構造하는 源泉이라 할 것이다. 儒學, 特히 宋代性理學의 哲學的 生命이 이

---

77) 但亦須審時措之宜, 使體用兼擧, 無所偏廢, 乃爲盡善, 若用有所不同, 則所謂體者乃是塊然死物而己豈眞所謂體哉. 〈節要卷四呂剸問答, 答呂伯恭〉

에 있고, 古代 實踐儒學에 比하면 空虛한 理論에만 置重한 것도 같지마는 時代的 要請이나 學問的 發展의 推移로써 勘案하여 볼 때 '體用兼擧 · 無所偏廢'는 時宜를 得한 正當한 論理가 아닐 수 없다. 이렇기에 具體的인 例로 顔子의 事例를 引用하여 다음과 같이 論하였다.

> "가령 顔子의 당시에 위로 孔子가 없었다고 하면 저[顔子] 道를 밝히며 세상을 구제하려는 作業에 있어서도 또한 반드시 方法[道]이 있었을 것이며 결단코 救世에 對한 생각도 없어 山野에서 편하게 지내며 자기의 한 몸만을 잘 다스려 나가려고는 아니하였을 것이다. 그렇기에 孟子의 論한바, 禹 · 稷과 顔子가 각기 그 당시의 처지를 바꾸었으면 자기의 당한 처지대로 하였으리라는 것은 오직 孟子만이 이 道理를 잘 納得하였다는 것이다."……
> 내 [朱子] 자신의 생각으로는 배우는 사람은 마땅히 顔子의 實踐한바 '克己復禮'나 '不遷怒 · 不貳過'나 '不伐善 · 不施勞'와 같은 類는 잠시라도 잊어서는 아니 될 것이라.[78]

이른 말이니 이것은 顔子가 理念的인 本源을 追求하는 데에만 充實할 뿐 아니라 日用行事의 實質的인 面에도 完實하였음을 알린 것이라 할 것이다.

顔子의 簞瓢自樂은 名利에 淡薄하였던 淸貧한 生活態度를 宣揚하는 高雅한 表現이지마는 顔子의 全人的인 人格이 이에 그치는 것은 아니다. 克己復禮하는 堅剛한 意志와 '不貳過' '不伐善' '不施勞' 하는 愛敬할 줄 아는 尊嚴性과 '聞一而知十' 하는 慧知

78) 使顔子之時, 上無孔子, 則彼其所以明道而捄世者亦必有道, 決不退然安坐陋巷之中以獨善其身而已, 故孟子言禹稷顔子易地則皆然, 惟孟子見此道理……(熹) 竊謂學者固當學顔子者如克己復禮　不遷怒不貳過, 不伐善不施勞之類, 造次顚沛所不可忌(節要四, 答呂伯恭).

와 '子在 · 回何敢死'리오 하는 그의 勇敢性과 決斷力은 顔子가 聖人의 領域에 達하였다는 評價에 부끄러움이 없다는 것이다.

顔子에서 본 바와 같이 主體的인 忠厚한 性情과 客觀的인 健實한 行動과의 因果關係는 內外와 表裏의 別이 없이 一貫된 渾然한 狀態로서 具現됨을 알아야 한다.

> "그러하므로 一體와 一用이 動하고 靜하는 區別은 있지마는 반드시 그 體가 서야 用이 비로서 運行되는 것인즉 실상은 두 가지의 分離된 일은 아니니라."[79]

이에 다시 體用에 關한 陳氏의 緊切한 注解를 各其 살펴보면:

> "體가 定立되는 것은 用이 實現될 準備이며 用이 잘 實現되는 것은 體가 定立된 實證이니라."[80] <三山陳氏>
> "體는 靜하며 用은 動한다 함은 體用을 나누어 말한 것이며 體가 立한 뒤에 用이 行하여진다 함은 合하여 말한 것이니라."[81] <新安陳氏>

以上에서 보인 바와 같이 本來自然의 法理나 人間社會에서 實現되는 事象은 항상 이 體用論에 根據를 둠으로써 비로소 理想的인 歸結에 到達할 것을 闡明한 바이라 할 것이다. 從來로 宇宙의 本體와 現象의 關聯性을 論하는 名句로서 體用一源(易傳序)이니 顯微無間(唐의 淸涼國師澄觀: 華嚴大疏出)이니 하는 大原理가 이미 오래전부터 밝혀진 것을 잘 알 수 있다. 즉 形而上的 原理와

---

79) 一體一用, 雖有動靜之殊, 然必其體立而後, 用有以行, 則其實亦非有兩事也(中庸集註, 萬物資焉下註).
80) 三山陳氏曰體之立, 所以爲用之行之地, 用之行, 所以爲體之立之驗(同上 小註).
81) 新安陳氏曰 體靜用動分言也 體立而後用行合言也 (同上.)

形而下的 現實을 嚴別하여 形上 形下가 全然 交涉이 없는 것과 같이 생각하려고 하는 傾向이 많은 중에 體用一源의 眞理를 高調하는 데 宋 程朱性理哲學의 妙諦가 있다고 할 것이다. 더욱이 感覺的인 現實만을 唯一한 硏究의 對象으로 하고 形而上的인 妙理를 等閑히 하려는 最近 科學萬能을 主張하는 學派에 대하여는 頂門의 一針이 될 만한 課題가 아닌가 한다.

本 序文이나 朱書節要에 보인 學說의 내용을 檢討하면 學問의 硏究와 敎育의 方法에만 局限되는 것은 아니다. 널리 文化의 全般에 亘하는 基本的 原理인 것이다. 참으로 儒學의 眞髓는 이와 같은 哲理를 啓示하는 데 妙諦가 있는 것이니 人間의 品性陶冶가 곧 文化向上의 關鍵이며 國家와 社會도 各個人의 健實한 家庭과 直結되는 原則을 무엇보다도 重要視한다. 修·齊·治·平의 根源이 格·致·誠·正(大學參照)에서 비롯되고 萬邦을 協和하는 道理가 俊(大)德을 밝히는 데서부터 비롯되는 것이며 <尙書·堯典>[82] 人間의 善德은 政治를 올바르게 하는 動力이 될 수 있는 것이다. <書·大禹謨>[83] 如上한 뜻을 儒學經典에서 이미 明示하여 준 것이라 窮理盡性하는 本來의 目的도 俗儒들이 말하는 것과 같은 虛理와 空談을 弄하는 것으로써 能事를 삼는 것은 決코 아니요, 萬事를 料理하는 데는 항상 어느 特定한 權威意識에 制壓된 機械的인 人間은 아니다. 能動的이며 主體意識이 確固한 獨立自存할 수 있는 뚜렷한 人間이다.

人間에 內在한 渾然한 本性을 涵養啓發하면서 外來的 知識探

---

82) 克明俊德, 以親九族, 九族旣睦, 平章百姓, 百姓昭明, 協和萬邦, 黎民於變時雍. (尙書, 堯典.)
83) 德惟善政. 〈書 大禹模〉

究에 疎忽치 아니하는 것이 圓滿한 人格을 陶冶하는 正道임에 不拘하고 偏向的인 感覺的 形式에만 熱中하는 것은 激動的 欲求充足일지는 모르나 純粹한 人間性에 한 汚點이 될 뿐 아니라, 이것이 一種의 混迷한 習性으로 化하고 人間 自身도 모르는 중에 社會惡에 感染되어 凶險한 風氣를 造成한다. 이는 오로지 人間本然의 性情을 省察하는 데 泛然히 하다가 不知不識 중에 釀成된 錯雜한 潮流에 浮沈하는 追從的 妄想에서 起因된 病弊라 아니 할 수 없는 것이니, 이와 같은 缺陷은 한 個人의 力量으로서는 能히 除去될 問題가 아니고 반드시 時宜에 適切한 正當한 理念과 方法으로써 是正되어야 하며 淨化되어야 한다.

그러므로 儒學에서 主張하는 心性陶冶의 方法으로 精神을 純化하며 이에서 全人的인 人間 敎育을 企圖하는 데 큰 意義가 있는 것이라고 생각된다. 이러한 觀點에서 上記한 節要의 序文에서 보인 敎育의 理念과 그 結果는 儒學에서 提示한 正統的 敎育의 本原으로써 價値가 있을 뿐 아니라 現代敎育의 諸 問題를 解決하는 데도 補完的인 役割을 擔當할 수 있는 充分한 理論的 根據가 될 수 있는 것이 아닌가 한다.

五. 節要渡日後에 그 政敎에 미친 영향

從來로 韓國에서 日本에 끼쳐준 文化的 貢獻은 이에서 煩說한 것을 避하고, 다만 壬辰亂을 契機로 하여 彼邦에 流出된 特殊한 部門의 文化財와 書籍은 매우 많다. 더욱이 李退溪와 關聯이 깊은 天命圖說을 비롯하여 自省錄과 朱子書節要는 가장 널리 알려져 있을 뿐 아니라 그 內容이 當時 日本學界에서 높이 評價되었고, 自後로 그들의 敎學方針에까지 큰 영향을 끼쳐준 것은 日本의 文化發展史上에 있어서 劃期的인 일이라고 아니 할 수 없다.

日本의 官學派로서 이름 있는 林羅山의 '天命圖說跋'文에 보이기를:

> "右天命舊新圖說은 朝鮮鄭秋巒과 李退溪의 지은 것이라. …… 나의 집에서 이 책을 所藏한 지 오래이며 어느 날 惺齊에 보였더니 惺齊의 말에 '圖說에 보인 四端은 理에서 出하고 七情은 氣에서 出하였다는 것은 옳은 것이며 困知記에 보인 것과 比較하여 보면 이것(天命圖說)이 저것(困知記)보다 좋다.' 하였다. 요전에 村上行信이 나에게 와서 刊行하기를 청할 세 이 글을 써서 주노라. 元和辛酉孟夏日羅山人 道春跋."[84)]

이 跋文에서 가장 주의할 만한 것은 첫째로 '余家藏此本久矣.'라 한 것과 '元和辛酉'라고 보인 點이다. 元和辛酉는 朝鮮王朝光海君十三年(西 一六二一)에 該當되는 것이며 壬辰亂 後 二十三年이다. 羅山이 亂中에 收得하여 日本으로 가져간 것을 秘藏하였던 것이다. 羅山은 當時 江戶의 代表的 碩學으로서 이 貴重한 文獻에 接할 수 있는 機會를 얻었던 것이며, 다음으로 文中에 보인 惺齊는 國權을 掌握하였던 德川家의 創業에 直接 參劃하였고 文敎의 振興에 많은 功績을 남긴 藤原惺窩를 指稱하는 것이니, 그들이 이와 같이 退溪의 學風에 對하여 心醉하였던 것을 볼 때 退溪思想은 實로 德川幕府二百年間의 文運昌達에 寄與한 바 클

84) 右天命舊新圖說者 朝鮮鄭秋巒, 李退溪之所作也……余家藏此本久矣. 一日聆於惺齊, 惺齊曰……四端出於理, 七情出於氣, 此就是也, 此諸困知記所云, 則爲此善於彼…… 頃者村上行信至 說餘乞謄之 於是書以寄之 元和辛酉孟夏日, 羅山人道春跋.

뿐 아니라, 最近에 이르기까지 日本國民의 指導理念을 造成하는 데 無上한 功이 있었던 것도 內外學界에서 이미 公認되고 있는 事實이다.

다음으로 이미 上記한 退溪의 自省錄은 그 自序에 보이기를:

> "예로부터 말은 함부로 하지 못하는 것은 자기의 몸으로 행하는 것이 아직 미처 가지 못하는 까닭이다. 이제 벗들과 연구하기 위하여 편지를 주고받고 하는 동안에 말을 하게 되는 자체가 이미 不得已한 일이며, 또한 부끄러운 일이어늘 하물며 한 번 말한 뒤에는 사람은 잊지 아니 하였는데 내가 먼저 잊는 것도 있고, 저 사람과 내가 다 같이 잊어버린 일도 있으니 이것이 다만 부끄러워할 일이 될 뿐 아니라, 참으로 기탄이 없는 일인지라. 가히 두려워할 만한 일이라 할 것이다. 간혹 상자를 찾아보다가 내가 손수 써 놓은 초고들을 책상에 놓고 때로 이를 살펴보기도 하였느니라. ……嘉靖戊午端午後一日에 退溪老人은 기록하다."

이 簡單한 文面에서도 退溪의 醇厚恬淡한 性格과 超邁謹嚴한 風度에 敬服하지 아니할 수 없다.

> 古者言之不出, 耻躬之不逮也, 今與朋友講究往復, 其言之出者不得已者, 已自不勝其愧矣, 況旣言之後, 有彼不忘而我忘者 有彼與我俱忘者, 斯不但可耻, 其殆於無忌憚者, 可懼之甚也, 間搜故几, 手寫書藁之存者, 置之几間, 時閱而展省之, …… 嘉靖戊午端午後一日退溪老人識.

이에서는 日本學界에 널리 알려진 것만을 밝혀 두고 自省錄의 內容에 關한 紹介는 割愛하고, 다만 往時 日本學界에서 重視되었던 몇 가지의 事例만을 들어 보려는 것이다. 海外學者로서 退溪尊仰의 第一人者로 稱하는 大塚退野의 說한 바에 의하면:

"내 二十八歲부터 程朱의 學에 뜻하였으나 自省錄을 읽은 뒤에 비로소 그 眞意를 깨달았노라." <退野語錄, 日鮮史記第 二十六頁 取意 編三>하였고, 또 "自省錄을 一看하였는데 …… 이 사람(退溪)이 없었더라면 紫陽(朱子)의 微意는 不明하여 俗學으로 變하였을 뻔하였다고 생각하노라." 同上 하였다.

이 例證만 하여도 退野가 自省錄을 通하여 退溪學風에 매우 傾倒하였음을 可히 짐작할 수 있으며 自後로 退野는 始終 그의 벗 藪愼庵과 合心하여 朱子學 闡明에 專力하였다는 것이다. 愼庵의 子, 孤山이 또한 敦篤한 儒者이며 家學을 잘 繼述하였다. 湯淺常山은 朱子學派와 趣意를 달리하는 古學派이면서도 "凡事到無可奈何處, 無恰好道理, 則不得已 擇其次者而從之"<自省錄, 答李叔獻書>라는 말을 取하여 千古의 名言이라고까지 感歎한 바 있으니 常山이 얼마나 自省錄을 愛讀하였는가를 알 수 있고, 日本明治維新에 國家의 要務에 參與하였던 橫井小楠을 비롯하여 그 高弟淇水翁과 近世 日本國民史 著者이며 言論界의 大家인 德富蘇峰이 退溪崇仰에 至極한 것은 特히 注意할 일이 아닐 수 없다.

朱書節要를 天命圖說과 自省錄과 같이 생각하면 그 學的 性格에 있어서 多少 差異도 있지마는 日本學者에 가장 큰 關心을 가지게 한 것은 『朱子書節要』라 할 것이다. 惺窩와 羅山이 愛誦하였던 것은 물론이며, 特히 이를 推崇한 것은 豪傑의 士로 稱道되고 있는 山崎暗齊이다. 暗齊 일찍이 門人에게 말한 바 있으니 그에 의하면:

"朱夫子의 뒤에 道를 알 만한 사람은 …… 特히 李退溪뿐이다. 대개 退溪의 平生精力이 '朱子書節要'에 있고, 이로써 그 學의

醇粹한 것을 볼 수 있다."<山崎暗齊年譜, 日鮮史話六編四十二頁引>고 하였다.

과연 山崎闇齊가 退溪를 이와 같이 推重하는 데 이르게 된 것은 單純한 一時的 興感에서 이루어진 것이 아니다. 禪學에 沒頭하여 儒佛混淆를 脫皮하지 못하고 神儒一致論에서 所謂 神道를 提唱하기도 한 것이며, 佛을 버리고 儒에 들어오게 된 由來는 三十歲 時의 그의 所著인 『闢異』에 詳細하다고 한다. 그리고 純儒者로 서게 된 것은 三十八歲 以後의 일이며, 더욱 朱子學의 研究와 그 實踐에 熱中하였던 것이다. 이에 더욱더욱 自己의 立場을 闡明하면서 舊來의 朱子學을 純粹化, 簡易化 또한 內面化할 필요를 主張하고 實踐躬行의 精神을 力說한 것이다. <高田眞治, 日本儒民史 頁一二○ 參照>

이와 같이 山崎闇齊의 學問의 過程이 單純하지 아니하면서 그의 刻苦勉勵한 實功이 後日의 國家事業을 達成하는 데 큰 要因이 된 것은 『朱子書節要』를 通하여 본 退溪의 學風에서 크게 영향을 받은 것이었다.

闇齊의 門徒로서 三傑의 한 사람인 三宅觀瀾은 『中興鑑言』을 著述하였고, 또한 闇齊門下의 高弟인 桑名松雪에서 受業한 栗山潛鋒은 『保建大記』를 세상에 내놓은 바도 있으며, 이들이 日本의 維新課業에 顯功이 있는 水戶學派의 原動力이 되었고, 同時에 『大日本史』의 編述에도 參與하였던 것이다. 이들이 闇齊學風의 薰陶를 받았고 闇齊는 退溪를 尊信한 第一人者임을 생각할 때 退溪의 淵源이 널리 日本에 미친 것을 알 수 있으며 그 끼친 영향이 얼마나 컸었던 것도 또한 想像하기에 어렵지 아니하다.

上記한 것만으로도 當時의 日本學界에서나 一般的으로 그 朝野에 있어서 退溪의 人格과 學風에 對한 尊仰과 信奉은 이미 밝혀져 있는 것이지마는 다음에 다시 한 實證을 들어 廣聞에 부치고자 한다.

大塚退野가 『送克齊渡邊秀才序』 중에 이르기를

> "내가 젊었을 때에 李退溪 先生의 말에 따라서 『朱子書節要』를 熟讀함으로써 삼가 朱子의 실행한 것이 이와 같음을 알았으며 나의 마음속 깊이 기억하였노라. 自後로 이에 종사하기를 거의 四十年 동안이나 하였고, 비록 얻은 것이 없는 줄 알지마는 다른 데 求할 것은 생각지도 아니하였으며 장차 이 生을 마치려 한 것이다."

退野의 享年이 七十一歲인데 朱學에 從事한 것이 四十年 동안이라면 참으로 그가 專攻하기 始作한 것은 그의 壯年時代인 三十歲 前後가 된다. '不復他求, 將終此生'이라고 보인 바와 같이 節要 二十卷을 手寫하여 傳하였으니 그 精力의 傾注된 것도 얼마나 많을 것을 알 수 있다. 退野과 同心同德, 金蘭의 交로 유명한 藪愼庵이 退野의 手寫本節要에 다음과 같이 序한 바도 있다.

> "退溪李先生의……節錄한 朱子書節要二十卷은……取捨한 것이 道가 있는 사람이 아니면 어찌 能히 할 수 있는 일이겠는가? 책의 내용을 보면 時政의 잘된 것과 못 된 것, 軍制와 民事의 利害 家道를 밝히고, 山林에서 뜻을 즐기며 혹은 性命의 근원을 높이 살피기도 하고 혹은 병의 고질된 곳을 다스리기도 하는 방법이 자세히 적히어 있으니 一部의 要旨가 다 學者 日用의 功을 벗어나지 아니한다."

이로써 退野가 退溪 尊信하기를 神明과 같이 한다는 뜻이 더욱 분명하다고 할 것이다. 愼庵의 子인 孤山은 또한 退野와 그의 家君과의 親義가 退溪에 對한 景仰之心으로부터 法令된 것을 밝히고,

> 余壯歲, 本於李退溪先生之言, 熟讀朱子書節要, 竊窺得朱子之所爲如是者, 而記之, 終藏胸臆, 信而從事於斯, 幾四十年, 雖知未有所得, 不復他求. 將終此生. (日鮮史話六, 頁四十四, 引) 退溪李先生 其, …… 所節朱子書節要二十卷……其取捨之際, 非有道者, 惡得而能焉? 其爲書也, 時政臧否, 兵民利害, 家道盡其淸, 山林樂其志. 或高豪性命之原, 或近攻病患之痼……莫不盡擧焉, 而一部之要不外於學者, 日用之功也. <日鮮史話六 頁四十四轉引>

退溪學德의 偉大함과 紫陽의 眞髓를 闡明宜揚한 것이다. 孤山의 『送赤彦齡序』에 다시 보이기를:

> "朱子의 學이 李朝에 行하여진 것은 오래이지마는 우리의 肥[地名]가 西海에 치우쳐 있어서 사람이 없더니, 大塚 先生이 奮然히 일어나서 처음으로 朱子의 學에 專力할제 이미 朝鮮의 退溪李氏가 選한바 『朱子書節要』를 얻어서 읽었더니 超然히 마음에 얻은 바 있는지라 기뻐서 말하기를: '이것은 朱子의 마음을 얻은 것이라.' 하고 드디어 그 글 尊信하기를 神明과 같이 하였거니와 先子가 이어 일어나서 大塚 先生을 兄처럼 섬기고 同心同德 드디어 크게 斯學을 열어서 우리 後人들에게 은혜를 베풀어 주었다. 대개 二君[退溪와 孤山]의 學이 朱子를 宗主로 하였으나 李氏에서 얻은 것이 많다. 故로 大塚 先生의 말에 '勉齊가 朱子를 狀한 것이 節要가 朱子를 書한 것만 못 하다.' 하였고 先子 또한 말하기를: '百世下에 紫陽의 統緖를 이은 사람은 退溪가 그 사람이라.'고까지 하였으니 二君의 李氏를 稱道한 거와 같으니 반드시 본 바가 있는 것이었다."

이에서도 當時 退野를 主로 하는 一聯의 學究 藪愼庵의 父子도 退溪를 景仰함이 神明과 같이 여긴 證左가 되는 것이며 上記한 闇齊의 事功이 日本 明治維新의 大業을 開創한 先驅가 되었던 것과 같이 同 事業에 直接 參劃하였고 退野의 唯一한 信奉者로 稱道되는 元永田孚에 對하여 考察하여 보지 아니할 수 없다. 永孚, 號는 東野로서 그 號가 이미 退野에 대한 敬慕의 뜻을 보인 것이니 日本의 文政元年(西 一八一八)에 肥後의 熊本에서 났다. 十一歲 때 時習館에 入學 儒學의 基本目標인 修·齊·治·平의 道에 뜻을 두었고, 斯道發陽에 從事하였으며 특히 五十四歲 時에는 官內省에서 侍講의 職을 담당하기에 이르렀으며 日本 政教의 核心을 이룬 教育勅語를 起草하는 重役을 맡은 것이었다.

일찍이 進講에 臨하였을 때 東野는 다음과 같이 말함으로써 學統의 傳來한 것과 日本의 當面課題에 대하여 緊切한 問題를 披露한 바 있었다. 즉

> "程朱의 學은 朝鮮의 李退溪에 傳하였고 退野 先生은 그의 (退溪)撰한 『朱子書節要』를 읽고 超然히 얻은 바 있었으며, 나는 지금 退野의 學을 전하여 今上(明治)께 드리었노라." <日鮮史記 頁四十七 參照>

이 文面에서 明示된 바와 같이 日本明治維新에 補翼의 功을 다한 元田의 草創한 教育勅語가 直接 退野의 學風을 받았고 間接으로 韓國의 退溪學에 發源된 것을 생각하여 볼 때 學問의 영향은 國境이 없음을 알 것이며 韓國의 陶山一隅에서 精力을 다하여 이루어진 『朱子書節要』가 한 나라의 文運을 左右할 수 있는 根源이 되었다는 것은 다만 學徒로서 過去의 實史를 反省하려 하

는 契機가 되는 데 그칠 뿐 아니라 참으로 『朱子書節要』의 참다운 意義를 다시 考究하고 새로운 發展이 있는 것과 그 精神이 널리 宣揚되기를 心願하는 바이다.

退溪의 敦厚質實한 學風이 國內에 알려진 지 이미 오래였고, 『朱子書節要』가 自省錄과 아울러 日本學者의 尊仰을 받아 온 것도 一部의 學界에서는 매우 驚異할 만한 事實로 생각되고 있는 것은 다행한 일이라고 아니 할 수 없다.

阮堂의 學風과 書藝

一. 阮堂의 家系

阮堂 金正喜 先生은 正祖十年(1786) - 哲宗七年(1856) 天稟이 英邁하였고 家系도 남다른 傳統을 지녔었다. 顯祖로서 七世祖인 弘郁(宣祖 35年 - 1601年)은 나라에 直言하다가 杖死를 당하였고. 曾祖인 漢藎은 領議政 興慶의 子로 13歲에 英祖의 第二女 和順翁主에 尙하여 月城尉에 封하였다. 公은 長身朗眸로 英發敏悟하였으며 生活은 매우 儉素하였고 조금도 高貴한 모습은 나타내지 아니하였다. 父母를 섬김에 愛敬이 극진하였으며 宗族의 어려움을 보살펴 주었다. 平居에 좋아하는 것은 오직 書籍뿐 잠시도 손에서 떠나지 아니하였다. 同志들과 古今을 論하거나 事物의 是非를 判斷할 때에는 正確한 決論을 내렸고 民政에 그릇된 일이 있으면 自身의 疾病과 같이 아프게 여겨 그 對策을 講求하였던 것이다. 이리하여 年少한 儀賓으로 英祖의 寵遇를 받은 것이다. 公이 不幸히 39歲로 早卒함에 和順翁主 貞淑하여 本性이 金珠와 같은 侈麗한 것은 좋아하지 아니하였으며 父王으로부터 小學과 列女傳을 배워 大義를 通하였다. 일찍부터 孝友가 篤至하였고 舅姑 섬기기를 극진히 하였다. 意外로 公의 病勢가 심하여 逝去하자 翁主는 水漿을 들지 아니하고 晝夜로 慟哭하였다. 英祖 親臨慰諭하고 또한 御札을 내리어 간곡히 권하였으나 마침내 듣지 아니하고 殉死하였다. 返虞日에 英祖께서 躬臨賜祭하시고 親히 '誠淺莫回嘉爾隨貞: 정정이 부족하여 살리지는 못하였으나 너의 貞節을 가

상히 여기느라.'라는 八字를 써서 靈筵에 걸게 하고 또 墓表大字를 親書하시니 그 懇到한 禮節이 길이 남느니라 (知守齋集 月城尉金公墓表 參照).

生父인 魯敬(英祖 42年 - 1766)→(憲宗 6年 - 1840)은 毅然히 氣度가 있었으나 禍를 당하였으니 阮堂의 孤絶함이 어떠하였으랴! 後人들이 阮堂의 痛哀함을 다음과 같이 보였다.

1. 公은 痛哭하며 살고자 하지 아니하고 밤이면 울면서 하늘에 빌고 자지도 아니 하였다. 그리고 추우나 더우나 항상 갓옷과 칙으로 만든 옷을 바꾸지도 아니하였다. 公(阮堂) 慟不欲生 夜必泣, 祝天不寢 寒暑不易裘葛(閔奎鎬述 阮堂金公小傳).
2. 대개 그 강직하고 모진 성품과 높고 깨끗한 행실은 스스로 和光同塵(사회의 물결에 따라 적당히 사는 태도)하며 사람들 하는 대로 적당히 따르면서 祿位나 탐내는 일은 하지도 못하였다. 곤궁하고 처참한 대로 지내다가 萬死一生으로 마친 것이라. 그리하여 君王을 받들고 백성을 돕는 일은 아예 하여 보지도 못한 것이다.(盖其剛方之性 高潔之行 自不能和光同塵 旅進旅退 保其祿位……困頓凄楚 萬死一生 尊主庇民之大計鬱而不伸(金甯漢阮堂先生全集序)

阮堂은 家禍가 連續한 나머지 憲宗六年(1840)에는 尹尙度의 獄事에 연루되어 濟州島에 圍籬安置 1848年에 석방되었으나 哲宗二年(1851)에는 憲宗의 遷廟문제 때 그 主張者로 指目되어 다시 北靑에 流配 그 다음 해에 귀양이 풀리니 前後十數星霜의 歲月이 흘렀다. 自來로 賢人達士로서 宦路에 投身貢獻하다가 小人輩의 詆害로 因하여 滅身亡家한 사람이 어찌 한두 사람에 그치리오마는, 그 流弊는 그칠 줄을 몰랐으니 어찌 가엽지 아니하랴. 이에서 歷史가 흐려지고 民族이 衰亡하는 데 이르렀으니 이와 같은 慘事를 볼 때마다 後人으로서는 前轍을 밟지 아니하도록 反省함은 물론 새로운 歷史를 創造하는 데 十分 留念하여야 할 것이다.

二. 阮堂의 風度

君子의 行儀는 患難 중에 그 懿然함과 情感의 豊富함을 느낄 수 있다.

憲宗六年(1840)에 獄事로 因하여 濟州로 떠날 때 公을 위하는 사람들은 다들 서로 걱정을 하였으나 公의 行止는 平日과 조금도 다름이 없었다. 謫地인 濟州는 海風이 거칠 뿐 아니라 한 번 가려면 旬月이 걸리었다. 公이 마침 배에 오를 때 바람은 세고 파도는 매우 거칠었다. 死生이 달려 있는 찰나에 舟中에 同乘한 사람들은 精神을 잃고 서로 끼어 안으며 호소하는 중에 뱃사공도 다리가 떨려서 조금도 前進할 생각을 못 하였다. 그러나 公은 두려워하는 기색도 보이지 않고 배 젓는 노[柁] 머리에 앉아 높은 소리로 詩를 읊으니 그 소리가 파도를 누르는 듯하였다. 그때 公은 다시 손을 들어 어느 한 곳을 지적하며 뱃사공에게 노를 끌어 이곳으로 향하게 하라 하니 그때 배는 비로소 빨리 움직였다. 그리하여 아침에 출발한 배가 저녁에 제주에 도착하니 제주 사람들은 이 말을 듣고 날아[飛渡] 왔다고 경탄하였다. 公이 謫舍에 머물며 遠近에서 배우기를 청하는 사람이 많이 모여 저자를 이루었다. 數月 만에 人文이 크게 열려 마치 서울을 연상하게도 하였다. 濟州의 人

文이 열린 것은 公이 濟州에 謫居한 뒤로부터라고 傳하여지고 있다.

哲宗二年(1851) 公이 北靑의 謫所로 갈 때는 公이 66歲이라 二弟도 白首老人었다. 公의 손을 잡으며 통곡하고 차마 말을 잇지 못하였고 집안과 近親들도 울음을 금치 못하니 그 소리가 四方에 振動하였다. 公이 正色하며 仲季를 꾸짖어 말하기를

"용렬한 사람은 不足論이어니와 讀書한 그대들도 이런가." 하며 談笑하고 위로하는 한편 書籍을 정리하였다. 公은 어느 때나 맑은 心情과 安和한 태도를 조금도 잃지 아니하였고 사람과 談話할 때도 좋은 인상을 주었다. 그러나 義理에 關한 일을 論하게 되면 是是非非를 분명히 밝힐 뿐 아니라 持論하는 態度는 雷霆과도 같았고 判斷의 銳利함은 劍戟과도 같았다 한다. 사람들은 다 이에 敬服하지 아니하는 이가 없었다.

阮堂은 仙遊洞에서 다음에 보인 詩를 남겼다.

푸른 구름 쓸쓸한데 가을 기운 음산하다
폭포도 좋거니와 石林이 더욱 좋구나
퉁소 부는 신선은 어디로 갔단 말고
桂花의 향기만이 이 땅을 지키는 듯
碧雲零落作秋陰 唯有飛泉灑石林
一自吹簫人去後 桂花香冷到如今

仙遊洞의 眞景을 그린 것이다. 自然은 말이 없다. 보는 사람의 胸懷에 따라서 多樣하게 反影된다. 秋史는 淸楚하게 본 대로 느낀 대로 써 본 것이다.

세상에서 잘 알고 있는 歲寒圖는 阮堂이 가장 믿고 사랑하던 藕船 李尙迪에게 보내준 自作畵幅에 親書한 것이다. 이에 앞서

藕船은 濟州에 謫居生活을 하고 있는 阮堂을 위하여 桂馥(號 未谷)의 晩學集과 惲敬(號 子居)의 大雲山房集을 進呈한 바 있었다. 아무리 師弟의 관계라 하여도 사람은 不遇한 환경에 處하게 되면 忘却하거나 疎忽히 하기 쉬운 것이다. 藕船은 세상 사람들이 하기 어려운 일을 能히 한 것이니 阮堂은 이에 더욱 感激한 것이요 그 어려운 일을 書面으로 또는 文章으르 表現한 것이다.

松栢의 그림은 겨울 추운 때를 당하여도 變하지 아니한다는 것을 상징적으로 보여준 것이다. 이것은 論語에 보인 孔子의 말에 "歲寒然後 知松栢之後凋"(해가 저물어 기후가 찬 뒤에 소나무와 잣나무는 다른 草木이나 花草보다 나중에 마른다.)는 말에서 取意한 것이다. 한 걸음 더 나아가 이를 具體的으로 說明하면 사람이 社會生活을 할 때 언제나 物質과 財利에 바쁘다 보면 正道나 義理를 疎忽히 하기 쉬운 것이다. 그렇기에 옛날 太史公은 말하기를 "權利로써 合한 자는 그 權利가 일단 가면 친구도 아랑곳없이 멀리한다."는 것이다. 이 太史公의 말대로 한다면 絶海孤島에서 呻吟하고 있는 보잘것없는 人間[阮堂]은 벌써 잊었어야 할 텐데 藕船도 世利權勢 中의 한 사람이면서도 阮堂에게 끝까지 好意를 베푼 것은 도리어 太史公의 말에는 어긋난다고도 할 것이나 그의 特出한 感情은 도리어 孔子의 이른바 '歲寒後凋'의 稱誦에 合當할 뿐 아니라 藕船의 高意를 높이 산 阮堂의 感激과 風情은 後人의 鑑戒되는 바 클 것이다.

阮堂은 中國 漢代에 있었던 故事를 引用하여 藕船의 行儀를 百人竿頭 進一步로 다음과 같이 對比 稱道하였다.

"前漢과 같이 淳厚한 風俗에도 當時의 汲黯이나 鄭當時와 같은 사람은 顯達한 賢者이었으나, 그의 盛時에는 많이 모이던 賓

客들도 그의 勢力이 衰하면 一朝에 門前이 쓸쓸하였었다는 것이며 阮堂은 이에 겸하여 下邸의 사람 翟公의 일을 들어서 自古로 世情의 薄한 것을 보인 것이다."

즉 "翟公이 門에 榜을 붙이고 말하기를 한번 죽고 한번 생하매 이에 交情을 알고 한번 貧하고 한번 富하매 이에 交態를 알며 한번 貴하고 한번 賤함에 交情이 엿보인다."(一死一生 迺知交情 一貧一富 迺知交態 一貴一賤 交情迺見 - 史記汲鄭列傳第六十)

이와 같은 實情이 古今으로 내려오는 常例인데 지금 藕船은 이를 敢然히 超越하여 窮地에 處한 阮堂에게 萬難을 克服하고 師弟의 道를 제대로 닦은 것이니 阮堂은 前에 보기 어려운 高潔한 方法으로 藕船의 厚意를 稱揚하고자 한 것이다. 그 本文을 길이 傳하기 위하여 아래에 적어 둔다.

去年以晚學 大雲二書寄來 今年又以耦耕 文編寄來 此皆非世之常有 購之千萬里之遠 積有年而得之 非一時之事也 且世之滔滔 惟權利之是趍 爲之費心費力如此 而不以歸之權利 乃歸之海外蕉萃枯槁之人 如世之趍權利者 太史公云 以權利合者 權利盡而交疏 君亦世之滔滔中一人 其有超然自拔於滔滔權利之外 不以權利視我耶 太史公之言非耶 孔子曰歲寒然後知松栢之後凋 松栢是貫四時而不凋者 歲寒以前一松柏也 歲寒以後一松柏也 聖人特稱之於歲寒之後 今君之於我 由前而無加焉 由後而無損焉 然由前之君無可稱 由後之君 亦可見稱於聖人也耶 聖人之特稱 非徒爲後凋之貞操勁節而已 亦有可感發於歲寒之時者也 烏乎西京淳厚之世 以汲 鄭之賢 賓客與之盛衰 如下邳榜門迫切之極矣 悲夫 阮堂老人書.

阮堂이 藕船에게 歲寒圖를 贈送한 것은 五十九歲 때의 일이다. 藕船은 이 貴重한 贈品을 使行길에 携帶하고 燕京에 가서 朝野의 名士에 提示 十六人의 頌詩 및 贊辭를 받아 歸國 後 다시 阮堂에게 提呈天涯孤島의 寂寞한 心懷를 暢達케 한 것이니 古人의 師弟에 대한 禮義도 鄭重하거니와 歲寒圖에 어린 忠厚淸純한 情義야말로 後人들을 길이 警動하게 하고도 남음이 없지 아니할 것이다. 그때 淸朝名儒들이 歲寒圖에 題頌한 한두 구절만 옮겨 보면

"林木이 名節과도 같으니 松柏은 本性이 있도다.
君子는 窮할수록 마음은 견고하나니 무슨 變節이 있으랴.
榮枯도 또한 우연한 것이라 어찌 凡類와 같이 시샘을 하리오.
때로 霜雪을 만나니 正氣는 天地와 더불어 꿋꿋하도다.
松柏後凋의 뜻을 받들어서 賢人도 되고 聖人도 되어 보세."
林木似名節 松柏有本性
君子窮益堅 不容復何病
榮枯亦偶然 豈與凡卉競
時遭霜雪嚴 氣得天地正
傳習後凋心, 希賢以希聖
奉題歲寒圖卽請 藕船尊兄大雅正之 海虞吳贊呈稿

三. 阮堂의 學錄

阮堂은 少時부터 特異한 才質에 내려오는 家風이 있고 宦閥로서 모든 與件이 俱備하였다. 일찍부터 鄕里에서 上京 壯洞의 豪華한 邸宅에서 學에 勤念 當然한 課業으로 經學과 書道를 專修하였다. 한옆으로는 마침 學界에 新風潮가 일 때이었다.

앞서 石泉 申綽(英祖 三六 1760)~(純祖 二八 1828)과 茶山 丁

若鏞(英祖 三八 1762)~(憲宗 二 1836)이 從來의 治學方法에 清朝學의 傾向을 加味한 뒤로는 學者의 생각이 매우 달라졌고 이와 前後하여 李德懋 柳得恭 朴齊家 諸 碩學들이 旗幟을 높이 드는 데 이른 것이다. 敏感한 阮堂으로서 이 새로운 물결에 舊習을 그대로 지킬 수는 없었던 것이니 上記 諸 先輩 중에서도 朴齊家와 가장 結緣이 가까웠던 것이다. 朴齊家는 前부터 清國往來가 잦았었고 清朝文化에 가장 理解가 깊었었다. 새로운 文化輸入과 學問研磨에 餘念이 없었던 朴齊家로서는 또한 優秀한 人材를 渴求하였던 것이니 이런 때에 阮堂과 같은 人物을 만나게 된 것은 兩人의 奇緣이라기보다는 韓國 新文化創始에 特記할 만한 일이 아닐 수 없다. 朴齊家는 清朝使行의 一員으로 學識이 豊裕할 뿐 아니라 人物도 拔群한 資質이라 朝野의 歡待는 勿論이었다. 兩國交流의 唯一한 機會를 만들기 위하여 俊才를 物索하던 중 阮堂은 最適의 候補가 아닐 수 없었다. 그런데 朴齊家가 三次의 入清하였던 任務를 完了하고 還國할 때는 阮堂은 겨우 十六歲의 少年 그가 二十四歲되는 해 父親 魯敬의 燕行을 따르게 될 때까지는 아직도 九個星霜의 긴 歲月이 있었던 것이니 그동안에 阮堂이 그 스승의 영향을 받은 것은 물론이려니와 清朝新文化에 대한 阮堂의 豫備知識이야말로 想像하고도 남음이 있으며 後日 入燕하였을 때 翁方綱이나 阮元과 같은 宏儒碩學으로부터 推奬과 稱頌을 받은 것이 어찌 偶然하다고만 할 것이랴.

阮堂이 入燕할 當時 北京 學壇의 情況을 보면 朴齊家 柳得恭과 文交가 깊었던 紀曉嵐은 이미 別世하였고 翁方綱 阮元은 北京 學壇에 健在하였던 것이다. 이 兩碩學은 從前부터 마음으로 尊敬하던 처지이며 自後로도 阮堂과의 學緣이 두터웠을 뿐 아니라 이를 契機로 하여 모든 點에 韓國과의 關緣이 가장 깊었던 것이다. 阮堂이 翁, 阮 두 學者와 만나게 된 것을 朴齊家는 이를 보지 못하였고 이미 逝去하였으니 阮堂의 悵然한 悲懷 可히 짐작하고도 남음이 있다. 阮堂이 翁, 阮 두 碩學을 만나기 前에 名士 曺江(號 石谿 字 玉水)과의 學緣을 잊을 수 없다. 阮堂은 入燕하자 玉水를 만나 歡談하는 자리에서

> "名家子弟曹玉水 秋水爲神玉爲髓: 名家의 子弟인 曹玉水는 秋水와 같은 精神이며 玉과 같은 眞髓로세"

그 人品과 學問을 지극히 칭찬한 詩이라 이에 앞서 玉水는 다음과 같이 阮堂의 人材와 그 展望을 風頌하기를

> "東國有金正喜先生……慨然有四方之志……與世寡諧 不作功令文字 放浪形骸之外能詩能酒……將交結天下名士 : 東國의 金正喜 先生은 慨然히 四方의 뜻이 있다……세상과는 잘 맞지 않으므로. 관리가 되려고도 아니하며 物外에 超然하여 詩도 能히 하고 술도 즐긴다. 그리하여 天下의 名士들과 사귀려 한다."

하였다. 아직 젊은 나이이지마는 淸朝 名士에게 극진한 禮遇를 받은 것이다. 翁方綱은 老儒일 뿐 아니라 當時 社會的 位置로 볼 때 妙然한 少年인 阮堂으로서 容易한 일은 아니었다. 이에 以上에 보인 曹玉水는 重要한 役割을 한 것이며 그 다음으로 徐星伯(名 松)이다. 그러나 這間의 모든 雜多한 절차는 이를 割愛한다. 翁老師가 阮堂을 接見한 것은 石墨書樓이었으며 老師는 七十八歲 阮堂은 二十五歲였다. 그러나 阮堂의 精悍한 品格과 沈重한

氣魄은 左右를 驚動하고도 남음이 있었고 더욱이 그의 好學熱과 經義와 翰墨에 關한 識見은 老師를 一見에 心醉驚倒케 하였던 것이다. 그리하여 老師는 阮堂에게 "經術文章 海東第一"이라고 稱道한 것을 보면 老師로서 阮堂을 높이 評價할 뿐 아니라 阮堂에 대한 屬望이 컸던 것도 알 수 있다.

阮堂은 老師의 子인 樹培(字 宜泉) 樹崐(字 星原)과도 文交가 깊었다. 特히 星原은 海東金石에 特異한 趣意를 갖게 되어 後日 海東金石苑을 作成하는 데 큰 貢獻을 한 것이니 이에 따르는 모든 周旋은 主로 阮堂의 好意에 依하여 이루어진 것이다.

翁方綱 父子와 學緣이 두터운 것과 같이 阮堂에게 가장 好意를 베푼 學者는 물론 阮元을 들지 않을 수 없다. 阮元의 字는 伯元 芸臺(雲臺라고도 이름)는 그 號이다. 阮堂이 雲臺를 만난 것은 淸仁宗 嘉慶 十五年(1810) 正月이었다. 그때 阮元은 四十七歲의 阮堂을 보고 그 英拔한 風儀에 놀라 歡待하였으니 이것이 學緣을 맺게 된 처음이었다. 이에 이어 雲臺의 두 아들 常生과 福과도 親交를 맺게 된 것이다. 이를 奇緣으로 하여 雲臺의 門下諸彦들은 물론 江南의 諸 名士들과의 關係도 새로워지고 自然 學問上의 論辯과 文墨의 贈答도 자주 있었던 것이다.

阮堂이 還國 後에 親交로서 오랫동안 書信往來가 그치지 아니한 중에는 朱野雲 李墨莊(名鼎元)을 비롯하여 많은 知舊가 있었으나 이에 割愛하여 둔다.

四. 阮堂의 治學

阮堂은 入燕 前에 家學으로서 이미 大成할 準備가 이루어졌던 것이며 翁, 阮을 비롯한 여러 碩學의 영향을 받은 뒤로 治學上의 見聞을 넓혔다 할 것이다. 그러나 現今 學界에서나 一般이 생각하는 것과 같이 阮堂의 學風이 淸朝學의 眞髓를 그대로 模倣 또는 直輸入한 것처럼 速斷하는 것은 너무 지나친 推測이 아닌가 하며 더 具體的으로 말하면 阮堂의 學은 淸朝考證學에 心醉하여 從來 國內外에서 專念해 내려오던 宋代의 程朱學에 대하여는 一顧의 價値도 없는 것처럼 생각하였다 하면 이것은 너무 지나친 생각이 아닌가 한다. 물론 國內에 있어서 從來의 學風이 宋學을 偏重하여 그 餘弊가 있을 뿐 아니라 젊은 世代로서는 새로운 氣風을 戀慕하게도 되었고 아는 듯 모르는 듯 淸朝의 새로운 傾向이 있었던 것도 事實이며 이미 여러 碩學들이 新文化를 輸入하기 시작하였으니 英偉한 阮堂으로 어찌 옛것만을 墨守하는 데 滿足하였으랴. 翁大師의 經學을 硏究하는 데 있어서 다음에 보인 바와 같이 阮堂에게 書札로 論述한 바 있다.

> "一言蔽之 此事惟在精專而已 有義理之學有考訂之學 考訂之學漢學也 義理之學 宋學也 其實適於大路則一而已矣 千萬世仰瞻孔孟心傳 自必恪守程朱 爲指南之定程 士人束髮受讀習程朱大儒之論 及其後博涉群籍 見聞日廣 遂有薄視宋儒者 甚且有倍畔程朱者 士林之蠹弊也(翁方綱書札) 한 말로 말하면 이 일(經書를 연구하는 것)은 오직 專精하는 데 있다. 義理의 學과 考訂의 學이 있는데 考訂의 學은 漢學이요 義理의 學은 宋學이다. 그러나 大路에 맞는 것은 하나이라 千萬 해가 되도록 孔孟의 心傳하는

것을 우러르며 반드시 程朱를 정성껏 지키는 것이 指南의 定程이 될 것이라 士人들은 束髮 受讀하고 程朱大儒의 論을 익히다가 널리 群籍을 익혀서 見聞이 날로 넓어지게 되면 宋儒를 하찮게 여기고 심하면 程朱를 배반하는 데까지 이르나니 참으로 士林을 좀먹는 폐단이라고 아니 할 수 없다."

이에 보인 論旨가 매우 簡明하지마는 翁方綱의 經書를 硏究하는 論旨나 漢 宋學, 즉 程朱學과 考證學을 다 같이 重要視할 것을 보인 것이며 더욱이 宋代 義理學을 輕視하는 風氣를 깊이 警戒한 것이다.

後日 배우는 사람들이 宋代 性理學의 空虛한 餘弊에 捲怠를 느껴서 義理의 正道를 忘却하는 것은 學問探求의 過誤가 아닐 수 없는 것과 같이 考證學을 推崇하다 보면 文字解釋과 故事整理에 치우쳐서 學의 正鵠을 잃기가 쉬운 것이다. 翁方綱의 老婆心도 理氣와 考據에 대하여 偏重되지 아니할 것을 阮堂의 물음에 經疑에 解答하여 준 것이 아닌가 한다.

한국 性理學의 專盛期는 이미 지나고 清朝의 學風이 차차 들어올 제 阮堂은 朴楚亭과 같은 先輩의 영향을 받았고 곧 이어서 清朝의 새로운 風潮에 接한 것이며 더욱이 翁方綱과 같은 老師를 만나게 된 것은 그의 將來發展에 큰 幸運이라고도 할 것이다. 우리는 다른 文化를 받아들일 때에 흔히 自己를 忘却하고 남의 것만을 模倣하기에 바쁜 일이 매우 많았었다. 그러나 阮堂은 이와 같은 前轍을 밟지 아니한 것이다. 다음에 그의 論學한 態度를 엿보고자 한다.

五. 阮堂의 治學方法

考證學이니 實學이니 하면 우선 宋學에 대하여 反旗를 들고 理氣니 性理니 하면 無條件 空虛한 學이라 하여 輕視하는 경향이다. 더욱이 淸朝의 實證學이 學界를 風靡한 뒤로 中國本土는 물론, 우리 韓國에 있어서도 그와 같은 風潮에 휘말렸다. 더욱이 韓國은 悠久한 歲月을 두고 宋學, 즉 義理學을 金科玉條와 같이 尊奉하여 온 것이다. 물론 法久弊生으로 宋學의 餘弊도 있었고 또한, 冷嚴히 反省할 適期라고도 할 것이다. 그러나 考證學을 無非判的으로 謳歌하다 보면 宋學의 眞味와 그 義理의 高貴함을 잊기가 쉽다. 阮堂을 純粹한 實學者로 規定하는 경향이 없어도 아니 되지마는 그는 義理學과 實證學에 대한 認識이 가장 바른 것 같다. 그의 名著인 實事求是說을 보면 그 書頭에

> "漢書 河間獻王傳云實事求是 此語乃學問最要之道 若不實以事而但以空疎之術爲便 不求其是而但以先入之言爲主 其于聖賢之道未有不背而馳者矣: 漢書 河間獻傳에 이르기를 實事求是란 말은 學問最要의 길이라, 만일에 實證할 수 있는 일을 對象으로 하지 아니하고 다만 空疎한 理論만을 대상으로 하거나 옳은 것을 求하지 아니하고 다만 先入한 獨斷만을 위주로 하는 것은 聖賢의 道를 講求함에 있어서 背馳될 뿐이니라."(阮堂先生全集 卷一說)

이에서 空疎한 理論이라 함은 누구를 指稱한 것인가 世俗에서 말하는 宋學 全體를 非謗한 것은 아니나 阮堂의 論한 바에 의하면

"自晋人講老莊虛無之學 便于惰學空疎之人 而學術一變 至佛道大行 而禪機所悟 至流于支離不可究詰之境 而學術又一變 此無他與實事求是一語盡相反而已: 晋人이 老莊의 虛無한 學을 講하여 學에 게으른 空疎한 사람에게 편하게 한 뒤로부터 學術이 一變하였고 佛道가 大行하매 禪機를 깨달으며 支離하여 究詰할 수 없는 지경에 이르니 學術이 또 一變하였다. 이것은 다름이 아닌 實事求是란 한 말과 다 서로 배치된 까닭이라"(實事求是說)

하였으니 宋學의 空疎란 根源을 老佛에 둔 것이며 兩 宋의 儒者에 대하여는 다음과 같이 論評하였다.

"兩宋儒者 闡明道學 于性理等事精而言之 實發古人所未發(同上): 兩宋의 儒者들은 道學을 闡明하여 性理 等 事에 精하게 말하였으니 實은 古人들이 發明하지 못한 것을 發明하였다"

하여 宋儒들의 別開門境한 것을 稱道하였고 宋代에 이르러 學問上 空疎한 弊習을 招來한 것은 오히려 陸王에 있었음을 다음과 같이 說破하였다.

"惟陸王等派 又蹈空虛 引儒入釋 更甚于引釋入儒矣(同上): 오직 陸王의 무리들이 空虛한 것을 답습하여 儒를 끌고 釋에 들어간 것이 釋을 끌고 儒에 들어간 것보다 더 甚하였다."(同上)

고 하여 陸王의 短處를 闡明하고 阮堂은 結論的으로

"竊謂學問之道 旣以堯舜禹湯文武周孔爲歸 則當以實事求是 其不可以虛論遁于非也: 생각건대 學問의 道는 堯舜禹湯文武周孔으로써 歸決을 삼는 것이니 마땅히 實事求是의 方法으로써 할 것이며 虛論으로써 그릇된 데 빠질 것은 아니니라"(同上).

한 것이다.

다음으로 實에 대한 槪念을 살펴보고자 한다. 阮堂이 說한 바에 依하면

> "三代之學 皆以實也 實者 道義也 德行也 實正而名無不正 孟子之世 尙患其名之不明也 故孟子已原其本也 曰性善 曰存心養性是也: 三代의 學은 다 實로 된 것이니 實은 道義이며 德行이라 實이 발라야 名이 바르지 아니함이 없는 것이니 孟子의 世代에도 오히려 그 名에 不明할까 하여 孟子가 그 근원을 根本的으로 밝힌 것이라. 즉 性善이니 存心養性이니 한 것이 그것이라."
> (阮堂全集卷一說 附後敍)

하였다.

그러면 이에서 分明히 할 것은 實字의 意義이다. 通俗的으로 實은 사람이 見聞할 수 있는 世界, 즉 物質的이며 具體的인 事實만을 指稱하는 것으로 해석하는 傾向이 많다. 그리하여 現代的으로 말하면 實利的이며 功利的인 面만을 推求하는 것이 科學的이며 理想的인 實事求是의 學으로 생각하기 쉽다. 물론 이와 같이 思料하는 實事求是가 重要한 部分이 아닌 것은 아니다. 阮堂의 說明은 實字의 意義를 더욱 深遠한 데서 求하는 것이다. 즉

> "實者道義也 德行也 實正而名無不正"(重出)

이라는 大前提를 내세우고 이에 이어 孟子의 性善과 存心養性으로써 道義와 德行의 根源을 삼은 것이니 이는 性善과 存心養性

에서 實字의 本源을 찾으려 한 것이며 實學의 意義 더욱 明哲하고, 發展的이라 할 것이다.

六. 阮堂의 金石과 書道

阮堂을 評함에 있어서 金石과 書道를 阮堂의 人格과 學問의 全部인 것처럼 생각하는 일이 매우 많은 것 같다. 그러나 上記한 바와 같이 阮堂은 家學의 傳統이 이미 그 學風의 根本을 이루었고 楚亭의 啓發과 入燕 以後의 硏磨는 阮堂으로 하여금 大成하는 길을 열어 준 것이다.

阮堂이 書法에 대한 見識을 넓힌 것은 물론 入燕 當時의 일이다. 宋拓化度寺碑를 覃溪의 蘇米齋에서 본 感激은 阮堂의 書風과 書法의 眞髓를 깨닫게 하는 데 重要한 先導的인 役割을 하였던 것이다. 阮堂은 이에서 얻은 化度寺模刻本에 題跋하기를

> "歐碑 今海內見存爲七 此其一也 但原石已佚 此本爲翁覃溪老人 合校宋拓諸本 摹刻於濟寧學院者也: 歐陽詢의 碑로 海內에 남은 것이 七個인데, 이것은 그중의 하나이라 但 原石은 이미 없어졌고 이 本은 翁覃溪老人이 宋拓諸本을 合校하여 濟寧學院에서 摹刻한 것이라 "(藤塚博士著 清朝文化東傳의 硏究)

보였고.

그 다음으로 碑의 貴重함을 다음과 같이 보였다.

> "歐法易於方勁 此本最得圓神 非老人深於歐法 無以有此 尤可

寶重也: 歐法이 너무 方勁하기가 쉬운데 此本만은 가장 圓熟하고 神妙하다. 老人의 歐法에 대한 造詣가 깊은 것이 아니면 이처럼 될 수가 없는 것이니 더욱 貴重히 여겨야 한다."(同上)

다음으로 阮堂은 東方書藝史의 一面을 다음과 같이 論述하였다.

"東人最重歐法 自羅代至於麗中葉……麗末曁本朝來 專習松雪 轉失書家舊法 不知舊書之爲何樣 其後又高自標致 乃家家晉體 戶戶鍾王 童而習之者 皆樂毅論 黃庭經 遺敎經 唐帖以下 輒卑而不顧 未知其所習樂毅黃庭遺敎 竟是何本耶……迷誤諸人 不講懸腕 不講擫壓鉤揭 不講九宮間架 欲了書法 多見其不知量也: 東人이 가장 歐法을 重히 여긴다. 新羅로부터 高麗의 中葉에 이르렀다……麗末로부터 本朝에 이르러 松雪(趙孟頫)을 專習하였다. 그리하여 書家의 舊法을 잃게 된 것이다 舊書의 어떠한 것도 모르고 其後에 또한 自己 類의 書法으로 널리 자랑하여 家家가 晉體이오. 戶戶마다 鍾繇와 王羲之이라 어려서부터 익히는 것은 다 樂毅論 黃庭經 遺敎經이오. 唐帖 以下는 우습게 여겨 돌아 보지도 아니하니 알지 못하게 그들이 익히는 樂毅 黃庭 遺敎는 과연 어떠한 本인지 모든 사람들을 어지럽게 할 뿐이다. 懸腕도 講하지 아니하고 擫 壓 鉤 揭도 講하지 아니하며 九宮間架도 講하지 아니한다. 그러면서 書法을 다 마치려 하니 力量이 없음을 들어낼 뿐이라(阮堂全集)

이 文面대로 理解하면 國內에 익힌 法帖은 다 信憑치 못한 것임을 보인 것이며 擫 壓 鉤 揭는 用筆法에 있어서 單鉤法을 說明한 것이니

① 擫은 母指 上節의 部位, 母指와 食指로 붓을 잡는다.

② 壓은 食指의 內面部位

③ 鉤는 中指로 筆管을 밀며 받친다.

④ 揭는 無名指(第四指)와 小指가 次第로 連하여 中指의 옆에 붙어 그 運行을 돕는 것이니 이 運筆의 妙는 사람의 心力을 五指에 集中하는 것만이 아니라 五指가 上記한 法에 依하여 運筆하되 五指의 運行을 通하여 筆毫로 하여금 頓挫抑揚의 妙를 다하게 하는 데 있는 것이다.

이 運筆法은 自古로 撥鐙法이라 稱하여 運筆의 妙로 여겨 내려왔다.

阮堂은 일찍이 다음과 같은 書翰을 남긴 바 있다.

> "顧此四十年搜幽剔秘之苦心 豈好事喜奇爲哉: 이 四十年 동안 어려운 것을 알아내고 비밀을 밝힌 것이 어찌 일어나 좋아하고 기이한 것이나 기뻐서 한 것이랴."

하여 그 金石研究의 心境을 말한 것이다.

끝으로 阮堂의 書風을 알려면 그의 人格과 學問을 알아야 하고 또한 그의 傳統的인 家法과 特히 晩年의 不遇하였던 환경도 알아야 할 것이다.

參考書目
阮堂先生全集
兪拓基著知守齊集
覃溪手札帖怡堂收藏(影印本)
槿域書畵徵
淸朝文化東傳의 研究(藤塚鄰著 藤塚明直編)

9부

인물연구

孔門의 諸 學派

孔門의 모든 弟子를 三千人이라고 하는데 그 中에 學德이 가장 優秀한 이가 七十二人이며 特히 孔子의 學問系統을 傳受할 만한 이는 子路, 有若, 顔回, 子貢, 子夏, 子游, 曾子를 들 수 있고 이 中에 顔回와 子路는 孔子보다 앞서 卒하였다. 曾子는 孔子의 所謂一貫의 道를 忠恕로 解明하여 道德理念의 主觀的 方面에 置重하였고 子夏와 子游는 孔子의 倫理觀을 根柢로 하여 客觀的 見地에서 禮의 思想을 確立發展시켰다.

一. 主觀學派

曾子

曾子는 孔子보다 四十六才 年少한 門人으로 孔門 中 後輩의

한 사람이었다. 孔子가 일찍이 魯鈍하다고 하였으나 孔子의 實踐倫理思想을 體顯한 이로는 曾子보다 앞선 이는 없던 것이다. 曾子는 宇宙에 遍滿한 普遍的 原理와 倫理道德의 基本的 原理를 說明함에 있어서 孝의 思想을 主體로 한 것이다. 그럼으로 孝의 槪念을 單純하게 父母나 先祖에 對하는 孝行으로서의 德目에 限定하는 것이 아니라 父母에게 정성(誠)을 다하는 그 自體가 곧 天意이며 倫理道德의 源泉이라 認定한 것이다. 曾子의 孝의 內容을 그 本文에 依하여 說明하여 보면 父子의 道는 天性이라(孝經, 聖治章: 父子之道, 天性也) 하고 대저 孝는 天의 經이며 地의 義요, 民의 行이라(孝經三才章: 夫孝天之經也, 地之義也, 民之行也) 하였으니 이에서 '天性'이니 '天의 經이며 地의 義라' 한 것이 모두 孝의 理念을 天에 둔 것이며 또 대저 孝는 德의 根本이니 敎의 말미암이며 生하는 바이니라(孝經, 開宗明誼章: 夫孝, 德之本也 敎之所由生也) 한 것은 孝가 道德倫理와 敎育의 根幹이 됨을 이름이라.

이로써 보면 曾子는 孝로써 個人이나 倫理의 基本理念으로 規定할 뿐 아니라 宇宙의 原理까지도 이로써 說明한 證據가 된다고 할 수 있다.

子游와 子夏

孔門의 學派 中에서 顔子나 曾子와 같이 孔子의 學德을 景慕하면서 그 持論이 多少 닮은 學派로는 子游와 子夏를 들 수 있다. 즉 孔子의 仁이나 曾子의 孝에 비하여 子游, 子夏는 禮에 關한 學說이 매우 많다. 孔子가 일찍이 顔子에게 '復禮', 즉 禮에 돌아감이 仁을 實踐하는 方法이라고 말하였는데 子游, 子夏가 또한 禮를 重히 여긴 것도 孔子의 復禮說에서 感銘된 바가 아닌가 한다.

그런데 游, 夏가 다 같이 모든 行爲의 基準을 禮에 두면서도 游는 禮의 形式面보다도 禮의 精神面을 重히 여기는 것이며 子夏는 이에 反하여 禮의 形式에 置重한 것이었다. 이에 對한 實證으로는 子夏의 門人이 너무 形式的인 禮의 末節에만 힘쓰는 것을 보고 子游가[85] 非難한 것으로 보아서 알 수 있다.

子游는 道德의 基準을 禮에 두었다. 子游의 禮論이라고 傳하는 文獻으로서 禮記를 들 수 있다. 이 中에서 道德仁義, 非禮不成(曲禮上)이라고 한 一句를 보면 子游는 道德과 仁義가 具顯될 만한 根據를 禮에 둔 것이며 또한 以上에서 말한 바 子夏의 門人과 小子들이 너무 灑埽應對(소제하고 어른이 부르면 대답하는 것)와 같은 적은 禮節에만 부지런히 하는 것을 非難한 것으로 볼 때 子游는 사람의 習性이나 또는 經驗을 通하여 制定된 形式的인 禮보다는 그 以上으로 禮節의 裏面에 潛在하여 있는 精神을 重하게 본 것이다.

그리하여 禮의 本質을 論함에 있어서도 禮에는 '時'와 '順' 두 가지의 要素로 가를 수 있다고 하였다. 즉 禮의 時는 禮의 形式的인 部分은 時勢의 遷移함을 좇아서 適當히 變遷할 수 있음을 이르며 禮의 順이라 함은 禮의 基礎가 되는 人間性情에 順應한다는 것이다. 이 性情은 人間이 先天的으로 賦與된 本性으로서의 情을 指摘하는 것이니 이에서 생각할 것은 禮를 制定한 基本精神이 順正하지 못하면 時運에 따라서 變換되는 形式的인 禮도 正常的인 禮가 될 수 없다는 것이다. 그러므로 子游는 特히 禮의

85) 子游曰子夏之門人小子, 當灑埽應對進退, 則可矣, 抑末也, 本之則無, 如之何(論語子張).

根本精神인 性情에 注重한 듯하다. 이와 같이 보면 子游가 主觀的 內面省察을 함으로써 適正한 道德律을 樹立하고 이것을 基本으로 하여 時勢에 따르는 形式的인 禮를 規定發展시키려 하는 것이니 이 点이 外面으로 禮를 强調하는 客觀的인 立場과 同時에 主觀的인 色彩를 나타낸다고 할 것이다.

이에 對하여 子夏는 禮의 形式面 다시 말하면 行爲의 結果, 즉 禮를 實踐하는 節目에 充實함으로써 人格의 完成을 期한 것이다. 子夏의 말에 賢賢易色, 事父母能竭其力, 事君能治其身, 與朋友交, 言而有信, 雖曰未學, 吾必謂之學矣(論語)라는 一節을 보면 賢者에 對한 尊敬, 父母와 君主에 對하는 禮節, 朋友를 接함에 信義를 重히 여기는 等 全部가 實踐倫理에 屬하는 것이며 이와 같이 함으로써 비로소 學問을 眞正하게 닦았다고 할 것이라는 것이다.

子游는 人類의 本性에서 禮의 本源을 찾으려 하고 子夏는 人間의 經驗에서 얻는 바 實踐力量에서 禮의 完成을 期할 수 있는 것으로 認定한 것이니 이 禮를 完成하려는 두 派의 見解가 다르므로 因하여 그 影響이 매우 크다고 아니 할 수 없다.

子游와 같이 禮의 精神, 즉 內面省察에 힘쓰는 結果로서는 禮의 合理化에 偏重하게 되고 따라서 그 餘流는 放漫한 데로 흐르기 쉽게 되며, 子夏와 같이 禮의 形式面을 主로 여기는 派는 經驗을 通하여 實踐에 옮기는 特色은 있으나 그 末流의 弊는 너무 偏僻한 데 이르기 쉬운 것이다. 이 두 派의 缺点을 荀子의 非十二子篇에 다음과 같이 말하였다.

"그 衣冠을 바르게 하고 그 顔色을 한결같이 하여 謙讓하고 退損하여 終日토록 말이 없이 건조무미한 것은 子夏 氏의 賤儒이며 사람이 게으르고 放漫하여서 무슨 일하기를 싫어하고 조금도 廉恥가 없이 飮食만 밝히고 만일 다른 사람이 이에 對하여 조금이라도 비웃는 일이 있으면 변명하기를 君子는 원래 힘들여서 일하는 것은 아니라 하니 이것은 子游 氏의 賤陋한 態度이라.
正其衣冠, 齊其顔色, 嗛然嗛謙通而終日不言, 是子夏氏之賤儒也, 偸儒憚事, 無廉恥而耆飮食, 必曰君子, 固不用力, 是子游氏之賤儒也."

二. 子思

子思의 名은 伋이니 孔子의 孫이요 伯魚의 子이라. 子思의 生卒은 不明하나 孔子晩年에 生하였다고 傳하며 七十有餘歲의 老齡에 이르기까지 在世하였다 한다. 宋儒의 說에 依하면 子思는 曾門의 學을 傳受한 듯하며 孔子가 天下를 周遊하여 그 道를 行하려 하는 것과 같이 諸國에 다니면서 道를 宣布하였다. 宋衛를 歷訪하며 困苦를 當한 일도 있고 晩年에는 魯에 돌아와서 魯穆公으로부터 賓師의 待遇를 받았다 한다. 特히 宋에서는 中庸을 著述하였다 한다.

子思의 學說을 考究하려면 漢書藝文志에 실린 子思子二十三篇은 傳하여지지 아니함으로 禮記에 記載된 中庸篇에 依據하지 아니할 수 없다(後漢의 鄭玄이 中庸은 子思의 著述이라 하였음). 다만 中庸 自體에 對하여서도 子思學說의 部分과 或은 後來에 添加된 部分의 區別이 있다 하나 이에 對한 究明은 割愛한다.

中庸의 思想은 孔子의 仁, 曾子의 孝의 思想을 傳受한 것이나 時代의 變遷함과 思潮의 다름으로 人生問題의 原理를 闡明하는 方法이 다를 뿐이다.

孔子는 先王의 道, 人間의 道를 中心으로 한 人倫의 實踐道德을 力說한 데 對하여서 子思는 孔子의 이른바 道의 根源을 밝히는 데 힘쓰고 孔曾의 實踐道德을 理論化한 것이 學述上 進步된 点이라 할 것이다.

孔子의 仁이나 曾子의 孝는 本來 人間의 固有한 親愛의 情을 그대로 發展시키는 것이라 愚夫와 愚婦라도 잘 알고 그대로 行할 수 있는 庸常한 道理이고 高遠한 超現實의 境地에서 求할 것은 아니다. 이런 觀点에서 宇宙의 原理와 道德의 標準을 中庸이라는 範疇로써 提示한 것이며 中庸은 '誠'의 한 字로 統括解說하는 데 이른 것이다. 이에서 誠은 宇宙自然界에 流通된 眞理이며 人間實踐道德의 本源이라 規定한 것이다.

中庸卷頭에 보이기를 "天이 命한 것이 곧 性이며 性에 그대로 따름(性善)을 道라 이름이라: 天命之謂性, 率性之謂道"고 하였으니. 이 뜻은 天이 命한 性이며 人이 받은 性이니 天에서 받은 性대로 좇아 行하는 것이, 즉 道이라 이름이라. 이에서 性대로 行한다 함은 感情的 衝動에서 오는 外誘로 因한 雜念과 誘惑의 支配를 받음이 없다는 뜻이라 이대로 보면 性대로 하는 것이 곧 天命대로 하는 것이다. 그러므로 性대로 하는 것이 道라고 하면 이것은 天命대로 하는 것도 道라고 말할 수 있는 것이다. 이는 곧 天道가 즉 人道이며 人道가 즉 天道임을 表明함이니 子思는 特히 이와 같이 行하는 道를 誠 字로써 說明한 것이다. "誠은 天의 道요 誠케 함은 人의 道라: 誠者天之道也, 誠之者, 人之道也"고 한 것은 天地와 人類와 萬物이 다 誠의 表現 아님이 없다는 것이다. 自然의 現象으로서는 "天에서 나는 소리개나 淵에서 뛰는 고기: 鳶飛戾天, 魚躍于淵"도 誠의 發動으로서의 象徵 아님이 없고 人

事에 있어서는 愚夫愚婦의 隱微한 地境과 些少한 일에 이르기까지도 誠의 發現으로써 비로소 이루어진다는 것이다. 그러므로 不誠이면 無物이라 이르는 것이다.

사람의 本性이 誠이니 本性대로 좇아 行動하면 道에 맞을 것이라. 이러한 自體가 곧 誠의 發露이며 誠에 對한 教育의 必要가 別로 없을 것 같으나 上記한 首章의 結語에 "道를 修함이 教라: 修道之謂教"고 하였은즉 教育의 必要를 强調한 것이라. 그 理由로는 元來 本性은 誠의 要素를 內包한 것이지마는 사람은 氣質의 淸濁粹駁함을 따라서 本性을 發揮하는 能力과 效果가 千差萬別하고 誠을 實現하는 程度가 個性에 따라서 다르지 아니할 수 없는 것이니 人間의 氣稟을 中庸에 依하여 說明하면 다음의 三階段으로 分類되어 있다.

1 生而知之→安而行之(날 적부터 아는 사람)
2 學而知之→利而行之(배워서 아는 사람)
3 困而知之→勉而行之(힘을 매우 들인 뒤에 아는 사람)

第一位에 當하는 사람은 教育의 必要함을 기다림이 없이 安心하고 能히 誠의 道를 完成할 수 있으며 第二位 以下로 第三位에 當하는 사람은 第一位의 資品보다 十倍 或은 百倍의 努力으로 教育과 修養에 精進하여야 비로소 學知利行과 困知勉行의 成果를 얻게 되는 것이다.

中庸의 思想은 誠의 道로써 核心을 삼는다 함은 이미 上記한바이지마는 誠을 實現하는 가장 合理的인 方法으로서는 明哲한 知性과 敦厚한 仁性과 또한 果敢한 勇斷性으로서 人間에 賦與된

諸般 問題解決에 臨하는 것이니 中庸에서 이와 같은 實踐能力을 指稱하여 三達德(知, 仁, 勇)이라 이르며 生活에 있어서 瞬間的이라도 間斷되는 일이 없게 하기 위하여 尊德性과 道問學의 工程을 必要로 하는 것이니 前者는 人間의 尊嚴하고 崇高한 德性을 涵養하는 데 置重함을 뜻하고 後者는 廣遠한 學問의 分野를 開拓하여 正當한 判斷力과 强大한 精進力을 기르는 것이다.

이를 또한 中庸에서 밝힌 論理에 依하면 尊德性은 愼獨의 工夫를 主로 하는 것이며 道問學은 그 內容을 博學, 審問, 愼思, 明辨으로 分析하였다. 이로써 '誠'의 意義를 徹頭徹尾하게 表明한 用語가 篤行이며 兩者의 槪念을 더욱 平易하게 풀이하여 表現하면 하나는 道德的 修養이며 다음은 科學精神의 練磨이다.

이를 略圖로 보이면 다음과 같다.

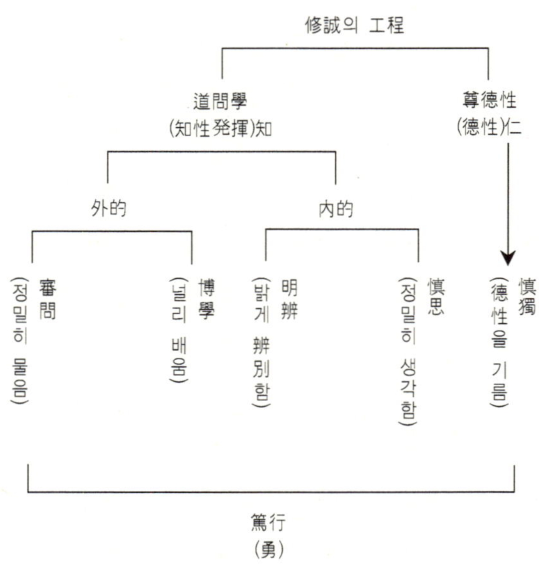

이 修誠의 功効로 因하여 항상 中正한 精神的 作用의 狀態가 安靜을 期할 수 있다. 이에서 七情(喜, 怒, 哀, 懼, 愛, 惡, 欲)의 發露도 平衡과 調和를 잃지 아니하고 外誘的 衝動에도 左右되지 아니하는 것이니 高尙한 人格의 陶冶도 비로소 이로써 實現하게 되며 理想的 道德律의 樹立도 이와 같은 心的狀態를 基調로 하여 可能하게 되는 것이다.

萬事萬物을 對處함에 疑懼할 바 없는 것이니 中庸에서 이를 '中和'라 이른다.

中庸과 中和는 誠의 實現이니 이로 因하여 完美한 人類社會를 構成할 수 있고 理想的인 世界에 到達하게 된다는 것이다.

이와 같이 생각하여 볼 때 誠의 道는 다만 人倫의 要道로의 保身 齊家와 治國平天下의 根源이 될 뿐 아니라 天地가 正位하고 萬物이 化育하는 데 이른다는 것이니 이는 곧 誠의 道德을 本體論의 立場에서 統察한 것이다.

曾子의 孝도 古代로 溯及하여서는 鬼神의 觀念까지도 '誠'으로써 統括하였고 傳統的 儒教倫理思想을 처음으로 體系化한 것은 子思가 非但 孔敎의 正統派로서 意義가 있는 일이 될 뿐 아니라 當時 他學派에 對抗하여 先祖의 學業을 繼述宣揚한 功이 더욱 크다 할 것이다.

10부

자서전

君子의 길

내가 어렸을 때 先親(閔泳善)께서는 말씀마다에 "어떡하면 돈을 번다든가 또 어떡하면 榮達을 해서 잘 사느냐는 것보다도 어떡하면 훌륭한 인간이 되느냐에 힘쓰라."고 하시었다.

그러나 80이 내일모레인데도 나는 아버님의 말씀대로 훌륭한 人間이 아직도 되지 못하고 있다. 그렇다고 돈을 벌지도 못하였고 영달을 누리지도 못했다.

이것저것 하다가 한평생 아무것도 훌륭하게 하지 못한 채 아까운 세월만 보낸 것 같다.

大韓帝國末 明成皇后(閔妃)의 姻戚이었던 先親은 서울에서의 活動舞臺에서 굳이 벗어나 忠南 大德郡 山內面 完田이란 동네로 이사 와서 가난하게 지내셨다. 理由는 舊韓末의 社會風潮가 너무나 어지러워 요샛말로 모두가 人間性을 喪失한 채 협잡과 貪官汚吏의 得勢와 賣官賣職 등으로 아주 어수선했기 때문이었다고 한다.

그래서 先親은 富貴榮華보다는 훌륭한 인간이 되라고 늘 말씀하시었던 것이다. 내가 열세 살이 되던 해에 우리 집은 公州로 移徙를 했다. 公州에는 우리 큰宅이 있었고 一萬餘石을 하고 있어 아주 넉넉하였다.

사실이지 당시 나는 그 나이가 될 때까지 교육다운 교육을 받지 못하고 있었다.

그때까지 내가 공부를 했다는 것은 겨우 千字文 정도였다.

큰댁에서는 글방을 차리고 先生을 모셔서 아이들을 가르치고 있었다. 그래서 나도 그 글방에 들어가 漢學을 공부하기 시작했다. 그러던 어느 날 아버님이 부르시더니만 큰댁 글방에서 아이들과 함께 공부했다가는 사람 버리겠으니 너는 따로 공부를 하라고 하시었다.

그 뒤부터 나는 따로 모신 선생님 밑에서 공부를 하기 시작했다. 이제 와서 말이지만 그때 큰댁에서 함께 공부하던 아이들 가운데 잘된 사람이 별로 없는 점으로 볼 때 先親은 밝은 眼目을 갖고 계셨던 것 같았다.

韓日合邦이 되고 난 다음부터는 巡査들이 찾아와 學校에 보내라고 거의 强權을 發動하다시피 하여 아버님은 나를 公州普通學校에 넣었다. 그러나 내 敎育에 대한 아버님의 마음은 漢學에 있었지 新式工夫는 眼中에 없으시었다. 때문에 나는 學校에 다니고 있었으면서도 집에 오면 모셔 놓은 선생님한테서 漢字를 배워야 했고 붓글씨를 써야만 했다.

나는 지금도 餘暇가 있을 때면 붓을 들곤 하면서 더러 글씨를 쓰고 있는데 그 글씨는 그 무렵부터 쓰기 시작한 글씨이다. 대개 글씨를 쓰게 되면 個人展도 열고 하면서 자기의 자랑을 늘어놓기 마련이지만 나는 아버님의 말씀대로 글씨를 쓰든 글을 읽든 어떡하면 훌륭한 사람이 되느냐에 목적을 두고 있었기 때문에 글씨솜씨를 내세운 적은 없다.

公州普通學校를 卒業할 때 나는 首席卒業이어서 道知事賞을 받게 되었다. 그것이 因緣이 되어서 中學進學이 어려운 그 時節에 서울의 京城第一公立中學校(現京畿中學校)에 추천 入學이 되었다. 制憲國會議員과 忠南知事를 지낸 成樂緖 씨와 함께 第一中學에 갔었다. 나이가 많은 열여덟 살 때였다.

第一中學에 入學을 하고 났는데 아버님께서 故鄕으로 내려와 漢文을 읽어야지 新學問工夫를 해서 뭐에다 쓰겠느냐는 말씀을 하시었다. 나에게 있어서 아버님의 말씀은 至上命令이었다. 나는 하는 수 없이 第一中學을 포기하고 다시 시골로 내려왔다.

그러자 곧 아버님의 주선에 의해 儒學者인 宋炳瓘 선생의 門下生이 되어 또다시 漢學을 공부하기 시작했다. 그 무렵 三·一獨立運動을 일으킨 지 두어 해 지난 뒤라 이미 義兵이나 獨立運動으로 많이 돌아서서 우리나라의 儒學을 正統的으로 敎育하고 있던 大家들은 몇몇 되지 않았다.

내가 알고 있는 분으로는 경상도에 郭鍾錫 전라도에 田愚 충청도에 宋炳華 씨 등이었는데 내가 師事한 宋炳瓘 선생은 宋炳華 선생의 弟子였다.

아버님은 나에게 공부할 것은 儒學밖에는 없다고 하시었다. 나를 儒學者로 키우고 싶으셨던 것이다. 물론 이러한 아버님의 뜻은 그 훨씬 이전인 큰댁의 글방시절부터 싹텄던 것이지만 그러한 아버님의 영향으로 인해 나는 결국 平生을 斯文 공부하는 데 빠지게 된 것이었다. 하기야 나 역시 아버님의 뜻에 따라 그 어린 시절부터 斯文을 공부하겠다고 나섰었고 또 그러한 목표를 세우고 있긴 했었다.

忠南 大德에 있는 宋炳瓘 선생을 나의 스승으로 택한 것도 바로 아버님 자신이었다. 儒學의 大家를 찾다 보니 그렇게 된 것이었다. 원래 선비는 가난하다고 하지만 宋 先生 宅은 엄청나게도 가난하였다. 나를 宋 선생께 맡긴 아버님은 그래서 돌아설 때 落淚까지 하신 일이 있었다.

나는 宋 先生의 門下生으로 1년이 좀 넘도록 배웠다. 이때 내가 읽은 것은 四書, 詩經, 書傳 등이었는데 나의 儒學에 대한 눈도 따지고 보면 여기서부터 떠지기 시작하였다고 보아도 괜찮을 것 같다.

그러나 기왕 儒學을 공부하는 데 이제 宋 先生만으로는 어딘가 내 마음에 차지 않았다.

그래서 나는 1년 반이 지난 뒤에 尙州로 가서 李根中 先生에게 다시 더 배우려는 생각을 하고 있었다. 李 선생도 역시 아까 말한 宋炳華 선생의 문하생으로 漢學이 대단한 분이시었다. 그런데 공교롭게도 李 선생이 그 무렵 돌아가시어 나의 뜻은 좌절되고 말았다.

나는 요즘도 이따금 생각하지만 그때 만일 李 선생께서 돌아가시지 않으셨더라면 그곳에 가서 영영 開化를 外面한 채 漢學을 했을 것이다. 그렇다면 그 시절 倭政下에서 시골 선비가 할 수 있는 일은 무엇이었으며 또 어떻게 延命을 했을 것인가? 모르면 모르되 獨立運動으로 나설 勇氣는 없었으니 필시 漢藥이나 팔았을지도 모른다는 생각을 해 본다. 그러나 사람의 앞일이란 알 수 없는 일이다.

어쨌든 開化의 물결도 밀어닥치고 해서 나는 宋 선생께 下直을

告하고 公州 집으로 돌아오고 말았다. 공주로 돌아와서부터는 어떡하면 新學問 속에서도 儒學을 할 수 있을까 하고 혼자 窮理만 하고 있었다.

나이는 이미 많은지라 新式學校에 갈 만한 곳이 없었다. 그 당시 公州에 中學課程의 永明學校라는 게 있었다. 기독교 계통에서 경영하는 '미션수쿨'이었다. 나는 그 永明에 잠시 다니다가 내내 한계통인 서울의 培材學校로 옮겼다.

서울로 가게 된 것은 좀 더 中央舞臺에서 呼吸하고 싶은 생각에서였다. 培材에서 學業을 마칠 즈음해서 아버님께서는 京城帝國大學에 가라고 강력히 권유하는 것이었다. 그러나 京城帝大의 入學이 그렇게 쉬운 것은 아니었다. 더욱 朝鮮人學生은 入學이 아주 어려웠다. 그러나 어떻든 帝大豫科에 試驗을 치렀다. 생각대로 合格을 못 했다.

아버님의 所願을 풀어 드리지 못한 것 같아 죄송하기만 했다. 그렇다고 나의 向學熱이 식지는 아니했다. 그래서 延禧專門學校에 入學試驗을 치르기도 했다. 아버님께 그런 사정을 알려드리고 시험을 치렀더니 다행히 합격이 되었다. 合格의 기쁨을 누리고 있는데 아버님께서 다음과 같은 電報가 날아왔다.

延禧亦落第乎

지금에 와서 또 생각해 보는 일이지만 그때 延禧를 나오고 왜 美國이나 西洋에 留學을 하지 못했는가 하는 것이 後悔스럽다. 거기에 갔으면 倭政의 虐待도 받지 않고 獨立運動에 寄與할 수 있는 길이 있지 않았을까!

延禧專門에 一年을 다니다가 다음 해에 京城帝大에 다시 應試하여 合格이 되었다. 끝내 아버님의 所願을 풀어 드린 것이다. 그려고 보면 나는 아버님을 위해서 또 아버님이 시키는 대로 그때까지의 배움의 길을 걸어온 셈이 된다.

그런데 學科選擇에 있어서도 나는 아버님의 지시에 따랐으니 어찌 보면 나의 이 작은 몸은 아버지의 分身으로서 工夫를 한 것이나 다름이 없었던 것이다.

京城帝大에 가서 哲學科를 擇하게 된 것도 역시 아버님의 命令에서였다. 사실이지 나는 法學을 하고 싶었다. 그 시절만 해도 日本人들의 서슬이 퍼런 日帝時節이었으므로 도무지 우리나라 知識人들의 社會活動은 거의 保障이 되지 못하고 있었다. 그것이 곧 植民地 被支配民族의 설움이었다.

그러나 法曹界만은 그래도 우리 知識人들이 약간씩 活躍하고 있었다. 젊은 나로서는 솔직히 말해 마음 한쪽에 出世라는 本能的 충동도 있었고 사실이지 여봐라는 듯 成功도 하고 싶어 法官이 되고자 했던 것이다.

그래서 法科로 가겠다는 뜻을 아버님께 말씀드렸더니 一言之下에 거절하는 것이었다. 法官이란 것은 같은 人間으로서 人間의 잘잘못을 가리는 것인데 행여 만에 하나라도 잘못해서 誤判을 하게 되면 커다란 罪를 짊어지게 되는 것이니 아예 法官은 되지 말아야 한다는 것이었다. 그러면서 아버님은 내가 어렸을 때부터 귀에 못이 박히도록 말씀하신 社會的인 榮達이 아니라 人間的으로 훌륭하게 되라는 것을 되풀이하셨다.

그렇다면 仁術을 베푸는 洋醫師가 되어 經濟的인 安定을 추구하고 싶어 醫學을 하는 게 어떠냐고 물었다. 아버님은 그것도 안 된다고 하시었다. 왜냐하면 의사라는 것은 人間의 生命을 다루는 것이기 때문에 사뭇 잘하다가도 단 한 사람에게 실수를 하여 피해를 준다면 그것처럼 큰 罪가 없다는 理由에서였다.

아주 완고한 것 같으나 이러한 아버님의 말씀에서 나는 비로소 나를 人間的으로 키우시겠다는 아버님의 意思를 조금은 알 듯도 하였다. 그럴 바에야 아버님의 뜻을 따르기로 한 것이다.

그랬더니 아버님은 文學이나 哲學을 하라고 했다. 人間이란 무엇이냐? 人間의 根本문제를 다루는 공부를 해야 훌륭한 사람이 될 수 있다는 말씀을 또 하시었다. 어떡하면 人間이 바른길로 가느냐가 아버님의 지론이었던 것이다.

그러니 아버님은 항상 머릿속에 退溪 선생이나 栗谷 선생을 그리고 계셨었다.

그래서 나는 결국 아버님의 말씀에 따라 哲學科를 택하게 된 것이다. 내가 儒學을 하고 거기에 따르는 東洋哲學을 하게 된 것도 이러한 아버님의 지도에 있었던 것이다. 내가 哲學을 공부하게 되었을 때 내 주변 친구들은 榮達의 길을 찾지 않고 왜 발전성이 하나도 없는 哲學을 하려 하느냐면서 돌았다는 얘기도 숱하게 들었다.

내가 京城帝大에서 공부를 할 때 가장 영향을 많이 받은 教授는 藤塚隣 博士였다. 그는 清朝學風을 그대로 간직하고 있었던 斯文學者였다. 그는 考證學에 조예가 깊은 實學者였다. 藤塚 教授 밑에서 나는 열심히 옛날에 읽었던 책을 다시 머릿속에 상기시키면서 공부를 했다.

이러한 일이 한번 있었다. 지금은 잘 記憶이 나지 않으나 당시 北海道帝大에서 中國哲學을 講義하던 어느 教授가 있었는데 그의 著書에 禮記 가운데 한 구절을 잘못 引用한 곳이 있었다.

어느 날 藤塚 교수는 그 잘못 引用된 곳을 그대로 칠판에 옮겨 써 놓더니만 그 文章을 한번 읽고 새겨 보라고 하는 것이었다. 나는 읽어 내려가다 가만히 생각하여 보니 先後가 전도되어 뜻이 아주 엉뚱하게 뒤바뀌어지고 있는 것을 알았다. 그래서 그 잘못된 곳을 지적한 다음 教授에게 오히려 소상하게 설명을 해 주었다.

藤塚 教授가 아주 깜짝 놀랐다. 일개 학생이 일본에서도 名聲을 드날리고 있는 文學博士요 中國哲學의 大家인 教授의 글의 잘못된 곳을 지적하니 놀라지 않을 수가 없었던 모양이었다. 나중에 안 일이지만 그때 藤塚 教授는 그 미스를 알고 있으면서도 학생들에게 테스트하기 위하여 그렇게 했었다는 것이었다.

학생 시절에 나는 우리나라에 대해 폭넓게 알고 싶어 六堂 崔南善 선생한테 자주 가기도 하였다. 그리고 鄭寅普 선생은 延專 때부터 사귀어 많은 귀여움을 받았다. 그러한 碩學들과의 만남은 뒷날 나의 學問에 커다란 도움이 되었다. 특히 鄭寅普 선생과는 여름방학 때 長城 白羊寺 雲門庵에 가서 40여 일간을 함께 있으면서 斯文에 대한 얘기를 밤낮없이 論議했던 것이 記憶에 새롭다.

어느 날 학교에 가는 電車 안에서 우연히 崔南善 선생을 만난 일이 있었다. 그때 崔 선생은 "자네 집이 公州이면 혹 權丙勳 씨라고 아느냐?"고 묻는 것이었다. 나는 "예, 알고 있습니다. 玉篇을 研究하는 분 말입니까?" 하고 되물었다. 崔 선생은 그럴 거라고 말하면서 "그 양반이야말로 큰 學者인데 아무도 몰라주고 있다."고 하는 것이었다.

權丙勳 선생은 당시 우리나라에서는 說文學의 大家였다. 그는 舊韓末 때 咸興재판소 判事로 있다가 司法權이 日帝로 넘어가자 法曹界를 떠나 한때 公州에서 說文學연구에 몰두하였었고 뒷날 『六書尋源』이라는 세계적인 說文學관계 著書를 남긴 분이었다.

나는 崔 선생의 이야기를 그대로 鄭寅普 선생에게 말해 드렸다.

그랬더니 鄭 선생은 무릎을 치며 당장 公州에 가서 權 선생을 찾아뵙자는 것이었다. 이것이 계기가 되어 나는 鄭 선생을 모시고 여름방학 때 우리 집으로 내려갔다.

權 선생과 鄭 선생은 만나자마자 사흘 동안을 밤낮 할 것 없이 우리 집 사랑방에서 學談으로 날을 보냈다. 그러다가 鄭 선생과 나는 雲門庵에 가서 한여름을 나고 돌아왔었는데 그때 鄭 선생은 權 선생을 서울로 모셔가야 되겠다고 다짐하고 있었다.

鄭寅普 선생은 서울로 오자마자 당시 中東學校(현 中東中高校) 校長으로 있었던 崔奎東 博士(뒤에 서울大總長)에게 權 선생 이야기를 하면서 꼭 서울로 모셔와 說文연구에 專念할 수 있도록 하자고 했다. 그 뜻이 이루어져 中東學校 뒤에 살림방 하나를 마련하고 權 선생을 모셔 와서 說文연구를 계속하도록 하는 한편 사람 하나를 딸려 著術을 도와주게끔 했다. 이렇게 해서 나는 세계적인 說文學者 權丙勳 선생 발굴에 약간의 도움이 되기도 하였다.

權 선생의 大著 『六書尋源』은 1938년에 刊行되었다. 책의 內容은 字典과 字學을 겸한 것이다. 이 책은 지금도 세계적인 說文學관계 저서로서 높이 評價받고 있다. 漢字의 構成原理와 法則을 分析 硏究한 것인데 책에 수록한 字數만도 六萬餘字에 달하고 있다. 또한 『六書尋源』은 漢字의 본고장인 中國의 說文처럼 註解와 演繹에만 그치지 않고 權 선생 특유의 獨創的인 境地를 보이고 있다.

특히 贅劃論과 隱義說은 그때까지 아무도 손대지 못했던 것이며 그의 創見이었다. 이 책은 모두 31권으로 돼 있는데 權 선생은 그 연구와 원고정리를 中東學校로 와서 3년간에 걸쳐 마치었던 것이다. 거기에 소요된 經費 일체도 中東學校에서 부담하였었다.

京城帝大를 나온 나는 母校인 培材學校 副校長으로 있었던 辛鳳祚 선생(현재 梨花學園財團理事長)의 권고로 培材로 가서 漢文과 朝鮮語를 가르쳤다. 그 뒤에 延禧專門으로 자리를 옮겼다가 日帝가 거의 亡할 무렵 京城帝大 中國文學교수로 있던 辛島가 延專校長으로 부임하여 왔다. 나는 京城帝大에 다닐 때부터 辛島교수를 알고 지냈는데 그는 나를 붙들고 서로 아는 사이니 협조해 달라는 요청을 했다.

그러나 내가 日人인 그에게 協助할 일은 아무것도 없었다. 얼마 후 나는 免職을 당했다. 非協助的이라는 理由에서였다. 그때 나와 함께 免職 退去당한 延專 교수로는 崔奎南 박사(뒤에 서울大總長) 李卯默 박사(뒤에 駐英大使) 高亨坤 박사(뒤에 全北大總長) 河敬德 박사 (뒤에 서울신문社長) 등 모두 5명이었다.

解放이 되고 公州中學校 校長으로 잠깐 있을 때 얼마 전 監査院長으로 있던 申斗泳 씨가 校監으로 있으면서 많은 도움을 주었다. 곧 서울大學校 文理大로 와서 본격적인 中國哲學을 講義하게 되었는데 六·二五가 일어나 우왕좌왕 끝에 避難을 못 가고 숨어 있다가 反動教授로 몰려 人民裁判을 받은 일이 있다. 이때 나는 한 가지 웃지 못할 일을 겪어 지금까지도 가슴 아픈 일이 있다. 물론 책임 있는 사람들만이 보따리를 싸가지고 南下한 것도 그렇거니와 그보다도 極限狀況 속에서 人間으로서의 節義를 버린다는 것 때문에 더욱 그러하다.

재판정에 끌려 나갔을 때 한 教授가 裁判을 받고 있었다. 내가 막 들어서자 어느 교수가 "저기 저 閔 교수가 그와 아주 친한 사이입니다."고 묻지도 않는 말을 하는 것이었다. 물론 그런 말을 함으로써 자신의 발뺌이 될지는 모르나 '동냥은 주지 못할망정 쪽박

깨는 일'은 없어야 하는 것인데 그로 말미암아 나는 엉뚱한 곤혹을 치른 일이 있었다.

儒學은 글귀만 가지고 하는 學問이 아니라 實踐을 필요로 하는 학문이다. 그렇기 때문에 하기가 어렵다. 눈치 있게 적당히 살아간다면 누가 못 살아가겠는가. 儒學은 그 적당과 요령을 배격한다. 인민재판 때 내가 가슴 아팠던 일은 바로 그 때문인 것이다. 仁의 정신이 없었다는 이야기다. 仁은 곧 사랑이다.

儒學에서 생각하는 人間의 位置는 항시 宇宙自然과 對等한 위치에 서게 된다. 자고로 인간을 자연인 天과 地와 더불어 天地人三才라고 부르는 것도 그런 까닭이다. 따라서 인간의 가치는 자연의 가치이며 萬物之衆 惟人最貴의 것이다. 그러므로 儒學의 理念은 善의 心性과 행동을 적극적으로 涵養 持續시키는 데 있다.

孔子의 仁은 사람을 사랑함이라고 하여 人間行爲의 基本理念으로 삼았던 것이다. 또 孟子는 仁과 義를 주창하여 생활규범의 초점으로 삼았다. 이러한 仁과 義는 善한 마음을 유발하는 源泉이며 德性의 涵養과 知性의 練磨 및 感性의 調和 또는 意志의 단련이 모두 이 仁과 義의 心性에서 이룩될 수 있는 것이다.

知者는 不惑하고 仁者는 不憂하며 勇者는 不懼한다는 것은 곧 知仁勇의 德性의 效果를 이름이다. 이것을 後儒들이 해설하여 不惑은 審物明辯이며 不憂는 樂天知命이고 不懼는 安心致公이라고 새겼는데 이것은 知·情·意의 意義를 실천 면에서 糾明한 것이라 볼 수 있다.

儒學의 實踐性을 찾아보기 위해서 孔子의 행동철학을 살펴볼 필요가 있다. 세상이 어지러워지고 살아가기에 답답했던 孔子는 어느 날 제자들에게 九夷(옛날 中國에서 東方의 九族을 가리켜 이르던 말)에 가서 살고 싶다(欲居九夷)고 하였다. 그랬더니 한 弟子가 말하기를 "그 누추한 곳에 가서 어찌 사시려 합니까?(或曰陋何以居之)"라고 하여 孔子의 뜻을 막았다. 이에 孔子는 "君子가 사는 데 무슨 누추함이 있으리오(君子居之 何陋之有)."라고 하였다. 여기에서 보이는 君子는 반드시 孔子 자신은 아니다. 비록 陋地일망정이라도 君子가 있으니 그 君子들이 살고 있는 곳이라면 陋할 게 없다는 이야기이다.

孔子의 人間平等의 實踐的 가르침은 바로 이와 같은 곳에서도 찾아볼 수가 있는 것이다. 이러한 孔子의 사상은 단면적인 것이긴 하나 상당히 進步的이요 開放的인 것이라 아니 할 수가 없다.

이처럼 儒學이라 하는 것은 아주 간단하고 평이한 것이다. 다른 학문은 깊이 들어가면 들어갈수록 奧妙하고 어렵지만 儒學만은 그렇지 않다. 가장 보편적인 人間의 心性과 行動을 가장 平易하게 가르치는 것이 곧 儒學인 것임을 알아야 한다. 즉 正統儒學은 平易한 것 다시 말해 사람이면 누구든지 할 수 있고 깨달을 수 있고 이해할 수 있는 데에 있는 것이며 절대로 玄妙하고 어렵고 깨닫기에 힘든 데에 있는 것이 아니라는 이야기이다.

쉬운 例로 祭祀에 관한 問題를 하나 들어 보자 子曰 吾不與祭면 如不祭라고 했다. 내가 祭祀에 참여하지 아니하면 제사를 지내지 않은 것 같더라는 뜻이다. 그리고 또 祭神如神在라 했다. 神에게 祭를 드리되 마치 神이 있는 듯하게 하라는 말이다. 이 말은 곧 精誠을 뜻한다. 건성으로 祭祀를 모시는 것이 아니라 제사 때에는 마치 그 祭에 神이 와 있는 듯이 정성을 다하라는 뜻이다. 그렇게 함으로써 인간의 誠을 다할 수 있도록 그 心性을 바로잡아야 한다는 말이다.

이러한 例로 보아도 儒學이 얼마나 平易한 것이며 인간이 할 수 있는 마땅한 길을 어떻게 깨우쳐 주는가를 알 수 있다. 이 얼마나 實利에 가까운 理念인가. 그렇다고 그러한 곳에서 멈추는 게 아니다. 儒學은 언제나 自身의 不足을 깨달으면서 좀 더 높고 더 넓은 세상을 추구하여 나가는 데에 있다. 그러면서도 또한 현상에서 만족하지 않고 더욱 진취적인 발전을 도모하는 데에 그 깊은 사상이 담겨져 있는 것이다.

요즈음 사람은 너무나 物質萬能으로만 살아가고 있는 폐단이 있다. 物質은 결코 人間이 살아가는 데에 있어 하나의 방편적인 역할은 할 수 있을지언정 人間의 全部는 아닌 것이다. 물질적인 삶보다는 精神的인 삶이 더 귀중한 것이다. 그 정신적인 삶이 결여돼 있을 때 인간은 한낱 고깃덩이에 불과한 것이다.

물질적인 삶에 있어 가장 두드러지게 나타나는 것은 욕심이다. 慾心은 한이 없는 것이다. 현재의 狀態에 만족하지 못하는 것이 욕심이다. 이 욕심을 부리기 시작하면 곧 인간은 인간으로서의 心性을 잃어버리게 되고 社會는 混濁하게 되기 마련이다. 그래서 孔子는 그 首弟子인 顔子에게 仁을 설명하여 주기를 "인간은 자기의 私欲을 克服하고 行爲의 規範인 禮의 精神에 歸一하여 調和시켜 나가는 데 있다."고 하였다.

朱子는 이런 말을 했다. "사람은 누구든지 善한 경지에 다시 돌아올 수 있다."(人皆可以復於善) 이것은 朱子의 人間性 회복에 대한 주장이다. 물질만능으로 흐트러진 人間의 精神은 敎育으로 인해 인간을 인간답게 만들 수 있다는 얘기가 된다.

인간을 인간답게 만들려는 교육에 있어서도 "나는 이렇게 하는데 너는 왜 따라오지 않느냐?"고 강요하는 것은 있을 수 없는 일이다. 이것은 비단 교육에서뿐만이 아니라 그것은 이해력이 결여돼 있기 때문이다. 그렇게 하라는 측에서는 통쾌할지 모르지만 그것은 수긍이 안 가는 지도 방법이다.

淸나라 초기에 考證學者로 이름을 떨쳤던 顧炎武는 坐而言 可起而行이라 했다. 이 말은 앉아서 말을 했으면 곧 일어나 행함이 옳다는 말이다. 이 말을 더 구체적으로 풀어 보면 앉아서 말만 하지 말고 實踐을 해야 된다는 얘기이다. 이것은 바로 인간으로서의 教育에 절실한 말이 아닐 수 없다.

이와 같은 儒敎哲學은 프랑스 啓蒙期의 時代的인 思想家 볼테르나, 이탈리아의 修道士 마테오리치에 의해 西歐에 전해져 소개되기도 하였고 西歐人들의 精神世界에 儒學思想이 심어지기도 했던 것이다. 그로 말미암아 儒敎哲學은 西歐 民主主義의 한 思想的인 단면이 되어 그들의 文化創造에 공헌하기도 했던 것이다.

요컨대 儒學思想은 實踐에 그 基礎를 두고 있다. 空虛한 것을 추구하는 그런 허황된 사상이 아니라 實踐하는 가운데 高邁한 人間의 삶을 구축하는 데에 儒學의 精神은 살아 있는 것이다.

한 가지 좋은 얘기가 있다. 子貢이 政治관계를 孔子에게 물어보았던 對話다.

孔子가 말하기를 食糧이 豊足하고 兵力이 충분하며 백성들이 서로 믿음 속에 있으면 된다고 했다. (足食足兵民信之矣) 이 세 가지가 政治의 要諦라고 했다. 子貢이 또 물었다. “그렇다면 이 세 가지 가운데 부득이 해서 하나만 버린다면 무엇을 먼저 버리겠습니까?” 한대.

이에 孔子는 “兵을 먼저 버려야 한다(去兵).”고 대답했다. 子貢이 또 물었다. “그렇다며 이제 食과 信 두 가지가 남는데 그 두

가지 가운데서도 또 부득이 해서 하나를 더 버려야 한다면 무엇을 버려야 됩니까?"고 물었다. 孔子는 "食을 버려야 한다(去食)."고 대답했다. 이것은 대단한 말이 아닐 수 없다. 먹는 것 다시 말해 經濟問題를 버린다면 사람은 곧 죽음에 이르는 수밖에 없는 일이기 때문이다.

먹는 것을 버려야 한다고 대답한 다음 孔子는 이런 말을 덧붙였다. "自古皆有死 人無信不立. 자고로 사람이란 모두 죽는 법인데 사람은 信義가 없으면 存立할 수가 없다." 즉 살아갈 수가 없다는 것이다.

이러한 孔子의 말이 꼭 그렇게 돼야 한다는 것은 아니다. 정치에 있어서 經濟問題 軍事問題 信義問題 그 어느 것 하나 중요하지 않은 것이 없다. 때와 情勢에 따라 變更될 수도 있는 일이지만 굳이 따져서 次善의 策을 찾는다면 그렇다는 말이 된다. 이것만 보아도 孔子는 人間의 信義問題를 그토록 중요하게 여기고 있었던 것이다.

우리는 오랜 유교사상 속에서 살아왔다.

그래서 걸핏하면 先儒의 말을 곧잘 引用하며 直間接的인 人間敎育의 지침으로 삼고 있다. 그것은 儒敎文化 속에서 우리의 祖上들이 살았고 나라의 興亡盛衰도 그 속에 있었기 때문이다.

倫理와 敎育은 물론 政治와 經濟도 그 儒敎精神의 範疇 속에서 벗어나지는 못했었다.

儒敎思想 속에는 착하고 참된 인간의 本性, 다시 말해 인간 본연의 尊嚴性을 지켜야 한다는 倫理의 原理가 담겨져 있다. 또 누구나 平等하게 교육을 받을 수 있고 또 받아야 한다는 鐵則이 있으며 平和롭고 協助하는 精神姿勢에서 살아가야 한다는 것을 역

설하고 있다.

정치는 個人主義的인 자기 欲望을 채우지 말고 다른 사람의 權益도 平等하게 하라 하였다. 뿐만 아니라 경제는 언제든지 物資를 貴重히 여기고 個人獨占이 容許되지 않으며 生産과 分配를 고루 하도록 하였다. 이러한 儒教思想은 곧 지금의 民主主義 理念이나 아무 다를 것이 없다. 그 民主主義의 理念과 方法과 教訓과 그런 모든 것이 儒教思想에는 깊이 담겨져 있는 것이다.

朝鮮朝 때의 哲人이며 우리나라 유수한 碩學 栗谷 先生은 '學問이란 별다른 것이 아니라 가장 平易한 眞理를 찾는 길이며 理想的인 社會를 構成하는 데 이바지하는 方法'임을 밝혀 놓기도 하였다. 이것은 곧 儒教精神에 입각한 實踐的 學問의 基礎이기도 한 것이다.

또한 中國의 碩學 梁啓超는 '儒學思想에 의한 實踐思想의 根據는 玄妙한 眞理만을 추구하려는 데에 汲汲한 것도 아니며 冥想的이고 空虛한 世界를 彷徨하는 妄想도 아님'을 明白히 한 바가 있는 것이다.

이렇듯 인간의 참다운 意志와 感性과 知性이 綜合 統一되어 正常的으로 表出되는 곳에 眞正한 眞理가 發見될 것이다. 그리하여 끊임없는 文化創造의 活動이 鼓舞되는 곳에 곧 인간의 훌륭한 업적이 있는 법이다.

人間은 宇宙自然 속에서 삶을 누리고 있다. 따라서 인간은 自然을 謳歌하며 자연의 順理에 따라가야 하는 것이다. 그렇듯 자연과 더불어 삶을 영위할 때 그것은 곧 儒學에서 말하는 天人合一의 境地가 되고 또한 天人相與의 妙理가 되며 곧 仁愛의 精神世界가 이룩되는 것이다.

요즈음은 物質文明의 發達로 인하여 모두가 道義를 저버리고 있다. 원래 東洋哲學의 本據는 道義에 있기도 한 것이다. 그러기에 예로부터 인간의 最高 目標를 精神陶冶와 內面修練에 두고 있었다. 그것은 物質的 外華만을 추구하지는 않는 것이며 인간의 仁性을 根源으로 하여 道義心을 啓發하는 데 노력한 것이다.

個人의 倫理는 물론이요 社會와 國家의 發展을 圖謀하는 데 있어서도 仁性과 道義를 主體로 했었다. 그래서 法治보다는 德治에 그리고 覇道에 앞서 王道를 高唱했던 것이다.

富貴榮華의 欲求를 充足시키기보다는 德性의 涵養에 果敢했었다. 그러므로 해서 政治 經濟 社會 등 모든 면에서 道義를 主體意識으로 하지 않은 行動은 아무리 커다란 成果를 얻었다 하여도 그 價値를 별로 認定하지 아니하였다.

儒學의 經傳인 論語에는 道義와 功利를 論하는 데 있어 道義를 一義的으로 하였고 功利는 二義的으로 다루었다. 그 端的인 한 가지 例는 다음과 같은 말에서도 찾아볼 수 있다.

> 富貴는 사람마다 願하는 것이지만 그 富貴를 正當한 方法으로 얻은 것이 아니라면 取하지 말아야 한다. (富與貴는 是人之所欲也나 不以其道得之면 不處也라)

내가 儒學을 한 지 60년이 됐다. 거기서 내가 얻은 것은 先儒들의 深奧한 人間의 生活 眞理이다. 그것은 健全하고 堅實한 생각으로 古를 찾고 新을 살펴서 살아 나아가는 이른바 溫故知新의 實을 거둘 때 인간은 누구나가 참된 삶을 營爲할 수 있다는 確信을 갖게 된 것이다. 月刊韓日 1974년 3월号

나의 東洋哲學 산책

19세기말은 西勢東漸의 풍랑이 매우 심하였고 한국에 대한 일본의 침략적 야망이 노골화되었던 때이었다. 1905년에 체결된 소위 을사보호조약은 말할 수 없는 국가의 치욕이었으며 민족의 불행인 것이었다.

애국열사들은 죽음으로 혹은 義兵과 같은 민중운동으로 몸을 바쳐 구국운동에 나섰던 것이다. 그러나 이 반면에 사리에 눈이 어두워 一朝의 榮達을 꿈꾸려는 일부 몰지각한 무리도 없지는 아니하였다.

第一高普 마다하고 日政의 감시가 酷甚하던 때이라 장래를 기약하는 일이 어찌 容易하였으랴. 더욱이 진정한 학문에 뜻을 둔다는것은 참으로 어려웠던 일이다. 당시의 學徒들은 書塾에서 학교로 東奔西走하면서 勉學에 열중하였다. 그러나 이 작업의 목적이 단순히 지식을 습득하기에 狂奔하는 것보다는 어찌하면 망국의 遺民으로서 올바른 길을 찾을 수 있느냐 하는 것이 당면한 중요한 課題이었다. 다시 말하면 지식의 推究보다는 현실에 얼마나 관심을 더하게 되느냐 하는 것이었다.

그때 나의 학교생활을 회고하여 보면 누구나 가고자 원하였던 京城제일高普(지금의 경기중학교전신)에 무시험으로 입학이 허가되었던 것을 일조에 버리고 한 시골의 高明한 漢學선생님을 찾아서 학문의 길을 물은 일이었다. 물론 이 학교는 일본정부에서 세운 官學일 뿐 아니라 올바른 교육을 받을 수 없다는 이유로서였다. 새로운 지식과 순수한 학문을 닦아보려는 뜻에서는 무모하였던 일이며 상식에서 벗어나는 망상이라고도 할 것이다. 그러나 나라가 없는 청년으로서는 탄압정치의 밑에서 一身의 榮達만 꿈꾸려는 일반俗類에 비하면 일단 수긍 될 수도 있는 일이었다.

高名한 漢學스승 밑에 지금도 보관이 되어있는 당시의 일기를 펴보면 다음과 같이 쓰여진 구절이 보인다.

『三千里 疆土가 남의 손에 들어갔으니 이를 救하지 아니하면 그 땅의 인민이 될 자격이 어디 있는가』(1921.2.14)라든지 또는 栗谷李선생께서 壬辰亂이 나기 10년 전에 이미 10만養兵을 주장하였던 古事를 인용하여 『先生의 주장이 당시에는 실현이 못되었다 하더라도 우리로서는 누구나 영원히 잊을수 없는 민족의 교훈이었다. 그때부터 그 정신이 끊임없이 支續이 되었더라면 경술합방의 國恥도 면할 수 있었던 것이 아닌가』라는(동상15일) 등의 論旨가 叙述되었다.

우리 민족은 오래전부터 孝家忠國할줄아는 정신이 뚜렷하였다. 국가가 危難한 지경에 놓여 있을때 누구나 다 같이 나라와 민족을 걱정하는것이 일반적인 通念이었으며 교육의 목적이나 학문의 기본이념이 이 救國愛民하는 일로부터 비롯하지 아니할 수 없었던 것이다. 그러나 日政아래에서는 이를 표면화하지는 못하였을뿐 아니라 더우기 자유로운 학적이론이나 방법을 講究한다는 것은 거의 불가능하였던 것이다. 다만 그 성격에 따라서 연구의 자유가 용허된다하여도 겨우 일부 자연과학에 국한되었고 人文사회과학 특히 민족의 주체성을 鼓吹하거나 强大한 세력에 항거할 수 있는 사상을 喚起시킬 수 있는 학문은 당연히 除去되지 아니하면 아니되었던 것이다.

이처럼 學徒로서 處身하기가 어려우면 어려울수록 일상생활의 한구석에는 항상 祖國을 그리워하는 哀傷的인 鄕愁가 不知不識 중에 감돌고 있었던 것이다. 그 일례로는 내가 나의 생활의 片貌를 적어놓은 일기를 「花葉記」라고 命名한 사실이다. 과연 이 隱語는 무엇을 뜻하는 말인가. 그 由來를 살펴보면 日記를 花葉記라 命名『이로부터 山사람이 펴볼 책력조차 없으니 다만 꽃과 잎에나 의지하여 秀節의 바뀜을 살펴보거나(從此山人無曆日 只憑花驗時移)』(仁祖때 桐溪鄭蘊이 지은 詩句)라는 詩句에서 빌어온 말이니 우리가 종래로부터 國交와 친선의 관계를 맺어오던 明나라를 버리고 暴惡無道한 수단으로 明의 國權을 약탈한 淸朝의 굴욕적인 압박을 甘受할수는 없다는 意義이다. 우리의 경우로 말하면 日政의 야만적인 暴擧에 屈服할수 없음을 암시하는 뜻이니 소극적으로나마 外勢에 저항하는 뜻을 보인 것이다.

그러나 이처럼 비장한 정열이 가슴속에 용솟음치는 중에서도 浪漫的인 자연愛好의 面도 찾아볼 수 있었다는 사실이다. 즉 어느날 일기중에 쓰인 「中庵寺探訪」을 詩題로한 漢詩를 그대로 옮겨보면 『고을 하늘은 고요히 맑았는데 흰 구름만 오락가락, 이중에 뚜렷이 솟아있는 樓臺의 높이는 百尺이나 될레라. 옛날 朱子의 武夷山을 상상하며 西風에 머리를 다시한번 거니노라 (洞天寥闊白雲開 中有巖石百尺臺 昔日武夷今想像 西風回首更徘徊)』『대나무지팡이 벗을 삼아 山寺로 들어가니 산과 물은 반기면서 나를 맞이하는구나. 이중에서 즐기는 마음 때 옮기는줄 모를레라. 禪窓에 三生一前生 今生 來生一의 꿈을 깨어보니 왼 누리가 慈悲로다(竹林穿來兜率天 登山臨水日如年 禪窓偶覺三生夢 一體慈悲總自然)』

매우 착잡한 심리작용이라 때로는 愛國정열에 잠기는 悲憤感慨한 심경. 그런가하면 또한 해방된 마음으로 登山臨水 古寺를 찾으며 優遊自適할수있는 여유와 浪漫… 이처럼 전개되고 있는 정신상태를 종합적으로 정리하여 볼때 인간의 性情은 원래 善美眞實하고도 明澈淸淡한 樣相을 지니며, 우리의 생활주변에서 千變萬化하는 雜多한 현실에 對應한다. 이에서 모든 사상을 통솔하며 是非邪正을 판단하고 自我의 趣向할바 正路를 찾는 것이니 이와 같은 노력(率性)의 工程을 윤리적인 가치관에서 볼 때 宇宙 대자연속에 存在하고 있는 인류는 그에게 부여된 본성과 이 본성에서 發源하는 슬기와 사랑과 용맹(智仁勇)의 心的작용으로써 윤리도덕의 中樞이념이 형성되고 행동의 표준이 서며 생활의 指針을 이루는 것이니 古人의 말대로 하면 이곳 體와 用이 一源이며 形下와 形上이 간격이 없다(體用一源 顯微無間)』는 뜻이다. 그러나 사람은 善類보다는 惡類가 역사에 汚點을 남기게 되며 忠君愛國하는 烈士보다는 欺君危國하는 汚吏가 많고 행동에 있어서도 正道보다는 邪道가 횡행되는 것은 어떻게 설명되어야 할 것인가. 사람은 이상에서도 論及된바와같이 元性대로 따르는 것이 정상적인 의욕이며 欲望이지마는 동시에 환경에서 오는 충동과 유혹도 절대로 무시할수는 없는 현상이다. 다만 어떻게 하면서 사태를 수습하여 元性대로 복귀하느냐하는 工作이 절실히 요청되는 것이니 이를 孟子는 求放心이라 하였다.

그러므로 역대의 聖賢들은 이에 더욱 用意한 바 있다. 즉『밥을 먹는 동안에도 仁에서 멀리 아니한다(無終食之間違仁)』(論語)하는 孔子의 仁愛정신을 비롯하여 中庸의「誠」이나 大學의 明德을 밝힘(明明德)이라는 敎訓을 들 수 있고 우리나라에서는 退溪의「敬」

에 대한 공부나 栗谷의 「立志・明智・篤行」을 高調한 것은 다 인간 自我의 본원적인 源頭處를 밝히는 동시에 이 정신이 곧 실천에 반영되는 근본적인 要諦임을 분명히 提論한 것이다. 그러므로 自來로 聖哲이 이와 같은 本源을 主體로 하여 현실의 조화와 平整을 期하기도하고 또는 현실적인 면에서 심리작용의 基本處를 省察함으로써 心體의 안정을 구하기도 하는 것이니 이에서 비로소 全人교육의 핵심을 파악하고 이상적인 인간像을 실현하게 되는 것이다. 그러므로 忠孝를 論하며 理氣를 밝히고 實事求是의 학문을 論하는 목적이 그 究竟에 있어서는 개인의 完美와 사회의 평화를 指標로하는것이라고도 할 것이다.

이에서 다시 附言하고자 하는 것은 그동안 留意하여온 나의 書藝觀의 一面이다. 『마음이 바르면 글씨도 바르다(心正則筆正)』라는 柳公權의 名言은 역시 예술도 윤리적인 면을 重要視한 말이다. 물론 현대적인 純藝術觀으로는 別個의 의의를 論하게 될 여지도 있겠으나 書藝의 가치를 論할 때에는 柳公의 주장을 輕視할 수는 없다고 생각한다. 書藝의 발달사에서 筆法의 기교를 習得하기에 앞서 書藝가 古來로부터 發展하여온 경위와 筆書와 結構에 나타난 내면적인 考究도 등한히 여길 수 없다는 點을 옛 書藝家들은 많이 주장하였다. 阮堂의 이른바 『書卷氣나 文字香』도 필치로 표현할 수 있는 조화로운 氣魄을 이른말이니 그렇기에 阮堂의 작품을 감상하려고 하면 먼저 그의 인격과 學問을 연구하는 工程이 先行되어야 할 것이 아닌가 한다.

현재 우리나라에서는 주체성을 提唱함으로써 庶政刷新의 기본이념으로 하고 있다. 인간정신의 正常을 갈구하는 때인 만큼 적절한 試圖가 아닐 수 없으며 더욱이 물질문명의 餘弊로 인한 퇴폐

풍조가 橫溢하고 있는 이때인지라 실천윤리의 실현이 文化維新에 공헌될바, 큰 것으로 확신한다. 영국의 碩學「토인비」박사는 현대기계문명의 결함을 補完하려고 하면 먼저 정신혁명이 필요하다는 것을 提論하였다. 매우 時誼에 적절한 말이라 하겠다. 나의 著書들은 논문집에 列記된 數篇의 論文과 儒行隨錄이 未整稿로 있을뿐 完篇을 내지 못한 것을 자못 부끄러이 여기는 바이다. 1972. 12. 22 한국일보

名士書家의 座右銘

- 書藝로 高雅한 人品投影 -

冷藏庫에서 손수 토마토주스와 수박을 쟁반에 담아들고 나와 권한다. 婦人께서는 出他 中이고 파출부는 다녀갔다고 했다. 方背洞 삼호아파트 3棟 206호 홀로 집에 계시는 東喬 閔泰植 博士는 76세라는 高齡이 믿어지지 않을 만큼 거동에 精氣가 스며 있다.

72년에 간행된 東喬 閔泰植 博士 古稀記念 儒教學論叢의 책머리에 李熙昇 先生의 頌壽辭가 실려 있는데 거기엔 東喬에 대한 評價가 다음 세 가지로 集約되어 있다.

첫째 그는 高邁한 人格의 所有者로 學生時節부터 君子라는 稱號를 받았다.

둘째 그는 우리나라 儒學의 正統을 繼承한 權威者이다.

셋째 그는 入神의 境地에 到達한 書道의 護持者로 평생을 한결같이 教育界에 바쳐온 그 德性은 書藝의 길에서 練磨된 바 크다고 하였다.

이에 書藝와의 인연을 직접 말씀하신 바에 의하면 그가 글씨와 因緣을 맺은 것은 13세 때에 漢學을 修業하면서 鶴浦金冲 德岩李燮 三然金建杓 등 여러분에게 지도를 받게 되면서부터라고 하신다.

그 뒤 培材高普에 進學하여 京城帝國大學 豫科를 거쳐 同法文學部 哲學科에서 支那哲學을 專攻한 다음 中央高普教師로 在職中에 당시 吳世昌 先生을 中心으로 한 朝鮮書畵家協會展에 첫 出品하였는데 그때의 나이는 33세였고 글감은 七言絶句였다고 하신다.

"妻女作의 書體는 무엇이었는지요?"
"獨草였죠. 홀로 獨, 풀 草 쉽게 말해 뛰어 쓰기 草書體였지요."

일찌이 阮堂의 治學과 書法에 心醉했으며 中國淸朝의 鄧完伯 劉石庵의 研究에 沒頭한 바 있는 그의 作品活動은 始終一貫 民展에 局限된 것이었다.

그는 解放 前의 官展인 '鮮展'을 外面했었고 解放 後의 國展도 참여하지 않다가 나중에 國展運營委員은 歷任하였으나 出品은 하지 않았었다고 하신다.

다만 學究生活의 틈을 타서 書藝를 즐기며 韓中書法聯誼展 元老作家招待展 淸林展 등에 出品하였고 大田에서 두 번 個人展을 가졌는데 한 번은 先烈遺蹟淨化事業基金을 모으기 위해서였고 한 번은 忠南大學校總長職을 辭任하고 서울文理師大學長으로 옮길 때에 移徙費用을 마련키 위해서였다고 하신다.

요즈음 儒教思想과 關聯이 있는 忠孝의 새 마음 갖기 운동을 어떻게 보는가라는 記者의 質問에 그는 말하기를 "忠孝思想은 바로 民主理念과 直結되는 것입니다. 忠의 옛 뜻은 윗사람으로서 民衆을 利롭게 하는 것이 忠이라 하였으니 그대로 實踐한다면 忠은 참으로 민주주의를 최고의 理想으로 여기는 현대인에게는 더할 수 없는 적절한 도덕적 지침이 될 수 있을 것입니다."라고 말한다.

"先生의 書藝觀을 듣고자 하나이다."
"書에는 一定한 規律, 즉 書法이 있으니 書家로서 이 규율을 잘 지키면 그 書品이 훌륭할 뿐만 아니라 그 人格도 따라서 高貴해

지죠. 그러므로 그 書風이 壯嚴靜謐하거나 微麗淸淨하며 곧 그 作家의 人品에서 나온 眞實純朴함을 透影하게 되는 거죠."라고 하신다.

그는 六·二五가 나던 해에는 서울美大에서 東洋美術史를 講義하였고 成均館大學校 東洋哲學科 敎授로 在職 時에는 全國男女學生 書藝公募展을 年例行事로 施行하였으며 東邦硏書會 第二代會長도 지낸 바 있다. 代表作은 烏竹軒淨化事業記念碑文이라고 하신다.

大學卒業論文을 純漢文으로 썼다는 그는 先輩 鄭寅普 先生이 탐내마지 않았다는 稀貴金石文인 石鼓文 臨本과 邑子像碑인 六朝體탁본을 所藏하고 있단다.

東喬 先生은 天下一等人忠孝 世間兩件事耕讀이라는 卽席 揮毫를 풀이하여 주시면서 忠의 뜻을 再强調하고 오늘의 耕讀이란 經濟建設과 文化發展이라고 덧붙여 주었다.

그리고 마지막으로 종이쪽지에 '油波' '全人代'라고 써서 보이면서 이것을 '유파' '전인대'라고 表記할 때 油類波動이나 全國人民代表會議의 出處는 오리무중에 빠진다고 하면서 國民學校의 漢字敎育이 절실함을 지적하셨다. (西紀一九七九年 七月 三日 內外經濟新聞記事)

忠孝의 현대적 再照明

忠孝가 현실사회의 새로운 윤리관으로 부각되고 있는 요즘, 구태의연한 古典속의 충효를 그대로 고수할 것이 아니라, 「孝」는 仁을 실현하는 근본으로서, 「忠」은 자기 정성을 극진히 하고 웃사람으로써 민중을 이롭게 하는 민주주의의 도덕적 本源으로 재조명해 보자는 이론이 대두됐다. 동양문화연구소(소장閔泰植박사)는 23일 세종문화회관에서 현대사회와 忠孝윤리대강연회를 갖고, 「현대사회와 충효사상」(閔泰植) 「현대교육의 근본문제」(韓基彦 · 서울大교수)「현대윤리의 근본문제」(柳正東 · 成均館大교수)의 주제발표를 들었다. 이 자리에서 閔박사는 오늘의 충효문제는 고유한 동양사상의 입장에서 다시 살펴보아야 한다고 주장했다.

閔박사는 「중국과 같은 類型의 문화전통을 지녀온 우리는 德性的이며 道義와 理想 평화를 추구해 왔다」면서 「그래서 道義를 언제나 인간의 중추이념으로 지녀왔다」고 말했다. 이에 따라 우리는 豐麗하고 純美한 사상의 터전을 마련해왔는데, 이는 인위적으로 설정한 도덕률이 아니고 인간의 존귀한 天賦의 본성에서 나온 것이라고 풀이했다. 이 본성은 사람이 서로 사랑할 줄 아는 德性을 말하는 것으로, 孝와 忠의 윤리를 정착시키는 역할을 했다고 말했다.

閔박사는 古典에 따르면 「효는 仁을 실천하는 근본이 된다」는 것이고 「충은 자기의 정성을 극진히 한다」는 내용이라고 소개했다. 더욱 「충」의 古意는 「웃사람으로써 민중을 이롭게 하는 것」(上思利民爲忠)이라고 春秋에서 말했다고 밝혔다. 이렇게 볼 때,

충은 현대인에게 적절한 도덕적 본원이 되는 것이라고 閔교수는 말했다. 1979. 9. 25 朝鮮日報

부록 1

東喬 閔泰植 博士 古稀紀念 儒教學論叢

頌壽辭

空間의 大小도 생각할 나름이겠지만, 時間의 長短이야말로 참으로 대중할 수가 없다.

人生의 一生을 '石火光 中에 寄此身'으로 하염없이 본 白樂天 같은 이가 있는가 하면, '一刻이 三秋'라든지, '日長이 如少年'이라 하여, 時間을 마냥 엿가락 늘이듯 一分一秒를 지루하게만 여긴 사람도 있다.

이와 같이 생각하고 보면, 耳順의 壽를 누린다 할지라도, 이것을 彭祖의 一生보다 몇 百倍 몇 千倍나 된다고 여길 수도 있을 것이요 或은 억울한 下殤이라고 생각하는 이도 없지 않을 것이다. 相對的 時間이란 사람에 따라서 이와 같이 千差萬別인 것이다. 빠듯한 時間밖에 남지 않아서, 汽車를 타려고 停車場으로 달릴 때의 時間은 왜 그리 짧으며 그리운 사람을 苦待하면서 門밖 曳履聲에 귀를 기울이는 時間은 왜 그리 지루하기만 한 것인가.

이와 같이 대중할 수 없는 時間을 가지고 人生의 壽命을 따질 적에, 그 壽夭는 果然 무엇으로 基準을 삼아야 할 것인가. 絶對的 時間인 六十年·七十年만을 가지고 正確하고 公平한 判斷을 내릴 수가 있을 것인가. 결국 그 主人公이 이룩하여 놓은 業績의 多寡를 가지고 헤아려야 하지 않을까?

益友 東喬兄의 古稀를 맞이하고 보니, 그 壽와 福을 부러워하지 않을 수가 없다. 兄은 첫째 高邁한 人格의 所有者다. 筆者가 經驗한 바 한두 가지 事例만을 두고 볼지라도, 兄의 德業은 누구의 追從도 許諾하지 않는 큰 바가 있다. 學生時節부터 君子라는 稱號로 알려졌으며, 筆者가 서울大學校 文理科大學의 責任者로 있을 적에, 學生課長이란 重任을 띠고, 그 險惡한 時節에 그 말썽 많은 多數의 學生들을 兄의 높은 德化로써 曉諭·啓導하여 每事가 無難히 또는 順調롭게 解決되었던 것이다. 이것은 온전히 兄의 人格의 感化와 指導力의 浸透로 因하여 이루어졌다는 것을 지금에 와서도 새삼 歎服하여 마지않는다. 이러함으로써 兄은 일찍이 忠南大學校의 總長으로 推戴받은 일이 있지 아니한가.

둘째로, 兄은 우리나라 儒學의 正統을 繼承한 분이다. 오늘날과 같이 西洋 文明, 즉 物質을 重點으로 삼는 自然科學의 文化가 滔滔히 汎濫·瀰漫하여 와서, 人間의 本質까지도 忘却하게 된 이 때에, 兄과 같은 仁과 義를 本領으로 삼는 儒學의 權威가 儼然히 存在한다는 것은 우리 國家·民族의 將來를 爲하여 든든한 바가 있다. 西歐의 物質文明에 中毒되어 呻吟하는 現代를 治癒할 수 있는 藥은 오직 東洋의 精神文明이 있을 따름이기 때문이다.

셋째로, 兄은 거의 入神의 境地의 到達한 書道의 護持者다. 書는 東洋特有의 藝術의 一種일 뿐 아니라, 精神陶冶의 좋은 捷徑

이 된다는 것을 잊을 수가 없다. 兄의 德性은 이 길에서 硏磨된 바도 결코 적지 않을 것이다.

이 밖에, 兄은 偕老同樂에 如龍如玉의 여러 子女를 거느리고 있으니, 이는 兄의 壽와 福에 錦上添花가 되는 것으로서 世人羨望의 的이 아닐 수가 없다. 이에 數聯의 拙作으로써 兄의 無窮한 餘慶을 기리려 한다.

德도 才도 없는 群生서리 이 世上에
才子도 어렵거늘 有德君子 쉬울 손가
才德이 兼全한 임을 그 뉘아니 우러르리

平生을 한결같이 師道에 몸을 바쳐
默默 無言 中에 實踐으로 보인 垂範
數많은 弟子들 마음에 德의 씨를 심었네

凡人의 七秩壽도 古稀라 기리거늘
하물며 임의 功業 七百年에 견주리라
東邦의 喬嶽으로서 萬人崇仰 빛나리

壬子歲 陽臘月 初一日 駱山書巢에서 一石 李熙昇 삼가 씀

序

東喬 先生! 15年 前인가요? 어떤 술 座席에서 나는 先生과 다음과 같은 要旨의 이야기를 서로 주고받고 한 記憶이 남아 있습니다.

"一. 우리는 政治的 自主獨立은 찾았지만 思想的 自我는 아직

찾지 못하고 있다.

一. 우리의 自我를 形成한 要素는 다섯 가지 큰 줄거리가 있다. 즉 儒・佛・道(仙)・基・巫가 그것이다.

一. 그中에서도 가장 主要한 骨格을 이룬 것이 儒教思想이다.

一. 그런데 儒教가 오늘날같이 이처럼 蔑視를 당하고 버림을 받고서야 어찌 우리의 自我를 찾을 길이 열릴 수 있겠는가?

一. 그러니 오늘날 儒學徒가 할 일은 過去 우리나라 儒教의 末弊는 솔직히 認定하여 이를 清算하되 그와 同時에 儒教의 眞正한 價値와 그것의 現代的 意義를 밝혀내고 우리 先人들의 남겨 놓은 참된 儒教의 精神을 國民들에게 올바로 認識시켜 주는 일이다."

우리는 그때 韓國儒學의 將來를 걱정하면서 이런 이야기를 주고받았던 것입니다. 그런데 15年이 지난 오늘날에 이르러서는 韓國學界의 情勢가 좀 달라진 것 같습니다. 요새는 '韓國學'이란 것이 하나의 '붐'을 이루어 가고 있습니다. 그 韓國學이란 것이 단순한 情報提供을 위한 것이 아니고 '自我를 찾기' 위한 것이라면, 지난날 우리가 걱정했던 儒學再生의 길도 열리지 않을까 생각합니다. 왜냐하면 참말로 自我를 찾아보기 위한 韓國學이라 하면 '샤머니즘'의 研究라든가 '新興宗教'의 研究라든가 '古蹟發掘'이라 '高麗青磁', '石窟佛像', '民俗', '農樂' …… 等等의 研究와 같이 이런 式으로 '겉돌이'만 할 것이 아니라 先人들 個個人이 남겨 놓은 自我의 얼이 숨 쉬고 있고 自我의 心臟이 뛰놀고 있는 記錄 文獻 그 自體를 직접 파고 들어가서 헤쳐 보는 것이 가장 捷徑이 된다고 생각되기 때문입니다. 이런 捷徑의 길을 따르려면 研究의 焦點이 종래 蔑視해 오고 돌아보려 하지 않았던 儒教文獻에로도 차츰 돌려지지 않을 수 없을 것이요 그 研究의 方法도 다른 分野에서와 같이 단순히 客觀的·旁觀的·外形的인 分析·叙述에만 그치지 않고 時代를 超越한 '人間精神'에 돌아가서 古人을 그 時代에 卽하여 理解해 주는 同情的 體驗的인 方法을 兼採해야 옛사람들의 참精神을 把握할 수 있을 것이니 이렇게 되면 이것이 古典을 現代에 살리는 길이며 따라서 儒學再生의 길이 될 수 있는 것이 아니겠습니까?

그러나 東喬 先生! 이런 일을 할 사람이 누구입니까? 그 文獻이란 것이 지금은 '한글世代'와는 全然 無關한 '남의 것'처럼 되어 버렸으니 이런 일을 할 수 있는 사람이란 極히 限定된 '旣成世代'의 少數人에 不過합니다. 그中에서도 '固陋'하다느니 時代落伍니 하여 또 一部를 除外한다면 일할 수 있는 儒學徒란 실로 손꼽아 헤아릴 수 있는 정도입니다. 이런 새벽하늘의 별 같은 오늘날의 儒學徒나마 先生과 같이 古稀를 맞이하는 분들이 하나둘 늘어만 가고 있으니 머지않아 山窮水盡될 것이요, 그렇다 해서 오늘날 後繼者를 養成할 수 있는 教育體制가 되어 있느냐 하면 그렇지도 않으니 이 일을 앞으로 누가 담당합니까? 혹시 '한글世代'의 反省自覺과 奮發 興起를 期待해 볼 수 있을까요?

東喬 先生! 先生의 古稀를 祝壽하기 위하여 여러분들이 글을 모아 論集을 내면서 나에게 序文을 請하기에 祝壽의 말씀이나 올리려 했더니 막상 붓을 들고 보니 十餘 年 前 先生과의 一夕談話가 머리에 떠오르면서 마음에 느끼는 感懷 깊어짐으로 이것을 그대로 적어 序에 대신할까 합니다. 부디 無疆한 壽와 康寧을 누리시면서 焦眉의 急으로 當面해 오는 儒學徒의 任務를 더욱 老益壯으로 遂行해 주시기를 비나이다. 一九七二年 十二月 五日 高麗大名譽教授 李相殷 謹識

目次

第一部

第二部

周 · 秦 · 漢時代의 中國量制 및 量尺에 關하여 – 朴興洙

朝鮮朝에서의 女性教訓 – 孫仁銖

實事求是의 學風 – 李相玉

大學諺解의 栗谷本과 官本과의 比較研究 – 李崇寧

韓國과 中國의 現行文廟樂比較 – 李惠求

農岩詩論研究 – 趙鍾業

宋儒의 文學觀 – 車相轅

鍾嶸의 班婕妤詩評 – 車柱環

藏書閣考 – 千惠鳳

18世紀 後期朝鮮朝 政治文化의 研究 – 崔昌圭

<가나다 順>

附錄

退溪 先生 晦庵書節要序 原草本

附 尤庵 先生 跋

謙齋 先生 書

부록 2

儒林界의 큰 별

元老서예가 閔泰植 博士 별세

한국 유학계와 서예가의 원로인 閔泰植 박사(전 忠南大총장)가 15일 오후 2시 30분 서울강남구 방배동 삼호아파트 3동 206호 자택에서 노환으로 별세했다. 향년 79세.

閔 박사는 1932년 경성제대 법문학부 중국철학과를 졸업, 해방 전 연희전문학교 교수로 지냈고, 해방 후에는 서울대교수, 충남대 총장, 성균관대 유학대학장을 역임했다. 서예가로서 국전운영위원회 부위원장을 맡기도 한 閔 박사는 최근에는 동양문화연구소 소장으로 후진을 지도해 왔다. 저서로 『청대(淸代)학술개론』 등 다수를 남겼다.

발인은 19일 오전 9시 자택에서, 장지는 경기도 용인군 이동면 송전리다. 연락처 5997231.

(1981年 8月 16日 朝鮮日報 6面)

儒學界元老 閔泰植 박사 별세

忠南大총장 成均館大유학대학장 국전운영위부위원장 등을 지낸 유학계와 서예계의 원로 閔泰植 박사(사진)가 15일 오후 서울 江南구 方背동 삼호아파트 3동 206호 자택에서 노환으로 별세했다. 향년 79세.

발인 19일 오전 9시, 장지는 京畿도 龍仁군 二東면 松田리 선영. 연락처 5997231.

(1981年 8月 17日 東亞日報 17面)

儒學으로 民族自我 찾던 一生

-15일 他界한 東喬 閔泰植 박사

漢文教育 옹호 …… 後學에 古典권장

15일 타계한 東喬 閔泰植 박사는 우리나라 儒學의 정통을 계승한 몇 명 안 되는 현대 한국인 중의 한 사람이었다. 그의 제자들에 따르면 閔 박사는 한국인의 自我 확인은 儒教정신에서 찾아야 함을 늘 주장했다는 것이다. 고인이 남긴 「儒教의 教育觀」 등 주요 논문을 보면 그는 "우리는 정치적 자주독립은 찾았지만 思想的 自我는 찾지 못하고 있다. 우리의 自我를 이루는 요소로 儒, 佛, 仙, 基, 巫의 다섯 가지가 있는데 이 중에서도 골격을 이루는 것이 유교사상이다. 최근 신흥종교 민속 등 한국인의 자아를 발견하려는 시도가 많이 진척되고 있으나 '겉돌이'라고 생각한다. 自我를 찾기 위한 가장 빠른 지름길은 우리민족의 기록들인 유교문헌에 눈을 돌려야 한다. 그러면서 다시 한 번 유학을 부흥시켜야 한다."는 주장을 폈었다.

그러나 그는 오늘날 유학도가 할 일은 과거 우리나라 유교의 末

弊는 솔직히 인정해 이를 청산하되 현대적 의의를 밝혀야 된다고 평소에 입버릇처럼 후학들에게 타일러 왔다.

이 같은 유학의 부흥주장은 漢文교육의 적극적인 옹호주장으로 나타났다. 대학에서 은퇴한 후에는 스스로 東洋文化연구소를 설립해 漢文지도를 하며 古典을 읽을 수 있는 젊은이가 되어야 한다고 '한글'세대의 반성자각을 기대했다.

한편 고인은 현대의 선비답게 書藝에도 一家를 이뤘다는 평을 斯界에서 받아왔다. 歐陽詢體를 연습하기 위해 두 달간 봉급을 모아 『九成宮醴泉銘』이란 歐陽詢탁본을 구입한 것은 서예계에 널리 퍼진 逸話가 되고 있다. 이처럼 그는 구양순체로 입문해 楷書를 깊이 읽히다 行書는 王羲之의 『蘭亭書』와 『集子聖教序』를, 草書 역시 王羲之의 『十七帖』에 의해 연구를 했었다. 만년에는 국내외에 있는 漢碑탁본을 섭렵하는 데 몰두했었다고 한 가족은 전했다.

16일 빈소를 찾은 李熙昇 박사는 해방 직후 고인과 함께 서울大에서 근무할 때 당시 학생과장으로 험한 학내외 분위기를 '君子'란 별명에 어울리게 인덕으로 순조롭게 해결한 고매한 인격의 소유자였고 서구물질문명을 仁義의 동양문화로 치유할 것을 주장한 정통유학자였다고 회상하며 조의를 표하고 명복을 빌었다.

<林然哲 기자>

(1981年 8月 18日 東亞日報 6面)

東喬 閔泰植 理事 別世

◇ 故 閔泰植 博士

지난달 15일 우리대학 전신인 서울文理師範大學 學長을 재직한 바 있고 명지학원理事인 東喬 閔泰植 박사가 노환으로 79세를 일기로 타계했다.

故 閔泰植 박사의 영결식은 지난 19일 오전 9시에 가족장으로 거행됐다. 이날 영결식에는 유가족, 친지를 비롯하여 兪尙根 이사장 명지학원理事 등 모두 2백여 명의 조객이 참석한 가운데 서정기 동양문화연구소실장의 집례로 거행됐다.

고인의 약력소개가 끝난 뒤 있은 조사에서 유상근 이사장은 "우리나라 近代史의 先覺者로 교육계의 선봉이었으며 유학계와 교육계에 길이 기억될 분이다."라고 고인의 넋을 기렸다.

한국인의 자아실현은 유교정신에서 찾아야 한다고 주장한 閔 박사는 1903년 5월 16일, 충남 대덕에서 태어나 30년 경성제국대학 예과를 졸업하고 46년 서울大學教授로 취임했으며 54년에는 충남대학교총장, 60년에는 우리대학 전신 서울文理師範大學長을 역임, 68년 창설된 유학대학 초대학장에 취임한 閔 박사는 대학에서 은퇴한 뒤 동양문화연구소를 설립하여 활동하면서 61년부터 명지학원 이사로 봉직해 왔다.

한편 閔 박사는 「유교의 教育觀」 등 다수의 주요 논문과 저서를 남긴 바 있다.

용인군 이동면 송전리에 안장된 고인의 유가족으로는 미망인과 5남이 있다.

<故 閔泰植 博士 略歷>

▲ 1903년 5월 16일 忠南大德 出生

▲ 1930년 3월 1일 京城帝國大學豫科 修了하고 同 大學에서 支那哲學을 전공

▲ 1933년 3월 15일 同 哲學科 卒業. 第二高普와 地方사범학교의 초청을 불응하고 사학인 培材高普教諭

▲ 1954년 12월 2일 충남대학교총장

▲ 1960년 7월~61년 8월 서울文理師範大學長

▲ 1961년 명지학원 이사 취임

▲ 1968년 3월은 同年 9월 유학대학 초대학장

▲ 1969년 東方研書會長

▲ 1972년 東洋文化연구소장

▲ 1977년 국전운영위원회 부위원장, 어문학회 부회장, 한국청년유도회고문

(1981年 9月 1日(火曜日) 明知大新聞)

故 東喬 閔泰植 先生의 生涯와 思想

-儒學으로 民族自我를 찾던 一生-

徐正淇

(東洋文化研究所 副所長)

1. 生涯

지난 8월 15일 逝去하신 東喬 閔泰植 先生은 享年 79세였다. 19일 오전에 시내 방배동 自宅에서 거행된 永訣式은 成均館 李載瑞 館長의 弔辭를 비롯하여 많은 親知와 來賓 및 弟子들의 哀悼속에 嚴修되었고, 發靷하여 경기도 용인군 이동면 송전리 산록에 安葬하였다. 선생의 이름은 泰植이요 字는 君一이며, 姓은 閔氏요 本은 驪興이니 東喬는 그 雅號이다. 考는 諱 泳善이요 妣는 全州李氏인데 光武 7年에 忠南大德郡 炭洞面 道龍里에서 선생이 誕生하였으니, 곧 宋子의 門人인 愛日堂의 7世孫이다.

일곱 살 때부터 漢學과 書藝를 修業하다가 열네 살에 공주보통학교에 입학하여 洋學을 공부하고 열여섯 살에는 경기제일고보에 입학하였으나, 皇考의 教示로 克齋 宋炳瓘의 門下에 나아가 四書를 공부하였다.

24세에 배재고보를 졸업하고, 26세에 경성제국대학예과에 입학하여 동법문학부 철학과에 진급한 다음에는 中國哲學을 專攻하였다.

31세에 경성제대를 졸업한 뒤 배재고보와 중앙고보 교유로 취임하였다가 5년 뒤에 연희전문전임강사로 옮겨 마침내 교수에 승진

하였다. 41세에 倭帝의 學兵勸誘講演을 거부하여 동 교수직을 사임하고 이어 開城博物館長의 한직으로 물러났다.

乙酉祖國光復 後에는 다시 教育界로 돌아와 公州中學校長, 서울大學校教授 등의 職에 있다가 6·25事變을 만났다. 서기 1951년에는 大田에 戰時聯合大學을 創設하고, 그 學長에 취임하였다가 그 다음 해 忠南大學校文理科大學長을 거쳐 2년 뒤에는 忠南大學校總長으로 就任하여 東洋學研究에 각별히 노력하였으며, 歐美의 教育界를 視察하기도 했다.

1960년 선생 58세에 동직을 사임하고 明知大學長에 취임한지 2년 뒤에는 成均館大學校 教授로서 儒教思想의 宣揚에 盡力하였다.

成大에 儒學大學을 創設하여 初代學長으로 취임하는 한편 書道會를 設立하여 學生에게 書藝를 指導하였다.

67세에는 東方研書會初代會長으로 취임하여 우리나라 書藝발전에 心血을 기울이고 다음 해에는 顯正會의 理事에 추대되어 檀君精神으로 民族精氣를 찾는 데 注力하였다.

69세에는 斯文學會初代會長으로 推戴되어 『宋子大全』을 影印出版함과 동시에 傳統思想復興과 民族主體性確立을 위하여 많은 講演會를 개최하고, 또 學報를 거듭 발행하여 우리나라 儒學復興에 큰 공헌을 하였다.

70세에 古稀紀念論叢이 出版되고 東洋文化研究所를 創設하여 道德倫理의 扶植과 漢文漢字教育 및 民族藝術發展에 온 힘을 傾注하였다.

1977년에 國展運營委員會 副委員長으로 被任되어 文化藝術의 健全한 풍토조성에 노력하였다.

그동안 士林의 推戴로 蘆山祠院長, 大老祠理事, 成均館 및 韓

國青年儒道會顧問, 慕賢同志會會員 등으로 활약하였다.

선생의 평생을 돌아보면 幼年期는 國脈이 끊어져 가는 大韓帝國의 어지러운 시절이요, 靑壯年期는 倭帝植民統治의 서러운 시절이요, 老年期는 大韓民國 건국 후 어지러운 시절이었다.

古今의 5千年 歷史에 비추어 볼 때 일찍이 이와 같이 어려운 시대가 없었으니 이때에 살고 간 선비를 감히 평하고 견줄 데가 없다. 모름지기 이때는 伯夷의 學徒도 살아남을 수가 없을 것이요, 柳下惠의 學徒도 살아남을 수가 없을 것이어늘 어찌 孔孟의 學徒가 살아남을 수 있었겠는가.

그러나 선생의 晩年에 大事業은 當代에 우뚝하여 비록 後代의 春秋史筆이라 하여도 우러러 感歎하지 않을 수 없을 것이다. 現代科學의 發達로 말미암아 西歐物質文明의 洪水와 個人主義의 風靡 속에 온통 빠져들어 간 世態 위에서 儒敎의 人道主義를 再建하여 民族精氣를 북돋우며 義理社會를 具現하는 길을 제일 먼저 깨우친 사람이 果然 이 時代에 누구였던가!

2. 思想

선생의 思想을 뚜렷하게 정리할 수 있는 著述이 많지 않고, 아직 그 文集과 行狀과 碑誌가 撰述되지 못한 지금 감히 그 思想을 말할 수는 없다. 그러나 선생은 儒學思想을 다듬어서 살았고 이미 行動으로 士林의 본을 보여 뚜렷한 바가 있으므로, 어지러운 세상에 곧 잊힐까 두려워하여 삼가 밝힌다.

선생은 평생에 『論語』를 지극히 愛讀하여 일상생활에서 생각과 행실이 그 밖으로 벗어날까 항상 두려워하였다.

仁에 살려는 立志, 明德, 修道의 공부를 끊임없이 계속하므로 홀로 계실 때에는 지극히 고요하였고, 문득 사람과 더불을 때에는 아늑히 和氣가 감돌아 방 안에 가득 찼다.

事業을 의논함에는 매양 가장 뒤에 한 말씀하여 定論을 세우고, 그것을 實行함에는 가장 앞장서서 指導하고 추진하였다.

위로 부귀한 이들에게 結文救援하는 사람을 깨끗지 못하게 여겨 가까이하지 않았고, 아래로 正人端士로 숨어 사는 젊은이를 널리 추천 소개하여 發揚시키는 데는 매우 부지런하였다.

혹시 나라의 指導者를 만나면 늘 謙讓으로 타일러 不忠에 떨어지지 않게 하고 弟子를 가르칠 때에는 언제나 道義로 가르쳐 不孝에 떨어지지 않게 하였다. 弟子들과의 討論은 즐거워하면서도 子弟들과는 별로 對話가 없으셨다.

先生은 여러 機關의 長에 있었으나, 모두 初創期의 어려운 형편에 있을 때였으므로 報償받음이 거의 없었고, 또 바라는 바 전혀 없었으므로 生計가 근심이었으나 顔色에 그것을 나타내는 일이 없었으며, 오히려 모든 모임의 會費는 가장 먼저 솔선수범하여 協調를 아끼지 않았다.

어버이로부터 받은 身體를 고이 보전하기 위하여 음식은 제때에 조금 잡수시고 걸음을 걸을 때에는 반드시 앞을 똑바로 보시고 鄭重히 걸었다.

선생의 思想을 綜合整理하는 것은 뒷날 賢弟子에 의하여 밝혀질 것이므로, 이상으로 그치나, 선생의 書風이 또한 한국의 전통 書法復興에 큰 공헌을 하였으므로 書藝家 李培遠 씨의 말을 引用하여 이에 덧붙인다.

“선생은 自身이 서예가라고 自處하지 않았지만 後學들은 다투어 뒤를 따라 成大 · 東洋文化研究所 · 顯正會 또는 宅에 가서 배웠고, 그 作品을 보배로 아껴 간직하였으니, 사회일반의 인식 속에는 어느덧 書壇의 元老大家로 推戴를 받았습니다. 이 結果的인 事實이 결코 우연한 일이 아닌 것은 말없이 80星霜의 긴 書歷을 쌓았다는 놀랄 만한 事實이 있습니다.

선생의 楷法은 歐書에서 얻었고 草는 王右軍을 專修하였으며, 隷書는 禮器碑로 入門하여 나중에는 西峽頌에 心醉하신 듯합니다. 선생은 특히 漢碑를 널리 涉獵하여 刻厲深究 끝에 氣魄을 집중하는 妙理를 自得하셨고, 높은 學德으로 쌓여진 崇高한 그 精神이 字字劃劃에 貫注하기에 이르렀으며, 깊은 思慮는 神明에 통하기에 이르렀습니다.

선생의 書風은 豪蕩하지도 않고, 痛快하지도 않지만, 그 眞蹟을 구하는 사람은 先生의 書風이 時俗에 迎合하지도 않고 孤高한 氣骨로 구름 밖에 우뚝 솟아 燦然한 것을 오히려 좋아하였습니다. 선생은 남달리 書의 法統을 귀중히 墨守하면서 假飾과 威勢를 배격한 끝에 幽深古雅한 一家를 自成하여 그 筆名을 떨치기에 이르렀는데도 揮毫에 임하는 태도는 다함없는 精誠과 謙虛한 자세로 一貫하였습니다.

사냥을 잘하는 매는 발톱을 감춘다는 말이 있듯이 君子는 才能을 깊이 감추고 밖으로 나타내지 않는다고 하였거니와 선생의 書風에는 이와 같이 君子藏器의 德이 깃들여 있습니다. 書의 筋骨을 밖으로 드러내기는 쉬운 일이지만, 그 剛骨을 속에 含蓄시키는 일은 매우 어려운 일이라고 합니다. 그런데 先生의 書風을 內剛外柔하여 오만하지도 않고 화려하지도 않고 오직 謙虛할 뿐이어서 蒼古自然한 그 글씨에는 德香의 癡氣만 감돌고 있습니다. 이 超然한 奧妙의 境地는 末梢的 技巧나 修鍊의 才能만으로는 감히 넘볼 수 없는 것입니다.

왜 그런가 하니 그와 같은 境地는 崇高한 人格의 바탕에서 빚어질 둥 말 둥한 神妙한 造化의 産物이기 때문입니다.

누구에게도 또 그 무엇에도 구애됨이 없이 오로지 精進하여 스스로 이룩한 조예는 우리나라의 書壇에 巨步를 남겼으니, 두고두고

後者의 師範이 될 줄로 確信합니다."

라고 이상과 같이 氏는 말하였다. 선생은 烏竹軒重修碑 및 道峯書院 현판 등 많은 作品을 남기셨다. 특히 기억에 남는 것은 이미 오래전에 自由中國 魯蕩平 선생이 왔을 때 東喬 先生의 眞蹟을 보시고 感歎을 몇 번이나 하면서 돌아가던 일이 지금도 눈에 선하다. 慌忙한 마음으로 두서없이 간추리면서 삼가 선생님의 冥福을 빈다. (1981. 8. 25 儒林月報)

잊을 수 없는 故 東喬 閔泰植 선생

徐正淇
〈東洋文化研究所長〉

奉仕의 자리서 平生의 學問實踐
작은 일엔 '둥글' 큰일엔 '分明'

구름 위로 솟은 영봉에 아름드리 늙은 소나무의 우람찬 기상을 보거나, 화창한 봄날 심산유곡에 피어 있는 난초 꽃향기를 맡거나, 달빛에 아롱진 적막한 호숫가에서 낮게 날아가며 우는 鶴의 소리를 들을 때에 나는 東喬 閔泰植 老先生을 생각한다.

늙어 가면서 더욱 자태가 고와지는 소나무와, 누가 알아주거나 말거나 스스로의 향기를 피우는 난초와, 자기의 몸을 흙탕물로부터 멀리하여 깨끗함을 보존하는 학은 모두 우리 선조들이 가까이 더불어 살던 자연의 아름다운 풀이요, 나무요, 새이다.

사람의 마음이 곧 하늘의 뜻이요, 사람의 능력이 자연의 힘 앞에 한계가 있다는 것을 깨달은 늙은이는 마땅히 난초를 허리에 차고 학을 타고 붉은 소나무 아래로 신선을 찾아가리라.

東喬 선생은 字가 君一로서 1903년 忠南 大德에서 尤庵 宋時烈 선생의 門人인 愛日堂의 7世손으로 태어나셨다.

京城帝大에서 철학을 전공하신 뒤 乙酉 光復 후에 여러 대학의 교수로 계시면서 동양철학을 강의하셨다.

나는 학창 시절에 이미 선생의 강의를 들었으나 栗谷 선생의 『萬言封事』를 강의하실 때 오늘날 동서양의 어떠한 사상보다도 위대한 보편적 진리라고 찬탄만 거듭하시던 모습 이외에는 별로 기억이 없었다.

내가 선생의 참모습을 깨닫게 된 것은 선생이 정년퇴직을 하신 뒤에 평생의 학문을 몸소 실천하시는 것을 직접 보고 나서였다. 이것은 선생의 道力이 세월이 흐를수록 더욱 힘차게 발휘되었던 점도 있었지만 또한 나의 안목이 천박하여 늦게야 그 學德의 전체를 엿볼 수 있었기 때문이었다.

대체로 사람이 늙으면 세속에서의 욕망을 거두고, 하던 일을 모두 잊은 채 초야에서 조용히 살고자 한다. 그러나 어진 사람은 늙으면 늙을수록 더욱 도덕이 높아져서 학문을 완성하고 사업을 성취하게 마련이다.

東喬 선생은 온 세상이 洋風에 들떠 우리의 전통문화를 돌아보는 이가 드물던 날에 東方硏書會의 초대회장으로 취임하여 우리나라 서예발전에 심혈을 기울이셨고 顯正會의 理事로 추대되어 단군왕검의 정신으로 민족정기를 찾는 데 주력하셨으며, 69세 때에는 斯文學會 초대회장으로 추대되어 『宋子大全』을 영인출판함과 동시에 전통사상의 부흥과 민족 주체성의 확립을 위하여 많은 강연회를 개최하고 학보를 거듭 발행하여 우리나라 儒道復興에 큰 공헌을 하셨다.

1972년에는 동양문화연구소를 창설하여 도덕윤리의 현대적 연구와 한자 한문교육에 힘을 경주하셨다. 그 외에도 大老祠와 蘆山祠를 비롯하여 선현의 祠宇보존에 각별히 유념하셨다.

신선을 찾아 푸른 산으로 들어가는 것은 쉬운 일이나 세속에 살면서 사람노릇을 다 하기는 어려운 일이다. 만년의 그 많은 직책이 모두 보수가 없는 봉사의 자리였고 그 많은 일이 공적을 내세우려는 것이 아니라 후학의 도리를 말없이 실천하심이었다.

선생은 모든 일에 大體와 小體를 분별하시어 도덕과 의리에 관계되는 일이면 추호의 굽힘이 없이 앞장서서 나아가셨지만 그것이 공명과 이익에 대한 것이면 조금도 생각에 걸림이 없이 흘려보내 둥글둥글 지내셨다. 그러므로 작은 일을 가지고 선생을 만난 사람은 가부가 분명치 않은 분으로 생각했고 큰일을 가지고 선생께 상의한 사람은 선생을 두려워하였다.

소나무의 기상, 난초의 향기, 깨끗한 학이 한데 어울리는 것 같은 풍채를 구비하여 비록 높은 산이나 깊은 골짜기나 달밤의 학을 보지 않아도 그윽이 선생을 우러러 뵈면 경외스럽고 평온한 감정을 얻을 수 있었다.

선생은 이미 돌아가셨지만 어지러운 세상을 헤쳐 가며 살다 보면 문득 東喬 閔泰植 老先生을 다시 생각하게 된다. (1984年 5月 16日 한국경제신문)

韓國의 學譜

-東洋哲學界-

柳正東

〈成大교수〉

8 · 15解放의 前과後

韓國의 문화가 日帝의 침략으로 36년간이나 空白期를 가졌었다고 하는 것은 어느모로 보든지 슬픈 일이었다. 그러나 그만큼 國權회복후의 기쁨이 더 가중되기도 하였다. 韓 · 日合邦이전의 傳統文化가 1945년 8월 15일 이후로 순수하게 계승되려면 中斷期를 극복할만한 특별한 배려가 필요했던 것이다. 學術의 어느 분야를 막론하고 이 점에는 각별한 노력이 요청되기도 했다. 사실 그것은 擧國的으로 그리고 政治的으로, 文化的으로 이 나라의 進路를 확고히 해주는 데 매우 중요한 일이었다. 그 후 28년이 지난 오늘 더욱 그 절실함을 실감하게 된다.

合邦이라는 國恥 이후의 韓國 안의 유일한 대학은 京城帝國大學이었고 學內에는 哲學科가 있기는 하였지만 그 속에 겨우 中國哲學專攻이 일부 허용되었을 정도였다. 元曉나 義湘을 비롯하여 圓測, 圓覺, 普照 등의 이름 높은 佛敎계통의 高僧이나, 安裕, 李彦廸, 李退溪, 李栗谷을 비롯한 유명한 儒敎계통의 18賢들은 이 나라의 精神史의 지주로 높이 추대를 받는 분들이나, 이들의 哲學

思想은 日人들의 植民地教育政策으로 인해서 이어지지 못한 채로 비뚤어진 교육으로 암흑기를 맞게 되었었다. 여기서 佛教계통의 惠化專門學校와 儒教계통의 經學院(成均館을 日人들이 개편한 것)의 後身으로 明倫專門學校가 설립되었었다.

韓國文化를 말살하려는 日帝의 植民地政策밑에서 傳統의 精神文化를 계승하여야 할 곳이 經學院(明倫專門學校), 中央學林, 中央佛教專門, 惠化專門學校로서 民族自體의 思想을 발전시켜 나아가야 할 중요한 기관이었다. 비단 東洋哲學의 분야에 국한된 문제가 아니지만 東洋哲學을 儒教哲學, 佛教哲學, 老莊哲學으로 구분해 볼 때 儒教계통의 命脈으로는 經學院, 明倫專門學校, 佛教계통을로는 學林, 中央佛專, 惠化專門學校를 꼽을 수 있다.

이 당시에 인물들로는 日人들의 간섭과 參占으로 韓國人으로서는 극히 少數人士들이었다. 儒教側으로는 安寅植선생을 위시해서 金鍾國, 趙楨, 李鎭泳 諸先生이 있으나 安寅植, 金鍾國 두분은 이미 작고하여 故人이 되었다. 眉山 安寅植선생의 文集이 오래전부터 계획 중인 것으로 전해지고 있고 金鍾國선생의 구업적은 미정리된 채로 묻혀있는 실정이다. 佛教측으로보면 中央學林시절의 인사로서 白性郁, 權相老, 金圃江을 들 수 있고 中央佛專시대의 人士로는 趙明基교수를 들 수 있다.

京城帝國大學의 哲學科에서 中國哲學을 履修하신 분은 趙容郁교수, 閔泰植교수이며 西洋哲學 또는 哲學科를 전공하시면서도 특히 東洋哲學에 또는 韓國哲學에 관심을 깊이 하고 연구를 계속해 오시는 李正浩교수, 朴鍾鴻교수, 具本明교수, 金龍培교수가 계시다. 海外에 留學하여 이 分野에 研究盡力하시는 교수들이 있다. 李相殷교수, 朱柄乾선생, 韓相甲선생 柳正基선생, 金敬琢선생이 계시나 朱柄乾선생과 金敬琢선생은 이미 故人이 되었다.

佛敎哲學분야에서 外國留學으로부터 還國하여 獻身하고 계시는 분들이 있다. 金東華교수, 金잉石교슈, 張元圭교수를 들 수 있다. 이 가운데서 金잉石교수는 이미 故人이 되었다.

앞에 列學한 여려분들은 8 · 15 해방 전 혹은 京城帝國大學에서 또는 國內 私立學校에서 혹은 해외유학길에서 각각 이 분야의 학문을 연구한 분들이었다.

그러자 祖國이 광복되면서 소위 京城帝大는 國立서울大學으로, 明倫專門學校는 成均館大學으로, 惠化專門이 東國大學으로 이어지게 되면서 여러 學科가 증설도 되었고 앞의 여러 교수들은 각각 그 분야에서 弟子육성에 진력하였다.

사실 東洋哲學이라고 할 때 東洋圈內의 國家 또는 民族單位로 구분할 수도 있겠고 儒教哲學이나 佛敎哲學, 老莊哲學 또는 印度哲學 등으로도 類別할 수도 있을 것이다.

그러나 모아서 하나의 개념아래 東洋哲學으로 묶어보는 일은 그다지 쉬운 일이 아닌 것처럼 느껴진다. 日帝下의 사립학교에는 哲學科를 설치하기가 어려웠다. 解放 이후에 국립서울대학에는 물론 哲學科를 신설하였고 사립인 延大, 高大에도 인가되었다. 그러나 그 후에 신설되는 여러 大學에 哲學科를 증설하게 되었으나 대개 西洋哲學을 중심으로 한 것이었고 東洋哲學專攻이 없었다. 成均館大學에 哲政科와 經史科를 開校초에 개설하였다가 2년 후에 專門部와 學部로 개편되어 국내에서 최초로 東洋哲學科가 탄생하게 되었다. 學科名을 무엇으로하느냐를 결정하는 데는 적지 않은 논의가 벌어졌었다고 전한다. 당시에 이 개편에 참석했던 申東旭교수에 의하면 儒學科는 너무 편협하다는 견해와 東洋哲學科

는 지나치게 넓어서 學으로서의 성격이 애매하다는 평이 엇갈린 가운데서 당시의 學長인 心山 金昌淑옹의 의견을 따라서 東洋哲學科로 정해졌다고 한다. 그러나 특기할 것은 東洋哲學科라고 하더라도 孔孟哲學을 中心體로 하고 佛敎哲學, 印度哲學, 老莊哲學을 안배한다고 한 점이다.

이제는 6·25사변으로 기록이 회신되어 알아볼 길이 없다. 당시 이 東洋哲學科에 관계한 교수들은 朴鐘鴻, 金龍培, 朱柄乾, 金聖烈, 金舜東, 李泰能, 柳正基제씨였다. 이러한 기구 속에 民族悲劇의 동란을 겪어가면서 제자들이 성장되어 갔다. (1973. 1. 16 대한일보)

부록 3

東喬 閔泰植 遺墨集

叙

東喬 閔泰植 先生은 그 性品이 溫和하시고 端雅하신 君子人이셨다. 그와 같은 天賦의 性品을 지니셨기 때문에 모든 일에 그와 같이 나타나셨다.

先生께서는 高邁하신 學德을 지니시어 일찍이 서울大學校에 在職하실 때부터 名聲이 높으셨으나 難離의 德分으로 이곳 故鄕이신 大田에 避難오셨다가 저희 忠南大學校를 創設하시어 文理科大學長으로부터 總長까지 歷任하시었다. 그리하여 그 遺澤이 尙存하고 遺德을 口誦하는 處地이시다.

先生께서는 教育에 힘쓰신 業績도 크시지만 그 書藝의 藝術的價值가 또한 높이 評價되고 있으시다. 先生은 卓越하신 書藝의 才能을 타고나신 데다가 鍊磨의 工을 加하시어 特히 隸書와 行書에 있어서는 溫雅하고 美妙하여 마침내 옛 名筆에도 없었던 境地를 創案하시어 古人을 無色하게 하고 後人이 模倣할 수도 없는 神妙의 至境에 이르셨다. 그리하여 江湖縉紳들이 一幅 아니 隻字

라도 保存한 사람은 모두 寶物로 삼고 있는 터이다.

이와 같이 先生께서는 敎育과 書藝를 通하여 우리들에게 끼치신 바 크거니와 特히 本校에 對해서는 가장 오랜 因緣으로 情든 나머지 平生 간직하셨던 圖書를 寄贈하실 뜻을 傳하시고 逝去하시자 遺族들이 이 뜻을 받들어서 보내주셨기에 特別히 '東喬文庫'를 마련하여 保管하였다. 그러나 어찌 그 恩惠의 一部나마 報答하는 것이 되겠는가. 그리하여 이제 이와 같이 작은 冊子나마 先生의 遺墨을 蒐輯하여 刊行하게 된 것이다.

그러나 財政의 制限으로 해서 많은 作品을 모두 收錄지 못하여 아쉬운 마음 禁할 수가 없다. 다만 本集을 通하여 先生의 모습과 마음을 읽을 수 있다면 先生은 계시지 않으셔도 先生의 藝術과 함께 遺德이 千秋에 傳해질 것을 믿어 疑心치 않는 바이다.

一九八四年 十二月 一日

忠南大學校 總長 徐明源 叙

東喬挽

八旬을 한해두고 가시다니 웬말이오
渾厚한 儒學者요 造詣깊은 書藝家라
五十年 門徒訓育에 心血傾注 하셨네

萬丈樓 六有室에 셋이 앉아 오순도순
만나면 밤새우고 헤어지면 그립더니

두 분은 어디가시고 나만 홀로 남었나

남기신 글씨 모아 숭고한 덕 기리고저
後學의 펴낸 圖錄 기리기리 빛나오리
嗟乎라 一臠이라도 全鼎의 맛 알괘라
一滄 兪致雄

東喬 閔泰植 遺墨集 目次

理氣妙合(草額)

萬福之源(隸額)

居天下之廣居(草横)

雲無心而出岫(草横)

時調, 한산섬(國漢文)

九雲夢中에서(國漢文)

時調, 태산에(國漢文)

爲天地立心(扇草)

孝家忠國(草横)

時調, 顯正書莊(國漢文)

歸去來辭, 八幅屛(草書)

養天地正氣(草横)

春眠不覺曉(草横)

竹里書屋(行額)

花徑不曾緣客掃(草横)

時調, 八幅屛(國漢文)

峰忙拔地爭相睨(草横)

敬友尙志(行額)

時調, 무심한 세월(國漢文)

其壽如天(隸横)

可愛非君(隸書)

大賢之後(草書)

眞興碑(草横)

春花秋實(草額)

掬水月在手(草横)

名門盛德(草書)

育英頌(國漢文)

遠自海西(草書)

書牘(草書)

書牘(草書)

書牘(草書)

樂志論八幅屛(草書)

율곡 선생 유적정화기념비(榻本)

蘆隱先生紀念碑(榻本)

跋

儒敎文化의 뿌리가 中國大陸의 漢文化圈에 두고 있다면 統一新羅時代 이후 朝鮮朝에 이르기까지의 이와 같은 儒敎文化는 韓半島에 와서 定着되고 再創造의 문을 열게 되었다 이에 따라 漢字 自體의 特殊性으로 書藝文化는 儒敎思想과 더불어 높은 次元의 藝術世界를 개발하였다.

平生을 高等敎育에 獻身하시고 儒敎哲學과 더불어 墨禪의 境地에 통달하시어 高古한 生涯를 보내신 故東喬 閔泰植先生의 遺墨集을 世上에 내놓으면서 後學의 한 사람으로 기쁜 마음 금할길 없다.

본시 韓國書藝史의 傳統은 性理學을 바탕으로 爛漫하게 開花되어 學藝一致의 길을 개척하게 되고 新羅의 金生 高麗의 僧 坦

然과 朝鮮朝 安平大君과 韓濩 金正喜 등 歷代 書藝巨匠에 이르기까지 그 不朽性을 後世에 남기게 되었다. 이와 같은 韓國書藝의 傳統을 두루 涉獵하시고 百轉千旋하신 先生의 墨跡眞筆 속에는 살아 있는 숨소리와 함께 高潔하셨던 人品의 脈이 조용히 躍動하고 있다.

쉴사이 없이 古賢墨跡을 研鑽하시었던 先生께서는 漢字뿐 아니라 한글의 書藝에도 能하시어 江陵 烏竹軒의 李栗谷先生紀念文 등에서 보이는 바와 같이 그 獨步的인 境地를 개척하시었고 平素交分이 계셨던 社會人士 및 親知 弟子에게 보내신 몇몇 書札에도 그 섬세하고 고결한 文筆의 香氣가 어려 있다.

趙光祖 宋時烈 兩先生을 모신 道峯書院의 紀念碑에 쓰신 것처럼 이미 세상에 널리 알려진 金石文도 있으려니와 아직도 公開되지 않은 個人 所藏의 많은 手澤作品이 남아 있어 앞으로 선생의 文集과 더불어 하루 속히 續刊이 되어 名實共히 書藝一致하셨던 生涯의 業績이 後生들에게 널리 傳承되었으면 하는 마음 또한 간절하다.

끝으로 금번 遺墨集刊行을 위하여 監修의 수고로움을 아끼지 않으셨던 一滄 兪致雄 先生께 깊은 감사를 드리고 貴한 遺墨을 撮影하게 하여 주신 所藏家 諸位와 이 事業에 특별한 配慮를 아끼지 않으셨던 徐明源 總長님을 비롯하여 관계 諸敎職員의 적극적인 동참에 감사드린다 아울러 이 貴한 冊子出刊에 協助하여주신 寶晉齊 社長에게도 謝意를 표한다. (西紀 一九八四년 十二月一日) 忠南大學校 圖書館長 權兌遠 跋

謹啓

貴下의 繁榮을 祈願합니다.

今般 本校에서는 初代總長이셨던 故 東喬 閔泰植 博士님의 遺墨을 모아 約 40餘 点을 選集으로 하여 『東喬 閔泰植 遺墨』을 發刊하게 되었습니다.

이 冊은 東喬 先生님이 平素 즐기시던 墨筆을 藝術로 表現한 흔적이라고 보며 앞으로 書藝界의 貴重한 資料가 될 것으로 믿사와 本 遺墨을 보내드리오니 惠存하여 주시기 바랍니다.

1985年 2月

忠南大學校 總長 徐明源 謹呈

부록 4

연보와 저술

東喬 閔泰植 博士 年譜

光武 7년(서기 1903年) 1歲

5月 16日 忠南 大德郡 炭洞面 道龍里에서 驪興閔公泳善氏의 長男으로 出生하시다.

隆熙 3년(서기 1909年) 7歲

漢學을 修業하시다.

西紀 1915年 13歲

漢學을 繼續하시면서 鶴浦金沖 德岩李燮 三然金建杓 諸先生에게서 漢學과 書藝指導를 받으시다.

西紀 1916年 14歲

公州公立普通學校에 (3學年) 入學하시다.

西紀 1918年 16歲

上校를 卒業하시고 京城第一公立高等學校에 推薦入學이 되었으나 뜻한 바 있어 그만두시고 克齋宋炳瓘 先生 門下

에서 漢學을 專攻하시다.

西紀 1921年 19歲

4月 公州永明學校에 就學하시다.

西紀 1924年 22歲

4月 培材高等普通學校에 轉入學하시다.

西紀 1926年 24歲

3月 3日에 培材高普를 卒業하시고 延禧專門學校에 入學하시다.

西紀 1927年 25歲

上校一年을 中退하시고 京城帝國大學豫科準備를 하시다.

西紀 1928年 26歲

2月 28日 京城帝國大學豫科에 入學하시다.

西紀 1930年 28歲

3月 1日에 上記豫科를 修了하시고 4月 1日 同 法文學部 哲學科에 入學하여 支那哲學을 專攻하시다.

西紀 1933年 31歲

3月 15日 同 哲學科를 卒業하시고 第二高普와 地方師範學校에서 招請이 있었으나 不應하시고 4月 1日 私學인 培材高普에 教諭로 就職하시다.

西紀 1935年 33歲

9月 1日 中央高普教諭를 兼務하시다.

西紀 1936년 34歲

11月 1日 中央高普教諭를 願에 依하여 免하시다.

西紀 1937年 35歲

3月 3日 培材高普教諭를 願에 依하여 免하시고 4月 1日

延禧專門學校 專任講師로 就任하시다.

西紀 1941年 39歲

延禧專門學校 敎授로 昇進하시다.

西紀 1943년 41歲

3月 10日 日帝末期 强壓敎育이 甚해감에 따라서 不得已 同校 敎授를 辭任하시고 이어서 開城博物館長으로 赴任하시어 祖國의 文化材保護에 盡力하시다.

단기 4278년(서기 1945年) 43歲

祖國光復으로 國權이 回復된 後 11月 1日 公州中學校長으로 推戴되시다.

단기 4279년(서기 1946年) 44歲

11月 上校를 辭任하시고 國立서울大學校文理科大學 敎授로 招請되어 就任하시다.

단기 4280년(서기 1947年) 45歲

成均館大學校 東洋哲學科 講師를 委囑받으시다.

단기 4283년(서기 1950年) 48歲

6·25 事變으로 因하여 南下避亂하시다.

단기 4284년(서기 1951年) 49歲

大田寶文中學校敎師로 在職하시면서 戰時聯合大學을 創設하시고 學長으로 就任하시다.

단기 4285년(서기 1952年) 50歲

5月 31日 忠南大學校 敎授로 就任하시다.

단기 4286년(서기 1953年) 51歲

1月 24日 上校 文理科大學長으로 任命되어 赴任하시다.

단기 4287년(서기 1954年) 52歲

12月 2日 上校 初代 總長으로 就任하시여 施設擴張에 努力하시는 한편 東洋文化暢達에 恪別히 致力하시다.

단기 4290년(서기 1957年) 55歲

5月 17日 美國國務省 招請으로 渡美하시어 教育現況을 두루 살피시고 7月 30日 歸國하시다.

단기 4293년(서기 1960年) 58歲

7月 16日 上校總長을 辭任하시고 8月 17日 서울 文理師範大學長으로 招請되어 就任하시다.

단기 4294년(서기 1961年) 59歲

8月 27日 上校學長을 離任하시고 成均館大學校大學院 優待講師로 招請되시다.

단기 4295년(서기 1962年) 60歲

2月 28日 同校 教授로 發令을 받으시다.

10月 15日 人材養成의 歷史的 機關인 養賢齋의 責任을 맡으시고 典齋로 推戴되시다.

단기 4301년(서기 1968年) 66歲

3月 6日 儒學大學이 創設됨에 따라서 初代學長으로 就任하시다.

9月 10日 願에 依하여 上校學長을 辭任하시고 大學院講義를 繼續하시다. 成大에서 名譽哲學博士學位를 받으시다. 이어 成均館副館長에 被選되시다.

단기 4302년(서기 1969年) 67歲

東方硏書會長으로 推戴되시다.

단기 4303년(서기 1970年) 68歲

顯正會顧問으로 委囑받으시다.

단기 4304년(서기 1971年) 69歲

斯文學會長으로 推戴되시다.

宋子大全을 영인본을 刊行하시다.

단기 4305년(서기 1972年) 70歲

서울特別市 鐘路二街 파고다빌딩 內에 東洋文化硏究所를 開設하시고 所長으로 就任하시여, 東洋思想扶植에 힘쓰시는 한편 書藝를 指導하시어 民族藝術發展에 盡力하시다.

12월 東喬 閔泰植 博士 古稀紀念『儒敎學論叢』을 증정받으시다.

단기 4305년(서기 1972年) 71歲

2月 동양문화연구소를 종로구 공평동 134 四佳빌딩으로 옮기고 元勝載氏를 理事長으로 영입하다. 初・中等敎師一般練修를 3年間 實施하여 漢字・漢文 담당 中等敎師를 東洋文化硏究所主管으로 300여명 배출하시다.

단기 4310년(서기 1977年) 75歲

국전운영위원회부위원장, 어문학회부회장, 蘆沙先生紀念事業會長, 韓國靑年儒道會고문으로 위촉받으시다.

8月 동양문화연구소를 종로구 사직동 사직공원 內에 있는 顯正會로 옮기고 土曜公開講座를 실시하시다.

단기 4312년(서기 1979年) 77歲

9월 23일 세종문화회관에서 '현대사회와 충효의 윤리 대강연회'를 東洋文化硏究所 主催로 개최하시다.

단기 4314년(서기 1981年) 79歲

8월 15일 오후 2시 30분 서울강남구 방배동 삼호아파트 자택에서 노환으로 별세하시니 향년이 79세이시다.

19일 경기도 龍仁市 二東面 松田里 公園墓地에 安葬하다.

단기 4317(서기 1984年)

遺族(夫人 趙次淑 女史와 長男 丙完, 次男 丙德, 三男 丙龍, 四男 丙九, 五男 丙星)이 그 뜻을 받들어 所藏圖書를 忠南大에 寄贈하여 忠南大圖書館에 '東喬文庫'를 설치하다.

단기 4318년(서기 1985年)

忠南大學校(總長 徐明源)에서 東喬 先生의 遺墨을 蒐輯하여 東喬 閔泰植 遺墨集을 刊行하다.

단기 4342년(서기 2009)

동양문화연구소에서 東喬 閔泰植 博士 文集을 出刊하고 文集出版記念式을 開催하다.

著述

1. 先秦儒學思想의 特徵과 現代的 意義(成大論文集 第11輯)
2. 退溪의 晦庵書節要가 日本의 近代文教에 끼친 影響(中國學報 第9輯)
3. 清初 義理學派인 孫・李의 學風에 對한 小考(成均哲學 第3・4輯 合併號)
4. 儒教의 教育觀(儒學研究 第5號)
5. 儒門隨錄(儒林時報 連載)
6. 其他 多數

서정기(편집자)

약 력

4.19혁명 선봉 및 민족통일전국학생 성대조직위원장
한국유학연구회 유교사상 편집인, 동양문화연구소 연구실장, 성균관 전학(典學)
한국청년유도회 회장 : 예법(관례, 향음주례, 사상견례)부흥운동 전개
동양문화연구소 부소장 및 소장 : 세계 속의 한국학운동 전개
건국대학교 대학원 철학과 박사학위 심사위원
민중유교연합 의장 : 한글제사축문 보급운동 전개
성균관유교진흥대책위원회 위원장 : 도덕성 회복과 새사람운동 전개
성균관유교문화연구위원회 위원장, 태학지 번역분과 위원장
민주평화통일 자문위원회 상임위원, 성균관 유교신보 편집인 겸 주간 역임
삼경역주 성균훈로상 수상, 성균관 태학지 번역공로상 수상
현 동양문화연구소 소장
(사)한국예절교육협회 상임고문
김동식 장군 기념사업회 상임고문
충의무예원 고문

주요저서

『세계 속의 韓國文化』, 『세계 속의 韓國精神』, 『세계 속의 韓國儒教』,
『세계 속의 韓國禮節』, 『세계 속의 韓國流風』, 『정통가정의례』, 『민중유교사상』,
『전기소설 공자』, 『새시대를 위한 대학 · 중용 · 예운』, 『새시대를 위한 춘추』(상 · 중 · 하),
『새시대를 위한 시경』(상 · 하), 『새시대를 위한 서경』(상 · 하),
『새시대를 위한 주역』(상 · 하), 『새시대를 여는 길』, 『道德學의 根源探索』, 『도학통론』,
『성혼록』, 『김동식 장군』, 『아침햇살 영롱한 대나무 열매』,
『하늘로 날아라 못으로 뛰어라』,
훈로 서정기 선생 『유교대전』 32권 외 다수

전자책 출판 www.kstudy.com

동교민태식박사 문집

초판인쇄 | 2009년 9월 16일
초판발행 | 2009년 9월 16일

지은이 | 민태식
편집자 | 서정기
펴낸이 | 채종준
펴낸곳 | 한국학술정보(주)
주 소 | 경기도 파주시 교하읍 문발리 파주출판문화정보산업단지 513-5
전 화 | 031) 908-3181(대표)
팩 스 | 031) 908-3189
홈페이지 | http://www.kstudy.com
E-mail | 출판사업부 publish@kstudy.com
등 록 | 제일산-115호(2000. 6. 19)

ISBN 978-89-268-0339-4 94150 (Paper Book)
978-89-268-0340-0 98150 (e-Book)
978-89-534-2428-9 94150 (set Paper Book)
978-89-534-2459-3 98150 (set e-Book)